ଯାଯାବରର ଜବାନବନ୍ଦୀ

UA Kathachitra Pvt. Ltd.

ଯାଯାବରର ଜବାନବନ୍ଦୀ

ଉମାକାନ୍ତ ମହାପାତ୍ର

UA Kathachitra Pvt. Ltd.

ବ୍ଲାକ୍ ଇଗଲ୍ ବୁକ୍ସ
ଭୁବନେଶ୍ୱର, ଓଡ଼ିଶା

BLACK EAGLE BOOKS
Dublin, USA

ଯାଯାବରର ଜବାନବନ୍ଦୀ / ଉମାକାନ୍ତ ମହାପାତ୍ର
ବ୍ଲାକ୍ ଈଗଲ୍ ବୁକ୍ସ : ଭୁବନେଶ୍ୱର, ଓଡ଼ିଶା • ଡବ୍ଲିନ୍, ଯୁକ୍ତରାଷ୍ଟ୍ର ଆମେରିକା

BLACK EAGLE BOOKS
USA address:
7464 Wisdom Lane
Dublin, OH 43016

India address:
E/312, Trident Galaxy, Kalinga Nagar,
Bhubaneswar-751003, Odisha, India

E-mail: info@blackeaglebooks.org
Website: www.blackeaglebooks.org

First Edition in 1997, Lark Books, Bhubaneswar

First International Edition Published by
BLACK EAGLE BOOKS, 2024

JAJABARARA JABANBANDI
by **Umakanta Mahapatra**

Copyright © UA Kathachitra Pvt. Ltd.

Cover & Interior Design: Ezy's Publication

ISBN- 978-1-64560-598-0 (Paperback)

Printed in the United States of America

ଜବାନବନ୍ଦୀ

ମୋର ଅନେକ ବନ୍ଧୁ ଓ ପରିଚିତ ମୋତେ ମୋର ଚାକିରୀ ଜୀବନର ଅଭିଜ୍ଞତା ଲେଖିବାକୁ ପ୍ରବର୍ତ୍ତାଉ ଥିଲେ। କିନ୍ତୁ ମୁଁ ଏହା କରିବାକୁ ମୋଟେ ପ୍ରସ୍ତୁତ ନଥିଲି। ତା'ର ପ୍ରଧାନ କାରଣ ଯେ ମୁଁ ପ୍ରାୟ ଯେତେ ଅବସରପ୍ରାପ୍ତ ସରକାରୀ କର୍ମଚାରୀଙ୍କ ଆତ୍ମଜୀବନୀ ବା ସ୍ମରଣିକା (Memoirs) ପଢ଼ିଛି, ପ୍ରାୟ ସବୁଠାରେ 'ମୁଁ' କଥାଟାର ସ୍ୱର ବଡ଼ ଉଚ୍ଚ। ଅନେକ କ୍ଷେତ୍ରରେ ଆଖି ଆଗର ଆଙ୍ଗୁଠି ଦୂର ପର୍ବତକୁ ଘୋଡାଇ ଦେଇଛି। ତାହାଛଡ଼ା ଏକ ଔଚିତ୍ୟର ଗୁରୁତର ପ୍ରଶ୍ନ ଅଛି। ଚାକିରୀ ଜୀବନରେ ମୁଁ କ'ଣ କରିଥିଲି, ତାହା ପ୍ରକାଶ କରିବା ଅନୈତିକ (Unethical) ଏବଂ ବହୁ କ୍ଷେତ୍ରରେ ବେଆଇନ (Illegal)। ଏଣୁ ଏଥିରୁ ବିରତ ରହି ଏଣୁ ତେଣୁ ଯଥା ପ୍ରବନ୍ଧ ଓ ରମ୍ୟ ରଚ୍ଚନା ଆଦି ଲେଖୁଥଲି ଏବଂ ଲେଖୁଛି।

ତେବେ ଦିନେ ଧରିତ୍ରୀ ଅଫିସ୍‌ରେ ଶ୍ରୀ ତଥାଗତ ଶତପଥୀଙ୍କ ସହ ଆଲୋଚନା ବେଳେ ଏକ ନୂତନ ଦୃଷ୍ଟିକୋଣ ମିଳିଲା। ମନୁଷ୍ୟର ପ୍ରକୃତ ଜୀବନ ତ ଏଇ କୋଡ଼ିଏରୁ ଷାଠିଏ ମଧ୍ୟରେ। ସେଥିରୁ ପ୍ରାୟ ଅଧିକାଂଶ ସମୟ ଚାକିରୀ ଜୀବନ। ସେଠି କେତେ ଲୋକଙ୍କୁ ଦେଖିଲି। କେତେ ଅଜଣାଙ୍କୁ ଜାଣିଲି। ତାଙ୍କ ଭିତରୁ କେତେ ଜନ୍ମଗତ ଅଦ୍ୱିତୀୟ, କେତେ ଅବସ୍ଥାଚକ୍ରରେ ପଡ଼ି ସ୍ମରଣୀୟ। କେତେ ପୁଣି ନିଜର ବ୍ୟକ୍ତିତ୍ୱ ବଳରେ ଅସାଧାରଣ ଓ ସ୍ମରଣୀୟ। ଏମାନଙ୍କ ବ୍ୟକ୍ତିତ୍ୱ ଲୋକଲୋଚନକୁ ଆଣିବା ଯୋଗ୍ୟ। ଏହି ଧାରଣାରୁ ଯାଯାବର ସିରିଜ୍‌ର ଜନ୍ମ। ଏହା ୧୯୯୩ ଆରମ୍ଭରୁ ଧରିତ୍ରୀରେ ଧାରାବାହିକ ରୂପେ ପ୍ରକାଶ ପାଉଥିଲା। ଅବଶ୍ୟ ଏହି ଚରିତ୍ରମାନଙ୍କୁ ଉପସ୍ଥାପିତ କରିବାରେ ଘଟଣାବଳୀ ଠିକ୍ ଯେପରି ଲେଖାହୋଇଛି, ସେପରି ଘଟି ନଥାଇପାରେ। କାରଣ ପ୍ରକାଶ ଲାଗି କିଛିଟା ପରିବର୍ତ୍ତନ ଆବଶ୍ୟକ ହୋଇପଡ଼େ। ମୋର ଦୃଢ଼ ବିଶ୍ୱାସ ଯେ ମୁଁ ସେମାନଙ୍କ ପ୍ରତି କଦାପି ବିଶ୍ୱାସଘାତ କରିନାହିଁ। ମୋ ଶକ୍ତି ଅନୁଯାୟୀ ନ୍ୟାୟ କରିଛି।

ମୋର ଅବଶ୍ୟ ଯାଯାବର ଜୀବନ। ଉତ୍ତର ଓ ଉତ୍ତର-ପୂର୍ବ ଭାରତରେ ବହୁତ ବୁଲିଲି। ମୋର ବଡ଼ ଆନନ୍ଦ ଯେ ସେଠାର ମାଟି ଓ ସେଠାର ମଣିଷଙ୍କୁ ଭଲପାଇ ପାରିଛି। ଆଶାକରେ ଠାକୁର ସାହେବ, ପେମା ଡୋମା ଏବଂ ବିଶେଷକରି ନକ୍‌ଚୁଂ ଯେକି ଫେରିଲା ନାହିଁ - ଇତ୍ୟାଦି ଆପଣଙ୍କୁ ଭଲ ଲାଗିବେ। ଆଉ ଯଦି ଆପଣଙ୍କ ମୁହଁରୁ ଚେନାଏ ହସ ବା ଗୋଟିଏ ଆହା ବାହାରି ପଡ଼େ ତାହାହେଲେ ମୁଁ କୃତାର୍ଥ ।

ଉମାକାନ୍ତ ମହାପାତ୍ର

ସୂଚୀ

ଶାସନ

ଭାରତରେ ସ୍ୱାଧୀନତା ଆଗରୁ ସୀମା ସୁରକ୍ଷାର ସେପରି କୌଣସି ବ୍ୟବସ୍ଥା ନଥିଲା। କେବଳ ଆଫଗାନିସ୍ତାନ ଛଡ଼ା ଅନ୍ୟ ସୀମାନ୍ତରେ କୌଣସି ପହରା ନଥିଲା । ଆଫଗାନ ସୀମାନ୍ତରେ ଏକ ବିଚିତ୍ର ବ୍ୟବସ୍ଥା ଥଲା। ଯେଉଁଥିରେ ଆଇନଗତ ସାର୍ବଭୌମତ୍ୱ ଓ କାର୍ଯ୍ୟକାରୀ ସାର୍ବଭୌମତ୍ୱ ଭିତରେ ଅନେକ ତଫାତ୍ ରଖାଯାଇଥିଲା। ଏଣୁ ସେ ବ୍ୟବସ୍ଥା ଭାରତ-ପାକିସ୍ତାନ ସୀମାରେ ଚଳାଇବା ସମ୍ଭବ ନଥିଲା। କିନ୍ତୁ ୟୁରୋପରେ ଯେଉଁ ବ୍ୟବସ୍ଥା ଅଛି ତାକୁ ଚଳାଇବା ଭାରି ଖର୍ଚ୍ଚାନ୍ତ। ଭାରତ ମଧ୍ୟ ପ୍ରଥମ ପାଞ୍ଚ-ସାତ ବର୍ଷ ଏ ସବୁ ଆଡ଼କୁ ଦୃଷ୍ଟି ଦେବାକୁ ସମୟ ପାଇନଥିଲା ।

ସେ ସମୟରେ ସୀମାନ୍ତ ଜଗିବା ପାଇଁ କେନ୍ଦ୍ର ପାଖରେ କୌଣସି ଅର୍ଦ୍ଧସାମରିକ ବଳ ନଥିଲା। ଶାନ୍ତି ସମୟରେ ସୀମାରେ ସେନା ତଇନାତ୍ କରିବା ଆନ୍ତର୍ଜାତିକ ବ୍ୟବହାରର ପରିପନ୍ଥୀ। ଏଣୁ ବାଧ୍ୟ ହୋଇ ଏହି ସୀମା ସୁରକ୍ଷା ରାଜ୍ୟ ପୋଲିସ ହାତରେ ଦିଆଯାଇଥିଲା। କିନ୍ତୁ ଏହି ସୀମା ସୁରକ୍ଷା ପୋଲିସଙ୍କର ଟ୍ରେନିଂ ଓ ଅସ୍ତ୍ର ଇତ୍ୟାଦିର ଘୋର ଅଭାବ ଥିଲା। ଏଣୁ କେନ୍ଦ୍ର ସେ ସବୁ ଖର୍ଚ୍ଚ ତୁଲାଇଲା । କେନ୍ଦ୍ରର ଦରକାର ଅନୁଯାୟୀ ରାଜ୍ୟ ନୂତନ ବାଟାଲିୟନ ଭର୍ତ୍ତି କଲା ଓ କେନ୍ଦ୍ର ତା'ର ସମସ୍ତ ଖର୍ଚ୍ଚ ଯୋଗାଇଲା। ଏହି ସଂକ୍ରାନ୍ତରେ ଆମକୁ ଏହି ପ୍ରାଦେଶିକ ପୋଲିସ ବାହିନୀ ସହିତ ଘନିଷ୍ଠ ସଂପର୍କ ରଖିବାକୁ ପଡୁଥିଲା। ଏହିପରି ଏକ ଗସ୍ତରେ ଠାକୁର ସାହେବଙ୍କ ସଂସ୍ପର୍ଶରେ ଆସିଲି। ସେ ଏକ ଛୋଟ ଷ୍ଟେଟ୍‌ର ଆଇ.ଜି. ଥିଲେ। ଏଣୁ ରାଜ୍ୟ ମିଶ୍ରଣ ପରେ ଏସ୍.ପି. ହେଲେ ଓ ବର୍ତ୍ତମାନ ଡି.ଆଇ.ଜି.। ଜଣେ ପ୍ରସିଦ୍ଧ ପୋଲୋ ଖେଳାଳୀ। ଇଂରାଜୀ ଉପରେ ଦଖଲଟା ସେତେ ଜୋର୍ ନୁହେଁ। ସାଧାରଣତଃ ୟୁନିଫର୍ମ ପିନ୍ଧନ୍ତି ନାହିଁ। ଡ୍ରେସ୍‌ଟା ଯୋଧପୁର ବିଚେସ, ସିଲ୍କ ସାର୍ଟ ଓ ମୁଣ୍ଡରେ ରାଜପୂତ ସାଫା (ପଗଡ଼ି)।

ବର୍ଡର ଠିକ ବୁଝି ପାରିଲେ ନାହିଁ। ଯେତେବେଳେ ବୁଝିଲେ ତ କହିଲେ "ଆଚ୍ଛା। ଆପ ସରହଦ୍ କେ ବାରେମେ କହରହେ ହେଁ, ପହଲେ ସେ କ୍ୟୁଁ ନହିଁ ବତାୟା ?" ଏହା ପରେ ମୋର କଥା ବନ୍ଦ। ଆଉ କ'ଣ କହିବି ? କିନ୍ତୁ ଭଦ୍ରଲୋକ ଖାଣ୍ଟି ରାଜପୁତ। ମୁଁ ଯେତେହେଲେ ତାଙ୍କ ଅତିଥି। ସେ ରାତିରେ ଖାଇବାକୁ ଡାକିଥିଲେ। ସେ ଆତିଥେୟତାର ବର୍ଣ୍ଣନା କଲେ ପ୍ରବନ୍ଧଟି ଗ୍ରନ୍ଥ ଆଡ଼କୁ ମୁହେଁଇବ। ସେଥିରେ ଥିଲା ଖାଦ୍ୟ, ପାନୀୟ, ସଂଗୀତ, ଇତିହାସ ଆଉ କେତେ କ'ଣ। ଆପଣ କ'ଣ ଭାବନ୍ତି ଯେ, ଏହି ହୁଇସ୍କି, ବ୍ରାଣ୍ଡି ପୃଥିବୀର ସର୍ବୋତ୍ତମ ସୁରା ? ସଂସ୍କୃତ ସାହିତ୍ୟର ଗୌଡୀ, ମାଧ୍ଵୀ, କପିଶା ଇତ୍ୟାଦି ଉତ୍ତମ ବସ୍ତୁର ବର୍ଣ୍ଣନା ଅଛି। ଭଗବାନ ବଳରାମ କାଦମ୍ବରୀ ପସନ୍ଦ କରୁଥିଲେ। କିନ୍ତୁ ତାହା ତ' ଆମେ ବହୁକାଳୁ ହରାଇଲୁଣି। କିନ୍ତୁ ଏଗୁଡ଼ିକ ଯେ ଗାଲୁ ଗଳ୍ପ ନୁହେଁ। ତା'ର ପ୍ରମାଣ ଏକ ଭାରତୀୟ ସୁରା "ଆଶା"। ଠାକୁର୍ ସାହେବ୍‌ଙ୍କ ଦାଓ୍ଵତରେ ସେଦିନ ଯେଉଁ "ଆଶା" ଆତ୍ମପ୍ରକାଶ କରିଥିଲା ସେଥିରେ ଥିଲା ଏକ ସଂଗେ ଚନ୍ଦନର ସୁବାସ, ଅଗ୍ନିର ତେଜ, ଆଖୁ ରସର ମଧୁରତା ଯାହାକୁ ଆହୁରି ମଧୁର କରୁଥଲା ଯତ୍‌ସାମାନ୍ୟ ତିକ୍ତସ୍ଵାଦ। ତାହା ସହିତ ଭୋଜନ। ପରେ ସଂଗୀତ। ସେ ଅନବଦ୍ୟ ସ୍ଵର ଓ ଭାବପ୍ରବାହ କେଉଁ ନନ୍ଦନଲୋକକୁ ନେଇଗଲା। ଏପର୍ଯ୍ୟନ୍ତ ମଧ୍ୟ ସେହି ଗୀତର ମୂର୍ଚ୍ଛନା ଭାସିଆସେ। "କାଗା, ଚୁନ୍ ଚୁନ୍ ଖଇୟୋ ମାଂସ। ଇନ ଦୋ ନୈନା ନ ଖଇୟୋ, ପିୟା ମିଲନ 'କି ଆସ୍।' ବିରହିଣୀ ତା ମୃତ୍ୟୁଶଯ୍ୟାରେ କହୁଛି ହେ ଶ୍ମଶାନର କାକ, ମୋର ସବୁ ମାଂସ ଖାଇଯିବୁ। କେବଳ ଆଖି ଦୁଇଟି ଛାଡ଼ିଦେବୁ। କାଳେ ପ୍ରିୟ ଫେରି ଆସିବେ ଓ ତାଙ୍କୁ ଦେଖିବି। ତା' ଆର ଦିନ ମୋର ଯିବାର କଥା। କିନ୍ତୁ ଠାକୁର ସାହେବ ନଛୋଡ଼ବନ୍ଧା। ମୋତେ କହିଲେ ଯେ, ତାଙ୍କ ସାଥିରେ ଶିକାରକୁ ଯିବାକୁ ହେବ। ମୁଁ କେବେ ଶିକାର କରିନାହିଁ ବା କରେନାହିଁ। କିନ୍ତୁ ଠାକୁର ସାହେବ ଛାଡ଼ିଲେ ନାହିଁ। ସେଦିନ ରହିଲେ ତା' ପରଦିନ ପାହନ୍ତାରୁ ହଂସ ଶିକାର। ସେ ସମୟଟା ଇଲାକା ବୁଲିବାରେ କଟିଗଲା ଏବଂ ତାହା ଏକ ଅଭିଜ୍ଞତା। ଠାକୁର୍ ସାହେବ୍ ଏହା ଭିତରେ ମୋର ବଂଶ ପରିଚୟ ନେଇ ସାରିଲେଣି। ମୋତେ ପଣ୍ଡିତଜୀ ଡାକିବା ଆରମ୍ଭ କଲେ। ମୁଁ ଆପତ୍ତି କଲାରୁ ସେ କହିଲେ ଯେ, ବ୍ରାହ୍ମଣକୁ ପଣ୍ଡିତଜୀ, କ୍ଷତ୍ରୀୟକୁ ଠାକୁର୍ ସାହେବ୍, ବୈଶ୍ୟକୁ ଶାହଜୀ ଓ ଶୁଦ୍ରକୁ ଚୌଧୁରୀଜୀ ଡାକିବା ଏହି ଅଞ୍ଚଳର ପରମ୍ପରା। ମୁଁ ମୋର ଅଳ୍ପ ବୟସ ବିଷୟରେ ଆପତ୍ତି କରିବାରୁ ମୋର ଡାକ ବଦଳି କୁଞ୍ଚରଜୀ ହୋଇଗଲା ଏବଂ "ଆପ୍" ଟା "ତୁମ୍" ହୋଇଗଲା। ମୋତେ ବୁଝାଇଲେ ଯେ, ଆଇନ୍‌ଟା କରିବା ସହଜ କିନ୍ତୁ ତାକୁ କାର୍ଯ୍ୟକାରୀ କରିବାରେ ସବୁ ଝାମେଲା ହୁଏ। ତୁମେମାନେ ତ

ଦିଲ୍ଲୀର ଟେବୁଲ ଉପରେ ଦେଶଟାକୁ ଭାଗ କରିଦେଲ। କିନ୍ତୁ ଏହି ଥର୍ ମରୁଭୂମିକୁ ଭାଗ କରିବ କିପରି ? ଏଠି ପାହାଡ଼ ସବୁ ବାଲିର। ତା ଘୁଞ୍ଚି ଯାଏ। ଏଠାର ଜନତା ପଶୁପାଳକ ଯାଯାବର। ଏମାନେ କେତେବେଳେ ଜୟସଲମେର୍‌ରେ ତ କେତେବେଳେ ସିନ୍ଧ୍‌ରେ। ପାକିସ୍ତାନ ପଟେ ଅନେକ ରାଜପୁତ ରହିଯାଇଛନ୍ତି ଓ ଆମ ପଟେ ସିନ୍ଧି ମୁସଲମାନ। ତୁମେ ତ ଦିଲ୍ଲୀରେ ବସି ପାସପୋର୍ଟ ଭିସା କରିଦେଲ। ଏବେ ଏହି ଥର୍‌ର ଯାଯାବରଙ୍କୁ ଏହା ଶିଖାଇବୁ କିପରି ? ସେ ନିୟମକୁ ପାଳିବାକୁ ତାଙ୍କୁ ବାଧ୍ୟ କରିବୁ କିପରି ?

ଏତେବେଳକୁ ମୋର ମୁଣ୍ଡରେ ପଶିଲା ଯେ, ଠାକୁର୍ ସାହେବ୍ ଇଂରେଜୀ ନ ଜାଣିଲେ ମଧ୍ୟ ଶାସନ ଜାଣନ୍ତି ଓ ତା'ର ସମସ୍ୟା ମଧ୍ୟ ଜାଣନ୍ତି। ମୁଁ ମଧ୍ୟ ଦେଖିଲି ଯେ, ଦୁଇଟି ଚେକ୍‌ପୋଷ୍ଟ ମଧ୍ୟରେ ଯାହା ଦୂରତ୍ୱ; ସେଥିରେ ଆମେ ପବନକୁ ଜାଲରେ ଧରିବାର ଅପଚେଷ୍ଟା ମାତ୍ର କରୁଛୁ। ଏଣୁ ମୁଁ ଠାକୁର୍ ସାହେବ୍‌ଙ୍କୁ ଏହାର ସମାଧାନ ବିଷୟରେ ପଚାରିଲି। ଠାକୁର୍ ସାହେବ୍ କହିଲେ ଯେ, ଏ ବିଷୟରେ ସେ ଲଞ୍ଚ୍ (ମଧ୍ୟାହ୍ନ ଭୋଜନ) ପରେ କହିବେ।

ମଧ୍ୟାହ୍ନ ଭୋଜନ ଠାକୁର୍ ସାହେବ୍‌ଙ୍କ ଏକ ଫାର୍ମରେ। ଫାର୍ମରେ ଗୋଟିଏ କୂଅ ଯେଉଁଥିରୁ ଓଟ ଦ୍ୱାରା ପାଣି ଉଠାଯାଉଛି। ସେହି ସ୍ଥାନଟି ଶ୍ୟାମଳିମା ଓ ଛାୟାପୂର୍ଣ୍ଣ ଓ ସେଠାରେ ଚାରିଆଡ଼ର ଅବସ୍ଥା ତୁଳନାରେ ସ୍ୱର୍ଗ ମନେ ହେଉଛି। ମୁସଲମାନ ଧର୍ମରେ ସ୍ୱର୍ଗର ବର୍ଣ୍ଣନା ଯାହା ତାହା ମୋଟାମୋଟି ଏହି ଫାର୍ମ ପରି। ଖାଲି ସ୍ୱର୍ଗନାରୀ (ହୁର) ଏବଂ ସେହିପରି କେତେଟା ଆନୁସଙ୍ଗିକ ବନ୍ଦୋବସ୍ତ ବିନା। ନାନାଦି ଫଳଗଛ ଓ ସବ୍‌ଜୀ କ୍ଷେତ। ମଧ୍ୟାହ୍ନ ଭୋଜନଟା ଠିକ୍ ମରୁସୁଲ କାଇଦାରେ। ବାଜରାର ଘିଅ ପୁଚପୁଚ ରୋଟି, ଲଙ୍କାର ଚଟଣୀ ଓ ପ୍ରଚୁର ଲସି। ସେ ଚଟଣି ଯେପରି ରାଗ, ସେଥିରୁ ଟିକିଏ ରୁଟିରେ ଲଗେଇ ଖାଇଲେ ଗିଲାସେ ଲସି ପିଇବାକୁ ପଡ଼ିବ। ତାହା ସାଥୀରେ ଥିଲା, ବଗିଚାର ଅତି ଉତ୍ତମ ଫଳ ।

ତାହାପରେ ଗଛ ଛାଇରେ ବସି ଠାକୁର୍ ସାହେବ୍ କହିଲେ, "କୁଉଁରଜୀ ତୁମେ ଯେଉଁ ଶାସନ ଦେଖିଛ ଓ ଶିଖିଛ ତାହା ଇଂରେଜଙ୍କ ଶାସନ। କିନ୍ତୁ ତାହା ତ ଶହେ ବର୍ଷ ବି ଟିକିଲା ନାହିଁ। କିନ୍ତୁ ରାଜସ୍ଥାନର ଗୋଟେ ଗୋଟେ ଷ୍ଟେଟ୍‌ର ରାଜବଂଶ ପାଞ୍ଚଶହ ବର୍ଷ ପୁରୁଣା। ମେଠାର କଥା ଛାଡ଼ିଦିଅ। ତା'ର ପୁରାତନତ୍ୱ ସଙ୍ଗେ ପୃଥିବୀର କେଉଁ ରାଜବଂଶର ତୁଳନା ହେବନାହିଁ। ଆମର ବି ଏକ ତରିକା (ପଦ୍ଧତି) ଅଛି। ତାହା ହେଲା ଯେ, ବିଚାର ଅତି ଶୀଘ୍ର ଶେଷ ହେବ। ଦୋଷକୁ ଦେଖି ଶାସ୍ତି ଦିଆଯିବ। ମଝିରେ ମଝିରେ ବଡ଼ ଦୋଷୀକୁ କଠୋର ଦଣ୍ଡ ଦିଆଯିବ। କିନ୍ତୁ ଅବସ୍ଥା ଦେଖି

ଦୋଷୀର ଆଶ୍ରିତମାନଙ୍କୁ ଉପଯୁକ୍ତ ଦୟା କରାଯିବ। କିନ୍ତୁ ତୁମର ଯେଉଁ ବ୍ୟବସ୍ଥା ସେଥିରେ ବିଚାର ତ ପ୍ରାୟ ଶେଷ ହେବନାହିଁ। ଦଣ୍ଡ କ'ଣ ଦେବ, ଦୟା କ'ଣ କରିବ? ଏଣୁ ସମସ୍ତେ ଆଇନ୍‌କୁ ଠକିବେ। ଏ ଦେଶ ହିନ୍ଦୁସ୍ତାନ ଇଂଲଣ୍ଡ ନୁହେଁ। ଏଣୁ ଏହାର ଅବସ୍ଥା ଦେଖି ଆଇନ କରିବାକୁ ହେବ। ଏପରି କି ତୁମ ଦିଲ୍ଲୀର ଆଇନ ଥର୍‌ରେ ଚଳିବ ନାହିଁ ଓ ଥର୍‌ର ଆଇନ୍ ଦିଲ୍ଲୀରେ ଅସମ୍ଭବ।"

ସେତେବେଳେ ଠାକୁର୍ ସାହେବ୍‌ଙ୍କ କଥାର ଗୁରୁତ୍ୱ ଉପଲବ୍ଧି କରିପାରି ନଥିଲି। ବୟସ ବଢ଼ିବା ସଙ୍ଗେ ସଙ୍ଗେ ତାଙ୍କ କଥାର ମୂଲ୍ୟ ବେଶି ବୁଝୁଛି ।

■

ବୀର

ସେ କେଉଁ ସତ୍ୟଯୁଗରେ ଅର୍ଥାତ୍ ପ୍ରାୟ ଚାଳିଶ ବର୍ଷ ତଳେ ମୁଁ ଏବଂ କଲେଜରୁ ସଦ୍ୟ ବାହାରିଥିବା କେତୋଟି ଟୋକା ପଶ୍ଚିମ ଭାରତର ଏକ ପାର୍ବତୀୟ କ୍ଷୁଦ୍ର ସହରରେ ଜୀବନ ଆରମ୍ଭ କଲୁ; ଅର୍ଥାତ ଆମ ଟ୍ରେନିଂ କଲେଜ। ଯେଉଁମାନଙ୍କର ସେନା ବା ପୁଲିସର ଟ୍ରେନିଂ କଲେଜର ଅଭିଜ୍ଞତା ଅଛି ସେମାନେ ସହଜରେ ବୁଝିବେ। କିନ୍ତୁ ସାଧାରଣ ପାଠକ ପାଠିକାଙ୍କୁ କହିରଖେ ଯେ, ତାହା ଏନ୍.ସି.ସି. କ୍ୟାମ୍ପ୍ ନୁହେଁ। ଯେଉଁ ପୁରାଣକାରମାନେ ନର୍କ ବର୍ଣ୍ଣନା କରିଛନ୍ତି ସେମାନଙ୍କର ବର୍ଣ୍ଣନାଟା ବାସ୍ତବବାଦୀ ହୁଏ ନାହିଁ। ତାହା କରିବାକୁ ସେମାନେ ଟ୍ରେନିଂ କଲେଜ ହାବିଲ୍‌ଦାର୍‌ମାନଙ୍କଠାରୁ ବିଶେଷଜ୍ଞ ପରାମର୍ଶ ନେବା ଉଚିତ ଥିଲା। ଜଣେ ସୁବେଦାର ସାହେବ୍ ମୋତେ ବୁଝାଇଥିଲେ (ଅବଶ୍ୟ ଅନେକ ବର୍ଷ ପରେ) ଯେ, ଅଫିସର ଟ୍ରେନିଂ ଯବାନ ଟ୍ରେନିଂ ଠାରୁ ଆହୁରି କଠିନ ହେବା ଉଚିତ; କାରଣ ଅଫିସର ଯବାନମାନଙ୍କୁ ନେତୃତ୍ୱ ଦେଉଥିବାରୁ ସେମାନେ ଆହୁରି ବେଶୀ କଷ୍ଟସହିଷ୍ଣୁ ହେବା ଦରକାର। ଆମର ଓସ୍ତାଦ୍ ଶ୍ରେଣୀ ଏଥିରେ ସଂପୂର୍ଣ୍ଣ ବିଶ୍ୱାସ କରୁଥିଲେ। ତାଙ୍କର ଆଉ ଗୋଟିଏ ମହତ୍ ଉଦ୍ଦେଶ୍ୟ ଥିଲା ଶିକ୍ଷା, ବଂଶ ଇତ୍ୟାଦିର ସମସ୍ତ ଅଭିମାନ ଆମ ମନରୁ ବାହାର କରିଦେବା। ବିଚିତ୍ର ଦଣ୍ଡ ଦେବାରେ ପ୍ରାଚୀନ ଓଡ଼ିଶାର ମାଟିବଂଶ ଅବଧାନଙ୍କ ଏମାନେ ମତାବଲମ୍ବୀ ଥିଲେ। ବିନା କାରଣରେ ବା ଅତି ସାମାନ୍ୟ କଥା ଯୋଗୁଁ ରାଇଫଲ୍‌କୁ ଦୁଇ ହାତରେ ଟେକିଧରି ପଡ଼ିଆ ଚାରିପଟେ ଦୌଡ଼ ବା ସମସ୍ତଙ୍କ ସାମ୍‌ନାରେ ମାଟିରେ ନାକ ଛୁଆଇଁ ଦଣ୍ଡ ପେଲ। କେବଳ ଶାରୀରିକ ପରିଶ୍ରମରେ ଶେଷ ଥିଲେ ହେଲେ ହୁଅନ୍ତା। ତା' ଉପରେ ଦିନରେ ପାଞ୍ଚ ଘଣ୍ଟା କ୍ଲାସ ଯେଉଁଥିରେ ଭାରତର ଆଇନ୍‌କାନୁନ୍ ଠାରୁ ଆରମ୍ଭ କରି କିଛି ଚିକିତ୍ସା ବିଜ୍ଞାନ ପର୍ଯ୍ୟନ୍ତ ତା'ର ପୁଣି ଘନ ଘନ ପରୀକ୍ଷା। କ'ଣ ହେଉଛି ତା' ମନକୁ ପଶୁ ନଥିଲା। କରି ଯାଉଥିଲୁ ।

କିନ୍ତୁ ମନୁଷ୍ୟ ତ ମନୁଷ୍ୟ। ଖୁବ୍ ଶୀଘ୍ର ନିଜକୁ ଅବସ୍ଥା ସହ ଖାପ ଖୁଆଇ ନିଏ। ମାସେ ଖଣ୍ଡେ ପରେ ଆମେ ସେଠି ମଧ୍ୟ ଜୀବନର ଖୋରାକ୍ ପାଇବା ଆରମ୍ଭ କଲୁ। ଗୀତ ଗାଇଲୁ। ଥଟ୍ଟା ପରିହାସ କଲୁ। ଜଣେ ତ କବିତା ଲେଖିବାକୁ ମଧ୍ୟ ସାହସ ଓ ଖୋରାକ୍ ପାଇଲା। ଆମ ଭିତରେ ଜଣକର ଅବସ୍ଥା ଟିକିଏ ବେଶୀ ଦୟନୀୟ ଥିଲା। ତାକୁ ବିମଳେନ୍ଦୁ ଡକାଯାଉ। କାରଣ ତା' ମୁହଁଟି ଗୋଲ୍, ଗୋରା। ଠିକ୍ ଚନ୍ଦ୍ରମୁଖ। ନୁଦୁଶ ନାଦୁଶୁ ବଙ୍ଗୀଳୀ ବାବୁ ଏବଂ ତା'ର ହିନ୍ଦୀଟା ମଧ୍ୟ ଖାଣ୍ଟି ବଙ୍ଗାଳୀ। ପିଓଟିୟର ସର୍କସ ଖେଳ ବା ଡ୍ରିଲ୍‌ର ସ୍ୱଚକ୍ଷୁର ମହତ୍ତ୍ୱ ବିଚରା ହୃଦୟଙ୍ଗମ କରି କାର୍ଯ୍ୟରେ ପରିଣତ କରିବାରେ ଯଥେଷ୍ଟ ଦକ୍ଷତା ନପାଇବାରୁ ଓସ୍ତାଦ୍‌ମାନଙ୍କଠାରୁ ଯାହା ଶୁଣୁଥିଲା ତା' ଏଠି ଲେଖିହେବ ନାହିଁ। କେବଳ ଭୁକ୍ତଭୋଗୀ ଜାଣନ୍ତି।

ଆମର ଏହି ଆଉଟ୍‌ଡୋର ଅର୍ଥାତ୍ ଡ୍ରିଲ୍ ଅସ୍ତ୍ର ଇତ୍ୟାଦିର ଶିକ୍ଷକ ବା ଉସ୍ତାଦ୍‌ମାନଙ୍କ ଭିତରେ ନିଶ ପ୍ରବଳ। ସମସ୍ତେ ପ୍ରାୟ ରାଜପୁତ ବା ଶିଖ୍। ଏଣୁ ଏକ ପ୍ରକାର ନିଶ ପ୍ରଦର୍ଶନୀ। ପ୍ରାୟ ପନ୍ଦର ଜଣ ଉସ୍ତାଦ୍ ଥିଲେ ଏବଂ ପ୍ରତ୍ୟେକଙ୍କର ନିଶର ଫେଶନ ଅଲଗା। ହଠାତ୍ ବିମଳେନ୍ଦୁର ମନେହେଲା ଯେ, ଏହି ନିଶ ଲାଗି ଉସ୍ତାଦ୍‌ମାନେ ତା' ଉପରେ ଅତ୍ୟାଚାର କରିପାରୁଛନ୍ତି କାରଣ ତାହାର ନିଶହୀନ ବ୍ୟକ୍ତିତ୍ୱ ଏକ ହୀନମନ୍ୟତାର ଶିକାର ହୋଇଯାଉଛି। ଏଣୁ ସେ ସ୍ଥିର କଲା ଯେ, ସେ ତା'ର ବ୍ୟକ୍ତିତ୍ୱ ବା ପୁରୁଷତ୍ୱ ଜାହିର କରିବାକୁ ନିଶ ବଢ଼େଇବ। ତା'ପରେ ଆରମ୍ଭ ହେଲା ଏକ ତପସ୍ୟା। ଖାଲି ନିଶ ରଖିଲା ତା' ନୁହେଁ, ତା'ର ବହୁତ ସେବା କଲା। ସକାଳ ସନ୍ଧ୍ୟା ତା' ଉପରେ ମେଞ୍ଚେ ଲେଖେ ଲହୁଣୀ ଘଷିଲା। ଯେତେବେଳେ ସମୟ ପାଇଲା ଦର୍ପଣ ଦେଖିଲା। କିନ୍ତୁ ଧୀରେ ଧୀରେ ବିଭୁ କୃପାରୁ ତା'ର ନିଶ ସୁନ୍ଦରବନ ଜଙ୍ଗଲ ପରି ଘନ ହୋଇ ଉଠିଲା। ବିମଳେନ୍ଦୁ ମଧ୍ୟ ତା'ର ଲହୁଣୀ ବରାଦ ବଢ଼େଇ ଦେଲା। ଯଥା ସମୟରେ ତାହା ଏକ ବିରାଟ ରାଜପୁତୀ ମୁଛରେ ପରିଣତ ହେଲା। ଏଣୁ ତା'ର ମୁଖମଣ୍ଡଳ ଶୋଭା କିବା ବର୍ଣ୍ଣିବା? ମୁହଁଟା ତ ସେହି ଗୋଲଗାଲ ବଙ୍ଗାଳୀ। ତାକୁ ମାଡ଼ି ବସିଲା ଏହି ରାଜପୁତୀ ନିଶ। ଏଣୁ ମନେହେଲା ଯେ, ଏଥିରେ ଦୁଇଟା ଲୋକ ଅଛନ୍ତି। ଏକ ନମ୍ବର ବିମଳେନ୍ଦୁ ବାବୁ, ଦୁଇ ନମ୍ବର ଠାକୁର୍ ଗର୍ଜନ ସିଂହ।

ବିମଳେନ୍ଦୁର ହିନ୍ଦୀ ଅନନ୍ୟ ଓ ଅନବଦ୍ୟ। ଟ୍ରେନିଂରେ ଗୋଟିଏ ପାଠ ଅଛି- ଯଦି ଉତ୍ତ୍ୟକ୍ତ ଜନତା ଉପରେ ଗୁଳି ଚଳାଇବାକୁ ହୁଏ ସେତେବେଳେ ଭାରତୀୟ ଆଇନ ଅନୁଯାୟୀ କ'ଣ ପଦକ୍ଷେପ ନେବାକୁ ହେବ। ମାଜିଷ୍ଟ୍ରେଟ୍ ବା ସେ ନଥିଲେ ଉପସ୍ଥିତ ବରିଷ୍ଠ ପୁଲିସ ଅଫିସର ଏହି ଜନତାକୁ ପ୍ରଥମେ ସାବଧାନ କରିଦେବ ଯେ,

ସେମାନଙ୍କର ସମାବେଶ ବେଆଇନ ଏବଂ ସେମାନେ ଚାଲି ନଗଲେ ସେମାନଙ୍କ ଉପରେ ଗୁଳିଚାଳନା କରାହେବ। ସେଠି ଯେଉଁ ହିନ୍ଦୀ ଚାଲୁଥିଲା ତା' କାର୍ଯ୍ୟତଃ ଉର୍ଦ୍ଦୁ। ଆଇନର ଭାଷା ବର୍ତ୍ତମାନ ମଧ୍ୟ ସେହିପରି। ହିନ୍ଦୀ ଉର୍ଦ୍ଦୁରେ ଏଭଳି ଜନତାକୁ କୁହାଯାଏ 'ବଲଓ୍ୱାଇ'। Riot ହିନ୍ଦୀ ବା ଉର୍ଦ୍ଦୁ ଅର୍ଥ ହେଲା 'ବଲଓ୍ୱା'। ଏଣୁ Rioter ହେଲା 'ବଲଓ୍ୱାଇ'। ଚିତ୍କାର କରି (ସେତେବେଳେ ପୋର୍ଟେବ୍‌ଲ ମାଇକ୍ ନଥିଲା।) କହିବାକୁ ହେବ "ବଲଓ୍ୱାଇୟୋଁ ଭାଗ ଯାଓ" ଇତ୍ୟାଦି। କିନ୍ତୁ ବିମଳେନ୍ଦୁ ତା'ର ପାଳି ପଡ଼ିଲାବେଳକୁ ଚିତ୍କାର କଲା "ହଲଓ୍ୱାୟୋଁ...ଇତ୍ୟାଦି"। ହଲଓ୍ୱାଇ ମାନେ ମିଠେଇ ବାଲା। ସାଙ୍ଗେ ସାଙ୍ଗେ ଅଟ୍ଟହାସ୍ୟ ଏବଂ ଆମ ତରଫରୁ ମୃଦୁ ଗୁଞ୍ଜନ। "ନହିଁ ତୁମ୍ହାରେ ଲଡ୍‌ଡୁ ପେଡ଼ା ଖା ଯାଏଙ୍ଗେ" ଇତ୍ୟାଦି। ବିଚରା ବିମଳେନ୍ଦୁ କିଛି ବୁଝିପାରିଲା ନାହିଁ। ଏଣୁ କେବଳ ଘନ ଘନ ନିଶ ମୋଡିବାକୁ ଲାଗିଲା ।

ଶୀଘ୍ର ବିମଳେନ୍ଦୁ ବୁଝିପାରିଲା ଯେ, ତା'ର ଏହି ଜବରଦସ୍ତ ନିଶ ସତ୍ତ୍ୱେ ତା'ର କଷ୍ଟ ସହିବାର କ୍ଷମତା କମ୍। ମେଧାବୀ ପିଲା। ଟ୍ରେନିଂ କଲେଜର ପରୀକ୍ଷାରେ ଭଲ କରେ। ଓସ୍ତାଦ୍‌ମାନେ ଯେତେ ନିଷ୍ଠୁର ହେଲେ ମଧ୍ୟ ସହଜେ କାହାକୁ ଫେଲ୍ ହେବାକୁ ଦିଅନ୍ତି ନାହିଁ। ତା' ଉପରେ ଢ଼େର ପରିଶ୍ରମ କରି ତାକୁ କୌଣସି ମତେ ଠେଲି ପାଶ୍ କରାଇ ଦିଅନ୍ତି। ସେ ପାଶ୍ କରି ଜଏନ୍ କରିବା ପରେ ତିବତ୍ ଓ ନେପାଳର ଭାଷା ଶିଖିବାକୁ ଗଲା ଏବଂ କୌଣସି ପ୍ରକାରେ ଦିଲ୍ଲୀରେ ଥାକିଗଲା। ନିଶ ଅବଶ୍ୟ ବହୁତ ଛୋଟ କରିଦେଲା। ଆମ୍ଭେମାନେ ନିଜ କର୍ମ ଆଦରି ନାନା ସ୍ଥାନରେ ରହିଲୁ। ମୋର ହିମାଳୟ ସହିତ କାରବାର ଥିବାରୁ ବିମଳେନ୍ଦୁ ସାଙ୍ଗେ ସଂପର୍କ ଥିଲା। ଦିଲ୍ଲୀ କାମରେ ଗଲେ ତା' ପାଖକୁ ହିଁ ଯିବାକୁ ପଡୁଥିଲା। ଯଦିଚ ତା'ର ପ୍ରମୋଶନ ଇତ୍ୟାଦିରେ ଟିକିଏ ଡେରି ହେଉଥିଲା, ତଥାପି ସେ ସୁଖୀ ଥିଲା। କାରଣ ତା'ର ସ୍ତ୍ରୀ ଓ ଦୁଇଟି ପିଲାଙ୍କୁ ନେଇ ଏକ ନିରୁଦ୍‌ବେଗ ଜୀବନ କାଟୁଥିଲା। ମୁଁ ମଧ୍ୟ ବେଳେ ବେଳେ ଭାବୁଥିଲି ଯେ ବିମଳେନ୍ଦୁ ମୋଠାରୁ ଭଲରେ ଅଛି ଯଦିଚ ମୁଁ ତା'ଠାରୁ ଉଚ୍ଚ ପଦରେ।

ହଠାତ୍ ଦିନେ ଶୁଣିଲି ଯେ, ଦିଲ୍ଲୀର ଏକ ବହୁ ମହଲା କୋଠାରେ ନିଆଁ ଲାଗିଗଲା ଓ ଦମକଳ ତାହାକୁ ଚାରିଘଣ୍ଟା ପରେ ଆୟତ୍ତ କରିପାରିଲା। ପ୍ରାୟ ସମସ୍ତଙ୍କୁ ଉଦ୍ଧାର କରି ନିଆଗଲା। ସେହି କୋଠାରେ ବିମଳେନ୍ଦୁର ଅଫିସ୍ ହୋଇଥିବାରୁ ମୁଁ ଚିନ୍ତିତ ହେଲି ଓ ଖବର ନେବାରେ ଜଣାପଡ଼ିଲା ଯେ, ବିମଳେନ୍ଦୁ ନିରାପଦ; କିନ୍ତୁ ଡାକ୍ତରଖାନାରେ। ତା'ପରେ ଶୁଣିଲି ଯେ, ଏଥିରେ ବିମଳେନ୍ଦୁ ମହାନ୍ ବୀରତ୍ୱ ଦେଖାଇଛି ଏବଂ ନିଜେ ସେହି ଜଳନ୍ତା ଅଗ୍ନିକୁଣ୍ଡ ପାଖରେ ରହି ସମସ୍ତଙ୍କୁ ଜଣ ଜଣ କରି ଦମକଳ ସିଢି ଦେଇ ପାର କରିଦେଇଛି। ତା'ପରେ ସେ ଧୂଆଁ ଯୋଗୁଁ ପଡ଼ିଯାଇଛି।

କିନ୍ତୁ ଦମକଳ ବାଲା ଗ୍ୟାସ୍ ମାସ୍କ ପିନ୍ଧି ସେ କୋଠରୀକୁ ପଶି ତାକୁ ସେଠୁ ମୂର୍ଚ୍ଛିତ ଅବସ୍ଥାରେ ଉଦ୍ଧାର କରିଛନ୍ତି। ତାହାର ଏହି ବୀରତ୍ୱ ଲାଗି ତାକୁ ପଦକ ମିଳିବ।

କିଛିଦିନ ପରେ ମୁଁ ଦିଲ୍ଲୀ ଟୁର୍‌ରେ ଆସିଲି। ଏଣୁ ବିମଳେନ୍ଦୁ ସାଙ୍ଗେ ଦେଖା। ତା'କୁ ପଚାରିଲି, "ତୋ ଭିତରେ ଏହା କେଉଁଠି ଥିଲା ? ଆମେ ତ ସନ୍ଦେହ କରି ନଥିଲୁ ଏବଂ ତୁ ତ ସବୁମନ୍ତେ କବିଙ୍କ ଭାଷାରେ – ରେଖେଛୋ ବାଙ୍ଗାଲୀ କରେ ମାନୁଷ୍ କରୋନି - ଧରଣର ମାଲ୍ ଥିଲୁ। ତୋ ନିଶ ମଧ୍ୟ କାଟି ସାରିଲୁଣି। ହଠାତ୍ ଏ ବୀରତ୍ୱ, ଏ ବଳିଦାନ ତୋ ଭିତରେ କିପରି ଗଜୁରିଲା ?" ବିମଳେନ୍ଦୁ କହିଲା, "ଉମା, ବୀରତ୍ୱ ଫିରତ୍ୱ ବାଜେ କଥା। ତତେ ସତ କହୁଛି, ବାର ମହଲାର ତଳକୁ ଚାହିଁ ଦେଲାରୁ ମୁଣ୍ଡ ବୁଲେଇଗଲା। ବୁଝିଲି ଯେ, ଏହି ଦମକଳ ସିଢ଼ିରେ ଓହ୍ଲାଇଲେ ମୁଣ୍ଡ ବୁଲେଇ ପଡ଼ିଯିବି। ତା'ଠାରୁ ଏହି ଘରେ ମୃତ୍ୟୁକୁ ଅପେକ୍ଷା କରେ। ଏଣୁ ସମସ୍ତଙ୍କୁ ଜଣ ଜଣ କରି ତଳକୁ ପଠେଇଲି। ପ୍ରକୃତ ବୀର ହେଲା ସେ ଫାୟାରମ୍ୟାନ ଯେ ମୋତେ ପିଠିରେ ପକାଇ ସିଢ଼ି ବାଟେ ଓହ୍ଲାଇଗଲା। କିନ୍ତୁ ସେ ଅବଶ୍ୟ ଏ କାମ ଜାଣେ ଓ ଆଗରୁ କରିଛି।"

■

ଜେମ୍ସ ସାହେବ

୧୯୬୨ ଡିସେମ୍ବର, ୧୯୬୩ ଜାନୁୟାରୀ। ଅରୁଣାଚଳ ପ୍ରଦେଶ ବା ସେତେବେଳର ନେଫା (NEFA)। ଭାରତ ଉପରେ ଚୀନ ଆକ୍ରମଣ ହୋଇଗଲା। ଚ଼ୀନାମାନେ ଆସିଲେ ଓ ଗଲେ। ଫଳରେ ସେଠାରେ ଯାହା ଶାସନ ବ୍ୟବସ୍ଥା ଥିଲା, ଭୁଷୁଡ଼ି ଯାଇଥିଲା। ମୁଁ ଓ ମୋ ପରି କେତୋଟି ଟୋକା ଅଫିସର ସେଠାକୁ ଗଲୁ, ପୁଣି ଭଙ୍ଗା ଘରକୁ ତୋଳିବା ପାଇଁ। ସେତେବେଳର ମାନସିକ ଅବସ୍ଥା ବର୍ତ୍ତମାନ କଳ୍ପନା କରିବା କଷ୍ଟ। ପରାଜିତମାନେ କ'ଣ ତାହା ଆମେମାନେ ନିଜ ଭିତରେ ଅନୁଭବ କରୁଥିଲୁ। ଭଗବାନ କରନ୍ତୁ ଆଉ କେବେ ଭାରତ ତାହା ନ ଭୋଗୁ। ଏହି ଅନୁଭୂତି ତିଆରି ହୋଇଥିଲା ଲଜ୍ଜ୍ୟା, ରାଗ, ନିଃସହାୟତା ଓ ବ୍ୟର୍ଥତାର ସମ୍ମିଶ୍ରଣରେ, ତା' ସହିତ ଥିଲା ଭୟ। ସେତେବେଳେ ନେଫାରେ ଚୀନାଙ୍କୁ କୁହାଯାଉଥିଲା 'ମାମାଲୋଗ'। ଏଠି ମାମୁଟା ପୂରା ବାଘମାମୁଁ ଅର୍ଥରେ। ରାତିରେ ନିଦ ପର୍ଯ୍ୟାପ୍ତ ହେଉ ନଥିଲା।

ମୁଁ ନୂଆ ଏବଂ ହିମାଳୟ ଆଗରୁ ଦେଖି ନଥିଲି। ବରଫ ପଡ଼ିବା କ'ଣ ଜାଣି ନଥିଲି। ଏହି ଅପରିଚିତ ନେଫାରେ ମୋତେ ମିଳିଲା ସିୟାଂ ଡ଼ିଭିଜନ। ସିୟାଂ ନଦୀ ନାଆଁରେ ଡ଼ିଭିଜନ ବା ଜିଲ୍ଲାର ନାମ ହୁଏ। କାମେଂ, ଲୋହିତ, ସୁବନଶିରି। ଏହି ସିୟାଂ ପ୍ରକୃତରେ ବ୍ରହ୍ମପୁତ୍ର। ମାନସରୋବରରୁ ବାହାରି ଦୁଇ ହଜାର ମାଇଲ ପୂର୍ବବାହୀ ହୋଇସାରିବା ପରେ ହଠାତ୍ ଦକ୍ଷିଣକୁ ମୋଡି ଯାଏ ଏବଂ ହିମାଳୟ ଭାଙ୍ଗି ଭାରତକୁ ଆସେ। ପାଠକେ ଜାଣିଥିବେ ବ୍ରହ୍ମପୁତ୍ର ନଦୀ ନୁହେଁ, ନଦ। ପୁଲିଙ୍ଗ। ତା'ର ପୌରୁଷ ଏହି ସିୟାଂ ଡିଭିଜନ (ଆଜିକାଲି ପୂର୍ବ ସିୟାଂ ଜିଲ୍ଲା)ରେ ଏହା କୂଳରେ ଥିବା କୌଣସି ପର୍ବତ ଉପରେ ଠିଆହୋଇ ଦେଖିଲେ ଜଣାପଡ଼ିବ ।

ବାଷଠି ତେଷଠି ସାଲରେ ସେଠି ରାସ୍ତା ନଥିଲା। ଏଣୁ ଜିପ୍ ନଥିଲା। ଭାରତରେ

ହେଲିକପ୍ଟର ମଧ୍ୟ ପ୍ରାୟ ନଥିଲା। ଏଣୁ ଚାଲି ଚାଲି ଗସ୍ତ। ମୋର ହେଡ୍‌କ୍ୱାର୍ଟରଠାରୁ କୌଣସି କୌଣସି ସୀମା ପୋଷ୍ଟ ମାସକର ଚଲାବାଟ। ତାହା ଏକ ଅଦ୍ଭୁତ ଅଭିଜ୍ଞତା। ଦିନକୁ ଦଶ ମାଇଲ ଚାଲିଲେ ବହୁତ, କାରଣ ସେହି ଦଶମାଇଲରେ ଆପଣ ଦୁଇହଜାର ଫୁଟ ଉଚ୍ଚତାରୁ ଦଶହଜାର ଫୁଟ ପର୍ଯ୍ୟନ୍ତ ଚଢ଼ି ପୁଣି ତିନି ହଜାରକୁ ଓହ୍ଲାଇବେ। ସମତଳ ନାହିଁ। ବେତାରଯନ୍ତ୍ରର ଘୋର ଅଭାବ। ଏଣୁ ଏତେ ଟୋକା ଜୁନିଅରମାନେ ଟୁର୍‌ରେ ନେଇପାରିବେ ନାହିଁ। ମୁଁ ଥରେ ଅଠର ଫେବୃୟାରୀରେ ଗସ୍ତରେ ବାହାରି ଛବିଶ ମେ' ରେ ଫେରିଲି। ମଝିରେ ମୋ ଭଉଣୀର କଟକରେ ବାହାଘର ହେଲା। କିନ୍ତୁ ମୋତେ ଜଣାଇବାର ଉପାୟ ନଥିଲା। ଟ୍ରାନ୍‌ଜିଷ୍ଟର ବିପ୍ଳବ ଆରମ୍ଭ ହୋଇ ନଥିଲା। ଏଣୁ ମନୋରଞ୍ଜନର ବ୍ୟବସ୍ଥା ନିଜେ କରିବାକୁ ପଡୁଥିଲା ଅର୍ଥାତ୍ ଗାଇ ଆସୁ ବା ନଆସୁ, ନିଜେ ଗାଉଥିଲୁ, ତାହା ମଧ୍ୟ ନାନା ଭାଷାରେ। ଏବେ ମଧ୍ୟ ବେଳେ ବେଳେ ରାତିରେ ନିଦ ଭାଙ୍ଗିଗଲେ ଗୋଟିଏ ନେପାଳୀ ଗୀତର ସ୍ୱରଲହରୀ ମନରେ ଭାସିଆସେ। 'ସମ୍‌ଝାଉନ୍‌ଛ ଙ୍କାଛିକୋ ମ ଲାଇ, ବିଦାୟ କେ ବେଲା ମା।' ମୁଁ ବିଦାୟ ବେଳାରେ ପ୍ରିୟାର ସାମ୍‌ନା କରିପାରିବି ନାହିଁ। ହେ ବନ୍ଧୁ ତୁମେ ସେ ଅବୁଝାକୁ ଟିକିଏ ମୋ ଲାଗି ବୁଝାଇ କହିବ।

ଏହି ପର୍ବତ ଉପତ୍ୟକା ବୁଲୁଥିବା ସମୟରେ ସେଠାର ଉପଜାତିମାନଙ୍କଠାରୁ ଜଣଙ୍କ ନାମ ଖୁବ୍ ଶୁଣୁଥିଲି। ସେ ହେଲେ ଜେମ୍‌ସ ସାହେବ। ଗାମ୍ (ମୁଖିଆ)ମାନେ ତାଙ୍କ ପ୍ରଶଂସାରେ ପଞ୍ଚମୁଖ। ମୋତେ ସବୁବେଳେ ମନେ ହେଉଥଲା ଯେ, ମୋର କାର୍ଯ୍ୟକଳାପ ଜେମ୍‌ସଙ୍କ ସାଙ୍ଗେ ତୁଳନା କରାଯାଉଛି ଏବଂ ମୁଁ ହୁଏତ ପରୀକ୍ଷାରେ ପାଶ୍ କରିପାରୁ ନାହିଁ। ଜେମ୍‌ସଙ୍କ ଶାରୀରିକ ଶକ୍ତି, ତାଙ୍କର ନିଜକୁ ଅକ୍ତିଆରରେ ରଖି ମଦ ହଜମ କରିଯିବାର କ୍ଷମତା, ତାଙ୍କର ନ୍ୟାୟ ବିଚାର ଏବଂ ଦୋଷୀକୁ ତତ୍‌କ୍ଷଣାତ ଦଣ୍ଡଦେବା ଇତ୍ୟାଦି ବିଷୟରେ ବହୁତ ବକ୍ତୃତା ଓ ଗଳ୍ପ ଶୁଣିଲି। ଜଣେ ବୃଦ୍ଧ ମୁଖିଆ ମୋତେ ଦିନେ କହିଲେ, ଆପଣଙ୍କର ସବୁ ଭଲ, କିନ୍ତୁ ମନରେ ଦୟା ଟିକିଏ ବେଶୀ। ଦଣ୍ଡ ଦେବାକୁ ପଛାଉଛନ୍ତି କାହିଁକି ? ସାଙ୍ଗେ ସାଙ୍ଗେ ଦଣ୍ଡ ଦେଇଦେଲେ ସିନା କଥା ଛିଡି ଯାଆନ୍ତା। ମୁଁ ଭାବିଲି, ହାୟ ଏ ବାପାଙ୍କ ଭଳି ବୃଦ୍ଧଙ୍କୁ କିପରି ବୁଝାଇବି ଯେ ଜେମ୍‌ସଙ୍କ ପରି ମୁଁ ଯଦି ମାଡ଼ ଦିଏ, ଆଇନ ଓ ଓକିଲ ମୋ ଚମଡ଼ା ଉତ୍ତାରି ନେବେ। ତେବେ ବୁଢ଼ା କ'ଣ ଠିକ୍ କହୁ ନଥିଲା କି। ଆମର ଅଧେ ସମସ୍ୟା ତ ଦୋଷୀକୁ ଦଣ୍ଡ ନଦେଇ ପାରିବାରୁ ଉପୁଜିଛି।

ସେ ସମୟରେ ଉଭୟ ଭାରତ ଓ ଚୀନ ନିଜ ନିଜର ଦାବି ଲାଗି ପ୍ରମାଣ ଖୋଜୁ ଥାଆନ୍ତି ଏବଂ ଉପସ୍ଥାପିତ କରୁଥାଆନ୍ତି। ଆମକୁ ମଧ୍ୟ କୁହାଯାଇଥିଲା ଯେ, ପ୍ରମାଣ

ଖୋଜ। ପ୍ରମାଣକର ଯେ ତିବ୍ବତ ସରକାର କେବେ ଏଠି ରାଜତ୍ୱ କରିନାହିଁ। କେବେ ଖଜଣା ନେଇନାହିଁ ଇତ୍ୟାଦି। ପ୍ରକୃତ କଥା ହେଲା ଯେ, ସେଠି କାହାର ଶାସନ ନଥିଲା। ହିମାଳୟ ଆରପଟେ ଥିଲା ତିବ୍ବତର ଦଲାଇଲାମା ସରକାର। ସେମାନେ ଏଠି କେବେ ସ୍ଥାୟୀ ବା ଅସ୍ଥାୟୀ ସରକାର କରି ନଥିଲେ। ମଝିରେ ମଝିରେ ଆସି ଲୁଟ୍‌ପାଟ କରୁଥିଲେ। ଯାହାକୁ ଚୀନାମାନେ ଖଜଣା ଆଦାୟ କହୁଥିଲେ, ସେ ମଧ୍ୟ ଆଠଦଶ ବର୍ଷରେ ଥରେ। ତା'ର କାରଣ ଦୁର୍ଗମ ପଥ। ଉପଜାତିମାନେ ନିଜକୁ ଶାସନ କରୁଥିଲେ ଓ ମୋଟାମୋଟି ସୁଶାସନ ଥିଲା। ଆପଣ ଆଶ୍ଚର୍ଯ୍ୟ ହେବେ ଯେ, ସେମାନେ ଗଣତନ୍ତ୍ର ପ୍ରେମୀ ଥିଲେ। ପ୍ରତ୍ୟେକ ଉପଜାତି ତିବ୍ବତ ଓ ଆସାମ ମଧ୍ୟରେ ବ୍ୟବସାୟ କରୁଥିଲା। ପ୍ରକୃତି ମଧ୍ୟ ଏଥିଲାଗି ତାଙ୍କୁ ସୁବିଧା କରି ଦେଇଥିଲା। ଖରା ଓ ବର୍ଷା ଦିନେ ନଦୀରେ ବଢ଼ି ଓ ଆସାମ ଯିବାର ପଥ ଦୁର୍ଗମ। କିନ୍ତୁ ସେ ସମୟରେ ହିମାଳୟର ପାସ୍ ବା ଗିରିସଙ୍କଟ ଗୁଡ଼ିକ ବରଫମୁକ୍ତ, ଏଣୁ ତିବ୍ବତ ଯିବା ସୁବିଧା। ଶୀତଦିନେ ଆସାମକୁ ପଥ ସୁଗମ ଓ ତିବ୍ବତକୁ ପଥ ବନ୍ଦ। ତିବ୍ବତ ହେଉ ବା ଆସାମ, ଯେଉଁଠି ବଜାର ବସୁଥିଲା ସେଠି କିଛି ଅକ୍‌ଟ୍ରାଇ ପରି ଟିକସ୍ ବସୁଥିଲା ଓ ବ୍ୟବସାୟ କରିବାକୁ ଆସିଥିବା ଜାତିମାନେ ତା' ଦେଉଥିଲେ। ଏହାକୁ ହିଁ ଚୀନ ଖଜଣା ଆଦାୟ ଏବଂ ଶାସନର ପ୍ରମାଣ ବୋଲି ପ୍ରଚାର କରୁଥିଲା। ଏଣୁ ସେତେବେଳେ ଆମର ଏକ ପ୍ରଧାନ କାମ ଥିଲା ଓଲଟା ପ୍ରମାଣ ସଂଗ୍ରହ କରିବା। ସେ ବଡ଼ ଅଦ୍ଭୁତ ଦୁନିଆ। ଉପଜାତିମାନଙ୍କ କାହାଣୀ, ସେମାନଙ୍କର ପରମ୍ପରା ଏବଂ ବୌଦ୍ଧ ମଠମାନଙ୍କରେ ରକ୍ଷିତ ଲୁଂତେନ ନାମକ ଗ୍ରନ୍ଥ। ଏହା ଅଧା ଇତିହାସ ଓ ଅଧା ଭବିଷ୍ୟତବାଣୀ। ଏଣୁ ସେଥିରୁ କେଉଁ କଥାଟା ହୋଇଯାଇଛି ଏବଂ କେଉଁ କଥାଟା ହେବ ଏହା ବୁଝିବା ଦୁଷ୍କର। ଏଥିରେ ପୂର୍ବାଗ୍ରହ ଓ ଭକ୍ତି ଆପଣଙ୍କୁ ଅସୁବିଧାରେ ପକାଇ ଦେଇପାରେ। ଗୋଟିଏ ଉଦାହରଣ ଦେଉଛି। ନାନା ମଠରେ ଇତିହାସରେ ଏକ ଦାଢ଼ିବାଲା ଭାରତୀୟ ସନ୍ନ୍ୟାସୀଙ୍କର ଉଲ୍ଲେଖ ଅଛି। ସେହି କଥାଟିକୁ ଶିଖ୍ ଓ ପଞ୍ଜାବୀ ହିନ୍ଦୁମାନେ ଗୁରୁ ନାନକ ଏଠାକୁ ଆସିଥିବାର ପ୍ରମାଣ ବୋଲି ଧରି ନେଇଥିଲେ।

ଯାହାହେଉ ମୁଁ ତିବ୍ବତୀୟ ଶାସନର ପଦଚିହ୍ନ ଖୋଜି କ୍ରମଶଃ ଉତ୍ତରକୁ ଗଲି। ଶେଷରେ ଭାରତର ସୀମାରେ ପହଞ୍ଚିଲି। ତିବ୍ବତ ଶାସନର କୌଣସି ପ୍ରମାଣ ମିଳିଲା ନାହିଁ। ସେଠି ସୀମାଟା ଅଦ୍ଭୁତ। ବାକି ସବୁଠାରେ ସୀମା ସର୍ବୋଚ୍ଚ ପର୍ବତ ଶ୍ରେଣୀର ଶିଖର ହିଁ ହୋଇଥାଏ। ତାହାହିଁ ସାଧାରଣତଃ ଜଳ ବିଭାଜକ ବା Watershed। କିନ୍ତୁ ଏଠି ସୀମା ଏକ କ୍ଷୁଦ୍ର ପର୍ବତ ଶ୍ରେଣୀ। ଅବଶ୍ୟ ହିମାଳୟ ହିସାବରେ କ୍ଷୁଦ୍ର ପାଞ୍ଚହଜାର ଫୁଟରୁ ଦଶହଜାର ଫୁଟ ପର୍ଯ୍ୟନ୍ତ। ଏପରି ସ୍ଥାନରେ ତ' କେଉଁଠି ସୀମା

ହୁଏ ନାହିଁ। ଏହି ବ୍ୟତିକ୍ରମର କାରଣ କ'ଣ ? ଆରପଟେ କ'ଣ ସବୁବେଳେ ତିବ୍ଦତର ଶାସନ ଥିଲା ? ତା' ମଧ୍ୟ ନୁହେଁ। ପ୍ରକୃତ ସୀମା ସେଠାରୁ ପ୍ରାୟ ୮୦ ମାଇଲ ଉତ୍ତରରେ ବୋସାଙ୍ଗଲା ଗିରିସଙ୍କଟ ପାଖେ ହେବା ଉଚିତ୍ ଥିଲା। ଯେତେ ପଚାରିଲେ ମଧ୍ୟ କୌଣସି ସୁରାକ ମିଳିଲା ନାହିଁ। କେବଳ ଗୋଟିଏ ଉତ୍ତର 'ଜେମ୍‌ସ ସାହେବ ଏଠାରୁ ଫେରିଗଲେ'। ଏହି ଅଞ୍ଚଳଟା ବହୁତ ଦିନ ଶାସନହୀନ ହୋଇ ପଡ଼ିଥିଲା। ଚୀନାମାନେ ମଧ୍ୟ ଏହାକୁ ଅଧିକାର କରି ନଥିଲେ । ଦଲାଇଲାମା ଭାରତ ଆସିଲା ପରେ ଚୀନାମାନେ ଏହି ଅଞ୍ଚଳରେ ଶାସନ ସ୍ଥାପନ କଲେ। ଏହି ଅଞ୍ଚଳର ନାମ ପେମାକୋ। ପେମା ଶବ୍ଦର ଅର୍ଥ ପଦ୍ମଫୁଲ। ଏଣୁ ଏହାକୁ ପଦ୍ମଫୁଲର ଦେଶ କୁହାଯାଇପାରେ ।

ହଠାତ୍ ଜେମ୍‌ସ ସାହେବ କାହିଁକି ଫେରିଗଲେ ତା' ମୁଁ ଏ ପର୍ଯ୍ୟନ୍ତ ବୁଝି ପାରିନାହିଁ। ହୁଏତ ବହୁତ ଦିନ ଟୁର୍‌ରେ ଥିଲେ ଏବଂ ଫେରିବା ଜରୁରୀ ହୋଇ ଯାଇଥିଲା। ହୁଏତ ଆରବର୍ଷ ଫେରି ଆହୁରି ଆଗକୁ ଯିବାର ଇଚ୍ଛା ଥିଲା। କିନ୍ତୁ ଦୈବ ଦୁର୍ଯୋଗରୁ ହେଲା ନାହିଁ। ହୁଏତ ଦେହ ଖରାପ ହୋଇଗଲା। ମୁଁ ତାଙ୍କର ଉତ୍ତରସାଧକ ହୋଇ ପହଞ୍ଚିଲି। କିନ୍ତୁ ହାୟ ସେତେବେଳକୁ ପେମାକୋ ଅଧିକୃତ। ସେଠି ପଶିବାର ପ୍ରଶ୍ନ ଉଠୁନଥିଲା। କେବଳ ବହୁ ଦୂରରେ ସେହି ସୁଉଚ୍ଚ ନାମ୍‌ଚେ ବାରୱା ଶୃଙ୍ଗ ଦେଖାଗଲେ ହୃଦୟରେ ଅବଶ୍ୟ ଏକ ଆଘାତ ଲାଗୁଥିଲା। କାରଣ ମୋ ମତରେ ଭୌଗୋଳିକ ନିୟମ ଅନୁଯାୟୀ ସେଠାରେ ହିଁ ଭାରତର ସୀମା ହେବା ଉଚିତ ଥିଲା।

ଦିନେ ଏହି ପ୍ରଶ୍ନ ମୁଁ ବ୍ରିଗେଡିୟର ଗୁରବଚନ ସିଂହଙ୍କୁ ପଚାରିଲି। ଏପରି ଲୋକ କମ୍ ଅଛନ୍ତି। ସିପାହୀରେ ଯୋଗଦେଇ ଲେଫ୍ଟନେଣ୍ଟ ଜେନେରାଲ୍ ହୋଇଥିଲେ । ସାଧାରଣ ଓଡ଼ିଆ ପାଠକଙ୍କୁ ବୁଝେଇବା ପାଇଁ ତୁଳନା ହେବ ଯଦି ଜଣେ କନ୍‌ଷ୍ଟେବଲ ପୋଲିସର ଡାଇରେକ୍ଟର ଜେନେରାଲ୍ ପାହିଆକୁ ଉଠେ। ଏହା ତ ପୋଲିସରେ ଅସମ୍ଭବ। ସେନାରେ କାଁ ଭାଁ ଗୋଟେ ହୋଇଯାଏ। ମୋର ବକ୍ତବ୍ୟ ମନଦେଇ ଶୁଣିଲେ। ତା'ପରେ ମୋତେ କହିଲେ- "ସେସବୁ ଛାଡ଼। ଆମ ମୁଣ୍ଡରେ ଯେଉଁ କଳଙ୍କ ଲାଗିଛି, ଆଗ ତାକୁ ଛଡାଇବା କିପରି। ୟଂ ମାନ୍, ତାକୁ ଧୋଇବାକୁ ବହୁତ ରକ୍ତ ଲାଗିବ। ବହୁତ ରକ୍ତ।"

ଗୁରୁବଚନ ସିଂହ ଠିକ୍ କହିଥିଲେ। ସେ କଳଙ୍କ ଧୁଆ ହେଲା ୧୯୬୫ରେ। ବହୁତ ରକ୍ତ ଲାଗିଲା ।

ରାମାୟା ଓସ୍ତାବୟା

ଏହି ଘଟଣା ସମୟରେ ମୁଁ ଏକ ଅର୍ଦ୍ଧ ସାମରିକ ସଂସ୍ଥାରେ ଆସାମ-ଅରୁଣାଚଳ ସୀମା ପାଖରେ ଏକ କ୍ଷୁଦ୍ର ଜଂଗଲିଆ ଜାଗାରେ ଥିଲି। ବର୍ମା ସୀମାନ୍ତ ଦୁଇତିନି ଘଣ୍ଟାର ବାଟ। ଅନ୍ୟମାନଙ୍କ ତୁଳନାରେ ଆମେ ଖୁବ୍ ଭଲରେ ଥିଲୁ କାରଣ ରହିବାକୁ ବାଉଁଶ, ସିମେଣ୍ଟ ଓ ଟିଣର ଏକ ପ୍ରକାର ଅଧା ପକ୍କାଘର ପାଇ ଯାଇଥିଲୁ। ଏଣୁ ଆମ ଭିତରୁ ଅନେକଙ୍କର ପରିବାର ମଧ୍ୟ ସେଠି ଥିଲେ। ଆମେ ସେଠି କେତେକ ଟେହ୍ଲାରୀ କର୍ମଚାରୀ ମଧ୍ୟ ରଖିଲୁ। ବିଶେଷକରି ସଫେଇ କର୍ମଚାରୀ ଅର୍ଥାତ୍ ମେହେନ୍ତର। ଦିନେ ଅଫିସ୍‌ରେ ଆଡ଼ଜୁଟାଣ୍ଟ ଆସି କହିଲେ ଯେ, ସେ ରାମାୟା ନାମକ ଏକ ମେହେନ୍ତରକୁ ମୋ ଆଗରେ ହାଜିର କରିବାକୁ ଚାହାନ୍ତି। ମୁଁ ଆଶ୍ଚର୍ଯ୍ୟ ହେଲି। କାରଣ ଏ ଶ୍ରେଣୀର କର୍ମଚାରୀଙ୍କ ସମସ୍ୟା ଆଡଜୁଟାଣ୍ଟଙ୍କଠାରେ ଶେଷହେବା କଥା। ଏଣୁ ମୁଁ ଏହାର ରହସ୍ୟ ପଚାରିବାରୁ ଆଡଜୁଟାଣ୍ଟ କହିଲେ ଯେ, ରାମାୟାର ସ୍ୱଭାବ ଚରିତ୍ର ଭଲ। କିନ୍ତୁ ତା'ର ଦେଶୀମଦ ପ୍ରତି ଅତ୍ୟଧିକ ଦୁର୍ବଳତା ଦେଖାଦେଇଛି। ଫଳତଃ ମଝିରେ ମଝିରେ କାମରେ ଗଫଲତି କରୁଛି। କମାଣ୍ଡାଣ୍ଟଙ୍କଠାରୁ ଗାଳି ଖାଇଲେ ହୁଏତ ସୁଧୁରିଯିବ। ଭଲକଥା। ତେବେ ଆଶ୍ଚର୍ଯ୍ୟର କଥା ଯେ, ଏ ତେଲେଙ୍ଗା ଟୋକା ଭାରତର ଏହି ସୁଦୂର ପୂର୍ବ କୋଣରେ ବର୍ମା ସୀମାନ୍ତରେ ଏହି ଜଙ୍ଗଲ ଭିତରେ ପହଞ୍ଚିଲା କିପରି ? ମୋର କୌତୂହଳ ବଢ଼ିଲା। ଖବର ନେବାରେ ଜଣାଗଲା ଯେ, ଏଠାରୁ ଅଳ୍ପ ଦୂରରେ ଥିବା ମାର୍ଘେରିଟା କୋଇଲା ଖଣିର ଶ୍ରମିକ ତେଲେଙ୍ଗା। ଅଥଚ ନିକଟବର୍ତ୍ତୀ ଚ' ବଗିଚା, କରତ କଳ ଇତ୍ୟାଦିରେ ତେଲେଙ୍ଗା ଶ୍ରମିକ ମୋଟେ ନାହାନ୍ତି। ଅସଲ କଥା ହେଲା ଯେଉଁ ବ୍ରିଟିଶ୍ କମ୍ପାନୀ ପ୍ରଥମେ ଏହି କୋଇଲା ଖଣି ଆରମ୍ଭ କଲେ, ତାଙ୍କର ଆଗରୁ ହାଇଦ୍ରାବାଦ ଷ୍ଟେଟ୍‌ରେ କୋଇଲା ଖଣି ଥିଲା। ଏଣୁ

ସେଠାରୁ ଦକ୍ଷ ତେଲେଙ୍ଗା ଶ୍ରମିକ ଆଣି ଖଣି ଚଳାଇଲେ। ଆସାମରେ ଏସବୁ କାମ ଲାଗି ଲୋକ ମିଳନ୍ତି ନାହିଁ। ଫଳତଃ ଏଠି ଏକ କ୍ଷୁଦ୍ର ଆନ୍ଧ୍ରଦେଶ ଗଢ଼ି ଉଠିଲା।

ରାମାୟା ଯଥା ସମୟରେ ହାଜିର ହେଲା। ଏଭଳି ଦୟନୀୟ ପ୍ରାଣୀ ମୁଁ ପ୍ରାୟ ଦେଖି ନାହିଁ। ଛୋଟିଆ କାଳିଆ ମନୁଷ୍ୟଟିଏ। ଭୟରେ ପ୍ରାୟ ଅର୍ଦ୍ଧମୃତ। ତାକୁ କିଂଚିତ୍ ଗାଳି ଓ ଆଉ ଏପରି କଲେ ଚାକିରି ଯିବାର ଭୟ ଦେଖାଇ ବିଦା କଲି। କିନ୍ତୁ ଲୋକଟିର ବିଷୟରେ ମୋ ମନରେ ଖଟକା ରହିଗଲା। ଖୋଜ୍ ନେବାରେ ଜଣାଗଲା ଯେ, ସେ ଭଲ ପିଲା। କାମରେ ହେଳା କରେ ନାହିଁ। ପ୍ରଚଣ୍ଡ ବର୍ଷା ହେଲେ ମଧ୍ୟ କାମକୁ ଆସେ। କିନ୍ତୁ ମଝିରେ ମଝିରେ ହଠାତ୍ ଗୋଲ୍ ହୋଇଯାଏ। କାମରେ କୌଣସି ଗଣ୍ଡଗୋଳ କରେନାହିଁ। କିନ୍ତୁ ଅନ୍ୟତ୍ର ଏକପ୍ରକାର ଦଙ୍ଗା କରିପକାଏ । ଥରେ ଦୁଇଥର ପୁଲିସ ମଧ୍ୟ ଧରି ନେଲାଣି।

ସେନା ଓ ଅର୍ଦ୍ଧସୈନିକ ସଂସ୍ଥାମାନଙ୍କରେ ଜଣେ ଦେବତା ପଦବାଚୀ ବ୍ୟକ୍ତି ଥାଆନ୍ତି। ତାଙ୍କ ନାମ ସୁବେଦାର ମେଜର। ସିପାହୀରେ ପଶିଲେ ଏହା ସବୁଠାରୁ ବଡ଼ ପଦବୀ। ଏ ମହାଶୟ କିଛି କରନ୍ତି ନାହିଁ ଅଥଚ ସବୁଥିରେ ଥାଆନ୍ତି। ଏହାଙ୍କୁ କେତେକ ମାତ୍ରାରେ ନାରଦଙ୍କ ସହ ତୁଳନା କରାଯାଇପାରେ। ନାରଦଙ୍କ ପ୍ରତି ସାହିତ୍ୟରେ ବଡ଼ ଅନ୍ୟାୟ କରାଯାଇଛି। ଆପଣ ଟିକିଏ ଭାବନ୍ତୁ। ଦେବଲୋକର, ବିଶେଷ କରି ଇନ୍ଦ୍ରଙ୍କର ସ୍ୱାର୍ଥ ବିଷୟରେ କିଏ ସବୁଠାରୁ ବେଶୀ ସଚେତନ? ଏହି ତପସ୍ୟାରତ ଋଷିଗୁଡ଼ାକ କ'ଣ ବିଘଟନକାରୀ ନୁହଁନ୍ତି? ଦେବତା ଦେବତା। ମନୁଷ୍ୟ ମନୁଷ୍ୟ। କିଓ ବାବୁ, ତୁମେ କାହିଁକି ଏହି ଈଶ୍ୱରକୃତ ଶ୍ରେଣୀ ବିଭାଗ ଭାଙ୍ଗିବାକୁ ଚାହୁଁଛ? ଏଣୁ ଏହି ଦେବସ୍ୱାର୍ଥ ବିରୋଧୀ ଋଷିଗୁଡାକ ଉପରେ କଡ଼ା ନଜର ରଖିବା ଦରକାର ଏବଂ ଇନ୍ଦ୍ର ଯଥା ସମୟରେ ବିହିତ କାର୍ଯ୍ୟାନୁଷ୍ଠାନ ପାଇଁ ଖବର ପାଇବା ଦରକାର। ସୁବେଦାର ମେଜର ମଧ୍ୟ ସେହିପରି ପଲଟନ ଉପରେ କଡା ନଜର ରଖିଥାଆନ୍ତି ଓ ଯଥା ସମୟରେ କମାଣ୍ଡାଣ୍ଟଙ୍କୁ ଜଣାନ୍ତି। ନିନ୍ଦୁକମାନେ ଅବଶ୍ୟ ଏହାକୁ ଚୁଗୁଲି କହନ୍ତି। କିନ୍ତୁ ଭାବି ଦେଖନ୍ତୁ ଚୁଗୁଲି ବିନା କ'ଣ ଶାସନ ସମ୍ଭବ?

ରାମାୟା କାହାଣୀ ସୁବେଦାର ମେଜର ସାହେବ ଜାଣିଥିଲେ ଜାଣିଥିବେ। ତାଙ୍କଠାରୁ ଜଣାଗଲା ଯେ, ରାମାୟାର ଜୀବନ, ବିଶେଷକରି ତାର ବୈବାହିକ ଜୀବନ ଅତି ବିଚିତ୍ର ଓ ଦୟନୀୟ। ରାମାୟା ପ୍ରକୃତରେ ସେଠାର ପିଲା ନୁହେଁ। ଆନ୍ଧ୍ରର ସୁଦୁର ଖମ୍ମାମ ଜିଲ୍ଲାରେ ତାର ଘର। ସେଠି ଏକ ପ୍ରକାର ନିରାଶ୍ରୟ ହୋଇ ବୁଲୁଥିଲା। ଏ ଖଣି ଅଞ୍ଚଳର ଅନେକଙ୍କର ଆଦିନିବାସ ସେଇ ଜିଲ୍ଲାରେ। ଜଣେ ଏଠାରୁ ଗାଁକୁ ଯାଇଥିଲା। ତା ସାଙ୍ଗରେ ରାମାୟା ଚାଲି ଆସିଲା। ଆସାମରେ ସଫେଇ କର୍ମଚାରୀଙ୍କ

ଚାହିଦା ଅନେକ। ଏଣୁ ସାଙ୍ଗେ ସାଙ୍ଗେ ଆମ କ୍ୟାମ୍ପରେ ଚାକିରି ପାଇଗଲା। ବର୍ତ୍ତମାନ ହଠାତ୍ ତା ମୁଣ୍ଡରେ ବାହା ହେବାର ଭୂତ ଚଢ଼ିଲା। କାରଣ ସେ ପ୍ରେମରେ ପଡ଼ିଗଲା। ଯେଉଁଠି ରାମାୟା ରହୁଥିଲା, ସେ ପାଖରେ ଆଉ ଏକ ପରିବାର ରହୁଥିଲେ। ପରିବାରରେ କେବଳ ମା' ଓ ଝିଅ। ବାପ ବହୁକାଳରୁ ନିରୁଦ୍ଦିଷ୍ଟ ଏବଂ ମା' ଓ ଝିଅଙ୍କର ଏଥିଲାଗି କୌଣସି ବ୍ୟସ୍ତତା ନାହିଁ। ବାପ ବୋଧହୁଏ ପ୍ରାଣ ବିକଳରେ ପଳାଇଛି। ଝିଅ ଯୁବତୀ, ସ୍ୱାସ୍ଥ୍ୟବତୀ ଓ ନିଜକୁ ସଜାଇ ଜାଣେ। କିନ୍ତୁ ତା'ର ବିଭା ହୋଇ ନଥିଲା। ତା'ର ପ୍ରଧାନ କାରଣ ସେଠାରେ ସ୍ଥାୟୀ ବାସିନ୍ଦାମାନେ ମା' ଓ ଝିଅ ଉଭୟଙ୍କୁ ହାଡ଼େ ହାଡ଼େ ଚିହ୍ନିଥିଲେ।

ରାମାୟା ତ' ନୂଆ। ଏଣେ ଦରମା ଟଙ୍କାଟା ପକେଟରେ ବଡ଼ ଗରମ ଲାଗୁଥିଲା। ଦୁହିଁଙ୍କର ଚାରିଚକ୍ଷୁ ମିଳନ ହୋଇଗଲା; ଯାହାକି ଅତି ଶୀଘ୍ର ବାହାଘରରେ ପରିଣତ ହେଲା। କିନ୍ତୁ ପରେ ପରେ ମୋହଭଙ୍ଗ ହେଲା। ତା' ଶାଶୁ ଝିଅକୁ ରାମାୟା ପାଖକୁ ଛାଡ଼ିଲା ନାହିଁ ବା ରାମାୟାକୁ ତା' ନିଜଘରେ ରହିବାକୁ ଦେଲାନାହିଁ। ରାମାୟାକୁ ସଫା କହିଦେଲା, 'ମୋ ଝିଅ ମୋ ଘରେ ରହିବ। ତୁ ଶଳା ଟଙ୍କା ଦେବୁ।' ଏହି ବିଚିତ୍ର ଦାମ୍ପତ୍ୟ ବ୍ୟବସ୍ଥା ରାମାୟା ପକ୍ଷରେ ଅବଶ୍ୟ ଦୁଃସହ। ଫଳତଃ ଯନ୍ତ୍ରଣା ଅସହ୍ୟ ହେଲେ ଦେଶୀମଦର ଶରଣ ନିଏ ଏବଂ ପରିଣାମ ଦଙ୍ଗା ଓ ମଝିରେ ମଝିରେ ହାଜତବାସ। ମୁଁ ସୁବେଦାର ମେଜରଙ୍କୁ ରାମାୟା ଲାଗି କିଛି କରିବାକୁ କହିଲି ।

ମୁଁ ପ୍ରାୟ ମାସେ ଲାଗି ବାହାରକୁ ଯାଇଥିଲି। ଫେରିଲା ପରେ ଦେଖିଲି ଯେ, ଘରେ ଜଣେ ଅଳ୍ପବୟସ୍କା ଚାକରାଣୀ କାମ କରୁଛି। ମୋ ସ୍ତ୍ରୀଙ୍କୁ ପଚାରିବାରୁ କହିଲେ ଯେ, ଚାକରାଣୀଟି ରାମାୟା ସ୍ୱିପରର ସ୍ତ୍ରୀ। ମୁଁ ଆଶ୍ଚର୍ଯ୍ୟ ହୋଇ ପଚାରିଲି ଯେ, ସେ ବାଘୁଣୀଟାକୁ ଘରେ କିପରି ସ୍ଥାନ ଦିଆଗଲା। କିନ୍ତୁ ମୋର ସ୍ତ୍ରୀ ଶ୍ରୀମତୀ ରାମାୟାର ସଦ୍‌ଗୁଣ ଓ ଭଦ୍ର ବ୍ୟବହାର ବିଷୟରେ ଜୋର୍ ଓକିଲାତି କଲେ। ଝିଅଟି ମଧ୍ୟ ବଡ଼ ଭଦ୍ର ଦିଶୁଥିଲା। ରାମାୟା ସ୍ତ୍ରୀ ବିଷୟରେ ଯାହା ଶୁଣିଥଲି, ଏ ତାହାର ସଂପୂର୍ଣ୍ଣ ଓଲଟା ।

ଖବର ନେବାରେ ଜଣାଗଲା ଯେ, ମୁଁ ଯାହାକୁ ଦେଖିଲି, ସେ ରାମାୟାର ନୂତନ ସ୍ତ୍ରୀ। ପୁରାତନ ସଙ୍ଗେ ବିବାହ ବିଚ୍ଛେଦ ହୋଇଯାଇଛି ଓ ରାମାୟା ଗାଁକୁ ଯାଇ ଏହାକୁ ବାହାହୋଇ ଆଣିଛି। ଏହା ପଛରେ ନିଶ୍ଚୟ ଆମର ନାରଦ ଅର୍ଥାତ୍ ସୁବେଦାର୍ ମେଜର୍ ସାହେବ୍‌ଙ୍କ ହାତ ଥିବ। ତାଙ୍କୁ ଆରଦିନ ଏ ବିଷୟରେ ପଚାରିଲି। ସେ କହିଲେ, "ସାର୍ ଆପଣ ତ ରାମାୟା କଥା ଦେଖିବାକୁ କହିଥିଲେ। ମୋର ବି ପିଲାଟା ଉପରେ ଦୟା ହେଲା। ଏଣୁ ଥାନେଦାର ସାହେବ ସାଇକିଆଙ୍କ ସାଙ୍ଗେ କଥାବାର୍ତ୍ତା ହେଲି। ତା' ପରେ ରାମାୟା ଦେଇ, ଏକ କେସ୍ ଠୋକେଇଲି।

ରିଷ୍ଟୋରେସନ ଅଫ୍ କଂଜୁଗାଲ୍ ରାଇଟ୍ (ଅର୍ଥାତ୍ ରାମାୟା ତା'ର ବୈବାହିକ ଅଧିକାର ଫେରି ପାଉ)। ମା' ଝିଅ ବଡ ବଦ୍‌ମାସ। ଝିଅ ଚାଲିଗଲେ ମା'ର ଚଳିବ କିପରି ? କଥାଟା ଆପଣ ବୁଝି ପାରୁଥିବେ। ସେଥିଲାଗି ସେ ସ୍ୱାମୀ ପାଖକୁ ଯାଉନଥିଲା। ସାଙ୍ଗେ ସାଙ୍ଗେ ମା' ଝିଅ ଥାନେଦାର ସାହେବଙ୍କ ଗୋଡ଼ତଳେ ପଡ଼ି ଏଥିରୁ ଉଦ୍ଧାର ପ୍ରାର୍ଥନା କଲେ। ଏଣୁ ତାଙ୍କର ଜାତି ପଞ୍ଚାୟତ ଡକାଇ ରାମାୟାର ବିବାହ ବିଚ୍ଛେଦ ଦୁଇ ପକ୍ଷର ରାଜିନାମାରେ ହୋଇଗଲା। ତା'ପରେ ରାମାୟାକୁ ତା' ଗାଁକୁ ପଠାଇଲି। ଭାଗ୍ୟକୁ ତାଙ୍କ ଗାଁ ପାଖରେ ସୁବେଦାର୍ ରାଜୁଙ୍କ ଘର। ଆପଣଙ୍କର ମନେଥିବ ଦୁଇବର୍ଷ ତଳେ ଆମ ବ୍ୟାଟାଲିଅନରୁ ରିଟାୟାର କଲେ। ତାଙ୍କ ପାଖକୁ ରାମାୟା ହାତରେ ଖଣ୍ଡେ ଚିଠି ଦେଲି। ମୋର ଭୟ ଥିଲା ଯେ, ରାମାୟାଟା ନିର୍ଦ୍ଧୁମ୍ ଓଲୁ ହୋଇଥିବାରୁ ପୁଣି ଭୁଲ୍ କରିପାରେ। ଏଣୁ ରାଜୁ ସାହେବଙ୍କୁ ରାମାୟା ଲାଗି କନ୍ୟା ଠିକ୍ କରି ବିବାହ କରାଇଦେବା ପାଇଁ ଲେଖିଥିଲି। ଏବେ ସେ ଟୋକି ତ' ମେମ୍‌ସାହେବଙ୍କ ପାଖେ କାମ କରୁଛି। ସ୍ୱଭାବ ଚରିତ୍ର ଖୁବ୍ ଭଲ ବୋଲି ତ ଶୁଣୁଛି। ରାମାୟା ମଧ୍ୟ ଆଉ ପିଉଥିବାର ରିପୋର୍ଟ ନାହିଁ। ଆଉ ଗୋଟିଏ କଥା ସାର୍, ମୁଁ ପଞ୍ଚାୟତ ବାଲାଙ୍କୁ ଷ୍ଟୋର୍‌ରୁ ଦୁଇ ବୋତଲ ରମ୍ ଦେଇଥିଲି। କାରଣ ତ ବୁଝୁଥିବେ। ଭାବୁଛି ଆପଣଙ୍କର ଆପତ୍ତି ନାହିଁ।"

■

ମେହେଫିଲ୍

ଯଦି ମୋତେ ବର ମିଳନ୍ତା ଯେ ତୁମେ ନିଜ ଇଚ୍ଛାମତେ ନିଜର ବାସସ୍ଥାନ ତିଆରି କରାଇ ନିଅ, ତାହାହେଲେ ମୁଁ ଦିଲ୍ଲୀର ଦରିୟାଗଞ୍ଜରେ ଶାହାଜାହାନୀ ପ୍ରାଚୀରକୁ ଲାଗି ଗୋଟିଏ ହବେଲୀ ମାଗନ୍ତି। ଏହିପରି ଗୋଟିଏ ହବେଲୀ ମୋର ବନ୍ଧୁ ଗୋପୀନାଥ ଦୟାଲଙ୍କର ପୈତୃକ ବାସସ୍ଥାନ। ଘରଟା ଉଚ୍ଚ ପତ୍ତନରେ ଅବସ୍ଥିତ। ଏଣୁ ଦୋତାଲାଟା ଦିଲ୍ଲୀ ପ୍ରାଚୀରଠାରୁ ଉଚ୍ଚ। ଛାତ ଉପରୁ ଏପଟୁ ଜାମା ମସ୍‌ଜିଦ୍‌ର ମିନାର ଓ ଲାଲକିଲ୍ଲା। ଅନ୍ୟପଟେ ଯମୁନା ପର୍ଯ୍ୟନ୍ତ ଖୋଲା ଜାଗା, ଯେଉଁଥିରେ ରାଜଘାଟ ଆଦି। ଝରକା ତଳକୁ ଖୋଲା ମଇଦାନ। ପୁଣି ଦିଲ୍ଲୀ ଭିତରେ ଏପଟଟା ସବୁଠୁ ଶସ୍ତା। ତା'ଛଡ଼ା ଏହା ଏକ ସ୍ୱାଦର ତୀର୍ଥ। ଏହି ଅଞ୍ଚଳରେ ଆପଣ ମୋଗଲାଇ ବା ନିରାମିଷ ଭୋଜନର ପରାକାଷ୍ଠା ପାଇବେ। ମୁଁ ଯେତେବେଳର କଥା କହୁଛି ସେତେବେଳେ ଏ ଅଞ୍ଚଳଟା ଅତିଶୟ ଖାନଦାନୀ ଥିଲା। ଦିଲ୍ଲୀର ଅଭିଜାତ ବଂଶଜ କାୟସ୍ଥ, ଖତ୍ରୀ, ଅଗ୍ରୱାଲ୍ ଏବଂ କାଶ୍ମିରୀ ପଣ୍ଡିତମାନଙ୍କର ଏଇଟା ଥିଲା ବାସସ୍ଥାନ। ଅବଶ୍ୟ ଅନେକ ପଞ୍ଜାବୀ ମଧ୍ୟ ଥିଲେ। କିନ୍ତୁ କାଁ ଭାଁ ଜଣେ ଅଧେ ଏହି ଖାନଦାନୀ ସୋସାଇଟିରେ ପ୍ରବେଶ ପାଇଥିଲେ।

ଗୋପୀର ସାନଭାଇର ବାହାଘର ହୋଇଗଲା। ମୁଁ ମଧ୍ୟ ବାରାତ୍‌ରେ ଅର୍ଥାତ୍ ବରଯାତ୍ରୀ ଯାଇଥିଲି। ଯଥା ସମୟରେ ବୋହୂ ନେଇ ଫେରି ଆସିଲୁ। ସେତେବେଳେ ଏ ରିସେପ୍‌ସନ କଥାଟା ଚାଲୁ ନଥିଲା। ତା' ଆରଦିନ ସନ୍ଧ୍ୟାବେଳେ ଦାୱତ୍। ତାହା ଖାଣ୍ଟି ଅଭିଜାତ ଦିଲ୍ଲୀ ଷ୍ଟାଇଲରେ। ସେ ବିରାଟ ହୋ-ହଲ୍ଲା। ଏହିପରି ବିଭାଘର ଭୋଜିରେ ଯେପରି ହୋଇଥାଏ। ହଠାତ୍ ଗୋପୀ ଚୁପ୍ କରି କହିଲା, ସିଡ଼ି ଦେଇ ଛାତ ଉପରକୁ ଯାଅ। ସେଠି ପହଞ୍ଚି ଦେଖେ ଭିନ୍ନ ବ୍ୟାପାର। ସିଡ଼ିଘର ପାଖରେ ଏକ କ୍ଷୁଦ୍ର ବାର୍। ଛାତରେ ଗାଲିଚା ଓ ତକିଆ। କେତେଜଣ ବୟସ୍କ ଓ ଯୁବକ ବସିଛନ୍ତି।

ମୋତେ ଦେଖି ଗୋପୀର ମାମୁ ଦୀନାନାଥଜୀ ହୁଙ୍କାର କଲେ, "ଆଓ ବରଖୁରଦାର'। ଦିଲ୍ଲୀ ସମ୍ବୋଧନରେ ଆଗେ ଅନେକ ବ୍ୟଂଜନା ଥିଲା। ଯଦି ତାଙ୍କର ସମସ୍କନ୍ଧ ହୋଇଥାଆନ୍ତି ତା'ହେଲେ କହିଥାଆନ୍ତେ, ଖୁଶ୍ ଆମଦେଦ୍। ତଶ୍ରିଫ୍ ରଖିୟେ। (ସ୍ୱାଗତ, ବିରାଜମାନ ହୁଅନ୍ତୁ।) ଅଥଚ ମେହେଫିଲରେ ବସିବାର ଉପଯୁକ୍ତ ହେଲିଣି। ଏଣୁ କୁହାଗଲା, ବରଖୁରଦାର। କଥାଟାର ଅର୍ଥ କିଛି ନାହିଁ, ଅଥଚ ବ୍ୟଂଜନା ବହୁତ। ଏଥିରେ ମୋତେ ମେହେଫିଲରେ ସାମିଲ ହେବାର ଅନୁମତି ଦିଆଗଲା। ମୁଁ ବେତକଲ୍ଲୁଫ୍ ହେବାର ସ୍ୱାଧୀନତା ପାଇଲି। କିନ୍ତୁ ବେଅଦବ୍ ହେବାର ନୁହେଁ। ତକଲ୍ଲୁଫ ଶବ୍ଦଟାର ଓଡ଼ିଆ ପ୍ରତିଶବ୍ଦ ପାଉନାହିଁ। ଇଂରାଜୀରେ formal ଅଦବ ହେଲା ଶାଳୀନତା। ମୁଁ ପହଞ୍ଚିଲା ବେଳକୁ ସେଠି ଜଣେ ଶାୟରୀ ବା ଉର୍ଦ୍ଦୁ କବିତା ଶୁଣାଉଛନ୍ତି। ବାଦ୍ୟଯନ୍ତ୍ର ଥିବାରୁ ସଙ୍ଗୀତର ବ୍ୟବସ୍ଥା ଅଛି। ସମସ୍ତେ ଭାରତୀୟ ପୋଷାକରେ। ପାଇଜାମା, କୁର୍ତା ଉପରେ ଜ୍ୟାକେଟ୍। କେହି କେହି ଶେରୱାନୀ ମଧ୍ୟ ପିନ୍ଧିଛନ୍ତି। ସମସ୍ତଙ୍କ ମୁଣ୍ଡରେ ଟୋପି, ସେତେବେଳେ ଉତ୍ତର ଭାରତର ଭଦ୍ରସମାଜରେ ଭାରତୀୟ ପୋଷାକ ସାଙ୍ଗେ ଟୋପି ପିନ୍ଧିବା ପ୍ରଥା ଥିଲା। ମାର୍ଚ୍ଚ ମାସ ପ୍ରାୟ ରାତି ୯ଟା। ଯମୁନା ଆଡୁ ଅଦ୍ଭୁତ ମନମତାଣିଆ ପବନ ବହୁଛି। ଏହିପରି ପବନ ଲାଗି ମହାକବି ଗାଲିବ୍ ଲେଖିଛନ୍ତି–

ହୈ ହୱା ମେଁ ଶରାବ୍ କୀ ତାସୀର
ବାଦାନୋଶୀ ହୈ ବାଦା ପୈମାୟୀ

(ପବନରେ ହିଁ ସୁରାର ନିଶା ଲାଗିଛି। ଏ ପବନ ଖାଇବା ସୁରାପାନ ସଙ୍ଗେ ସମାନ)। ଅବଶ୍ୟ ଏଠି ଖାଲି ପବନ ପିଇବାର ଆବଶ୍ୟକତା ନଥିଲା କାରଣ ଅନ୍ୟ ଉପଯୁକ୍ତ ବନ୍ଦୋବସ୍ତ ଥିଲା। ଜଣଙ୍କ ପରେ ଜଣେ ଅତି ସୁନ୍ଦର ଉର୍ଦ୍ଦୁ କବିତା ସୁର ବା ତରନ୍ନୁମ୍ ସହିତ ଆବୃତ୍ତି କଲେ। ହଠାତ୍ ଜଣେ କହିଲେ "ମଦନ ଶିରସି ଭୂୟଃ, କ୍ୟା ବଲା ଆନେ ଲାଗୀ'। ମୁଁ ଚମକି ପଡ଼ିଲି। ଏଥିରୁ ତ ଫାଳେ ସଂସ୍କୃତ ଓ ଫାଳେ ଉର୍ଦ୍ଦୁ। ଇଏ କି ଚିଜ୍? ତା'ପରେ ଭଦ୍ରଲୋକ ଛନ୍ଦ ସହ ସୁଲଳିତ କଣ୍ଠରେ ଆବୃତ୍ତି କଲେ -

ପକରି ପରମି ପ୍ୟାରେ
ସାଞ୍ଚିରେ କୋ ମିଲାଓ।
ଅସଲ ଅମୃତ ପ୍ୟାଲା
କ୍ୟୁଁ ନ ମୁଝେ ପିଲାଓ
ଇତି ବଦତି ପଠାନୀ
ମନ୍ମଥାଂଗୀ ବିରାଗୀ।

ମଦନ ଶିରସି ଭୁୟଃ

କ୍ୟା ବଲା ଆନେ ଲଗି ।

ପରେ ଜାଣିଲି ଏହା ଆକବର ଓ ଜାହାଙ୍ଗୀରଙ୍କ ସମୟର ପ୍ରଧାନ ମୋଗଲ ସେନାପତି ଅବଦୁଲ ରହିମ ଖାନ୍-ଇ-ଖାନାନ୍ଙ୍କ ରଚନା । ସେ ରହିମ ଉପନାମରେ ହିନ୍ଦୀ ଓ ଫାରସୀ ଉଭୟ ସାହିତ୍ୟକୁ ସମୃଦ୍ଧ କରି ଯାଇଛନ୍ତି ।

ଏହି ମେହେଫିଲ୍‌ରେ ମୋ ପରି ଜଣେ ଦୁଇଜଣ ବିଷାଣହୀନଙ୍କୁ ଛାଡ଼ିଦେଲେ ଆଉ ସମସ୍ତେ ବିଦଗ୍ଧ ଜନ । ଅନେକ ହିନ୍ଦୀ ପଦରେ ମୁଁ କବିସୂର୍ଯ୍ୟଙ୍କର ଆଭାସ ମଧ୍ୟ ପାଉଥାଏ । କିନ୍ତୁ ପାଟି ଖୋଲିବାର ସାହସ କରୁ ନଥାଏ । ଅବଶ୍ୟ କବାବ ଖାଇବା ବାଦ୍ ଦେଇ । ମଝିରେ ଖଣ୍ଡେ ଠୁମ୍‌ରୀ ଓ ଦୁଇଟି ଗଜଲ୍ ଶୁଣା ହୋଇ ସାରିଲାଣି । କିନ୍ତୁ ଜଣେ ବୃଦ୍ଧ ଏକ ତରଫକୁ ବସି ଥାଆନ୍ତି । ସେ ପାଟି ଫିଟାଇ ନାହାନ୍ତି । କିନ୍ତୁ ମୋର ମନେ ହେଉଥଲା ତାଙ୍କର ଅନେକ କିଛି କହିବାର ଅଛି । ପୂର୍ବ ଆକାଶରେ ଚନ୍ଦ୍ର ଉଠିଲା ଏବଂ ସମସ୍ତ ପରିବେଶଟା ଆଲୁଅ ଓ ଅନ୍ଧାରର ଲୁଚକାଳିରେ ପୂର୍ଣ୍ଣ ହୋଇଗଲା । ଏହି ସମୟରେ ବୃଦ୍ଧ ଗୁଣୁ ଗୁଣୁ କରିବା ଆରମ୍ଭ କଲେ ।

ସାଙ୍ଗେ ସାଙ୍ଗେ ମେହେଫିଲ ସାବଧାନ । ଏଇ ଶୁଭଲଗ୍ନ ଉପସ୍ଥିତ । ସାରଙ୍ଗୀରେ ଆସ୍ତେ ଆସ୍ତେ ଆଳାପ । ବୃଦ୍ଧ ତାଙ୍କର ଉଦାର କଣ୍ଠରେ ସାମାନ୍ୟ ଆଳାପ କରି ଗାଇ ଉଠିଲେ ।

ଏକ ପରି ଭି କମ୍ ହୋ ତୋ',

ତାହାଲେ କ'ଣ ହେଲା ଗୁଣୀ । ଗୋଟିଏ ପତ୍ର ବା ପାଖୁଡ଼ାର ଅଭାବ ମାତ୍ର । କିନ୍ତୁ ଗୁଣୀ ଆମର ଉତ୍ସୁକତା ବଢ଼ାଇ ବାରମ୍ବାର ସେହି କଥାଟି କହିଲେ । ଯେତେବେଳେ ଆମେ ଧୈର୍ଯ୍ୟର ଚରମସୀମାରେ ପହଞ୍ଚିଲୁ ସେତେବେଳେ ଗୁଣୀ ଛତ୍ରଟି ପୂର୍ଣ୍ଣ କଲେ – ଏକ ପରି ଭି କମ ହୋ ତୋ ଓହ ଗୁଲ୍ ଗୁଲ୍ ହୀ ନହିଁ । "ଗୋଟିଏ ପାଖୁଡ଼ା କମ ଥିଲେ ସେ ଗୋଲାପ ଗୋଲାପ ନୁହେଁ । ଯେଉଁ ବୁଲ୍‌ବୁଲ୍ କେବଳ ପୁଷ୍ପିତ ବସନ୍ତ ଦେଖୁଛି, ରିକ୍ତ ଉପବନ ଦେଖିନାହିଁ ସେ ବୁଲ୍‌ବୁଲ୍ ନୁହେଁ । ଯେଉଁ ପୁଷ୍ପଚୟନକାରୀର ହାତରେ କଣ୍ଟା ନ ଫୁଟିଛି, ଯେଉଁ ପ୍ରେମ ବିରହର ଆର୍ତ୍ତନାଦ ଜାଣିନାହିଁ ଯେଉଁ ଜୀବନରେ ଶୋକର ଛାୟା ପଡ଼ିନାହିଁ ସେ ସବୁ ଅର୍ଥହୀନ । ସେ ଜୀବନ ଜୀବନର ରହସ୍ୟ ଓ ମୂଲ୍ୟ ବୁଝିନାହିଁ ।" ଏହି ଗୀତ ବା ନଜମ୍ ତା'ର ପ୍ରତି ଛତ୍ରରେ ଆମକୁ ଉର୍ଦ୍ଧ୍ୱକୁ ଉଠାଇବାରେ ଲାଗିଛି । ଯେପରି ଚନ୍ଦ୍ର ମଧ୍ୟ ଆସ୍ତେ ଆସ୍ତେ ଆକାଶରେ ଉପରକୁ ଉଠୁଛି । କିନ୍ତୁ ମନେ ହୁଏ ଯେ ଏ ଯାତ୍ରାର ଶେଷ ଆସିନାହିଁ । ଗାୟକ ଟିକିଏ ଚୁପ୍

ହେଲେ। ସାରଙ୍ଗୀ ଧୀରେ ଧୀରେ ବାଜୁଥାଏ। ହଠାତ୍ ମୋ ମନ ଭିତରେ ରବୀନ୍ଦ୍ରନାଥଙ୍କର ଏକ ଭୁଲିଯାଇଥିବା ଗୀତର ଦୁଇଟି ଛତ୍ର ମନେ ପଡ଼ିଲା।

ସକଲ ରାଗିଣୀ ବୁଝି ବାଜାବେ ଆମାର ପ୍ରାଣେ କଭୁ ଭୟେ,
କଭୁ ଜୟେ, କଭୁ ଅପମାନେ, ମାନେ।

ଜୀବନରେ ଯାହା ମିଳୁଛି, ଯାହା ମିଳିଛି, ଯାହା ମିଳିବ, ସମସ୍ତଟା ବରଦାନ। କିନ୍ତୁ ସାରଙ୍ଗୀ ଚୁପ୍ ହୋଇନାହିଁ। ଆକାଶଚାରୀ ତ ହେଲୁ। ଏହାପରେ କେଉଁ ମହାଶୂନ୍ୟକୁ ଲମ୍ଫ ଦେବ ହେ ଗୁଣୀ ?

କିନ୍ତୁ ସେ କୌତୁହଳ ନିବୃତ୍ତ ହେଲା "ଇସ୍କ କୁଛ ମହବୁବ୍ କେ ମରଯାନେ ସେ ମରଯାତା ନହିଁ। ରୁହ୍ ମେ ଗମ୍ ବନକର ରହତା ହୈ ପର ଯାତା ନହିଁ।" ପ୍ରେମାସ୍ପଦର ମୃତ୍ୟୁ ପ୍ରେମର ମୃତ୍ୟୁ ନୁହେଁ। ତାହା ଶୋକ ହୋଇ ଆତ୍ମାରେ ଅବସ୍ଥାନ କରେ।

ସମସ୍ତ ମେହେଫିଲ ଚୁପ୍। ସମସ୍ତେ ଯେପରି ସେହି ଛତ୍ରଗୁଡ଼ିକୁ ହୃଦୟରେ ଗାଉଛନ୍ତି। ସମସ୍ତେ ବୋଧହୁଏ ନିଜର ଅନ୍ତରର ମେହେଫିଲ୍‌କୁ ବିରହ, ମିଳନ, ଦୁଃଖ, ସୁଖ, ମାନ, ଅପମାନ ଇତ୍ୟାଦି ସକଳ ରାଗିଣୀରେ ନୀରବରେ ମୁଖରିତ କରୁଛନ୍ତି।

ମୌନାକ୍ ମିଶ୍ମି

ଅରୁଣାଚଳ ପ୍ରଦେଶଟା ଉପଜାତି ବା ଟ୍ରାଇବ୍‌ମାନଙ୍କ ଦେଶ। ଏମାନେ କେବେହେଲେ କାହା ଅଧୀନରେ ନ ଥିଲେ। ଅନ୍ୟ ଜାଗାର ଆଦିବାସୀଙ୍କ ପରି ଏମାନଙ୍କ ମନରେ କୌଣସି ହୀନମନ୍ୟତା ବା Inferiority complex ନାହିଁ। ମୁଁ ଅରୁଣାଚଳର ମଧ୍ୟଭାଗଟାର କଥା କହୁଛି। ଏଠାରେ ବଡ ଜାତି ହେଲା ଆଦି। ଆଦି କଥାଟାର ଅର୍ଥ ହେଲା ମନୁଷ୍ୟ। ତା'ଛଡା ପ୍ରଧାନ ଉପଜାତି ହେଲେ ନିଶି, ଆପାତାନୀ ଓ ମିଶ୍ମି। ଆଗେ ଆଦି ଅଞ୍ଚଳଟାକୁ ଆବୋର୍ ପାହାଡ କୁହାଯାଉଥିଲା। ଆବୋର୍ କଥାଟା ବୋରରୁ ବାହାରିଛି। ଆସାମର ଆହୋମ ରାଜାଙ୍କ ପ୍ରତି ଆନୁଗତ୍ୟ ସ୍ୱୀକାରକୁ ବୋର୍ କୁହାଯାଉଥିଲା। ଯେ ବୋ୍ ନେଲା ନାହିଁ ସେ ଅବୋର୍ ବା ଆବୋର୍। ଏମାନେ ଅତ୍ୟନ୍ତ ଗଣତାନ୍ତ୍ରିକ ସମାଜ। ଗ୍ରାମଠାରୁ ଆରମ୍ଭ କରି ସମସ୍ତ ଉପଜାତି ଲାଗି ତାଙ୍କର ନିଜସ୍ୱ ଗଣତାନ୍ତ୍ରିକ ଅନୁଷ୍ଠାନ ଅଛି ଯାହାର ନାମ କେବାଙ୍ଗ୍। ପ୍ରତି ଗାଁରେ ସନ୍ଧ୍ୟାବେଳେ ପ୍ରାୟ ସବୁଦିନେ କେବାଙ୍ଗ୍ ହୁଏ ଏବଂ ସେଠି ଗ୍ରାମର ସବୁ କଥା ଆଲୋଚନା ହୁଏ। କିନ୍ତୁ ଫଇସଲାଟା ଭୋଟ ଦ୍ୱାରା ହୁଏ। ଏଠି ରେଡିମେଡ୍ ପଞ୍ଚାୟତ ବ୍ୟବସ୍ଥା ଥିବାରୁ ସରକାରଙ୍କୁ କିଛି ଅଧିକା ପରିଶ୍ରମ କରିବାକୁ ପଡିଲା ନାହିଁ ଏବଂ କେବାଙ୍ଗ୍‌କୁ ଆଇନଗତ ସ୍ୱୀକୃତି ଦେଇ ଦିଆଗଲା। କେବାଙ୍ଗ୍‌ର କ୍ଷମତା ଅଗାଧ। ସମସ୍ତ ଦେୱାନୀ ମାମଲା ଓ ଅଧିକାଂଶ ଫୌଜଦାରୀ ମାମଲା କେବାଙ୍ଗର କ୍ଷମତାଭୁକ୍ତ।

ଏହି ଜୁଡିସିଆଲ୍ ବା ବିଚାରକାରୀ କେବାଙ୍ଗ୍ ବଡ ବିଚିତ୍ର ପ୍ରତିଷ୍ଠାନ। ତା'ର ମଧ୍ୟ ଏକ ପ୍ରକାର କୋର୍ଟ ଫି ଅଛି। କେବାଙ୍ଗ୍ ଏକାଠି ଜୁରି ଓ ଜଜ୍। ସାଧାରଣତଃ ପାଞ୍ଚଜଣ ମୁଖିଆ ସ୍ଥାନୀୟ ବ୍ୟକ୍ତି ଏହାର ସଦସ୍ୟ ହୁଅନ୍ତି। ଆଦି ପ୍ରକୃତିଗତ ଭାବେ ଓକିଲ। ଜବାବ ସୁଆଲ କରି କଳାକୁ ଧଳା କରି ଦେବାରେ ବହୁ କଳାକୋଟ ଓ

ଗାଉନପିନ୍ଧା ଓକିଲଙ୍କୁ ପାଠ ପଢ଼ାଇ ଦେବ। ତେବେ ଜଜ୍ ମଧ୍ୟ ଆଦି। ସେ ମଧ୍ୟ ଏ ପେଞ୍ଚ ଠିକ୍ ବୁଝେ। ଅତି କ୍ୱଚିତ୍ କେବାଙ୍ଗ୍‌ରେ ଅନ୍ୟାୟ ହୁଏ। ଧରନ୍ତୁ ଦୋଲୁକ୍‌ର ଘୁଷୁରି ତାକୋର ମକା କ୍ଷେତରେ ବାଡ ଭାଙ୍ଗି ପଶି ଫସଲ ନଷ୍ଟ କଲା। ତାକୋ କେବାଙ୍ଗ୍ ପାଖରେ କ୍ଷତିପୂରଣ ଦାବି କଲା। ନିଜ ପକ୍ଷ ଲାଗି ତାକୋ ସାକ୍ଷୀ ଇତ୍ୟାଦି ଉପସ୍ଥିତ କଲା। ତା'ପରେ ନିଜର କେସ୍ କୋର୍ଟକୁ କହିଲା। ଓକିଲ ଆର୍ଗୁମେଣ୍ଟ କଲା ଭଳି ସେ ସେଥିରେ ପ୍ରମାଣ କରିବାକୁ ଚେଷ୍ଟା କଲା ଯେ, ଏହି ଘୁଷୁରି ପଶିବା ହଠାତ୍ ଘଟିନାହିଁ। ପୁରୁଷାନୁକ୍ରମେ ତାକୋର ପରିବାର ଏବଂ ଦୋଲୁକ୍‌ର ପରିବାର ମଧ୍ୟରେ ବୈମନସ୍ୟ ଅଛି। ଏଣୁ ଏହି ଘୁଷୁରି ପଶିବାଟା ପଶିବା ନୁହେଁ, ପୂରେଇବା ଏବଂ ଏହା ଏକ ସୁପରିକଳ୍ପିତ ଷଡ଼ଯନ୍ତ୍ର। ଏଣୁ ତାକୋ ସାଧାରଣ ଅବସ୍ଥାଠାରୁ ଅନେକ ବେଶି କ୍ଷତିପୁରଣ ପାଇବାର ହକ୍‌ଦାର। ତାହାର ଏହି ପଏଣ୍ଟ ଶେଷ କରି ତାକୋ କେବାଙ୍ଗ୍ ଆଗରେ ଗୋଟିଏ ଶର ଭଳିଆ ବାଉଁଶ ପୋତି ଦେବ। ଜଜ୍‌ମାନେ କଥାବାର୍ତ୍ତା ହେବେ ଏବଂ ଯଦି ତାକୋର କଥା ବିଶ୍ୱାସ ନକରନ୍ତି ତା'ହେଲେ ଶରଟି ଓପାଡି ଫିଙ୍ଗିଦେବେ। କେସ୍ ଶେଷକୁ ଯେଉଁ ପକ୍ଷର ଶର ବେଶି ଥିବ ସେ ଜିତିବ। ସମସ୍ତେ ତ କହି ପାରିବେ ନାହିଁ। ଏଣୁ ଜଣେ ଆଦି ଆଉ ଜଣେ ଆଦିକୁ ତା କେସ୍ କହିବାକୁ ଆଣିପାରେ। ଅର୍ଥାତ୍ ଓକିଲ। ଏହି ଆଦି ଓକିଲ ମଧ୍ୟ ବେଶ୍ ଦୁଇପଇସା କରନ୍ତି। କିନ୍ତୁ ଦୁର୍ନୀତି ହୋଇପାରେ ନାହିଁ କାରଣ ମୁଦେଇ, ମୁଦଲା, ଓକିଲ ଓ ଜଜ୍ ସମସ୍ତେ ଗୋଟିଏ ଗାଁର ଲୋକ ବା ଅତି ପରିଚିତ ।

ପ୍ରାୟ ଅଧେ କେବାଙ୍ଗ୍ ନାରୀ ଘଟିତ। ଯଦିଚ ଯଥେଷ୍ଟ ସ୍ତ୍ରୀ ସ୍ୱାଧୀନତା ଅଛି ତଥାପି ବାପ ମା' ଝିଅର ବାହା ଦିଅନ୍ତି। ଅନେକ ସମୟରେ ଅବିବାହିତା ଝିଅ ତା'ର ପ୍ରେମିକ ସଙ୍ଗେ ପଳାଏ। ଏଥିରେ ଦୋଷ କଛି ନାହିଁ। କିନ୍ତୁ ବାପା ମା' ଯେଉଁ କନ୍ୟାସୁନାଟା ପାଇଥାନ୍ତେ ସେଇଟା ପାଇଲେ ନାହିଁ। ଅତଏବ କେବାଙ୍ଗ୍ ପାଖେ ଫରିଆଦ। କିନ୍ତୁ ଯଦି ବାପ ମା' ଟଙ୍କା ନେଇ ଝିଅକୁ ବାହା କରିଦେଲେ ଏବଂ ବର ଝିଅ ମନକୁ ନ ପାଇଲା ବା ଝିଅ ଆଉ କାହା ପ୍ରେମରେ ପଡିଗଲା ତ ସେ କେସ୍ ବହୁତ ଗୋଳମାଳିଆ ହୋଇଯାଏ। ତେବେ କେବାଙ୍ଗ୍‌ରେ ଗୋଟିଏ ଭଲ ଗୁଣ ଯେ ସେଠି ଆଡ୍‌ଜୋର୍ନମେଣ୍ଟ୍ ବା ତାରିଖ ହୋଇପାରିବ ନାହିଁ। କେବାଙ୍ଗ୍ ଥରେ ବସିଲା, ତା' କେଶ୍ ସାରି ଉଠିବ।

ମୋର ଇଲାକାରେ କିଛି ଇଦୁ ମିଶ୍‌ମି ଉପଜାତିର ବସତି ଥିଲା। ଏ ଏକ ଅତି ଅଦ୍ଭୁତ ଜାତି। ଦେଖିବାକୁ ଖୁବ୍ ଗୋରା ଓ ସୁନ୍ଦର। ତାଙ୍କର ବିଶ୍ୱାସ ଯେ ରୁକ୍ମିଣୀ ଇଦୁ ମିଶ୍‌ମି ଝିଅ। ଶ୍ରୀକୃଷ୍ଣ ରୁକ୍ମିଣୀ ହରଣ କଲାବେଳେ ମିଶ୍‌ମି ସେନା ଆକ୍ରମଣ କଲା

ଏବଂ ଭଗବାନ ଚକ୍ର ପେଶି ଦେଲେ। ରୁକ୍ମିଣୀ ଭୟରେ ଓ ଶୋକରେ ଅସିର କାରଣ ସେ ମଧ୍ୟ ବାପଘରରର ଧ୍ୱଂସ ଚାହୁଁ ନ ଥିଲେ। ଏଣୁ ସେ ଶ୍ରୀକୃଷ୍ଣଙ୍କୁ କୁଳକୁ ରକ୍ଷା କରିବାକୁ ଅନୁରୋଧ କଲେ। କିନ୍ତୁ ଚକ୍ର ତ ଗଲାଣି; ଏଣୁ କିଛି ନିଶ୍ଚୟ କାଟିବ। ଏଣୁ ଭଗବାନ ଆଦେଶ କଲେ ଯେ ମିଶ୍‌ମିଙ୍କର ଚୁଳ କାଟି ଆଣିବାକୁ। ତାହା ହେଲା ଏବଂ ତାହାର ସ୍ମୃତିରେ ବର୍ତ୍ତମାନ ମଧ୍ୟ ଇଦୁ ମିଶ୍‌ମିମାନେ ସାମନାରୁ ବାଳକାଟି ଦିଅନ୍ତି। ଏଣୁ ଏମାନଙ୍କର ଆଉ ଏକ ନାମ ଚୁଳିକଟା ମିଶ୍‌ମି। କଥାର ସତ୍ୟତା ତ' ଶ୍ରୀକୃଷ୍ଣଙ୍କୁ ଜଣା। ତେବେ ସେ ସୁନ୍ଦର ଜାତିରେ ରୁକ୍ମିଣୀ ଜନ୍ମ ନେଇଥିବା ସମ୍ଭବ। ଆଉ ଗୋଟିଏ କଥା, ସେ ଜାତିରେ ଅନେକ ସଂସ୍କୃତ ନାମ ପ୍ରଚଳିତ। ଅନେକ ଝିଅଙ୍କ ନାମ ଲଳିତା, କମଳା ଇତ୍ୟାଦି। ମୋର ଜଣେ ଅତି ପରିଚିତ ମିଶ୍‌ମି ଭଦ୍ରଲୋକଙ୍କ ନାମ ମୁକୁଟ।

୧୯୬୩ ପରେ ଧୀରେ ଧୀରେ ସବୁ ପୁନର୍ଗଠନ ଚାଲିଥାଏ। ସେଠାକାର ଜନଜାତିର ଲୋକଙ୍କୁ କ୍ରମଶଃ ସରକାରୀ କଳରେ ସ୍ଥାନ ଦେବା ଆରମ୍ଭ କଲୁ ଏବଂ ସେଥିଲାଗି କିଛି ପରିମାଣରେ ନିୟମ ବଦଳାଗଲା। ଏହି ସମୟରେ ମୁଁ ଦେଖିଲି ଯେ ଆମ ପାଖରେ କେହି ଇଦୁ ମିଶ୍‌ମି ନାହାନ୍ତି। ଏଣୁ ଇଦୁ ଭରତି କରିବା ସଂଧାନରେ ରହିଲୁ। କିନ୍ତୁ ଇଦୁଙ୍କ ସଂଖ୍ୟା କମ ହୋଇଥିବାରୁ ବାପା ମା' ପୁଅକୁ ଘରୁ ଛାଡିବାକୁ ନାରାଜ। ଶେଷରେ ଗୋଟିଏ ଅନାଥ ଯୁବକକୁ ପାଇଲୁ। ସେ ମୈନାକ୍। ପୁରାଣରେ ଅଛି ମୈନାକ୍ ପର୍ବତ ଉଡି ପାରୁଥିଲା। ମୈନାକ୍ ମିଶ୍‌ମି ଉଡି ନ ପାରୁଥିଲେ ମଧ୍ୟ ଜଙ୍ଗଲର ପର୍ବତରେ ଅତି ଶୀଘ୍ର ଯାଇ ପାରୁଥିଲା। ଶରୀରରେ ଅସୀମ ବଳ। କିନ୍ତୁ ସରଳ ମନ। ଦେଖିବାକୁ ଅତି ସୁପୁରୁଷ। ତିନିଦିନ ନ ଖାଇ ରହିପାରେ। କିନ୍ତୁ ତା ପରେ ତିନି ଦିନର କ୍ଷତି ଥରକରେ ପୂରଣ କରେ। ସେ ଆମ ସମସ୍ତଙ୍କ ଭିତରେ ପ୍ରିୟ। ତା ସହିତ ଟୁରରେ ଯିବା ଏକ ଆନନ୍ଦର ଅଭିଜ୍ଞତା। ସାଥିରେ ଚାଉଳ, ଲୁଣ ଓ ଚା'ପତ୍ର ଛଡା ଆଉ କିଛି ଖାଦ୍ୟ ନିଏ ନାହିଁ। ସେ ସାଧାରଣ ରାସ୍ତା ଛାଡି ଅନେକ ସଟ୍‌କଟ୍‌ରେ ନେଇଯାଏ। ତାକୁ ସବୁ ଭଲ କ୍ୟାମ୍ପ କରିବା ଜାଗା ଜଣା। ଗାଁରେ ଆପଣଙ୍କୁ ରହିବାକୁ ଦେବ ନାହିଁ। କାରଣ ଗାଁଟା ମଇଳା। କେତେବେଳେ ଗୁମ୍ଫା ଭିତରେ, କେତେବେଳେ ନଈବାଲିରେ ପୁଣି କେତେବେଳେ ନିଜେ ତିଆରି କରିଥିବା କୁଡିଆରେ ଆପଣଙ୍କୁ ରଖାଇବ। ଆପଣଙ୍କୁ ଦୁଇଟା ତିନିଟା ବେଳେ କ୍ୟାମ୍ପ ସ୍ଥାନରେ ପହଞ୍ଚାଇ ଦେବ। ତା' ପରେ ଅପାଣଙ୍କୁ ଚ' ଦେଇ ବାହାରିଯିବ। ଜଙ୍ଗଲରେ କେତେ ସ୍ୱାଦିଷ୍ଟ ଖାଦ୍ୟ ଅଛି। ଶାଗ, ଛତୁ, ଚେର ସବୁ ମୈନାକ୍ ଜଣେ। ପୁଣି କେଉଁଟା ବିଷ ତା' ମଧ୍ୟ। ଟିକିଏ ବଡନଦୀ ପାଖରେ ଥିଲେ ମାଛ ଆଣିବ। ବେଳେ ବେଳେ ଶିକାର ମାଂସ ମଧ୍ୟ। ବିନା ମସଲାରେ ସେହି ଜଙ୍ଗଲରେ ପତ୍ର ସହିତ ମାଛକୁ ଏକ ପ୍ରକାର

ସିଝାଇ ସେଥିରେ ମୋର ସାଙ୍ଗରେ ଥିବା ବଟର (ମାଖନ)ରୁ ଟିକିଏ ଦେଇ ଏକ ଅନବଦ୍ୟ ଖାଦ୍ୟ ପ୍ରସ୍ତୁତ କରିଦିଏ। ତା' ମତରେ ଜଙ୍ଗଲରେ ଜଙ୍ଗଲ ଚିହ୍ନିଥିଲେ କେହି ଓପାସ ରହିବ ନାହିଁ।

ହଠାତ୍ ଏକ ତୁମୁଳ କାଣ୍ଡ ହୋଇଗଲା। ମୈନାକ୍ ବିରୁଦ୍ଧରେ କେବାଙ୍ଗ୍ ହେବ। ମୈନାକ୍ ଛୁଟି ନେଇ ଗାଁକୁ ଯାଇଥିଲା। ସେଠୁ ଜଣେ ବିବାହିତା ତରୁଣୀକୁ ହରଣ କରିଛି। ଏଣୁ ମୁଁ ବାଧ୍ୟ ହୋଇ ମୈନାକ୍‌ର ଥବା ଜାଗାକୁ ଦଉଡିଲି। ଆମ ମୋହକମାରେ ମୁଁ ଥିଲି ସବୁଠାରୁ ବୟସ୍କ ଓଲ୍‌ଡ ମ୍ୟାନ। ମୋ ବୟସ ୩୪। ଅନ୍ୟମାନେ ୨୫ ରୁ ୩୨ ଭିତରେ। ସମସ୍ତ ଷ୍ଟାଫ୍ ମୈନାକ୍‌କୁ ରକ୍ଷା କରିବାକୁ ବ୍ୟଗ୍ର। ଏକ ମୈନାକ୍ ଡିପାର୍ଟମେଣ୍ଟ୍ ଲୋକ ପୁଣି ଏତେ ଭଲ ପିଲା। ପୁଣି ଆମେମାନେ ଯୁବକ। ଏଣୁ ଆମେ ଯଦି ମୈନାକ୍‌ର ପ୍ରେମର ମର୍ଯ୍ୟାଦା ରକ୍ଷା ନ କରିପାରୁ ତା'ହେଲେ ଆମକୁ ଧିକ୍; ଆମ ପୁରୁଷକୁ ଧିକ୍।

ଇଦୁ ମିଶ୍‌ମି ସମାଜରେ ଏକ କୁପ୍ରଥା ଅଛି, ତାହା ଝିଅ ବିକା। ଫଳତଃ ଅନେକ ଧନବାନ୍ ବୃଦ୍ଧଙ୍କର ତରୁଣୀ ଭାର୍ଯ୍ୟା ଓ ଅନେକ ଗରିବ ଯୁବକ (ଯଥା ମୈନାକ୍) ବିଚରା ହା ହୁତାଶ। ମୈନାକ୍ ତ ଅରକ୍ଷିତ ପିଲା। ତାକୁ କିଏ ଝିଅ ଦେବ। ଏହିପରି ଏକ ବୃଦ୍ଧର ତରୁଣୀ ଭାର୍ଯ୍ୟା ସହିତ ମୈନାକ୍‌ର ପ୍ରେମ ଥିଲା। କିନ୍ତୁ ବର୍ତ୍ତମାନ ତ ମୈନାକ୍ ଆଉ ଅରକ୍ଷିତ ନୁହେଁ। ସେ ଭାରତ ସରକାରଙ୍କ କର୍ମଚାରୀ। ତା ପଛରେ ଖୋଦ୍ ଇଣ୍ଡିଆ ଗଭର୍ନମେଣ୍ଟ ଠିଆ ହୋଇଛି। ସେ କାହିଁକି ଆଉ ଡରିବ। ପ୍ରେୟସୀକୁ ଏକ ପ୍ରକାର ପିଠିରେ ପକେଇ ଛୁ। ପିଠିରେ ପକାଇବାର କାରଣ ପ୍ରେୟସୀ ମୈନାକ୍‌ର ଗତିରେ ଚାଲି ପାରିବ ନାହିଁ। ତା'ର ନାମ କ'ଣ ଥିଲା ମୋର ଠିକ୍ ମନେ ନାହିଁ। କିନ୍ତୁ ଆମର ଷ୍ଟାଫ୍ ତା'ର ରୂପ ଦେଖି ତା'ର ନାମକରଣ କରିଦେଲେ ମଧୁବାଲା। ସେହି ନାମଟା ହିଁ ରହିଗଲା ।

ମୈନାକ୍ ଯେ ଦୋଷୀ ଏଥିରେ ସନ୍ଦେହ ନାହିଁ। ଉପଜାତିର ନିୟମ ଅନୁଯାୟୀ ସ୍ତ୍ରୀ ସ୍ୱାମୀର ସମ୍ପତ୍ତି। ମୁଁ ତାହାର ଆଇନଗତ ସମସ୍ତ ଦିଗ ଭାବି ଦେଖୁଥିଲି। ମୈନାକ୍ ମଧୁବାଲାକୁ ନେଇଯିବାରୁ ତା'ର ସ୍ୱାମୀର ଆର୍ଥିକ କ୍ଷତି ହୋଇଛି, କାରଣ ସେ ଦାମ୍ ଦେଇ ସେ ଝିଅକୁ କିଣିଥିଲା ଏବଂ ତା' ଶ୍ରମଶକ୍ତିକୁ ନିଜ ଘରେ ଓ କ୍ଷେତରେ ବ୍ୟବହାର କରୁଥିଲା। ସେ ଦିଗରୁ ତା'ର କ୍ଷତିପୂରଣ ଦାବି ଉଚିତ ଏବଂ କେବାଙ୍ଗ୍ ତାହାର ଉଚିତ୍ ନ୍ୟାୟ କରୁ। କିନ୍ତୁ ଫରିଆଦୀର ଆଉ ଦୁଇ ସ୍ତ୍ରୀ ଏବଂ ତା'ର ସଂସାର ଅଚଳ ହେବନାହିଁ। ଅଥଚ ମୈନାକ୍ ସ୍ତ୍ରୀ ହୀନ। ଭଗବାନଙ୍କ ନ୍ୟାୟରେ ତାକୁ ଏକ ସ୍ତ୍ରୀ ମିଳିବା ଉଚିତ। ତା'ଛଡା ଯଦି ତାହାକୁ ପୁରାତନ ସ୍ୱାମୀ ପାଖକୁ ଯିବାକୁ ବାଧ୍ୟ କରାଯାଏ ତା'ହେଲେ

ଆତ୍ମହତ୍ୟା କରିବାର ବହୁତ ସମ୍ଭାବନା। ଫଳତଃ ଫରିଆଦୀ ନା ମାଇପ ପାଇବ ନା ପଇସା। ଏହି ମର୍ମରେ ଆମର ଜଣେ ଆଦି ପିଲାକୁ ଓକିଲ ହୋଇ କହିବାକୁ ଶିଖାଗଲା। କାରଣ ଏ ସବୁ କାମ ମୈନାକ୍ ଦ୍ୱାରା ହେବାର ନୁହେଁ। ଏହାପରେ ଆଉ ଏକ ସମସ୍ୟା ଉଠିଲା। ଝିଅ ତ ମୈନାକ୍ ପାଖରେ ଅଛି। ଏଣୁ ମକଦ୍ଦମା ଫଇସଲା ପର୍ଯ୍ୟନ୍ତ ମୈନାକ୍‌ର ଭୋଗ ଦଖଲ ବେଆଇନ। ଶେଷକୁ ବହୁତ ଆଲୋଚନା ପରେ ମଧୁବାଲାକୁ ଗାର୍ଲ ସ୍କୁଲ ହଷ୍ଟେଲରେ ରଖାଗଲା।

ତିନିଦିନ ବ୍ୟାପୀ କେବାଙ୍ଗ ଚାଲିଲା। ଫଇସଲାଟା ମୋଟାମୋଟି ଆମ ପକ୍ଷରେ ଗଲା। ଏଥିଲାଗି ଆମର ଆଦି ଓକିଲ ତାମରର ବାଗ୍ମିତା ଅନେକ ଅଂଶରେ ଦାୟୀ। ସେ ଝିଅର ମଧ୍ୟ ସାକ୍ଷ୍ୟ ନିଆଗଲା। ସେ ସ୍ୱଇଚ୍ଛାରେ ଆସିଛି ଏବଂ ସେ ଫେରିବ ନାହିଁ, ଏହା ଦୃଢ଼ କଣ୍ଠରେ ଘୋଷଣା କଲା। ଫଳତଃ ଦୁଇହଜାର ଟଙ୍କା କ୍ଷତିପୂରଣ ଓ ଶହେ ଟଙ୍କା ଜୋରିମାନାରେ କେସ୍ ଛିଡିଗଲା। ମଧୁ ଓ ମୈନାକ୍ ଏକାଠି ରହିଲେ।

କିନ୍ତୁ ଏହି ନାଟକର ଅନ୍ତ ଦୁଃଖଦ। ମୁଁ ବଦଳିହୋଇ ଚାଲିଗଲି। ବହୁ ବର୍ଷ ପରେ ପୁଣି ସେଠିକି ଉଚ୍ଚତର ପଦରେ ଆସିଲି। ମୁଁ ପୁରୁଣା ଷ୍ଟାଫ୍‌ଙ୍କ ଖୋଜ ନେଉ ନେଉ ମୈନାକ୍‌ର ଖବର ନେଲି। ଶୁଣିଲି ଯେ ମଧୁବାଲା ବେମାର ପଡି ମରିଗଲା। ତାପରେ ମୈନାକ୍ କିପରି ଗାଏବ୍ ହୋଇଗଲା, କେତେଦିନ ତା'ର ଖୋଜ୍ ମିଳିଲା ନାହିଁ। ଶେଷରେ ଜଙ୍ଗଲରେ ତା'ର ମୃତଦେହ ଏକ ଗଛରେ ଦବ ଅବସ୍ଥାରେ ମିଳିଲା। ନିଶ୍ଚୟ ତାକୁ ଜୀବନଟା ମଧୁ ବିନା ବୋଝ ଲାଗିଥିବ; ଯାହା କି ସେ ଆଉ ବୋହିବାକୁ ପ୍ରସ୍ତୁତ ନ ଥିଲା।

■

ପ୍ରଳୟର ସନ୍ଧାନ

ପାଟକୋଇ ପର୍ବତ ଭାରତ ଓ ବର୍ମା ବା ମ୍ୟାନ୍‌ମାର ସୀମା। ପାଟକୋଇ ପର୍ବତ ତ୍ରୟୋଦଶ ଶତାବ୍ଦୀରେ ଭାରତର ଆହମ ରାଜ୍ୟ ଓ ଉତ୍ତର ବର୍ମାର ସାନ ରାଜ୍ୟ ମଧ୍ୟରେ ସୀମା ବୋଲି ସ୍ୱୀକାର କରାଯାଇଥିଲା। ପାଟକୋଇର ଶବ୍ଦାର୍ଥ ହେଲା "କାଟ କୁକୁଡା, ପକା ରାଣ"। ଏହା ସେ ସମୟର ସୀମାଚୁକ୍ତିକୁ ବୁଝାଉଛି। ଏହି ପର୍ବତଟା ଭାରତର ପୂର୍ବ ସୀମା ଓ ଭାରତ ପଟେ ଏହି ସୀମା ଉପରେ ଅରୁଣାଚଳ ପ୍ରଦେଶ ଓ ନାଗାଲାଣ୍ଡ। ମଣିପୁର ପହଞ୍ଚିଲା ବେଳକୁ ଏ ପର୍ବତ ଅନେକ ଭାଗରେ ବିଭକ୍ତ ହୋଇଯାଏ। ପାଟକୋଇ ନାଗାଙ୍କ ପର୍ବତ। ଏମାନେ ପର୍ବତର ଦୁଇପଟେ ଅଛନ୍ତି। ଯେହେତୁ ଭୌଗୋଳିକ ଓ ରାଜନୈତିକ ସୀମା ପ୍ରକୃତରେ ଅନେକ ଜନଜାତିଙ୍କୁ ବିଭକ୍ତ କରିଦେଉଛି ଅତଏବ ଅନେକ ମାନବିକ ଓ ନିରାପତ୍ତାଜନିତ ସମସ୍ୟା ଉତ୍ପନ୍ନ ହୋଇଥାଏ। ବର୍ମା ସରକାର ଏ ଅଞ୍ଚଳଟା ଉପରେ ଶାସନ କରିପାରେ ନାହିଁ। ଏପରି ବର୍ମା ସୈନିକଙ୍କର ଛାଉଣୀ ଅଛି, ଯାହାର ଖାଦ୍ୟପେୟ ଭାରତରୁ ଯାଏ ଓ ସୈନିକମାନଙ୍କ ଘରୁ ଚିଠି ଭାରତୀୟ ଡାକଘରକୁ ଆସେ ।

ଅରୁଣାଚଳ ପ୍ରଦେଶରେ ପାଟକୋଇ ଉପରେ ରହନ୍ତି ତାଙ୍ଗସା, ନକତେ ଓ ୱାଂଚୁ। ନକତେ ଓ ୱାଂଚୁ ପ୍ରକୃତରେ ନାଗାଜାତି। ଏମାନେ କୃଷ୍ଟିଗତ ଭାବରେ ଅରୁଣାଚଳର ଅନ୍ୟଜାତିଙ୍କ ଠାରୁ ଭିନ୍ନ। ଏମାନଙ୍କର କଳା ହେଲା କାଠରେ ଭାସ୍କର୍ଯ୍ୟ ଏବଂ ଜୀବନର ଲକ୍ଷ୍ୟ ହେଲା ଯୁଦ୍ଧ। ଯଦିଚ ନକତେ ଜାତି ବୈଷ୍ଣବ ଧର୍ମ ଗ୍ରହଣ କରିଛି ତଥାପି ତାହାର ସେହି ଯୋଦ୍ଧା ପ୍ରବୃତ୍ତି କିଛି କମ୍ ହୋଇନାହିଁ। ପୁଣି ୱାଂଚୁ ନକତେଠାରୁ ବଳି ଦୁର୍ଦ୍ଧର୍ଷ ଯୋଦ୍ଧା। ୱାଂଚୁର ଜୀବନ ଦର୍ଶନକୁ ରବୀନ୍ଦ୍ରନାଥ (ଅବଶ୍ୟ ଅନ୍ୟ ସନ୍ଦର୍ଭରେ) ଠିକ୍ କହିଛନ୍ତି – "ଜୀବନ ମୃତ୍ୟୁ ପାୟେର ଭୃତ୍ୟ ଚିତ୍ତ ଭାବନାହୀନଂ।

କାରଣ ଓ୍ୱାଂଚୁ ଚିତ୍ତକୁ କୌଣସି ପ୍ରକାର ଭାବନା ସ୍ପର୍ଶ କରିପାରେ ନାହିଁ। ଓ୍ୱାଂଚୁର କଳାକୃତି ଆମେ ବୁଝିଥିବା ମାନଦଣ୍ଡରେ ସୁନ୍ଦର ନହୋଇ ଥାଇପାରେ। କିନ୍ତୁ ଏଥିରେ ଏକ ପ୍ରାଣବନ୍ତ ଶକ୍ତି ଅଛି। ତେବେ ମୁଁ ଅନଧିକାର ଚର୍ଚ୍ଚା ଆରମ୍ଭ କରିଦେଇଛି ଏବଂ ନୃତତ୍ତ୍ୱ ପଣ୍ଡିତମାନେ ଜାଣିଲେ ମୋତେ ଓ୍ୱାଂଚୁର ଦାଓ ଧରି ମାରି ଗୋଡାଇବେ। ତେବେ ଏଇଟା ସତ ଯେ ଓ୍ୱାଂଚୁ ଜୀବନ ମରଣ ସମ୍ବନ୍ଧରେ ବିଶେଷ ଚିନ୍ତିତ ନୁହେଁ। ଯେ ପର୍ଯ୍ୟନ୍ତ ଓ୍ୱାଂଚୁର ଚିତ୍ତ ଭାବନାହୀନ ସେ ପର୍ଯନ୍ତ ସେ ଖୁସି। ଅନ୍ୟମାନେ ବି ଖୁସି। କିନ୍ତୁ ଥରେ ଗୋଟିଏ ଭାବନା ପଶିଗଲେ ତାହାର କି ରୂପ ହେବ ସେ ବିଷୟରେ ଆଗରୁ ଅନୁମାନ କରିବା ନିରାପଦ ନୁହେଁ। ଏଣୁ ସବୁବେଳେ ଅଘଟଣ ଘଟିବା ଲାଗି ପ୍ରସ୍ତୁତ ଥିବା ଆବଶ୍ୟକ। ଥରକର ଘଟଣା, ଭଗବାନ ଜାଣନ୍ତି, କେଜାଣି କାହିଁକି ଭୂ-ବିଜ୍ଞାନ ସର୍ବେକ୍ଷଣ ଗୋଟିଏ ସତର୍କବାଣୀ ଶୁଣାଇଦେଲା - ଉତ୍ତର ପୂର୍ବ ଭାରତରେ ପ୍ରବଳ ଭୂମିକମ୍ପର ଆଶଙ୍କା ଅଛି। ଏହାର ନିଶ୍ଚୟ ବୈଜ୍ଞାନିକ କାରଣ ଥିବ। କିନ୍ତୁ ଅରୁଣାଚଳ ପ୍ରଦେଶରେ ତ ଭୂମିକମ୍ପଟା ନିତିଦିନିଆ ଘଟଣା। ଏଣୁ ସେ ବିଷୟରେ କାହାରି ମୁଣ୍ଡ ବଥାଏ ନାହିଁ ଏବଂ ଅରୁଣାଚଳର ଆଦିବାସୀମାନଙ୍କ ଘର ସାଧାରଣତଃ ଭୂମିକମ୍ପରେ କିଛି ହୁଏ ନାହିଁ, ଯଦିଚ ସରକାର ତିଆରି ପକ୍କାଘର ଭାଙ୍ଗିଯାଏ। ତା'ର କାରଣ ସରକାରୀ ଦୁର୍ନୀତି ନୁହେଁ। ସେଠାରେ ସ୍ଥାନୀୟ ଲୋକଙ୍କ ଘର ବାଉଁଶ, ବେତ ଓ କାଠରେ ତିଆରି। ସେଥିରେ ଗୋଟିଏ ବି ଲୁହା କଣ୍ଟା ଲାଗେ ନାହିଁ। ଏଣୁ ଝଡ, ଭୂମିକମ୍ପ ହେଲେ ଘରଟା ଦୋଳି ଖେଳେ ସତ, କିନ୍ତୁ ଆଉ କିଛି ହୁଏ ନାହିଁ।

ଦୁଃଖର କଥା, ସେଠାରେ ଜିଲ୍ଲା ଶାସକ ଏହି ଆସନ୍ନ ଭୂମିକମ୍ପ ସମ୍ପର୍କରେ ସାବଧାନ କରାଇ ଦେବା ପାଇଁ ଗାଁ ମୁଖିଆ ବା ଗାଓଁବୁଢ଼ାମାନଙ୍କର ଏକ ମିଟିଂ ଡାକିଲେ। ସେଠି ସେମାନଙ୍କୁ ବୁଝାଇଲେ ଯେ ଗୋଟିଏ ବଡ ଧରଣର ଭୂମିକମ୍ପର ଆଶଙ୍କା ଅଛି। ଏଣୁ ସେଥିଲାଗି ପ୍ରସ୍ତୁତ ହେବା ଆବଶ୍ୟକ। ଗାଁମାନଙ୍କରେ ଉଦ୍ଧାର କାର୍ଯ୍ୟ ପାଇଁ ଦଉଡି, ସିଢ଼ି, ମହମବତୀ, ଡିଆସିଲି, ପ୍ରାଥମିକ ଚିକିତ୍ସା ସାମଗ୍ରୀ ଇତ୍ୟାଦି ମହଜୁଦ ରଖିବାକୁ ହେବ ଇତ୍ୟାଦି ଇତ୍ୟାଦି। ଏହି ଗାଓଁବୁଢ଼ାମାନେ ବିଜ୍ଞଭାବରେ ମୁଣ୍ଡଟୁଙ୍ଗାରି ଦେଲେ। ଯଥା ସମୟରେ ସଭା ଭଙ୍ଗ ହେଲା ଏବଂ ଏହି ଗାଓଁବୁଢ଼ାମାନେ ଘରକୁ ଫେରିଗଲେ।

ତା'ର କେତେଦିନ ପରେ ଏକ ଅଦ୍ଭୁତ ଖବର ଆସି ପହଞ୍ଚିଲା। କେତେକ ଗାଁରେ ଭୋଜି ହେଉଛି କିନ୍ତୁ ସେପରି କୌଣସି ଉତ୍ସବ ହେବାର କାରଣ ନାହିଁ। ଏହା ବେଶ୍ ଚିନ୍ତାର କାରଣ। ଓ୍ୱାଂଚୁ କେବଳ ଯୋଦ୍ଧା ନୁହେଁ, ତା'ର ଧର୍ମବିଶ୍ୱାସ ମଧ୍ୟ ଅଲଗା। ସେ ଶତ୍ରୁର ମୁଣ୍ଡ କାଟି ଆଣି ନିଜ ଗାଁର ଏକ ବିଶେଷ ସ୍ଥାନରେ ରଖେ। ସେ

ଜାଗାଟା ଗାଁର ସାମାଜିକ ମିଳନ କେନ୍ଦ୍ର ଏବଂ ରାତିରେ ସେଠି ଗ୍ରାମର ଅବିବାହିତ ଯୁବକତକ ଶୁଅନ୍ତି। ସେଠି ଅସ୍ତ୍ରଶସ୍ତ୍ର ମଧ୍ୟ ପ୍ରସ୍ତୁତ ଥାଏ। ରାତିରେ ଗ୍ରାମ ଉପରେ ଶତ୍ରୁ ଆକ୍ରମଣ ରୋଧ କରିବାକୁ। ଏହି ମୁଣ୍ଡ ସବୁ ଗାଁକୁ ରକ୍ଷା କରନ୍ତି ଓ ଗାଁର ଶୁଭ ହୁଏ। ଏଣୁ ବେଶି ମୁଣ୍ଡ ସଂଗ୍ରହ କରିବା ଦରକାର। ଏହି ମୁଣ୍ଡକାଟ ପ୍ରଥା ଭାରତ ସରକାରଙ୍କ ଶାସନ ପରେ ଲୋପ ପାଇଛି। ତେବେ ବର୍ମାରେ ବେଳେ ବେଳେ ଘଟିବାର ଖବର ମିଳେ। ତେବେ ବ୍ରିଟିଶ ସମୟରେ ତ ଏ ଅଞ୍ଚଳରେ ଶାସନ ନ ଥିଲା। ଏଣୁ ବୁଢ଼ାମାନଙ୍କର ସେ ବିଷୟରେ ଅଭିଜ୍ଞତା ଥିଲା। ଏହି ମୁଣ୍ଡ ଶିକାର ଲାଗି ବାହାରିବା ଆଗରୁ ଭୋଜି ହୁଏ ଯେଉଁଥିରେ ପ୍ରଚୁର ମଇଁଷି ହଣାହୁଏ। ଅସମୟରେ ଭୋଜି କଥା ଶୁଣି ହଠାତ୍ ସେ ଛନକା ପଶିଲା କାରଣ ୱାଂଚୁ ସୁପ୍ତ ଆଗ୍ନେୟଗିରି, ମୃତ ଆଗ୍ନେୟଗିରି ନୁହେଁ।

ତା'ପରେ ତନାଘନା ଖବର ନିଆଗଲା। ଜଣାଗଲା ଯେ କେତେକ ମୁଖିଆ ଉକ୍ତ ମିଟିଂର ଅଦ୍ଭୁତ ଅର୍ଥ କଲେ। ଭୂମିକମ୍ପ ଭଳିଆ ସାମାନ୍ୟ ଜନିଷ ଲାଗି ସରକାର ଯେ ମୁଖିଆମାନଙ୍କ ସଭା ଡାକିବେ ତାହା ବିଶ୍ବାସଯୋଗ୍ୟ ନୁହେଁ। ସରକାର ଯେତେବେଳେ ମିଟିଂ ଡାକୁଛନ୍ତି ତାହା ସାମାନ୍ୟ ଜିନିଷ ନୁହେଁ। ଏଣୁ ନିଶ୍ଚୟ ପ୍ରଳୟକାଳ ଉପସ୍ଥିତ। ପ୍ରଳୟ ଏକ ପ୍ରବଳ ଭୂମିକମ୍ପ ରୂପରେ ଆସିବ ଏବଂ ଆମେ ସମସ୍ତେ ମରିବା। ଅତଏବ ଯାହା ସମୟ ଅଛି ସେଥିରେ ଫୂର୍ତ୍ତି କର। ମଇଁଷି କାଟ, ଘୁଷୁରି କାଟ ଓ ଭୋଜି କର, ଆନନ୍ଦ ଉତ୍ସବ କର, କାରଣ କାଲି ବେଶି ଡେରି ହୋଇଯାଇପାରେ ।

ଏହା ଫଳରେ ସମସ୍ତଙ୍କ ମୁଣ୍ଡରୁ ବୋଝ ଓହ୍ଲାଇଗଲା। ପ୍ରଥମ କଥା କୌଣସି ମୁଣ୍ଡକାଟ ହେବାକୁ ଯାଉନାହିଁ। କେହି କେହି ମତଦେଲେ ଯେ ସବୁ ଗାଁରେ ସତ କଥାଟା ବୁଝାଇ ଦିଆଯାଉ। କିନ୍ତୁ ୱାଂଚୁ ଚରିତ୍ର ଅଭିଜ୍ଞ ବ୍ୟକ୍ତିମାନେ ମନାକଲେ। ସେମାନଙ୍କ ମତ ହେଲା ଥରେ ତ' ସାମାନ୍ୟ କଥାର ଅନର୍ଥ ହୋଇ ସାରିଲାଣି। ପୁଣି ବୁଝାଇବାକୁ ଗଲେ ଆଉ କିଛି ଅନର୍ଥ ହୋଇ ପାରେ। ତାଙ୍କର ଖାଦ୍ୟ ସରିଗଲେ ବଳେ ଖବର ପାଇବା। ତା'ପରେ ସେଠି ରାସ୍ତା ମରାମତି ଲାଗି ଶ୍ରମିକ ପାଇବା।

■

ୱ୍ୱାଂଚୁର ସର୍ବଧର୍ମ

ୱ୍ୱାଂଚୁ ସମାଜରେ ଜାତିଭେଦ ପ୍ରଥା ବଡ କଡା। ଅବଶ୍ୟ ସେ ସମାଜରେ ଯାହା ଚଳଣି ସେଥିରେ ଜାତିଗତ ଅତ୍ୟାଚାର ହେବା ପ୍ରାୟ ଅସମ୍ଭବ। କେବଳ ରାଜାଙ୍କୁ ଛାଡିଦେଲେ ଆଉ ସମସ୍ତଙ୍କୁ ପରିଶ୍ରମ କରିବାକୁ ପଡେ। ତେବେ ବୈବାହିକ ବାଧା ରହିଛି। ତା' ଠାରୁ ବଡ କଥା ଯେ, ତଳ ଜାତି ଉପର ଜାତିକୁ ସମ୍ମାନ ଦେବ। ଫଳେ ପୁଷ୍ଟେ କିଛି ଭେଟି ଦେବ। ସାଧାରଣତଃ ତଳ ଜାତିର ଲୋକମାନଙ୍କର ଆର୍ଥିକ ଅବସ୍ଥା ଅପେକ୍ଷାକୃତ ଖରାପ। କିନ୍ତୁ ପ୍ରକୃତରେ ରାଜା ଓ ଜନସାଧାରଣ ମଧ୍ୟରେ ଆର୍ଥିକ ଅବସ୍ଥାରେ ବହୁତ ବେଶି ତଫାତ୍ ନାହିଁ। ତା'ର କାରଣ ସେ ପର୍ବତରେ ଯାହା ବା ହେବ ସେଥିରେ କେହି ପୁଂଜିପତି ହୋଇଯିବାର ସମ୍ଭାବନା ନାହିଁ।

ଏହି ସମନ୍ୱିତ ସମାଜରେ କଳିର ପ୍ରବେଶ; ଅର୍ଥାତ୍ ପ୍ଲାଇଉଡ ତିଆରି କାରଖାନା। ହଠାତ୍ ପୂର୍ବ ଆସାମରେ ଅନେକ ପ୍ଲାଇଉଡ୍ କାରଖାନା ଖୋଲିଗଲା। ସେହି କାରଖାନାର କଞ୍ଚାମାଲ ହେଲା କାଠ। ଏସବୁ କାରଖାନା ପାଇଁ କାଠ ଯୋଗାଣ ଆସାମର ଜଙ୍ଗଲ ପକ୍ଷରେ ଅସମ୍ଭବ। ଏଣୁ ସେହି କାରଖାନା ମାଲିକମାନେ ଅରୁଣାଚଳ ଆଡ଼କୁ ମୁହାଁଇଲେ। ଗ୍ରାମର ସମ୍ପତ୍ତି ଆଇନ ଅନୁଯାୟୀ ରାଜାର। ଯେ ପର୍ଯ୍ୟନ୍ତ ଗ୍ରାମବାସୀ ଚାଷ ଲାଗି ଜଙ୍ଗଲ କାଟିବାକୁ ଦାବି ନ କରିଛନ୍ତି, ରାଜା ଜଙ୍ଗଲରୁ ଗଛ ବିକ୍ରି କରିପାରେ। ଫଳତଃ ରାଜା ଓ ଅଭିଜାତ ଶ୍ରେଣୀ ହାତରେ କଞ୍ଚା ପଇସା ଆସିଗଲା। ଅଭିଜାତ ଶ୍ରେଣୀ ଧନଟା ତାଙ୍କ ପାଖରେ ରଖିଲେ ଏବଂ ଆଜିକାଲି କୁହାଯାଉଥିବା Conspicuous Consumption ବା ଖାଣ୍ଟି ଓଡ଼ିଆରେ କହିଲେ ପଇସା ଉଡାଇବାରେ ମାତିଲେ। ଏଣୁ ତଳ ଶ୍ରେଣୀର ଓ୍ୟାଂଚୁଙ୍କ ମନରେ ପ୍ରତିକ୍ରିୟା ହେଲା ।

ଅରୁଣାଚଳ ପ୍ରଦେଶରେ ଧର୍ମ ପ୍ରଚାର ମନା। ନିଜର ଧର୍ମ ନିଜେ ଅବଶ୍ୟ ପାଳନ କର। କିନ୍ତୁ ଜନଜାତିକୁ ତା' ଧର୍ମବିଶ୍ୱାସରେ ରହିବାକୁ ଦିଅ ଏବଂ ସେହି ବିଶ୍ୱାସକୁ ସମ୍ମାନ ଦିଅ। ପ୍ରାୟ ସବୁ ଜନଜାତିର ଧର୍ମ ଏକ ସର୍ବନିୟନ୍ତା ଈଶ୍ୱରରେ ବିଶ୍ୱାସ କରେ ଏବଂ ଭଲ ମନ୍ଦ, ପାପ ପୁଣ୍ୟ ବିଷୟରେ ମଧ୍ୟ ତାଙ୍କର ମାନ୍ୟତା ଅଛି। ଏଣୁ ଅନ୍ୟ ଧର୍ମ ପ୍ରଚାର କରି ଜନଜାତିମାନଙ୍କ ମନରେ ହୀନମନ୍ୟତା ଆଣିବାର

କୌଣସି କାରଣ ନାହିଁ। କିଛି ପରିମାଣରେ ବୌଦ୍ଧଧର୍ମ ଅଛି। କିନ୍ତୁ ତାହା ତ କେତେ ଶତାବ୍ଦୀ ଧରି। ଏହି ବ୍ୟବସ୍ଥା ବେଶ୍ ଚାଲୁଛି। କିନ୍ତୁ ଏହି ଧର୍ମରେ ତାରତମ୍ୟ ଏକ କଠିନ ଅବସ୍ଥା ସୃଷ୍ଟିକଲା। ୱାଂଚୁ ଦେଶ ପାଖରେ ନାଗାଲାଣ୍ଡ ଯେଉଁଠି କି ଖ୍ରୀଷ୍ଟାନ ଧର୍ମର ସମ୍ପୂର୍ଣ୍ଣ ପ୍ରଭାବ। ଏଣୁ ମିଶନାରୀମାନେ ୱାଂଚୁମାନଙ୍କୁ ଖ୍ରୀଷ୍ଟାନ ଧର୍ମରେ ଦୀକ୍ଷିତ କରିବାର ଚେଷ୍ଟାରେ ଥାଆନ୍ତି। ବିଶେଷ କରି ଛୋଟ ଜାତିର ଲୋକଙ୍କୁ ଅନେକ ପ୍ରକାର ପ୍ରଭାବ ପକାଇବାର ଚେ଼ଷ୍ଟା କରୁଥାଆନ୍ତି। କିନ୍ତୁ ୱାଂଚୁ ସମାଜ ଏପରି ସ୍ୱୟଂସମ୍ପୂର୍ଣ୍ଣ ଓ ସନ୍ତୁଳିତ ଥିଲା ଯେ ସେଥିରେ ମିଶନାରୀମାନେ ସୁବିଧା କରି ପାରୁ ନଥାନ୍ତି। କିନ୍ତୁ ଏ ବ୍ୟବସ୍ଥାରେ ବାଦ ସାଧୁଥିଲା ଏହି ଗଛକଟା ଟଙ୍କା। ଛୋଟଜାତିମାନେ ଏଥିରୁ ବଞ୍ଚିତ ହେବାରୁ ତାଙ୍କ ମନରେ ଉତ୍ତେଜନା ହେଲା। ଏଣୁ ଏକପ୍ରକାର ଉଚ୍ଚଜାତିମାନଙ୍କୁ ଶିକ୍ଷା ଦେବାପାଇଁ ତାଙ୍କ ଭିତରେ କେତେଜଣ ଖ୍ରୀଷ୍ଟାନ ହୋଇଗଲେ ।

ଏହାର ଏକ ଫଳ ହେଲା ଯେ କେତେକ ଗ୍ରାମରେ ବାଉଁଶ ଚାଳିଆର ଗୀର୍ଜାଘର ଗଢ଼ା ହୋଇଗଲା। ତାହା ଶାସନ ପକ୍ଷରେ ଏକ ଗୁରୁତର ସମସ୍ୟା ସୃଷ୍ଟିକଲା। ଯଦିଚ ଧର୍ମପ୍ରଚାର ହୋଇଛି ଏବଂ ଧର୍ମପ୍ରଚାର ବେଆଇନ, ତଥାପି ଧର୍ମ ପ୍ରଚାରଟା ଅରୁଣାଚଳ ମାଟିରେ ହୋଇନାହିଁ। ସେମାନେ ଅରୁଣାଚଳ ସୀମାରେ ଥିବା ଆସାମର କେତେକ ମିଶନରେ ଦୀକ୍ଷିତ ହୋଇଛନ୍ତି। ସେମାନଙ୍କର ଉପାସନା କରିବା ମୌଳିକ ଅଧିକାର। କିନ୍ତୁ ଏକଥା ସତ ଯେ ଆଇନର ଉଦ୍ଦେଶ୍ୟ ଭଙ୍ଗ ହୋଇଛି। ଏଣୁ ଶାସନ ମହା ଅସୁବିଧାରେ ପଡିଲା। କିନ୍ତୁ ୱାଂଚୁ ନିୟମର ଏତେ ପେଞ୍ଚ ଭିତରକୁ ପଶିବାକୁ ନାରାଜ। ଅନ୍ୟ ୱାଂଚୁମାନେ ତାଙ୍କ ରାଜାର ଆଦେଶ ନେଇ ଏହି ଗୀର୍ଜାସବୁରେ ନିଆଁ ଲଗାଇଦେଲେ। ବର୍ତ୍ତମାନ ଏହା ଶାସନ ପକ୍ଷରେ ଆଉ ଏକ ସମସ୍ୟା ହେଲା। କ'ଣ ଶାସନ ବଳ ପ୍ରୟୋଗ କରି ଏ ଗୀର୍ଜାଗୁଡିକୁ ରକ୍ଷା କରିବ ଏବଂ ଫଳତଃ ଅଧିକାଂଶ ଜନତାର ବିରାଗଭାଜନ ହେବ ? ବିଶେଷକରି ଯେତେବେଳେ ଏହି ଗୀର୍ଜାଗୁଡିକ ଆଇନକୁ ଆଖିମିଟିକା ମାରି ତିଆରି ହୋଇଛି।

ଏହି ଦୀର୍ଘ ଗୌରଚନ୍ଦ୍ରିକାର ପ୍ରୟୋଜନ ଏକ ବିଚିତ୍ର ଘଟଣାକୁ ବୁଝିବା ଲାଗି ଓ ଏକ ବିଚିତ୍ର ଚରିତ୍ରକୁ ଚିହ୍ନିବା ଲାଗି। ହଠାତ୍ ଖବର ମିଳିଲା ଯେ, ଗୋଟିଏ ଦଶମ ଶ୍ରେଣୀ ଛାତ୍ର ଧର୍ମପ୍ରଚାର କରୁଥିବାଲାଗି ଗିରଫ ହୋଇଛି। କିନ୍ତୁ କି ଧର୍ମ ପ୍ରଚାର କରୁଛି ତା' ବୁଝି ହେଉନାହିଁ। ଖ୍ରୀଷ୍ଟାନ ଧର୍ମ ନୁହେଁ। ଏଣୁ ମୁଁ ତା' ସହିତ କଥାବାର୍ତ୍ତା କରିବାକୁ ଗଲି। ସେ ଯେଉଁଠି ଗିରଫ ହୋଇଥିଲା। ତାହା ମୋର ରହିବା ସ୍ଥାନରୁ ଦୁଇ ଦିନର ବାଟ। ଯେତେବେଳେ ପହଞ୍ଚିଲି, ସେ ପିଲାଟିର ଏକପ୍ରକାର ମୁଣ୍ଡ ଖରାପ ହୋଇଗଲାଣି। କାହା କଥାର ଉତ୍ତର ଦେବ। ମୁଁ ତାକୁ କେହି ପଚରାଉଚରା କରିବାକୁ

ମନା କରିଦେଲି। ତା'ର ଜାମିନ କରାଇ ହାଜତରୁ ମୁକୁଳାଇ ଆଣିଲି। ମୁଁ ଠିକ୍ ଜାଣିଥିଲି ଯେ, ତାହାର ଟିକିଏ ମାନସିକ ବିଶ୍ରାମ ଦରକାର। ଦିନକ ପରେ ଟିକିଏ ସୁସ୍ଥ ହେବାପରେ ମୁଁ ତାକୁ ମୋର ରହିଥିବା ଡାକବଙ୍ଗଳାକୁ ଆଣିଲି। ମୋତେ ଦେଖିବା ମାତ୍ରେ ହସି ହସି କହିଲା, 'ଖ୍ରୀହିବୁମ୍ ଜିନ୍ଦାବାଦ'! ।

କଥାରୁ ଜଣାପଡିଲା ଯେ, ସେ ଏଠାରେ ଲାଗିଥିବା ଧାର୍ମିକ ଦ୍ୱନ୍ଦ୍ୱ ଦେଖି ବିରକ୍ତ ହୋଇଯାଇଛି। ପୁଣି ଖବରକାଗଜରେ ହିନ୍ଦୁ-ମୁସଲମାନ ଦଂଗା ବିଷୟରେ ଚିନ୍ତା କରିଛି ଏବଂ ଏହି ସିଦ୍ଧାନ୍ତରେ ପହଞ୍ଚିଛି ଯେ। ଅନେକ ଗୁଡିଏ ଧର୍ମ ରହିବା ହିଁ ସବୁ ଗଣ୍ଡଗୋଳର ମୂଳ। ସବୁ ଧର୍ମ ତ ଈଶ୍ୱରଙ୍କୁ ମାନୁଛନ୍ତି। ତେବେ ସବୁ ଧର୍ମକୁ ମିଶାଇ ଗୋଟିଏ ଧର୍ମ କରିଦେଲେ କଣ ହୁଅନ୍ତା ନାହିଁ? ଅନ୍ୟ ଧର୍ମମାନେ ଲୋପ ପାଇଯିବାର ଦରକାର ନାହିଁ। ଯେପରି ଅରୁଣାଚଳ ସରକାର ବା ଆସାମ ସରକାର ଅଛି ଏବଂ ଭାରତ ସରକାର ମଧ୍ୟ ଅଛି ସେହିପରି ହିନ୍ଦୁ ଓ ଖ୍ରୀଷ୍ଟାନ ଧର୍ମ ଓ ଖ୍ରୀହିବୁମ୍ ଧର୍ମ ରହନ୍ତା। ଖ୍ରୀହିବୁମ୍, ଖ୍ରୀଷ୍ଟାନ ହିନ୍ଦୁ ବୌଦ୍ଧ ଓ ମହମ୍ମଦ ଧର୍ମର ଆଦି ଅକ୍ଷର ନେଇ ହୋଇଛି ଏବଂ ଏହା ସବୁ ଧର୍ମର ନିୟନ୍ତ୍ରଣ କରିବ। ଏହି ପରି ଆଉ ଅନେକ କଥା କହିଲା। ଦଶମ ଶ୍ରେଣୀ ପିଲା। ଏଣୁ ସବୁ ଜିନିଷ ଠିକ୍‌କରି କହି ପାରୁନଥିଲା ଓ ତା'ର ଦର୍ଶନଶାସ୍ତ୍ରରେ ବହୁତ ଗୋଳମାଳ ଥିଲା ସତ, କିନ୍ତୁ ତା'ର ଆନ୍ତରିକତାର ମୋଟେ ଅଭାବ ନ ଥିଲା। ବୁଢ଼ା ଓ ଉଚ୍ଚଜାତିର ଲୋକଙ୍କ ପକ୍ଷରେ ଏହା ଏକ ବୈପ୍ଳବିକ ମତବାଦ। ଏଣୁ ସେମାନେ ତା ବିରୁଦ୍ଧରେ ଧର୍ମ ପ୍ରଚାର ଅଭିଯୋଗ ଆଣି ତାକୁ ଗିରଫ କରାଇଦେଲେ। ପାଠକ ଭାବନ୍ତୁ, ଯୀଶୁଖ୍ରୀଷ୍ଟଙ୍କ ବିରୁଦ୍ଧରେ ଅଭିଯୋଗ କ'ଣ ଏକା ନଥିଲା? ସେ ମଧ୍ୟ ତାଙ୍କ ଧର୍ମରେ ନ୍ୟସ୍ତସ୍ୱାର୍ଥ ବିରୁଦ୍ଧରେ ଅଭିଯୋଗ ଆଣିଥିଲେ ଏବଂ ଏହି ସାମନ୍ୟର ଚେଷ୍ଟା ମଧ୍ୟ ସମ୍ରାଟ ଆକବର ତାଙ୍କର "ସୁଲହ କୁଲ୍"ରେ କରିବାର ଚେଷ୍ଟା କରି ବ୍ୟର୍ଥ ହୋଇଥିଲେ। ଏଣୁ ଏ ଟୋକା ମଧ୍ୟ ବ୍ୟର୍ଥ ହେବ। କିନ୍ତୁ କେତେକ ଏପରି ବ୍ୟର୍ଥତା ଅଛି ଯାହା ସମ୍ମାନାସ୍ପଦ। ସେ ଟୋକାକୁ ବୁଝାଇଲି ଯେ, ସେ ଯାହା କରୁଛି ତାହା ଠିକ୍। କିନ୍ତୁ ତାର ଯଥେଷ୍ଟ ଜ୍ଞାନ ନଥିବାରୁ ଏପରି ଭାବରେ କହୁଛି ଯେ, ସେଥିରେ ସମସ୍ତେ ରାଗି ଯାଉଛନ୍ତି ଏବଂ ଠିକ୍ ଭାବରେ ପ୍ରଚାର କରିବାକୁ ହେଲେ ସବୁ ଧର୍ମର ଶାସ୍ତ୍ରର ଗହନ ଅଧ୍ୟୟନ ଦରକାର ଯାହାକି ତାର ନାହିଁ। ଏଣୁ ବର୍ତ୍ତମାନ ସେ ତାର ଅଧ୍ୟୟନ ଉପରେ ମନଦେବା ଦରକାର। ମୋଟାମୋଟି କଥାଟା ତା ମନକୁ ପାଇଗଲା ଓ ମୋର ପ୍ରସ୍ତାବରେ ରାଜି ହୋଇଗଲା। ଆପାତତଃ ଏହି ନୂତନ ଦୀନ-ଇଲାହୀ ସମାଧୀସ୍ଥ ହେଲା।

ଅରଣ୍ୟର ରାତି

ଭାରତୀୟ ଉପମହାଦେଶର ଉତ୍ତର ପଶ୍ଚିମରେ ଅବସ୍ଥିତ ଖାଇବର ଓ ଅନ୍ୟାନ୍ୟ ଗିରିସଙ୍କଟ ବିଷୟରେ ସମସ୍ତଙ୍କୁ ଊଣା ଅଧିକେ ଜଣା ଅଛି। ଏବାଟେ ଆର୍ଯ୍ୟଙ୍କଠାରୁ ଆରମ୍ଭକରି ନାଦିରଶାହ ପର୍ଯ୍ୟନ୍ତ ଆକ୍ରମଣକାରୀମାନେ ଆସନ୍ତି। କିନ୍ତୁ ଉତ୍ତର ପୂର୍ବରେ ମଧ୍ୟ ସେହିପରି ଅନେକ ରାସ୍ତା ବର୍ମା ବା ମ୍ୟାନ୍‌ମାରକୁ ଅଛି। ସେ ବାଟଦେଇ ମଧ୍ୟ ଅନେକ ଯୁଦ୍ଧକାମୀ ଓ ଶାନ୍ତିକାମୀ ଦଳ ଆସିଛନ୍ତି। ଆସାମର ଆହମ ରାଜବଂଶ ମଧ୍ୟ ବର୍ମାର ଶାନ୍ ଦେଶରୁ ଆସିଥିଲା। ବର୍ମା ବାରମ୍ବାର ଆସାମକୁ ନିଜ ରାଜ୍ୟଭୁକ୍ତ କରିବାକୁ ଚେଷ୍ଟା କରିଛି ଓ ଆକ୍ରମଣ କରିଛି। ଏକ ଆକ୍ରମଣ ସମୟରେ ଆହମ ରାଜା ବ୍ରିଟିଶ ସରକାରର ସାହାଯ୍ୟ ନମାଗି ଭାରତର ଏକମାତ୍ର ସ୍ୱାଧୀନ ରାଜା ପଞ୍ଜାବର ରଣଜିତ ସିଂହଙ୍କୁ ସାହାଯ୍ୟ ମାଗିଥିଲେ ଏବଂ ପାଇଥିଲେ। ଯେଉଁ ଶିଖ୍ ସୈନିକମାନେ ପଞ୍ଜାବ ଫେରି ପାରିଲେ ନାହିଁ ତାଙ୍କର ବଂଶଧରମାନେ ସେଠି ଅଛନ୍ତି। କିନ୍ତୁ ଆକ୍ରମଣ ଛଡା ଆହୁରି ଅନେକ ଆସିଛନ୍ତି ଓ ଆସାମରେ ଓ ଅରୁଣାଚଳ ପ୍ରଦେଶରେ ରହିଯାଇଛନ୍ତି। ଏହିପରି ଗୋଟିଏ ଜାତି ଖାମ୍‌ତି। ଏମାନେ ବର୍ମାର ଉତ୍ତର ଅଂଶକୁ ଦୁଇତିନି ଶତାବ୍ଦୀ ତଳେ ଆସିଥିଲେ। ଏମାନେ ଧର୍ମରେ ହୀନଯାନ ବୌଦ୍ଧ। ବର୍ମା, ଥାଇଲାଣ୍ଡ ଓ ଶ୍ରୀଲଙ୍କା ପରି। ଏକ ସମୟରେ ଅରୁଣାଚଳର ଲୋହିତ ଜିଲ୍ଲା ଓ ଆସାମର ଦିବ୍ରୁଗଡ଼ ଜିଲ୍ଲା ଏମାନଙ୍କ ରାଜ୍ୟ ଥିଲା। କିନ୍ତୁ ବ୍ରିଟିଶ ସରକାରଙ୍କ କୃପାରୁ ତାଙ୍କୁ ଦିବ୍ରୁଗଡ, ସଦିଆ ଆଦି ଛାଡି ଦେଇ କେବଳ ଅରୁଣାଚଳର ଲୋହିତ ଜିଲ୍ଲାର ଦକ୍ଷିଣ ପଟରେ ରହିବାକୁ ପଡିଲା ।

ଏହି ଅଂଚଳ ସାଂସ୍କୃତିକ ଓ ଅର୍ଥନୈତିକ ଭାବରେ ଅରୁଣାଚଳର ଅନ୍ୟ ଅଂଚଳରୁ ଭିନ୍ନ। ଖାମ୍‌ତିମାନେ ହାତୀ ପୋଷନ୍ତି। ପ୍ରାୟ ଆମେ ଯେପରି ଗାଈ ଗୋରୁ ରଖିଲା ପରି। ହାତୀ ହେଲା ତାଙ୍କର ଟ୍ରାକ୍ଟର। ସବୁକାମ ଲାଗି ଦରକାର। କିନ୍ତୁ ସେମାନେ

ପ୍ରାୟ ହାତୀ ଧରନ୍ତି ନାହିଁ। ସେମାନେ ହାତୀମାନଙ୍କୁ ଯଥେଷ୍ଟ ସ୍ୱାଧୀନତା ମଧ୍ୟ ଦିଅନ୍ତି। ଦିନର କାମ ସରିଗଲେ ହାତୀକୁ ଧାନ ଇତ୍ୟାଦି ଖାଇବାକୁ ଦେଇ ଛାଡି ଦିଅନ୍ତି। ହାତୀ ଜଙ୍ଗଲକୁ ଚାଲିଯାଏ ଓ ରାତିଟା ସ୍ୱାଧୀନ ଜୀବନ ଯାପନ କରେ। ସକାଳୁ ମାହୁନ୍ତ ଜଙ୍ଗଲକୁ ଯାଇ ନିଜ ହାତୀର ନାଁ ଧରି ଡାକେ ଓ ହାତୀ ଚାଲିଆସେ। ତା'ପରେ ହାତୀ ଓ ମାହୁନ୍ତ କାମକୁ ଯାଆନ୍ତି। ଏହି ସ୍ୱାଧୀନତା ଯୋଗୁଁ ହାତୀଙ୍କ ଯୌନ ଜୀବନ ଅକ୍ଷୁର୍ଣ୍ଣ ରହେ ଏବଂ ଫଳତଃ ମାଇ ହାତୀ ନିୟମିତ ଗର୍ଭ ହୁଏ । ହାତୀଛୁଆ ଗାଁରେ ବଡ ହୁଏ ଏବଂ ଯଥା ସମୟରେ କାମରେ ଲଗାଯାଏ। ଅବଶ୍ୟ ମଝିରେ ମଝିରେ ଜଙ୍ଗଲୀ ହାତୀ ଧରିବା ଦରକାର ହୁଏ।

ଏହିପରି ଗୋଟିଏ ହାତୀ ହେଲା ମଣିମାଳା। ସେ ଜଙ୍ଗଲ ବିଭାଗର ହାତୀ। ତା'ର ନୈଶ ଅଭିସାରରେ ସେ ଗୋଟିଏ ଜଙ୍ଗଲୀ ଦନ୍ତାବଳ ପ୍ରଣୟୀ ପାଇଥିଲା ଏବଂ ଫଳତଃ ପାଇଥିଲା ଗୋଟିଏ କନ୍ୟାରତ୍ନ। ତା'ର ନାମ ଦିଆହୋଇଥଲା ମେଘମାଳା। ମୁଁ ଦେଖିଲା ବେଳକୁ ମେଘମାଳା ପ୍ରାୟ ସାତ ବର୍ଷର ଏବଂ କାମ କରିବା ଆରମ୍ଭ କଲାଣି। କିନ୍ତୁ କାଠକଟା କାମରେ ନୁହେଁ। କେବଳ ଲୋକ ଅର୍ଥାତ ସୱାରି କାମରେ। ସେ ପାଖରେ ଏକ ବିରାଟ ଅଭୟାରଣ୍ୟ। ବୋଧହୁଏ ପୃଥବୀର ସବୁଠାରୁ ବଡ। ମୁଁ ଅନେକ ସମୟରେ ତା' ଭିତରେ ବୁଲିବାକୁ ଯାଉଥିଲି। ସେ ସମୟରେ ମୁଁ ସବୁବେଳେ ମଣିମାଳାକୁ ନେଉଥିଲି। କାରଣ ତା'ର ଅଭିଜ୍ଞତା ଓ ସାବଧାନତା। ସେହି ଅଭୟାରଣ୍ୟକୁ ଟୁରିଷ୍ଟ ଯାଆନ୍ତି ନାହିଁ, ଏଣୁ ଅତି ନିକାଞ୍ଚନ।

ଥରେ ଜଣେ ଭି.ଆଇ.ପି. ହଠାତ୍ ଆସି ପହଞ୍ଚିଲେ ଓ ଅରଣ୍ୟ ଦେଖିବାକୁ ଚାହିଁଲେ। ଏଣେ ତାଙ୍କ ହାତରେ ସମୟ ନାହିଁ। ଆମେ ଜଙ୍ଗଲ ବଙ୍ଗଳାରେ ପହଞ୍ଚିଲା ବେଳକୁ ସଞ୍ଜ ହୋଇ ସାରିଲାଣି। ଏଣୁ ମଣିମାଳାର ଛୁଟି ହୋଇଗଲାଣି ଏବଂ ସେ ଜଙ୍ଗଲକୁ ଚରିବାକୁ ଚାଲିଗଲାଣି। ସେଦିନ ଅନ୍ୟ ହାତୀ ମଧ୍ୟ ନାହାଁନ୍ତି। କେବଳ ପିଲା ମେଘମାଳା। ବର୍ତ୍ତମାନ ମାହୁନ୍ତ ଡ଼ାକିଲେ ମଣିମାଳା ନ ଶୁଣିପାରେ, କାରଣ ଏଇଟା ସମୟ ନୁହେଁ। ଶେଷକୁ ମାହୁନ୍ତମାନେ ଗୋଟିଏ ଉପାୟ କଲେ। ମେଘମାଳାକୁ ଧରି ଜଙ୍ଗଲ ଭିତରକୁ ଗଲେ। ମେଘମାଳା ବଡ଼ ଡ଼ରକୁଳୀ। ଏଣୁ ଜଙ୍ଗଲ ଭିତରେ ନିଶ୍ଚୟ ଚିତ୍କାର କରିବ। ନ କଲେ ଆଂକୁଶରେ ଟିକିଏ କେଞ୍ଚ ଦେବା ଦରକାର ହେବ। ତା' ଚିତ୍କାର ଶୁଣିଲେ ମଣିମାଳା ନିଶ୍ଚୟ ଚାଲି ଆସିବ। ଠିକ୍ ତାହା ହେଲା ଏବଂ ପ୍ରାୟ ଘଣ୍ଟାକ ପରେ ମଣିମାଳା କନ୍ୟା ସହ ଆସି ପହଞ୍ଚିଲା। ତା'ପରେ ହାତୀ ସଜକରି ବାହାରୁ ବାହାରୁ ଆଉ ଘଣ୍ଟାଏ। ଭି.ଆଇ.ପି. ତ ମଣିମାଳାରେ ବସିଲେ। ତାଙ୍କ ସଙ୍ଗେ ଫରେଷ୍ଟ ଅଫିସର। ମୁଁ ବାଧ୍ୟ ହୋଇ ମେଘମାଳା ଉପରେ ଗଲି। ପାଦେପାଦେ

ହଇରାଣ। ଟିକକରେ ଚମକୁଥାଏ। ଗୋଟିଏ ଜାଗାରେ ଏକ ବଡ଼ ନଦୀ ପଶି ପାର ହେବାର ଥିଲା। ମେଘମାଳା ପାଣିକୁ ପଶିବାକୁ ନାରାଜ। ତାକୁ ଦୋଷ ଦେଇ ଲାଭ ନାହିଁ। କାରଣ ସୁଅ ବଡ଼ ପ୍ରଖର। ଶେଷକୁ ମଣିମାଳା ତାକୁ ଠେଲିଠେଲି ପାଣିରେ ପୂରାଇଲା ଓ ଜଗି ଜଗି ପାର କରାଇଲା।

ତା'ପରେ ଆମେ ପ୍ରକୃତ ଜଙ୍ଗଲକୁ ପଶିଲୁ। ଏଥିରେ କେଉଁଠି ଘନ ବାଉଁଶ ଗଛ ତ' କେଉଁଠି ଚାରିତାଲା ପାଞ୍ଚତାଲା ଉଚ୍ଚ ମହାଦ୍ରୁମ ତ' ହଠାତ୍ କେଉଁଠି ବିରାଟ ଘାସ ପଡ଼ିଆ। ଆମର ଲକ୍ଷ୍ୟ ଲୁଣ। ଅର୍ଥାତ ଗୋଟିଏ ଜାଗା ଯେଉଁଠାରେ ଲୁଣିଆ ମାଟି ଚାଟିବାକୁ ଦଳଦଳ ହୋଇ ହରିଣ, ସମ୍ବର ଆଦି ଗଦା ହୁଅନ୍ତି। ହଠାତ୍ ମୋ ହାତୀ ଅର୍ଥାତ୍ ମେଘମାଳା ଚମକିଲା ଓ ଛନଛନ ହେଲାପରି ଲାଗିଲା। ମଣିମାଳା ସାଙ୍ଗେ ସାଙ୍ଗେ ଆମ ପାଖକୁ ଲାଗି ଆସିଲା। ସେ ଯେପରି ତା'ର ଝିଅକୁ ରକ୍ଷା କରୁଛି ଓ ସାହସ ଦେଉଛି। ହାତୀଙ୍କ ହଠାତ୍ ଏପରି ଘୁଞ୍ଚିବା ଯୋଗୁଁ ଆମେ ତ ପଡ଼ିବା ଉପରେ। ମୋର ମାହୁନ୍ତ ମୋ କାନରେ କହିଲା 'ବାଘ'। ସେହି ସାଙ୍ଗେ ସାଙ୍ଗେ ଦୁଇ ମାହୁନ୍ତ ଟର୍ଚ୍ଚ ମାରିଲେ। ହଠାତ୍ ଗୋଟେ କ'ଣ ବିଜୁଳି ପରି ଆମ ସାମ୍ନାରେ ଏପଟ ବୁଦାରୁ ଅନ୍ୟପଟକୁ ଚାଲିଗଲା। ସମସ୍ତ ସମୟଟା ମଣିମାଳା ତା' ଶୁଣ୍ଢରେ ମେଘମାଳାକୁ ଆଉଁସୁ ଥାଏ। ବର୍ତ୍ତମାନ ମେଘମାଳା ଆଗକୁ ଯିବାକୁ ନାରାଜ। ବହୁ କଷ୍ଟରେ ଆମ ଯାତ୍ରା ପୁଣି ଆରମ୍ଭ ହେଲା।

ଏହାପରେ ନୂତନ ବିପଦ। ଆମ ପଛଆଡୁ ବାଉଁଶ ଭାଙ୍ଗିବାର କଟକଟ ଶବ୍ଦ ଅର୍ଥାତ୍ ହାତୀପଲ ଚରୁଛନ୍ତି। ଏତେବେଳକୁ ଚନ୍ଦ୍ର ଉଠି ସାରିଲେଣି। ଫଳତଃ ଆଉ ଅନ୍ଧାର ନାହିଁ। ଆମେ ଆଗକୁ ଚାଲିଛୁ। ଏ ସମୟରେ ଆଗରେ ମଧ୍ୟ କଟକଟ ଶବ୍ଦ। ଅର୍ଥାତ୍ ଆମେ ଦୁଇଟା ହାତୀପଲ ମଝିରେ ପଡ଼ିଯାଇଛୁ। ସେଇଟା ପ୍ରକୃତରେ ହାତୀଙ୍କ ବାଟ। ଆମ ପକ୍ଷରେ ଚୁପ୍‌ଚାପ୍ ରହିବା ଛଡ଼ା ଉପାୟ ନାହିଁ। ଆମେ ହାତୀମାନଙ୍କୁ ରାସ୍ତାରୁ ଘୁଞ୍ଚାଇ ଜଙ୍ଗଲ ଭିତରେ ଠିଆ ହୋଇ ରହିଲୁ। ଏଣେ ହଠାତ୍ ବର୍ଷା ଆରମ୍ଭ ହୋଇଗଲା। କିନ୍ତୁ ଆମର ଭିଜିବା ଛଡ଼ା ଆଉ କିଛି କରିବାର ନାହିଁ। ଏହିପରି କିଛି ସମୟ ଅପେକ୍ଷା ପରେ ଆଗର ହାତୀପଲ କ୍ରମଶଃ ଦୂରକୁ ଚାଲିଗଲେ ଓ ଆମେ ଆଗକୁ ଯିବା ଆରମ୍ଭ କଲୁ। ଶେଷରେ ଆମେ ଲୁଣମାଟି ପାଖରେ ପହଞ୍ଚିଲୁ।

ଜହ୍ନରାତି। ଏଣୁ ସବୁ ଆଲୋକିତ। କିନ୍ତୁ ସବୁଥିରେ ଯେପରି ଏକ କୁହୁକ ଲାଗିଛି। ଅନେକ ହରିଣ ଓ ସମ୍ବର ଚରୁଛନ୍ତି। ସେମାନେ ଆମକୁ ଦେଖି ମୋଟେ ବିଚଳିତ ନୁହନ୍ତି। ବୋଧହୁଏ ସେମାନେ କେବଳ ହାତୀ ଦେଖୁଛନ୍ତି ଯାହା ତାଙ୍କର ପରିଚିତ ଓ କୌଣସି ବିପଦର କାରଣ ନୁହେଁ। କିନ୍ତୁ ହାତୀ ଉପରେ ଥିବା ମନୁଷ୍ୟଙ୍କୁ

ଲକ୍ଷ୍ୟ କରିନାହାନ୍ତି ବା ତାକୁ ବିପଦର କାରଣ ଭାବି ନାହାନ୍ତି। ଆମେ ସେହି ପଡ଼ିଆର ଏକ କଡ଼ରେ ଠିଆ ହୋଇ ରହିଲୁ। ଏହା ଯେପରି ପୃଥିବୀର ଦୃଶ୍ୟ ନୁହେଁ। କେତେ ସମୟ ଏପରି ଠିଆ ରହିଲୁ କହିପାରିବୁ ନାହିଁ। କିନ୍ତୁ ହଠାତ୍ ସ୍ୱପ୍ନଭଙ୍ଗ ହେଲା। ସବୁ ପଶୁ ଦଉଡ଼ି ପଳାଇଲେ। ମାହୁନ୍ତ କହିଲା ପାଖରେ ବାଘ ଅଛି। ଅର୍ଥାତ୍ ଏହା ସ୍ୱର୍ଗ ନୁହେଁ ମର୍ତ୍ତ୍ୟ ମାତ୍ର। ଏଠି ମଧ୍ୟ ମୃତ୍ୟୁ ସର୍ବଦା ଜାଗତିଆର। ତେବେ ସେହି କେତେକ ମିନିଟ୍‌ରେ ସେ ଯେଉଁ ସୌନ୍ଦର୍ଯ୍ୟ ଦେଖିଥିଲୁ ତାହା ଯେପରି ଅନ୍ୟ ଏକ ଲୋକର। ଯେପରି ସେ ଜ୍ୟୋସ୍ନା ଅନ୍ୟ ଏକ ସମୟର। ସେହି ନିସ୍ତବ୍ଧତା ଆଉ ଏକ ସମୟର ଶବ୍ଦ। ବୋଧହୁଏ ବାଟରେ ଯେଉଁ ବିପଦର ସମ୍ଭାବନା ଦେଖା ଦେଇଥିଲା, ତାହା ଦ୍ୱାରା ଚକ୍ଷୁ, କର୍ଣ୍ଣ ଓ ମନ ସମସ୍ତଙ୍କର ନିଦ ଭାଙ୍ଗି ଯାଇଥିଲା ଏବଂ ଫଳତଃ ସେହି ଦୃଶ୍ୟ ଦେଖିବାର ଓ ବୁଝିବାର ମାନସିକ ଅବସ୍ଥା ଆସିଯାଇଥିଲା।

■

ଇଂରେଜ ଉଷ୍ମା

ଯାଯାବର ଏଥର ତା'ର ସ୍ମୃତି ରୋମନ୍ଥନ ନ କରି ୧୯୯୩ରେ ହୋଇଥିବା ଟେଷ୍ଟ୍ ସିରିଜ ଉପରେ କିଛି କହିବାକୁ ଇଚ୍ଛା କରୁଛି। ତିନିଟା ଟେଷ୍ଟରେ ଏହି କାଳା ଆଦମୀଙ୍କଠାରୁ ହାରିଯିବା ପରେ ଇଂରେଜ ଜନତାର ଏକ ବର୍ଗ ମଧ୍ୟରେ ବଡ଼ ଉଷ୍ମା ଦେଖାଯାଇଛି। ନିଜ ଟିମ୍ ହାରିଲେ ସମସ୍ତଙ୍କ ମନ ଖରାପ ହୁଏ। ଆମକୁ ଦକ୍ଷିଣ ଆଫ୍ରିକାରେ ହାରୁଥିବା ବେଳେ କେମିତି ଲାଗୁଥିଲା ? ତେବେ କେତେକ ଇଂରେଜ ଭାରତୀୟ ଗୁପ୍ତଚର ବିଭାଗକୁ ମଧ୍ୟ ଇଂଲଣ୍ଡକୁ ହରାଇବାକୁ ଏକ ଷଡ଼ଯନ୍ତ୍ର କରିଥିବାର କହି ସାରିଲେଣି। କିନ୍ତୁ ସବୁଠାରୁ ମଜାର କଥା ହେଲା ଯେ, ଜଣେ ପତ୍ର ପ୍ରେରକ ଲେଖୁଛନ୍ତି, ଯେଉଁଜାତିର ମାନବ ସଭ୍ୟତାକୁ ଦାନ କାମସୂତ୍ର ଓ ଚିକେନ ବିନ୍‌ଦାଲୁ ପର୍ଯ୍ୟନ୍ତ ସୀମିତ ସେହି ଜାତିର କ୍ରିକେଟ ବିଷୟରେ କଥା କହିବା 'ଛୋଟ ମୁହଁରେ ବଡ଼କଥା।' (ଟାଇମସ ଅଫ ଇଣ୍ଡିଆ, ଫେବୃୟାରୀ ୧୯, ୧୯୯୩)

ସାହେବଙ୍କ କଥାଟି ମୋ ମନ ଚମକାଇ ଦେଲା। ଆଜ୍ଞା ଛାଡ଼ନ୍ତୁ ଷଡ଼ଦର୍ଶନ। ତା'ଜାଣିଲେ ଆପଣଙ୍କର ବା ମୋର ବିନ୍ଦୁ ମାତ୍ର ଲାଭ ବା କ୍ଷତି ହେବନାହିଁ। ସାହେବ ଅବଶ୍ୟ କାଳିଦାସ, ବାଣଭଟ୍ଟଙ୍କ ନାମ ଶୁଣି ନାହାନ୍ତି। କିଛି ଆପତ୍ତି ନାହିଁ। ଆମେ କ'ଣ ସାହେବଙ୍କର ଦୋର୍ଦଣ୍ଡ ପ୍ରତାପର ସୁଶୀତଳ (ଆହା) ଛାୟା ତଳେ ଦେଢ଼ଶହ ଦୁଇଶହ ବର୍ଷ କଟାଇ ନଥିଲେ, ମିଲଟନ, ସେକ୍ସପିଅର ପଢ଼ି ଥାଆନ୍ତୁ ? କିନ୍ତୁ ସାହେବ ଯେଉଁ ଦୁଇଟି ଅବଦାନର କଥା କହିଲେ, ତାହା ଶୁଣି ମୋର ଛାତି କୁଣ୍ଢେମୋଟ। ଆଗ ଚିକେନ କଥାଟା ହିଁ ନିଆଯାଉ। ଚିକେନ ତ ସାହେବ ବି ରାନ୍ଧନ୍ତି। ରୋଷ୍ଟ ଇତ୍ୟାଦି। ଅନେକ ସମୟରେ ଖାଲି ସିଝେଇ ଦିଅନ୍ତି। କିନ୍ତୁ ଚିକେନ ବା ମୁର୍ଗୀ ମୋଗଲାଇ ରନ୍ଧାରେ ଯେଉଁ ଅନବଦ୍ୟ ରସଲୋକ ସୃଷ୍ଟିକରେ ଆହା, କାହିଁ ତା'ର

ପଟାନ୍ତର ? ପୁଣି ବିନ୍‌ଦାଲୁ। ଏହା ଭିତରେ କେତେ ଇତିହାସ, କେତେ ସମାଜ ତତ୍ତ୍ୱ ଲୁକ୍କାୟିତ ଅଛି।

ବିନ୍‌ଦାଲୁ ପଶ୍ଚିମ ଉପକୂଳ ଅର୍ଥାତ୍ ଗୋଆ, କର୍ଣ୍ଣାଟକ, କେରଳର ବିଶେଷ ରନ୍ଧା। ଏହା ପ୍ରଧାନତଃ ଖ୍ରୀଷ୍ଟିଆନ ରନ୍ଧା। ଭାରତର ସର୍ବତ୍ର ପ୍ରଚଳିତ କୋର୍ମା, ରୋଗନଯୋଷ ଇତ୍ୟାଦିର ଏହା ଏକ ବିଶେଷ ପ୍ରକାରର ପରିବର୍ତ୍ତନ। ଏହା ପ୍ରଧାନତଃ ଘୁଷୁରୀ ମାଂସ ରାନ୍ଧିବା ଲାଗି ହୋଇଥିଲା। ଏହାଠାରୁ ହିନ୍ଦୁ ସାଧାରଣତଃ ଦୂରରେ ରହୁଥିଲେ ଏବଂ ଏହା ତ' ମୁସଲମାନ ପକ୍ଷରେ ହାରାମ, ଅତି ଅପବିତ୍ର। କିନ୍ତୁ ଖ୍ରୀଷ୍ଟାନ ପର୍ତ୍ତୁଗୀଜମାନଙ୍କର ପ୍ରିୟ। ଏଣୁ ପର୍ତ୍ତୁଗୀଜ ପ୍ରଭାବର ଅଞ୍ଚଳ ଯଥା ଗୋଆ, ମାଙ୍ଗାଲୋର ଇତ୍ୟାଦିରେ ଏହି ପ୍ରକାର ରନ୍ଧା ଗଢ଼ି ଉଠିଲା। ଏଥିରେ ପ୍ରଚୁର ସିର୍କାର ବ୍ୟବହାର। ଆମର ହିନ୍ଦୁ ଓ ମୁସଲମାନ ଉଭୟଙ୍କ ରନ୍ଧାରେ ସିର୍କାର ବ୍ୟବହାର କମ୍। କିନ୍ତୁ ଅନେକ ପାଶ୍ଚାତ୍ୟ ରନ୍ଧାରେ ବହୁତ ଦରକାର। ସାହେବ ତା ହେଲେ ବିରିୟାନୀ, ସିକ୍‌କବାବ ଇତ୍ୟାଦି ଚାଖି ନାହାନ୍ତି। କିନ୍ତୁ ଯଦି ତାଙ୍କର ଚିକେନ ବିନ୍‌ଦାଲୁକୁ ଭାରତୀୟ ମୋଗଲାଇ ରନ୍ଧାର ନମୁନା ଧରାଯାଏ ତା'ହେଲେ ବି ଗର୍ବ କରିବା କଥା। କାରଣ ସବୁ ଜାତି ତ ରାନ୍ଧିବେ। କିନ୍ତୁ ଇଂଲଣ୍ଡବାସୀ ମହାପ୍ରଭୁମାନେ ରାନ୍ଧନ୍ତି କିପରି। ସେ ବିଷୟରେ ତାଙ୍କର ପଡ଼ୋଶୀ ଫରାସୀଙ୍କର ମତାମତଟା ହିଁ ମୋକ୍ଷମ। କାରଣ ସେମାନେ ହିଁ ଭୋଜନ ଶାସ୍ତ୍ରର ପାଣିନୀ। ଫରାସୀରେ ଯଦି କୁହାଯାଏ, Ala Iteliene (ଇଟାଲୀ ଭଳି) ତା'ର ଅର୍ଥ ହେଲା ଅଲିଭ ତେଲ ଓ ଟମାଟୋ ଚିଜ୍ ଦେଇ ରନ୍ଧା। Ala Rus ମାନେ ଖଟା କ୍ରିମ (ପ୍ରାୟ ଦହି ପରି) ଦେଇ ରନ୍ଧା। କିନ୍ତୁ Ala Anglaise (ଇଂଲିଶ ପରି) ମାନେ ପାଣିରେ ସିଝା ।

ଏ ତ' ହେଲା। କିନ୍ତୁ ସାହେବ ଯାହା କାମସୂତ୍ର ବିଷୟରେ କହିଲେ। ହଜୁର୍, ଟିକିଏ ଚସରଙ୍କ ଲିଖିତ କାଣ୍ଟରବେରି ଟେଲସ ଦେଖିବେ କି। ସାହେବ ପଢ଼ିଛନ୍ତି କି ନାହିଁ ଜାଣେ ନାହିଁ; ବୋଧେ ନୁହେଁ। କିନ୍ତୁ ସେଥିର Miller Tale & Reeves Tale ଦେଖିବେ କି? ସେଥିରେ କାମକୁ କି ଅସଂଯତ ଉପହାସ କରିବାର ଚେଷ୍ଟା କରାଯାଇଛି। ତାହା ତୁଳନାରେ କାମସୂତ୍ର ସଂଯତ ଲେଖା। କିନ୍ତୁ ଯେପରି ମୋଗଲାଇ (ସାହେବଙ୍କ କଥାରେ ବିନ୍‌ଦାଲୁ) ଗୋଟିଏ ଜୀବନ ଧାରଣର ଅତି ଆବଶ୍ୟକ କ୍ରିୟାକୁ ସଭ୍ୟ ଓ ଆନନ୍ଦମୟ କରିଛି, ଅନ୍ୟଟା କ'ଣ ଠିକ୍ ସେହି କଥା କରିନାହିଁ? ପାଶ୍ଚାତ୍ୟ ଦେଶରେ, ବୋଧହୁଏ ଖ୍ରୀଷ୍ଟାନ ଧର୍ମର ମଧ୍ୟଯୁଗୀୟ ପ୍ରଭାବରୁ, କାମ, ପ୍ରେମ, ଯାହାକି ପ୍ରକୃତିଗତ ଭାବେ ପରସ୍ପରର ପରିପୂରକ, ଅଲଗା ଅଲଗା କରି ଦିଆଗଲା। ପ୍ରେମକୁ ଦେବତା ଓ କାମକୁ ପଶୁ କରାଗଲା। ଫଳତଃ ପଶ୍ଚିମରେ କାମର ବର୍ଣ୍ଣନା ଅତ୍ୟନ୍ତ

ଅସଭ୍ୟ ହୋଇଗଲା। ବେଶୀ ଦୂରକୁ ଯିବା ଦରକାର ନାହିଁ। Harlod Robbinsଙ୍କର ଜନପ୍ରିୟ ଉପନ୍ୟାସରୁ ହିଁ ତାହା ଜାଣିହେବ।

କିନ୍ତୁ ଆମର ସାହିତ୍ୟରେ (ସାହିତ୍ୟ ତ' ସଭ୍ୟତାର ଦର୍ପଣ) ଏହା ଆଦି ଅର୍ଥାତ୍ ପ୍ରଥମ ରସ। ଏହାର ଲୌକିକ ଓ ଲୋକୋତ୍ତର ଦୁଇଟି ରୂପ ଅଛି ଏବଂ ଉଭୟ ଅବସ୍ଥାରେ ସଭ୍ୟ। ଲୌକିକ ରୂପର ପରିଚୟ ଦଶକୁମାର ଚରିତ। ଓଡ଼ିଆରେ ମଧ୍ୟ ଲୌକିକ କାମର ଅନେକ ଚିତ୍ରଣ ଅଛି। କିନ୍ତୁ ତାହା ଅସଭ୍ୟ ନୁହେଁ। ଘୃଣ୍ୟ ନୁହେଁ। କିନ୍ତୁ ଏହାର ଯେଉଁ ଲୋକୋତ୍ତର ରୂପ କାଳିଦାସ ବା ବାଣଭଟ୍ଟ ଦେଖାଇଛନ୍ତି ତାହାର ତୁଳନା ନାହିଁ। ଏଠି ଉଦ୍ଧୃତି ଦେବା ପ୍ରବନ୍ଧର ଦୈର୍ଘ୍ୟ ଦୃଷ୍ଟିରୁ ଅସମ୍ଭବ। କିନ୍ତୁ ସଂସ୍କୃତ କବି ପ୍ରେମକୁ ଦେହର ଦୃଢ଼ ବୁନିୟାଦ ଉପରେ ଠିଆ କରି ଆକାଶଚୁମ୍ବୀ କରିଛନ୍ତି।

ମନୁଷ୍ୟର ଜୈବିକ ପ୍ରକୃତି ଅଛି ଓ ରହିବା ଆବଶ୍ୟକ। କିନ୍ତୁ ଭାରତରେ ଏହି ପଦ୍ଧତିକୁ ସଭ୍ୟ ଓ ମାର୍ଜିତ କରାଯାଇଛି। ଏଣୁ କାମସୂତ୍ର ଓ ବିନ୍‌ଦାଲୁ ବିଷୟରେ ଲଜ୍ଜିତ ହେବାର କିଛି ନାହିଁ। କିନ୍ତୁ ମନେହୁଏ ଇଂରେଜ ଏଥିରେ ସେତେଟା ସଫଳତା ପାଇନାହିଁ। କ୍ରିକେଟରେ ହାରିବା ସଙ୍ଗେ ସଙ୍ଗେ ଏଇଟା ମଧ୍ୟ ଉଷ୍ମାର ଏକ କାରଣ ହୋଇପାରେ।

■

ପ୍ରୋଟୋକଲ

ପ୍ରୋଟୋକଲ ଆଧୁନିକ ଜୀବନର ଏକ ମହାନ୍ ସମସ୍ୟା। ଏ ଶବ୍ଦଟାର ମୂଳରୂ ଅର୍ଥ ହେଲା ପ୍ରଥମ ଖସଡ଼ା ବା ଡ୍ରାଫ୍ଟ। କେତେବେଳେ ତାହା ଏକ କ୍ରୋଡ଼ପତ୍ର ବା ଆପେନ୍‌ଡ଼ିକ୍‌ସ ମଧ୍ୟ ବୁଝାଏ। କିନ୍ତୁ ବର୍ତ୍ତମାନ ତାହାର ଅର୍ଥ ହୋଇଛି ପଦମର୍ଯ୍ୟାଦା ନିୟନ୍ତ୍ରଣ କରିବା। ବିଶେଷକରି ସରକାରୀ ସଭା ବା ଭୋଜନସଭାରେ କିଏ କେଉଁଠି ବସିବେ। ଏ ସମସ୍ୟାଟା ନୂଆ ନୁହେଁ। ରାଧାନାଥ ରାୟଙ୍କ ଦରବାରରେ ଏହି ପ୍ରୋଟୋକଲ ସମସ୍ୟା ଉପରେ ଗଭୀର ଆଲୋଚନା କରାଯାଇଛି। ଅବଶ୍ୟ ତାଙ୍କ ଭଳି ଧାର୍ମିକ ଲୋକ ଏହାକୁ ଅତି ତୁଚ୍ଛ ମନେ କରିପାରନ୍ତି। ଏଣୁ ସେ ଲେଖିଛନ୍ତି-

ଲଡୁ ପାଇଁ ଯଥା ଯୁଝୁଥାନ୍ତି ପିଲା
କେତେ ବୃଦ୍ଧ କରୁଛନ୍ତି ବାଳଲୀଳା ।

ତେବେ ଅଧିକାଂଶଙ୍କ ପକ୍ଷରେ ଏହି ପ୍ରୋଟୋକଲ ବଡ଼ ଦରକାରୀ ଜିନିଷ। ତା'ର ପ୍ରଧାନ ଉଦ୍ଦେଶ୍ୟ ଆମଲାଗି କେହି ନିଜକୁ ଅପମାନିତ ମନେ ନ କରୁ। କାରଣ ସେ ଯେତେ ଯାହା ହୋଇଥାଉ ପଛକେ, ଥରେ ଅପମାନିତ ବୋଧକଲେ ସେ ଦାଉ ସୁଝାଇବାର ଚେଷ୍ଟା କରିବ। ଭାରତ ସରକାର ଏବଂ ଅନ୍ୟାନ୍ୟ ସରକାରମାନଙ୍କର ଏହା ଏକ ସ୍ୱତନ୍ତ୍ର ବିଭାଗ। ଅଧମର ପୂର୍ବଜନ୍ମର ଦୁଷ୍କୃତି ଫଳରେ କିଛି ଦିନ ଏହି ବିଭାଗ ସହିତ ସମ୍ପୃକ୍ତ ହେବାକୁ ପଡ଼ିଥିଲା। ସେଠାର ଅଭିଜ୍ଞତା ମନେପଡ଼ିଲେ ଏବେ ମଧ୍ୟ ହୃତକମ୍ପ ଜାତ ହୁଏ। ସେ ସବୁ କହିବାର ମୋର ମୋଟେ ଇଚ୍ଛା ନାହିଁ, କିନ୍ତୁ ଆଜି ସେହି ପ୍ରୋଟୋକଲ ସମସ୍ୟା ମୋର ପରମ ବନ୍ଧୁ ୱାଂଚୁ ସମାଜରେ କିପରି ପ୍ରକାଶ ପାଏ, ସେ ବିଷୟରେ କିଛି କହିବାକୁ ଇଚ୍ଛା କରେ।

ୱାଂଚୁ ଜାତିର ଦେଶ ହେଲା ଭାରତର ସୁଦୂର ପୂର୍ବ ଯେଉଁଠି ବର୍ମା, ଅରୁଣାଚଳ ଓ ନାଗାଲାଣ୍ଡ ମିଶିଛି। ଏହା ପାଟ୍‌କୋଇ ପର୍ବତର ଦେଶ। ୱାଂଚୁ ନାଗାଲାଣ୍ଡ ବାହାରେ ଥିଲେ ମଧ୍ୟ ଏମାନେ ପ୍ରକୃତରେ ଏକ ନାଗାଜାତି। ଅରୁଣାଚଳର ଅନ୍ୟାନ୍ୟ ଜନଜାତି ପରି ଏମାନଙ୍କ ସମାଜ ଗଣତାନ୍ତ୍ରିକ ନୁହେଁ; କଡ଼ା ରାଜତନ୍ତ୍ର। ପ୍ରତି ଗ୍ରାମରେ ଜଣେ ରାଜା ଅଛନ୍ତି। ମୂଳରୁ ଅଳ୍ପ କେତେକ ରାଜା ଥିଲେ। କିନ୍ତୁ ଗୋଟିଏ ଗାଁର କେତେ ଲୋକ ଅନ୍ୟତ୍ର ଜଙ୍ଗଲ କାଟି ବସତି ସ୍ଥାପନ କଲେ। ସେମାନେ ତାଙ୍କ ରାଜପରିବାରର ଗୋଟିଏ ପୁଅକୁ ନିଜ ସାଙ୍ଗରେ ଆଣି ନୂଆ ଗାଁର ରାଜା କଲେ। କାଳକ୍ରମେ ପ୍ରଥମ ଗ୍ରାମର ରାଜା ଏକ ପ୍ରକାର ଅନେକ ଗ୍ରାମର ରାଜାମାନଙ୍କର ସମ୍ରାଟ ହୋଇଗଲେ। ଏହି ରାଜତନ୍ତ୍ର ସମସ୍ତ ୱାଂଚୁ ସମାଜ ବ୍ୟବସ୍ଥାକୁ ନିୟନ୍ତ୍ରଣ କରେ।

ଏହିପରି ଏକ ସମ୍ରାଟ ଆମ ପକ୍ଷରେ ଏକ ମହା ଶୀରପୀଡ଼ା ହୋଇଥିଲେ। ସେ ପରିଷ୍କାର କହିଦେଲେ ଯେ ସେ ଜଣେ ରାଜା। ଏଣୁ ସେ କେବଳ ରାଜା ସାଙ୍ଗରେ କଥାବାର୍ତ୍ତା ହେବେ। ଡ଼େପୁଟି କମିଶନର, ପୋଲିସ ସୁପରିଣ୍ଟେଣ୍ଡେଣ୍ଟ, ସେନାର କର୍ଣ୍ଣେଲ ଇତ୍ୟାଦି ଛୋଟ ଲୋକ ଜନସାଧାରଣଙ୍କ ସାଥିରେ କଥାବାର୍ତ୍ତା କରିବା ତାଙ୍କର ରାଜନୀତି ବିରୁଦ୍ଧ। ଯେଉଁ ରାଜାଙ୍କ ସାଙ୍ଗେ ସେ କଥା ହେବାକୁ ଚାହୁଁଥିଲେ ତାଙ୍କ ନାମ ରାଜା। ପୁରା ନାମ କେ.ଏ.ଏ. ରାଜା। ସେ ଅରୁଣାଚଳ ଲାଗି ଆସାମ ସରକାରଙ୍କ ଉପଦେଷ୍ଟା ଥଲେ, ଅର୍ଥାତ୍ କାର୍ଯ୍ୟତଃ ଅରୁଣାଚଳର ଗଭର୍ଣ୍ଣର ଥିଲେ। ଏଣେ ଆମ ସମ୍ରାଟଙ୍କ ସାମ୍ରାଜ୍ୟ ଚାରିଖଣ୍ଡ ଗାଁ ଯାହାର ଜନସଂଖ୍ୟା ହଜାର ଟପିବ ନାହିଁ। ଏଣୁ ଉଭୟ ରାଜାଙ୍କର ଶୀର୍ଷସମ୍ମେଳନ କାର୍ଯ୍ୟତଃ ଅସମ୍ଭବ। ଏଣେ ଏହି ଚାଂପା ଗ୍ରାମ ସମ୍ରାଟ ଅନ୍ୟ ରାଜା ତାଙ୍କ ପାଖକୁ ନ ଆସିବାରୁ ଏକ ପ୍ରକାର ସରକାରଙ୍କ ସହ ଅସହଯୋଗ ଆନ୍ଦୋଳନ ଆରମ୍ଭ କରିଦେଲେ। ସେହି ଅଞ୍ଚଳ ଦେଇ ଅନେକ ସମୟରେ ନାଗାଲାଣ୍ଡର ବିଦ୍ରୋହୀମାନେ ବର୍ମାକୁ ଯିବା ଆସିବା କରି ଥାଆନ୍ତି ଫଳତଃ ଚାଂପା ରାଜା ଓ ତାଙ୍କ ପ୍ରଜାଙ୍କ ସହଯୋଗ ଆମର ବିଶେଷ ଦରକାର ।

ଏହି ଚାଂପା ଗ୍ରାମ ପାଖରେ ଆମର ଏକ କ୍ଷୁଦ୍ର କ୍ୟାମ୍ପ ଥିଲା। ଏଠାର ଅଫିସର ଏକ ଅଳ୍ପ ବୟସ୍କ ସଦ୍ୟ କଲେଜ ଛାଡ଼ିଥିବା ଟୋକା। ସମ୍ରାଟଙ୍କ ଅସହଯୋଗ ଲାଗି ସେଠି କିଛି କାମ ହେଉ ନଥିଲା। ମୁଁ ମଧ୍ୟ ଏହି ସମସ୍ୟାର ସମାଧାନର କିଛି ସୁରାକ ପାଉ ନଥିଲି। ଅରୁଣାଚଳ ବିଷୟରେ ଅଭିଜ୍ଞତା ଥିବା ଅଫିସରମାନଙ୍କର ଘୋର ଅଭାବ। ଏଣୁ ଚାଂପାରେ ଏହି ଅନଭିଜ୍ଞ ଦିଲିପ ଶର୍ମାକୁ ରଖିବାକୁ ବାଧ୍ୟ ହୋଇଥଲି। କିନ୍ତୁ କିଛି ଦିନ ପରେ ଦେଖିଲି ଯେ ଦିଲିପଠାରୁ ଖୁବ ଭଲ ଖବର ଆସୁଛି ଏବଂ ସେ ବେଶ୍ ସଫଳତାର ସହିତ କାର୍ଯ୍ୟ କରୁଛି। ଦିଲିପ ଖବର ଦେଲା ଯେ ସେ ସମ୍ରାଟ ଓ ତା'ର

ପ୍ରଜାମାନଙ୍କଠାରୁ ସମ୍ପୂର୍ଣ୍ଣ ସହଯୋଗ ପାଉଛି। କିନ୍ତୁ ଏ ପର୍ଯ୍ୟନ୍ତ ଅନ୍ୟ ବିଭାଗ ସହିତ ସେହି ଅସହଯୋଗ ଚାଲୁ ରହିଛି। ପରେ ମୁଁ ନିଜେ ଚାଂପା ଗଲି ଓ ସମ୍ରାଟଙ୍କ ସଙ୍ଗେ ଦେଖାକଲି। ଦେଖିଲି ସେ ସମ୍ରାଟ ବେଶ ଦିଲ୍‌ଦାରିଆ ଲୋକ। ଅସମୀୟା ଭାଷା କହିପାରୁ ଥିବାରୁ ଗପ ବେଶ୍ ଜମିଲା। କିନ୍ତୁ ଲକ୍ଷ୍ୟ କଲି ଯେ, ଦିଲିପ ମୋତେ ଗୋଟିଏ ଫୋଲଡ଼ିଂ ଚେଆରରେ ବସାଇଲା ଓ ସମ୍ରାଟଙ୍କୁ ଗୋଟିଏ ଲୁହା ଟ୍ରଙ୍କ ଉପରେ ଏକ ଷ୍ଟୁଲ ଉପରେ ବସାଇଲା। ଏହି ବିଚିତ୍ର ବ୍ୟବସ୍ଥା ମୋତେ ବଡ ଆଶ୍ଚର୍ଯ୍ୟ ଲାଗୁଥିଲା। ସମ୍ରାଟ ଗଲା ପରେ ମୁଁ ଦିଲିପକୁ ପଚାରିଲି। ଦିଲିପ କହିଲା, 'ସାର ଆପଣ ନିଶ୍ଚୟ ଲକ୍ଷ୍ୟ କଲେ ଯେ, ସମ୍ରାଟଙ୍କ ଆସନ ଆପଣଙ୍କଠାରୁ ଉଚ୍ଚା ଥିଲା ଅବଶ୍ୟ ସେତେ ଆରାମଦାୟକ ନୁହେଁ। ଏହିଥିରେ ହିଁ ମୋର ଏହି ସଫଳତାର ସମସ୍ତ ରହସ୍ୟ' ।

ଦିଲିପ ଚାଂପାରେ ପ୍ରଥମେ ପହଞ୍ଚି ସିଧା ସମ୍ରାଟଙ୍କ ଦରବାରକୁ ଯିବାକୁ ସ୍ଥିର କଲା। ସାଥିରେ ଭେଟି ସ୍ୱରୂପ ଚାରି ବୋତଲ ରମ୍ ନେଲା। ଦରବାରରେ ରାଜା ଭେଟି ନେଲେ, କିନ୍ତୁ ସେପରି କିଛି କଥାବାର୍ତ୍ତା କଲେ ନାହିଁ। କିନ୍ତୁ ଦିଲିପ ଦେଖିଲା ଯେ, ରାଜା ଏକ ଭାଡି ପରି ଉଚ୍ଚ ଆସନରେ ବସିଛନ୍ତି। ତାହା ପରେ ଦିନେ ରାଜାଙ୍କୁ ଦିଲିପର କ୍ୟାମ୍ପ ପରିଦର୍ଶନ କରିବାର ନିମନ୍ତ୍ରଣ କଲା। ରାଜା ଆସିଲେ। ରାଜାଙ୍କୁ ଏକ ଟ୍ରଙ୍କ ଉପରେ ଏକ ଷ୍ଟୁଲ୍ ପକାଇ ବସେଇଲା। ନିଜେ ଏକ ଚେଆରରେ ବସିଲା। ଅନ୍ୟମାନେ ତଳେ ବସିଲେ। ଏଣୁ ରାଜା ସର୍ବୋଚ୍ଚ ଆସନରେ ବିରାଜମାନ ହେଲେ। ପ୍ରୋଟୋକଲର ଏହି ରହସ୍ୟଟି ଆଗରୁ କାହା ମୁଣ୍ଡରେ ପଶି ନ ଥିଲା। ସମସ୍ତେ ରାଜାଙ୍କୁ ଟେବୁଲ ପାଖ ଚେୟାରରେ ବସିବାକୁ ଅନୁରୋଧ କରିଥିଲେ। ସବୁ ଚେୟାରର ଉଚ୍ଚତା ସମାନ ହୋଇ ଥିବାରୁ ପ୍ରୋଟୋକଲର ଖିଲାପ ହୋଇ ଯାଉଥିଲା। ଏଣୁ ସମ୍ରାଟ ଅପମାନିତ ଅନୁଭବ କରୁଥିଲେ। ସେ ଯେଉଁ ଓ୍ୱାଂଚୁ ସମାଜ ସହିତ ଅଭ୍ୟସ୍ତ, ସେଥିରେ ସମସ୍ତେ ରାଜାଙ୍କ ଆସନ କଥା ଜାଣନ୍ତି। ଅନ୍ୟମାନେ ଯେ ଅଜାଣତରେ ତାଙ୍କୁ ଟେବୁଲ ପାଖ ଚେୟାରରେ ବସାଉଛନ୍ତି, ତାହା ରାଜାଙ୍କ କଳ୍ପନାର ବାହାରେ। ଏଣୁ ସରକାର ସହିତ ଅସହଯୋଗ।

ଦିଲିପ ବୁଦ୍ଧିମାନ୍ ଟୋକା। ତାହାର ଉତ୍ତରୋତ୍ତର ଉନ୍ନତି ଯେ ସୁନିଶ୍ଚିତ, ଏହା ମୋର ଦୃଢ଼ ବିଶ୍ୱାସ।

ନକ୍‌ଚୁଂ ଖାମ୍ପା

ଜଣେ ଜଣେ ଲୋକ ଥାଆନ୍ତି, ଯେଉଁମାନେ କି ସ୍ୱାଭାବିକ ବଦ୍‌ମାସ। ଏମାନେ ଆଇନ ଭାଙ୍ଗନ୍ତି। କାରଣ ଆଇନ ଅଛି। ଯାହା ମନ ତାହା ନିଶ୍ଚୟ କରିବେ। ଯାହା କରିବାକୁ କୁହାହେବ ତାହା କଦାପି କରିବେ ନାହିଁ। ଅଥଚ ଏମାନେ ଅନେକ ସମୟରେ ଖୁବ୍ ଭଲ ମଣିଷ। ଅର୍ଥାତ୍ ମନରେ ଦୟା, ସହାନୁଭୂତି, ସାହସ ଇତ୍ୟାଦି ଯଥେଷ୍ଟ। ଆପଣଙ୍କର କପାଳକୁ ଯଦି ଏପରି ଗୋଟିଏ ବ୍ୟକ୍ତି ମିଳିଗଲେ, ତାହାହେଲେ ଆପଣ ଅବଶ୍ୟ ରକ୍ତଚାପର ରୋଗୀ ହେବେ। ତା'ଛଡା ଯଦି ଆପଣଙ୍କର ତାଳୁ ଏ ପର୍ଯ୍ୟନ୍ତ କେଶ ମଣ୍ଡିତ ଅଛି, ତାହା ହେଲେ ନକଲି ବାଳର ଉଇଗ୍ ଲାଗି ଅର୍ଡର ଦିଅନ୍ତୁ। ଅତିଶୀଘ୍ର ଆପଣଙ୍କର ପ୍ରାକୃତିକ କେଶଦାମ ଉଭେଇ ଯିବ। ନକ୍‌ଚୁଂ ଖାମ୍ପା ଜଣେ ଏହିଭଳି ବ୍ୟକ୍ତି ଅବଶ୍ୟ ମୋର ଚନ୍ଦା ହୋଇଯିବାର ଦୋଷ ମୁଁ ନକ୍‌ଚୁଂକୁ ଦେଉନାହିଁ। କାରଣ ସେପରି ବ୍ୟକ୍ତି ମୋ କପାଳକୁ ଏକାଧିକ ଯୁଟିଛନ୍ତି ଏବଂ ତା'ଛଡା ସଚିବାଳୟ ଓ ଅର୍ଥ ଉପଦେଷ୍ଟାମାନେ ମଧ୍ୟ ତାଙ୍କର କରାମତି ଖୁବ୍ ଦେଖାଇଛନ୍ତି।

ଖାମ୍ପା ଶବ୍ଦଟା ହେଲା ଖାମ୍ (ପୂର୍ବ ତିବ୍ବତ) +ପା (ମନୁଷ୍ୟ) ଅର୍ଥାତ୍ ପୂର୍ବ ତିବ୍ବତର ଲୋକ। ଅରୁଣାଚଳ ପ୍ରଦେଶର ୟାଂସାଂଛୁ ନଦୀର ଉପତ୍ୟକାରେ ପ୍ରାୟ ଦୁଇଶହ ବର୍ଷ ତଳେ ଦଳେ ଖାମ୍ପା ଆସି ଉପନିବେଶ ସ୍ଥାପନ କରିଥିଲେ। ନକ୍‌ଚୁଂ ସେହି ଜାତିର। ଏମାନେ ମହାଯାନ ବୌଦ୍ଧଧର୍ମର 'ନୀମା-ପା' ଶାଖାର ଅନୁଯାୟୀ। ସେଠାର ବୌଦ୍ଧମନ୍ଦିର ସେଠାର କଳା ବିଷୟରେ ଅନ୍ୟ କେବେ କହିବାର ଇଛା ଅଛି। ବର୍ତ୍ତମାନ ସେହି ସର୍ବଶକ୍ତିମାନଙ୍କର ଅଦ୍ୱିତୀୟ କଳାସୃଷ୍ଟି ଅର୍ଥାତ୍ ନକ୍‌ଚୁଂ ପାଖକୁ ଫେରି ଆସିବା। ପୁରାଣରେ ଅଛି ଭିନ୍ନ ଭିନ୍ନ ଜୀବମାନଙ୍କର ଗୁଣ ନେଇ ଏକ ଅନବଦ୍ୟ ନାରୀ ସୃଷ୍ଟି କରାଯାଇଥିଲା। ଯଥା ହରିଣର ଆଖି, ହଂସର ଚାଲି ଇତ୍ୟାଦି। ଆମ ନକ୍‌ଚୁଂ ମଧ୍ୟ ସେହିପରି ସୃଷ୍ଟି ଯଥା ସିଂହର ସାହସ, ଶୃଗାଳର ଧୂର୍ତ୍ତତା, କେଉଁ ଜନ୍ତୁର ଲୋଭ ଏବଂ କାହାର ଅବାଧ୍ୟତା ଇତ୍ୟାଦି। ନକ୍‌ଚୁଂ ମୋର ସିପାହୀ। ଏଣେ ତା'ର ସମସ୍ତ ସଦ୍‌ଗୁଣ ସତ୍ତ୍ୱେ ତାକୁ ମୁଁ ରଖିବାକୁ ବାଧ୍ୟ କାରଣ ସୀମାବର୍ତ୍ତୀ ଅଞ୍ଚଳର ଜଣା ଓ

ଅନେକ ଅଜଣା ରାସ୍ତା ସହିତ ସେ ଖୁବ୍ ପରିଚିତ। ଏହାର ପ୍ରଧାନ କାରଣ ନକ୍‌ଟୁଂ ଜଣେ ଅତି ନିପୁଣ ଶିକାରୀ। କସ୍ତୁରୀ ମୃଗ ଶିକାର କରି ଏ ଅଞ୍ଚଳର ପର୍ବତମାଳାକୁ ସେ ନିଜ ହାତପାପୁଲି ପରି ଚିହ୍ନେ। କିନ୍ତୁ ଅତି ବଦ୍‌ମାସ।

ଏହି ଅଞ୍ଚଳରେ ଅନେକ ତିବ୍ବତୀୟ ଶରଣାର୍ଥୀ ଥିଲେ। ସେମାନେ ଆସି ଗାଁମାନଙ୍କରେ ରହି ଯାଇଥିଲେ। ଭାଷା, ଧର୍ମ ଓ ସଂସ୍କୃତି ଏକ ହୋଇଥିବାରୁ ସେମାନେ ଜନତା ସହିତ ମିଶିଗଲେ। କିନ୍ତୁ ହଠାତ୍ ଭାରତ ସରକାର ଠିକ୍ କଲେ ଯେ ଏହି ଶରଣାର୍ଥୀମାନଙ୍କୁ ଆସାମର ଭାଲୁକୁଂ ଶରଣାର୍ଥୀ ଶିବିରକୁ ପଠାଯିବ। ଅବଶ୍ୟ ଏହି ଆଦେଶ ଅତିରିକ୍ତ ପୋଥି ବାଇଗଣ। କାରଣ ସବୁ ଶରଣାର୍ଥୀ ଚିହ୍ନଟ ହୋଇନାହାନ୍ତି। ତାଙ୍କୁ ପଠାଇବାର କୌଣସି ସାଧନ ନାହିଁ। ସେମାନେ ଏଠାରେ ନିଜେ ରୋଜଗାର କରୁଛନ୍ତି। ଶରଣାର୍ଥୀ ଶିବିରରେ ସରକାରଙ୍କୁ ତାଙ୍କୁ ଖାଇବାକୁ ଦେବାକୁ ପଡିବ ଇତ୍ୟାଦି। ଏଣୁ ଆମେ ତାହା କାର୍ଯ୍ୟକାରୀ କରିବାକୁ କୌଣସି ପଦକ୍ଷେପ ନେଲୁ ନାହିଁ।

କିନ୍ତୁ ନକ୍‌ଟୁଂ ଏହି ଆଦେଶ ବିଷୟରେ ଜାଣିପାରିଲା ଏବଂ ଭିନ୍ନ ଭିନ୍ନ ଗାଁଆଡେ ଗସ୍ତରେ ଗଲାବେଳେ ସେଠାରେ ଥିବା ଶରଣାର୍ଥୀମାନଙ୍କୁ ଭାଲୁକୁଂ ପଠାଇବାର ଭୟ ଦେଖାଇ ଲାଞ୍ଚ ନେବା ଆରମ୍ଭ କଲା। ଯଥା ସମୟରେ ମୁଁ ଖବର ପାଇଲି। ଏହା ବଡ ସମସ୍ୟା କାରଣ ଏହି ବେମାରି ଆମ ସଂସ୍ଥାରେ ନ ଥିଲା। ନକ୍‌ଟୁଂକୁ କିଛି କହି ଲାଭ ନାହିଁ। ଏଣେ ନକ୍‌ଟୁଂର ସାହାଯ୍ୟ ମଧ୍ୟ ଆମ ପକ୍ଷରେ ଅପରିହାର୍ଯ୍ୟ। ଏଣୁ ନକ୍‌ଟୁଂକୁ ଏକ ନିରାପଦ ସ୍ଥାନକୁ ପଠାଇଦେଲି। ଏକ ଜନହୀନ ଉପତ୍ୟକାରେ ଆମେ ଗୋଟିଏ ପୋଷ୍ଟ ଖୋଲିଥିଲୁ। ସେଠାରେ ଆଉ କାହାଠାରୁ ଲାଞ୍ଚ ନେବ ?

ଏହି ପୋଷ୍ଟରେ ନକ୍‌ଟୁଂର ଜୀବନ ନାଟକର ଶେଷ ଅଙ୍କ, ଶେଷଦୃଶ୍ୟ। ପ୍ରାୟ ଦୁଇମାସ ପରେ ଅସମ୍ଭବ ରକମର ବର୍ଷା ହେଲା। ଫଳତଃ ପାହାଡର ଗୋଟିଏ ଅଂଶ ନଦୀ ମଧ୍ୟକୁ ଖସି ନଦୀର ପଥ ବନ୍ଦକରି ଏକ ହ୍ରଦ ସୃଷ୍ଟିକରି ଦେଲା। ଏଣୁ ଆମ ପୋଷ୍ଟ ସହିତ ସମ୍ପର୍କ ବିଚ୍ଛିନ୍ନ କାରଣ ରାସ୍ତା ହ୍ରଦ ମଝିରେ। ଏଣେ ବର୍ଷା ଚାଲିଛି ଏବଂ ପାଣି ବଢ଼ିବାରେ ଲାଗିଛି। ଏହା ଯଦି ଲାଗି ରହେ ତା'ହେଲେ ଆମ ପୋଷ୍ଟ ବୁଡିଯିବ। ଆଗକୁ ବା ପଛକୁ ଯିବାକୁ ରାସ୍ତା ନାହିଁ। ଶେଷରେ ଅନାହାରରେ ମୃତ୍ୟୁ। ନକ୍‌ଟୁଂ ଏହି ସମସ୍ୟା ସହିତ ଲଢ଼ିବାକୁ ବାହାରିଲା। ପୋଷ୍ଟରେ କିଛି ବିସ୍ଫୋରକ ଥିଲା। ତାକୁ ଧରି ପାହାଡ ଉପର ଆଡୁ ଯାଇ ସେହି ସ୍ଥାନରେ ପହଞ୍ଚିଲା ଯେଉଁଠି ପାହାଡ ଭୁସୁଡି ନଦୀ ବନ୍ଦକରିଛି। ସେଠି ବିସ୍ଫୋରକ ଲଗାଇ ଉଡାଇଦେଲେ ନଦୀର ବାଟ ଖୋଲିଯିବ। ସାଥିରେ କାହାକୁ ନେଲା ନାହିଁ। କିଛି ସମୟ ପରେ ବିସ୍ଫୋରଣ ହେଲା ଏବଂ ନଦୀର ବାଟ ଖୋଲିଗଲା। କ୍ୟାମ୍ପ ନିରାପଦ ହେଲା। ନକ୍‌ଟୁଂ କିନ୍ତୁ ଫେରିଲା ନାହିଁ। ■

ନାଗା ଜେନେରାଲ

ଏବେ ପଂଜାବରେ ଅନେକ ନିଜକୁ ଲେଫଟନେଣ୍ଟ ଜେନେରାଲ ବୋଲାଉଥିବା ଆତଙ୍କବାଦୀ ପୁଲିସ ଗୁଳିରେ ମରିଛନ୍ତି ବା ଧରା ପଡିଛନ୍ତି। ଜଣାପଡେ ଯେ ସେଠି ସେ ନିଜକୁ ଜେନେରାଲ, କମାଣ୍ଡର ଇତ୍ୟାଦି ଘୋଷଣା କରି ଦେଉଛନ୍ତି। କିନ୍ତୁ ନାଗା ବିଦ୍ରୋହୀମାନଙ୍କ ମଧ୍ୟରେ ଅବସ୍ଥା ଅନ୍ୟ ପ୍ରକାର ଥିଲା। ସେଠାରେ ବିଦ୍ରୋହୀମାନଙ୍କ ସେନାରେ ସିପାହୀଠାରୁ ଆରମ୍ଭ କରି ଜେନେରାଲ ପର୍ଯ୍ୟନ୍ତ ପଦ ଥିଲା। ଜେନେରାଲ ମାତ୍ର ଦୁଇ ତିନି ଜଣ ଥିଲେ ଓ କର୍ଣ୍ଣେଲ ଆଠ ଦଶ ଜଣ। ଆପଣ ଲକ୍ଷ୍ୟ କରିଥିବେ ଯେ ପଂଜାବରେ ଆତଙ୍କବାଦୀ କର୍ଣ୍ଣେଲ ଧରାପଡି ନାହାନ୍ତି କାରଣ କେହି ଏତେ ଛୋଟ ପଦ ଗ୍ରହଣ କରିବାକୁ ନାରାଜ। ଏହା ନାଗା ବିଦ୍ରୋହ ଓ ପଂଜାବର ଆତଙ୍କବାଦ ମଧ୍ୟରେ ନୀତିଗତ ପାର୍ଥକ୍ୟର ନିଦର୍ଶନ।

ଲୋକେ ଯାହା କହନ୍ତୁ ପଛେ, ଭାରତ ସରକାର ମୋଟାମୋଟି ଏହି ପ୍ରକାର ବିଦ୍ରୋହ ସହିତ କ'ଣ କରିବାକୁ ହେବ, ତାହା ଜାଣନ୍ତି ଏବଂ ତାହାର ସ୍କୁଲ ଥିଲା ନାଗା ବିଦ୍ରୋହ। ସେଠି ଆମେ ଶିଖିଲୁ ଯେ, କୌଣସି ସାମରିକ ବା ରାଜନୈତିକ ଉପାୟ ଏକୁଟିଆ ସଫଳ ହେବନାହିଁ। ସାମରିକ କାର୍ଯ୍ୟ ଛଡା ଆମର ସବୁବେଳେ ଚେଷ୍ଟା ଥିଲା ଯେ, ବିଦ୍ରୋହୀମାନେ କିପରି ସାଧାରଣ ଜୀବନକୁ ଫେରି ଆସିବେ। ଯେଉଁ ବିଦ୍ରୋହୀମାନେ ଫେରି ଆସୁଥିଲେ ତାଙ୍କୁ ସାଧାରଣ ଜୀବନରେ ଥଇଥାନ କରିବା ପାଇଁ ଆମେ ଚେଷ୍ଟା କରୁଥିଲୁ। ଏହିପରି ଜଣେ ଜେନେରାଲଙ୍କ ସାଙ୍ଗରେ ଘନିଷ୍ଠ ପରିଚୟ ଥିଲା। ସେ ବିଦ୍ରୋହ ଛାଡିବାର କାରଣ ତାଙ୍କର ଭାଣିଜୀ। ଅତି ସୁନ୍ଦରୀ ଓ ଶିକ୍ଷିତା ଝିଅ। ସେ ଆମର ଜଣେ ଅଫିସରଙ୍କର ପ୍ରେମରେ ପଡିଗଲା ଏବଂ ସେମାନଙ୍କର ବିବାହ ହେଲା। ବିବାହ ପରେ ଝିଅ ଶାଗସର କେରଳ ଗଲା ଏବଂ ଆମର ଓ ଭାରତ ସରକାରଙ୍କ କପାଳ ଓ ସେଠି ତା'ର ନଣନ୍ଦମାନେ ତାକୁ ଆଦରି ନେଲେ। ଶାଶୁ ମଧ୍ୟ ମୋଟାମୋଟି

ଖୁସି ଥିଲେ । କିନ୍ତୁ ଶାଶୁ ଇଂରାଜୀ ଜାଣି ନଥିବାରୁ କଥାବାର୍ତ୍ତାରେ ଅସୁବିଧା ହେଉଥିଲା । କିନ୍ତୁ ସେ ନାଗାଝିଅ ଅତି ଶୀଘ୍ର ମାଲାୟାଲମ ଭାଷା ଶିଖିଗଲା । ସେ ଝିଅ ଖ୍ରୀଷ୍ଟିଆନ ଏବଂ ତାର ଶାଶୁଘର ମଧ୍ୟ କେରଳର ଖାନଦାନୀ ଖ୍ରୀଷ୍ଟାନ । ଏଣୁ ଧର୍ମଗତ ବିଶେଷ ଅସୁବିଧା ନ ଥିଲା । ଯଦିଚ ଝିଅକୁ ସିରିୟାନ ଖ୍ରୀଷ୍ଟାନ ଧର୍ମ ବିଶ୍ୱାସ ସହିତ କିଛିଟା ଖାପଖୁଆଇବାକୁ ପଡିଥିଲା । ତାହା ପରେ ଝିଅ ବାପ ଘରକୁ ଆସିଲା । ସେହି ସମୟରେ ତା'ର ମାମୁ ଜେନେରାଲ ଦେଖିବାକୁ ଆସିଲେ ଏବଂ ତା'ପରେ ତାଙ୍କ ସହିତ ଆମର ସଂପର୍କ ହେଲା । ଅନେକ ଆଲୋଚନା ପରେ ସେ ବିଦ୍ରୋହ ଛାଡି ଦେବାକୁ ରାଜି ହେଲେ । କିନ୍ତୁ ତାଙ୍କର ଏକ ସର୍ତ୍ତ ଥିଲା । ସେ କହିଲେ ଯେ, ଆମେମାନେ ମଧ୍ୟ ସୈନିକ । ଭାରତରେ ଯୋଦ୍ଧାର ସମ୍ମାନ ଅଛି । ହିନ୍ଦୁମାନେ ତାଙ୍କୁ କ୍ଷତ୍ରୀୟ କହନ୍ତି । ଏଣୁ ବୁଝିପାରୁଥିବ ଯେ ଆମର ସମ୍ମାନ ଅଛି । ଯଦି ତମେ ଇଣ୍ଡିଆକୁ (ନାଗାଲାଣ୍ଡରେ ସମସ୍ତେ ଭାରତକୁ ଇଣ୍ଡିଆ ହିଁ କହନ୍ତି) ନିଜର ମାତୃଭୂମି ବୋଲି ଗ୍ରହଣ କରିବାକୁ ଚାହୁଁଛ, ତାହାହେଲେ ଆମକୁ ଇଣ୍ଡିଆ ଲାଗି ଯୁଦ୍ଧ କରିବାର ଓ ଇଣ୍ଡିଆର ୟୁନିଫର୍ମ ପିନ୍ଧିବାର ସମ୍ମାନ ଦିଅ । ତାହାହେଲେ ଆମେ ତୁମର ଆନ୍ତରିକତା ବୁଝିବୁ ।

ଏହା ସରକାର ପକ୍ଷରେ ଅବଶ୍ୟ ସମସ୍ୟା । କାରଣ କାଲିର ଶତ୍ରୁକୁ ବିଶ୍ୱାସ କରିବାକୁ ହେବ । କିନ୍ତୁ ଭାରତ ସରକାର ମୋଟାମୋଟି ରାଜି ହେଲେ । ତାହା କିପରି ଏବଂ କେତେ ବେଳେ ହେଲା ତାହା ପ୍ରାସଙ୍ଗିକ ନୁହେଁ । ତେବେ ଶହଶହ ନାଗା ବିଦ୍ରୋହୀ ବିଦ୍ରୋହ ଛାଡି ଆମର ବାହିନୀରେ ରହିଲେ ଏବଂ ସେଥିଲାଗି ଆମକୁ ପଶ୍ଚାତାପ କରିବାର କାରଣ ଦେଖାଯାଇନାହିଁ ।

ଜେନେରାଲ ମଧ୍ୟ ରିଟାୟାର କରି ଗଲେଣି । ଥରେ ମୁଁ ତାଙ୍କୁ ଗୁଆହାଟିରେ ଦେଖିଲି । ସଂଧ୍ୟାବେଳେ ଏକାଠି ଖିଆପିଆ କଲୁ । ବହୁତ କଥା ହେଲୁ । କିନ୍ତୁ ତାଙ୍କ ମନରେ ଏକ ବିଷାଦ ଭାବ ଜଣା ପଡୁଥିଲା । ମୁଁ ତାଙ୍କୁ ସେ କଥା ପଚାରିଲି । ତାଙ୍କର ଉତ୍ତର ମୋତେ ଚମକାଇ ଦେଲା । ସେ କହିଲେ, "ଦେଖ ମୁଁ ବୁଢ଼ା ଓ ତୁମେ ମଧ୍ୟ ବୁଢ଼ା ହେବାକୁ ଯାଉଛ । ଆମର ସମୟ, ଆମର ମାନ୍ୟତା ଗଲାଣି । ମୁଁ ଯେତେବେଳେ ବିଦ୍ରୋହ ଛାଡିଦେଲି, ସେତେବେଳେ ମୁଁ ତୁମଠାରୁ ଚାହିଁଥିଲି ସମ୍ମାନ, ବିଶ୍ୱାସ । ତୁମେ ଏବଂ ତୁମର ଉପରିସ୍ଥମାନେ ଏବଂ ରାଜନୈତିକ ନେତାମାନେ ତାହା ଦେଇଥିଲ । କିନ୍ତୁ ବର୍ତ୍ତମାନ ଯେଉଁମାନେ ଆସୁଛନ୍ତି, ସେମାନେ ଚାହୁଁଛନ୍ତି, କଣ୍ଟ୍ରାକ୍ଟ ପଇସା ଏବଂ ସେମାନଙ୍କୁ ତାହା ମିଳୁଛି । ଏହିପରି ଯଦି ଚାଲେ, ତାହାହେଲେ ନାଗା ଜାତିର ଚରିତ୍ର କ'ଣ ହେବ ?

ଜେନେରାଲ୍ ନାଗା । ଏଣୁ ସେ ତାଙ୍କ ଜାତି ଲାଗି ଚିନ୍ତିତ । କିନ୍ତୁ ଏହି ସମସ୍ୟାଟା କ'ଣ ଆମ ସମସ୍ତଙ୍କର ନୁହେଁ ? ଆମ ଚରିତ୍ରର କ'ଣ ହେଲାଣି ? ■

ମହିଷାସୁର

ଏହି ମହିଷାସୁର ଅବଶ୍ୟ ଚଣ୍ଡୀର ମହିଷାସୁର ନୁହଁନ୍ତି। ସେ ଏହି ସମୟରେ ମଣିଷ। ଜଣେ ବୈମାନିକ। ତାଙ୍କର ଏହି ନାମକରଣର କାରଣ ତାଙ୍କର ଚେହେରା, ତାଙ୍କ ପ୍ରକୃତି। ଗେଡ଼ା, ମୋଟା ଓ ଶ୍ୟାମଳ ରଙ୍ଗ। ବୈମାନିକମାନେ ସାଧାରଣତଃ ମୋଟା ହୁଅନ୍ତି ନାହିଁ। କାରଣ ପ୍ରତିବର୍ଷ ଡାକ୍ତରୀ ପରୀକ୍ଷା। ତେବେ ଏ ଭଦ୍ରଲୋକଙ୍କୁ କେବେ ଡ଼ାକ୍ତର ଧରି ପାରିନାହିଁ। ତାହା ବିଷୟରେ ଅବଶ୍ୟ ଅନେକ ରକମର ଅନୁମାନ ଥିଲା। କିନ୍ତୁ ପ୍ରକୃତ କଥା ହେଲା ଯେ, ଭଦ୍ରଲୋକ ମେଡିକାଲ୍ ବୋର୍ଡର ଦୁଇମାସ ଆଗରୁ କେବଳ ସିଝା ପରିବା ଓ ସିଝା କୁକୁଡାମାଂସ ଛଡା ଆଉ କିଛି ଖାଉ ନଥିଲେ। ଫଳତଃ ଓଜନ କମିଯାଉଥିଲା ଏବଂ ଅନ୍ୟାନ୍ୟ କଥା ଯେପରି ରକ୍ତ ଶର୍କରା (Blood Sugar) ଇତ୍ୟାଦି ଠିକ୍ ହୋଇ ଯାଉଥିଲା। କିନ୍ତୁ ବୋର୍ଡ ସରିବାର ପନ୍ଦର ଦିନରେ ଅବସ୍ଥା ଯଥାପୂର୍ବ। ଏ ମହାଶୟ ସମ୍ପୂର୍ଣ୍ଣ ଚନ୍ଦା ଥିଲେ। କିନ୍ତୁ ତାଙ୍କ ମୁଣ୍ଡରେ ଯାହା ବାଳରହିବା କଥା, ସମସ୍ତଟା ତାଙ୍କ ନିଶରେ ଠୁଳ ହୋଇଥିଲା। ତାହା ପ୍ରକୃତରେ ଏକ ଭୟଙ୍କର ରୂପ ଧାରଣ କରିଥଲା ଏବଂ ତାଙ୍କ ମୁଖମଣ୍ଡଳକୁ ଏକ ଆସୁରିକ ଦୀପ୍ତି ପ୍ରଦାନ କରୁଥିଲା ।

ତାହା ଛଡା ଭଦ୍ରଲୋକ ଅତିରିକ୍ତ କଳିକତୁରା। ନିଜର ଠିକ୍ ତଳେ ଥିବା ଅଫିସର୍‌ମାନଙ୍କ ସହିତ ଅତ୍ୟନ୍ତ ଦୁର୍ବ୍ୟବହାର କରିଥାନ୍ତି। ଅନ୍ୟ କେଉଁ ସଂସ୍ଥାର ସମ୍ପର୍କରେ ଆସିଲେ ସେଠି ମଧ୍ୟ ସେହିପରି ବିଚିତ୍ର ବ୍ୟବହାର କରନ୍ତି। ଯେପରି ସେ ନିଜେ ପାଇଲଟ୍ ହୋଇ ଡାକ୍ତର ବା ସିଭିଲ୍ ଇଂଜିନିୟରଙ୍କୁ ତାଙ୍କ କାମ ବଷୟରେ ଉପଦେଶ ଦେବା ଆରମ୍ଭ କରନ୍ତି। ତାହା ସହିତ ଭଗବାନ ତାଙ୍କୁ ବ୍ୟଙ୍ଗ ନ ବୁଝିପାରିବାରେ ଏକ ଅଦ୍ଭୁତ କ୍ଷମତା ଦେଇଥିଲେ। ଏଣୁ ଯେ ପର୍ଯ୍ୟନ୍ତ କେହି ତାଙ୍କୁ 'ଚୁପକ୍‌ରୋ ବେଓ୍ୱାକୁଫ୍' ନ କହିଛି ସେ ଆଉକିଛି ଗ୍ରାହ୍ୟ କରୁ ନ ଥିଲେ ଏବଂ ଜଣେ ବୟସ୍କ ଉଚ୍ଚପଦସ୍ଥ

ଅଫିସରଙ୍କୁ କିଏ ଏପରି କହିବ? ଏଣୁ ସର୍ବତ୍ର ଅବସ୍ଥାକୁ ଲଣ୍ଡଭଣ୍ଡ କରି ଆନନ୍ଦରେ ବିଚରଣ କରୁଥିଲେ। ତା'ଛଡା ଜଣେ ଲବ୍ଧପ୍ରତିଷ୍ଠ ସାହିତ୍ୟିକଙ୍କର ବଡଭାଇ ହୋଇଥିବାରୁ ସାହିତ୍ୟ ବିଷୟରେ ମଧ୍ୟ ଭାଷଣ ମାରୁଥିଲେ। ତାଙ୍କ ବିଷୟରେ ଦୁଇ ପ୍ରକାର ମତ ଥିଲା। ପ୍ରଥମ ହେଲା ଯେ, ସେ ଗୋଟିଏ ଅସହ୍ୟ ଯନ୍ତ୍ରଣା। ଅନ୍ୟଟି ହେଲା ଯେ ଭଗବାନ ଆମ ମନୋରଂଜନ ଲାଗି ଏକ ଜୋକର ଛାଡି ଦେଇଛନ୍ତି। ମୋ ସହିତ ତାଙ୍କର ପ୍ରାୟ ଝଗଡା ହେଉଥିଲା। ଯେତେବେଳେ ଦେଖିଲି ଯେ, ଏ ଭଦ୍ରଲୋକ ଉଠକଥା ବୁଝିବାକୁ ଅସମର୍ଥ, ମୁଁ ମଧ୍ୟ ତାଙ୍କୁ ସେହିପରି ଜବାବ୍ ଦେଲି, ଫଳତଃ ଭଦ୍ରଲୋକ ଆଉ ମୋ ପାଖକୁ ଆସିଲେ ନାହିଁ ଏବଂ ଆମ ସମ୍ପର୍କ ଚିଠିପତ୍ରରେ ଚାଲିଲା। କିନ୍ତୁ ଏ ମହାଶୟଙ୍କର ଏକ ଅଦ୍ଭୁତ ଗୁଣ ବା ଭାଗ୍ୟ ଥିଲା। ସେ ଅନେକ ଆକ୍ସିଡେଣ୍ଟ କରୁଥିଲେ। କିନ୍ତୁ ସେଥିରେ କେହି ମରୁ ନଥିଲେ। ଏପରିକି ଥରେ ତାଙ୍କ ଉଡାଜାହାଜର ଦୁଇଟା ଇଂଜିନ ବନ୍ଦ ହୋଇଗଲା। ଏଠି ଉଡାଜାହାଜଟା ଗୋଟିଏ ପଥର ଭଳି ତଳକୁ ଖସିପଡିବା କଥା। କିନ୍ତୁ କେତେକଟା ତାଙ୍କର ଦକ୍ଷତା ଯୋଗୁଁ ଏବଂ ବେଶି ତାଙ୍କ ଭାଗ୍ୟ ଯୋଗୁଁ ଉଡାଜାହାଜଟା ଆସ୍ତେ ଆସ୍ତେ ଖସି ଏକ ଅତିରିକ୍ତ ପଙ୍କଥିବା ଜଳାଜମିରେ ପଡିଲା ଏବଂ ପଙ୍କରେ ରଖିଲେ। ଫଳତଃ କେହି ହତାହତ ହେଲେ ନାହିଁ। ସେ ଅବଶ୍ୟ କୁଶଳୀ ପାଇଲଟ୍ ଥିଲେ। କିନ୍ତୁ ଅଯଥା ବିପଦ ଭିତରକୁ ପଶିବା ତାଙ୍କର ସ୍ୱଭାବ ଥିଲା।

ତାଙ୍କର କୀର୍ତ୍ତିସବୁ ଲେଖିଲେ ତ' ଗୋଟିଏ ପୁରାଣ ହେବ। ରିଟାୟାର କଲା ପରେ ଏକ ଛୋଟ କମ୍ପାନୀରେ ପାଇଲଟ୍ କାମ କଲେ। ଏସବୁ କମ୍ପାନୀ ପାଖରେ ଖଣ୍ଡେ ଦୁଇଖଣ୍ଡ ଛୋଟ ଉଡାଜାହାଜ ଥାଏ। ଏପରି କାମ ନାହିଁ ଯାହା ଏମାନେ ନ କରନ୍ତି। ଯେଉଁଠି ସୁବିଧା ନାହିଁ ସେଠି ଓହ୍ଲାଇବା, ହଠାତ୍ ଦରକାରି ଜିନିଷ ପହଞ୍ଚାଇବା ଇତ୍ୟାଦି। ଏକ ପ୍ରକାର ଉଡନ୍ତା ଟ୍ରଲି ରିକ୍ସା। ଏହିପରି ଗୋଟିଏ ଉଡାଜାହାଜରେ ଏହି ଭଦ୍ରଲୋକ କିଛି ମେଶିନ ପାର୍ଟସ୍ ଧରି ଗୁଜୁରାଟର ଏକ କ୍ଷୁଦ୍ର ସହରକୁ ଯାଉଥିଲେ। ବାଟରେ ଇଂଜିନ ଖରାପ ହୋଇଗଲା ଓ ଉଡାଜାହାଜ ଗୋଟିଏ ଛୋଟ ପାହାଡ ଦେହରେ ବାଜି ଧ୍ୱଂସ ପାଇଲା ଏବଂ ତା ସାଥିରେ ପାଇଲଟ୍ ମଧ୍ୟ। ପାଖରେ ଏକ ପଡିଆ ଥିଲା। ଆଶ୍ଚର୍ଯ୍ୟ ଯେ ସେଠି ଓହ୍ଲାଇବାର ଚେଷ୍ଟା କଲେ ନାହିଁ। ହୁଏତ ବଞ୍ଚି ଯାଇଥାଆନ୍ତେ। କିନ୍ତୁ ପରେ ଖବର ନେବାରେ ଜଣାପଡିଲା ଯେ, ସେତେବେଳେ ସେ ପଡିଆରେ ପିଲାମାନେ ଖେଳୁଥିଲେ। ସେଠି ଉଡାଜାହାଜ ଓହ୍ଲାଇଥିଲେ ହୁଏତ କେତେକ ପିଲା ମରିଯାଇଥାନ୍ତେ। ଏଣୁ ପାଇଲଟ୍ ଅର୍ଥାତ୍ ମହିଷାସୁର ନିଜକୁ ବଳିଦେଲେ।

କୁଲିଜାନ୍‌ର ରାତି

ବ୍ରହ୍ମପୁତ୍ର କେଉଁଠାରୁ ବାହାରେ ? ଆପଣ କହିବେ ମାନସରୋବର। ଆପଣ ଯାହା କହିଲେ ତାହା ଠିକ୍ ଏବଂ ଭୁଲ। ଠିକ୍ କାରଣ ବ୍ରହ୍ମପୁତ୍ରର ପ୍ରଧାନ ସ୍ରୋତ ସେଇଠାରୁ ବାହାରୁଛି। ଭୁଲ୍ କାରଣ ସେଠି ତା'ର ନାମ ବ୍ରହ୍ମପୁତ୍ର ନୁହେଁ। ସେହିପରି ଗଙ୍ଗା ଯଦିଚ ଗୋମୁଖରୁ ବାହାରିଛି ସେଠି ମଧ୍ୟ ତା'ର ନାମ ଗଙ୍ଗା ନୁହେଁ। ଗଙ୍ଗା ନାମଟି ଲାଗେ ଯେତେବେଳେ ଦେବପ୍ରୟାଗରେ ଭଗୀରଥୀ ଓ ଅଳକନନ୍ଦାର ସଙ୍ଗମ ହୁଏ। ସେହିପରି ବ୍ରହ୍ମପୁତ୍ର ନାମକରଣ ହୁଏ ଯେଉଁଠି ସେହି ମାନସରୋବରରୁ ଆସୁଥିବା ସିୟାଂ ନଦୀ ସହିତ ଦିବାଂ ଓ ଲୋହିତ ନଦୀମାନଙ୍କର ସଙ୍ଗମ ହୁଏ। ଏଥିରୁ ପ୍ରତ୍ୟେକଟି ବିରାଟ ଏବଂ ଭୟଙ୍କର ନଦୀ। ଏହି ସଙ୍ଗମ ପରେ ଏହା ନଦ, ପୁଲିଙ୍ଗ। କିନ୍ତୁ ଏହି ତିନୋଟି ନଦୀ ହଠାତ ମିଶିଯାଇ ନାହାନ୍ତି। ସେଠି ସେମାନେ ନାନା ଶାଖା ପ୍ରଶାଖାରେ ବିଭକ୍ତ ହୋଇ ଏକ ଆଭ୍ୟନ୍ତରୀଣ ତ୍ରିକୋଣଭୂମି ବା INLAND DELTA ସୃଷ୍ଟି କରିଛନ୍ତି। ଏହା ଏକ ଅଦ୍ଭୁତ ଦେଶ। ଏଥିରୁ ଅନେକ ଅଞ୍ଚଳ ବର୍ଷା ଦିନେ ବୁଡ଼ିଯାଏ। ଅନ୍ୟ ସମୟରେ ଏଠି ଘାସର ଜଙ୍ଗଲ। ଯାହା ବୁଡ଼ି ନ ଯାଏ ସେଠି ବଡ଼ ଗଛ। ଏହାର ରାଜା ହେଲା ଅରଣା ମଇଁଷି। ତାଙ୍କଠାରୁ ବାଘ ହାତୀ ମଧ୍ୟ ନିରାପଦ ଦୂରତ୍ୱରେ ରହନ୍ତି। କିନ୍ତୁ ମଣିଷ ହେଲା ମଣିଷ। ଗୋଟିଏ ଉପଜାତି ବା Tribe ଯେଉଁମାନେ କି ପ୍ରଥମରେ ପର୍ବତର ବାସିନ୍ଦା ଥଲେ, ଏହି ଅଞ୍ଚଳକୁ ଚାଲିଆସିଲେ। ଏଠି ସେମାନଙ୍କର ଜୀବନଧାରଣ ପ୍ରଣାଳୀ ସମ୍ପୂର୍ଣ୍ଣ ବଦଳିଗଲା। ଏମାନେ ହୋଇଗଲେ ଜଳଭିତ୍ତିକ। ଡ଼ଙ୍ଗା ହେଲା ତାଙ୍କର ଚିର ସହଚର। ସେମାନେ ହୋଇଗଲେ ଓସ୍ତାଦ ନାଉରୀ।

ସେହି ଜାଲ ଭଳି ନଦୀ ଓ ନାଳରେ ସେହିମାନେ ହିଁ ରାସ୍ତା ଜାଣନ୍ତି। କିନ୍ତୁ ତାଙ୍କର ଆଗର ସମାଜ ବ୍ୟବସ୍ଥା ଓ ଭାଷା ରଖିଲେ। ତେବେ ମୋଟାମୋଟି ହିନ୍ଦୁଧର୍ମ, ବିଶେଷକରି ଶଙ୍କରଦେବଙ୍କ ପ୍ରଚାରିତ ବୈଷ୍ଣବ ଧର୍ମଟା ଗ୍ରହଣ କରିନେଲେ ।

ଏହି ସରଳ ଏବଂ ମୋଟାମୋଟି ସୁନ୍ଦର ଜୀବନଯାତ୍ରା ଠିକ୍ ଚଲୁଥିଲା। ଏହି ଜାତିର ନାମ ମିଶିଂ। ଏମାନଙ୍କୁ ମିରି ମଧ୍ୟ କୁହାଯାଏ। ଏମାନେ ଘର ତିଆରି କରନ୍ତି ଏକ ମଞ୍ଚା ଉପରେ। ବଢ଼ିଦିନେ ଘର ତଳେ ପାଣିଥାଏ। ଘର ସାଥିରେ ଥାଏ ହୁଲିଡ଼ଙ୍ଗା। ବଡ଼ନଦୀ ଲାଗି ବଡ଼ ବଡ଼ ପାଲବାଲା ଡ଼ଙ୍ଗା ଏବଂ ଏହି କାଦୁଅ ନା ଜଳ, ନା ସ୍ଥଳ ଜାଗା ଲାଗି ହାତୀ, ଖାଲି ସେତିକି ନୁହେଁ, ହାତୀକୁ ଗାଡ଼ିରେ ମଧ୍ୟ ଯୋଚନ୍ତି। ସେ ଗାଡ଼ି ବିଚିତ୍ର। ଶଗଡ଼ ପରି ଦୁଇଟି ଚକା କିନ୍ତୁ ଗୋଟିଏ ଗୋଟିଏ ଚକ ଆଠଫୁଟ ବା ତାଠାରୁ ବେଶି। ଜାତିଟା ସଙ୍ଗୀତ ଓ ନୃତ୍ୟ ପ୍ରିୟ। ଯେକୌଣସି କାରଣରୁ ଅବା ବିନା କାରଣରେ ମଧ୍ୟ ଉତ୍ସବ, ଗୀତ, ନାଚ, କିଛିଟା ରୋମାନ୍ସ, ମନ ଦିଆନିଆ, ମନ ଫଟାଫଟି, ପୁଣି ଦିଆନିଆ ଇତ୍ୟାଦି। ପାହାଡ଼ର ଜାତିମାନେ ଏ ଅଦ୍ଭୁତ ସ୍ଥାନରୁ ଆସିବାକୁ ନାରାଜ। ସେହିପରି ସମତଳର ଲୋକେ ମଧ୍ୟ ଏଠିକି ଆସିବାକୁ ପ୍ରସ୍ତୁତ ନୁହନ୍ତି। କାରଣ ସେମାନେ ବୁଝିପାରନ୍ତିନି ଏଇଟା ଜଳ ନା ସ୍ଥଳ। ଏଣୁ ମିଶିଂ ବ୍ରହ୍ମପୁତ୍ର ବା ବୁଢ଼ା ଲୁଇତର କୋଳରେ ବେଶ ଆରାମରେ ଥିଲେ ।

ଏମାନଙ୍କ ସାଙ୍ଗେ ବାଦ ସାଧିଲେ ନେପାଳୀ ଆଗନ୍ତୁକ। ଆମ ଭାରତ ଉପମହାଦେଶରେ ଦୁଇଟା ଅଭିଶପ୍ତ ଜାତି ଅଛନ୍ତି। ପ୍ରଥମ ହେଲେ ବାଂଲାଦେଶର ବଙ୍ଗାଳୀ ମୁସଲମାନ୍। ଦ୍ୱିତୀୟଟି ହେଲେ ନେପାଳର ହିନ୍ଦୁ। ଉଭୟ ଦେଶର ଜନସଂଖ୍ୟା ତୁଳନାରେ ସମ୍ବଳର ଏଡ଼େ ଅଭାବ ଯେ ସେମାନେ ପେଟ ଚାଖଣ୍ଡକ ଲାଗି ସବୁଠିକି ଯିବାକୁ ଏବଂ ସବୁ କରିବାକୁ ପ୍ରସ୍ତୁତ ଆଜି ଭୁଟାନରେ କି ସମସ୍ୟା ହୋଇଛି। ସିକିମ୍‌ରେ ବର୍ତ୍ତମାନ ସେଠାର ମୂଳ ଅଧିବାସୀ ଲେପଚା ଓ ଭୁଟିଆ ନଗଣ୍ୟ ସଂଖ୍ୟାଲଘୁ ସମ୍ପ୍ରଦାୟ। ସମସ୍ତ ଉତ୍ତର-ପୂର୍ବ ଭାରତରେ ନେପାଳୀ ଖେଦି ଯାଇଛନ୍ତି। ଏପରି କି ଅନେକ ଜାଗାରେ ନେପାଳୀ ସମ୍ପର୍କ ଭାଷା ରୂପେ ହିନ୍ଦୀ ଅସମୀୟା ସହିତ ପ୍ରତିଯୋଗୀତା କରୁଛି। ଏହି ନେପାଳୀ ଜାତି ମିଶିଂର ରାଜ୍ୟରେ ମଧ୍ୟ ଅନୁପ୍ରବେଶ ଆରମ୍ଭ କଲା। ଏଠି ଥିବା ଘାସଭର୍ତ୍ତି ଦ୍ୱୀପମାନଙ୍କରେ ଗୋରୁ, ମଇଁଷି ରଖିବା ଆରମ୍ଭ କଲେ ଏବଂ ବିରାଟ ଦୁଧ ଘିଅ ଇତ୍ୟାଦିର ବ୍ୟବସାୟ ଆରମ୍ଭ କଲେ। ଫଳତଃ ସଂଘର୍ଷ ଆରମ୍ଭ। ଏଣୁ ଏହା ବଡ଼ ଆକାର ଧାରଣ କରିବା ଆଗରୁ ଆମେ ଏହାର ଏକ ସମାଧାନର ଚେଷ୍ଟା କଲୁ।

ମିଶିଂ ଗୋପାଳନ ସମ୍ବନ୍ଧରେ ସମ୍ପୂର୍ଣ୍ଣ ଅଜ୍ଞ। ଏଣୁ ସେ ଘାସଦ୍ୱୀପମାନଙ୍କର ବ୍ୟବହାର କରିପାରିବ ନାହିଁ। କିନ୍ତୁ ନେପାଳୀ ମଧ୍ୟ ତାହାର ଦୁଧଘିଅକୁ ବଜାରରେ ପହଞ୍ଚାଇବା ଦରକାର। କାରଣ ସେ ପାଣିର କାମ, ଅର୍ଥାତ୍ ଡ଼ଙ୍ଗା ଚଳେଇବା ଇତ୍ୟାଦି ମୋଟେ ଜାଣେ ନାହିଁ। ଠିକ୍ ହେଲା ଯେ ନେପାଳୀ ମିଶିଂର ଚାଷଜମି, ମାଛ ମାରିବା ଅଞ୍ଚଳ ଆଡ଼କୁ ଯିବେ ନାହିଁ। ସେହି କେତେଟା ଦ୍ୱୀପରେ ରହିବେ। ତାଙ୍କର ଦୁଧଘିଅ ଇତ୍ୟାଦି ମିଶିଂମାନେ ତାଙ୍କ ଡ଼ଙ୍ଗାରେ ଆଣିବେ। ଏହି ରାଜିନାମାକୁ ଏକ ସର୍ବମାନ୍ୟ ରୂପ ଦେବାପାଇଁ ଏକ ଉତ୍ସବର ଆୟୋଜନ ହେଲା। କୁଳିଜାନ ନାମକ ଏକ କ୍ଷୁଦ୍ର ଗ୍ରାମରେ ଏହି ଉତ୍ସବ ହେଲା। ପାର୍ବତ୍ୟ ଜାତିମାନେ ମଧ୍ୟ ନିମନ୍ତ୍ରିତ ହୋଇଥିଲେ ଏବଂ ଏକ ବିରାଟ ସମାବେଶ ହେଲା। ବହୁ ବକ୍ତୃତା ବହୁ ଭୋଜି ଏବଂ ବହୁ ମଦ୍ୟପାନ ହେଲା। ବହୁତ ମାଛ ଆସିଲା, ବହୁତ ଛେଳି, ଘୁଷୁରି ଓ କୁକୁଡ଼ା କଟା ହେଲା। ଶେଷଦିନ କିନ୍ତୁ ଅତି ଅପ୍ରତ୍ୟାଶିତ ଭାବରେ ସେଠି ପହଞ୍ଚିଲେ ପ୍ରସିଦ୍ଧ ଗାୟକ ଓ ସଙ୍ଗୀତଜ୍ଞ ଭୂପେନ ହଜାରିକା। ପାଠକ ଜାଣିଥିବେ ଯେ ସେ ବର୍ଷ ସେ (୧୯୯୩) ଚଳଚ୍ଚିତ୍ର ଜଗତର ସର୍ବଶ୍ରେଷ୍ଠ ସମ୍ମାନ 'ଦାଦାସାହେବ ଫାଲକେ' ପୁରସ୍କାର ପାଇଛନ୍ତି। ଅବଶ୍ୟ ଅଧିକାଂଶଙ୍କ ପକ୍ଷରେ ଅପ୍ରତ୍ୟାଶିତ ହେଲେ ମଧ୍ୟ ମୋ ପକ୍ଷରେ ଏହା ପ୍ରତ୍ୟାଶିତ ଥଲା କାରଣ ଆମେ କେତେକ ଏହି ଉତ୍ସବକୁ ମନେ ରଖିବାର ଭଳି କରିବାକୁ ଚେଷ୍ଟା କରୁଥିଲୁ। ଉତ୍ସବଟି ମନେ ରହିଲେ, ଉତ୍ସବର କାରଣଟା ମଧ୍ୟ ମନେ ରହିବ।

ସନ୍ଧ୍ୟାବେଳକୁ ଏକାଠି ହେବା ଆରମ୍ଭ କଲୁ। ଆସାମରେ ତ' ପାଞ୍ଚଟା ବେଳକୁ ଅନ୍ଧାର ହୋଇଯାଏ। ସେଇଟା ଥିଲା ଶୁକ୍ଳପକ୍ଷ। ଜ୍ୟୋସ୍ନାର ବନ୍ୟାରେ ଚାରିଆଡ଼ ବୁଡ଼ିଯାଇଛି। ଆମେ ଖାଇ ପହଞ୍ଚିବା ଆଗରୁ ସାମୂହିକ ନୃତ୍ୟ ଜୋର୍ ଉପରେ। ଏକ ଦିଗରେ ଧାଡ଼ିଏ ଟୋକା। ଅନ୍ୟ ଦିଗରେ ଧାଡ଼ିଏ ଯୁବତୀ। ମଝିରେ ପାଳିଆ କହନ୍ତୁ, ରିଂ ମାଷ୍ଟର କହନ୍ତୁ ଗୀତର ବୋଲ ଡ଼ାକୁଛି, ତା' ସାଥିରେ ବାଜୁଛି ମାଦଳ, ବଇଁଶୀ ଓ ଏକପ୍ରକାର ପେଁକାଳୀ ଯାହାକୁ ସେମାନେ ପେମ୍ପା କହନ୍ତି। ଏହି ନାଚର ଗୀତରେ ମିଶିଂ ଜାତିର ଇତିହାସର କାହାଣୀ ସବୁ କୁହାଯାଏ। ବେଳେ ବେଳେ ପ୍ରେମକାହାଣୀ ମଧ୍ୟ। ସେହିପରି ଗୋଟିଏ କାହାଣୀ ପାନୁ ଓ ଜଙ୍କୀର। ପାନୁ ଓ ଜଙ୍କୀର ପ୍ରେମ ଅସଫଳ। ପାନୁକୁ ହତ୍ୟା କରାଯାଇଥିଲା ଏବଂ ଜଙ୍କୀ କାନ୍ଦି କାନ୍ଦି ବ୍ରହ୍ମପୁତ୍ରର ବୁକୁରେ ଆଶ୍ରୟ ନେଇଥିଲା।

ଭୂପେନ ହଜାରିକା ବସି ଗୀତ ଶୁଣୁଥାଆନ୍ତି ଓ ନାଚ ଦେଖୁଥାଆନ୍ତି। ହଠାତ୍ ସେ ଠିଆ ହୋଇ ତାଳଦେବା ଆରମ୍ଭ କଲେ। ଟିକିଏ ପରେ ସେ ନିଜେ ଗାଇବା ଆରମ୍ଭ କଲେ-

"ହେୟ, ମିଶିଂ ଡ଼େକାଟି,
ବଜାଲି ଯେ ପେମ୍ପାଟି
ସୁରରେ ସଜାଇ ଦିଲି
ଦିଂଶାମୁଖର ନିଶାଟି।"

(ଥହେ ମିଶିଂ ଯୁବକ, ତୋର ପେଁକାଳି ବଜାଇ ଏହି ଦିଶାଂମୁଖର ରାତିଟି କିପରି ସୁରରେ ସଜାଇ ଦେଉଛୁ) ନିକଟରେ ଦିଂଶା ନଦୀ ବ୍ରହ୍ମପୁତ୍ରରେ ପଡ଼ିଥିବାରୁ ଏହାକୁ ଦିଂଶାମୁଖ ମଧ୍ୟ କୁହାଯାଏ ।

ଭୂପେନ ହଜାରିକାଙ୍କୁ ମୁଁ ବହୁତ ଶୁଣିଛି। ହଲ୍‌ରେ, ରେଡ଼ିଓରେ, ରେକର୍ଡ଼ରେ, ଟେପ୍‌ରେ। କିନ୍ତୁ ଏହି ମୁକ୍ତ ଆକାଶ ତଳେ, ଚନ୍ଦ୍ରକିରଣରେ ଯାହା ଶୁଣିଲି, ତାହା ନ ଭୂତୋ ନ ଭବିଷ୍ୟତି। ମୁକ୍ତ ଆକାଶ ତଳେ ବଇଁଶୀ, ପେଁକାଳି ଓ ମାଦଳ। କିନ୍ତୁ ସବୁ ଚପି ଯାଉଛି ଭୂପେନ ହଜାରିକାଙ୍କ ଉଦାତ୍ତ କଣ୍ଠ ଏବଂ ସମସ୍ତ ଜନତା ତାହା ସହିତ ଝୁଲୁଛନ୍ତି ଏବଂ ବହୁତ ଲୋକ ନିଜ ସ୍ଥାନରେ ଠିଆ ହୋଇ ନାଚୁଛନ୍ତି।

ତାହାପରେ ଭୂପେନ ସେହି ମିଶିଂ ଯୁବକ ପାନୁ ଓ ତା'ର ପ୍ରେୟସୀ ଜଙ୍କୀର ସେହି ପୁରାତନ କିନ୍ତୁ ଚିର ନୂତନ କାହାଣୀ ଗୀତରେ ଆରମ୍ଭ କରିଦେଲେ। ବର୍ତ୍ତମାନ ଜନତାର ଉତ୍ତେଜନା ଶାନ୍ତ। ସମସ୍ତେ ମନଦେଇ ଶୁଣୁଛନ୍ତି। ଯେପରି ଜଙ୍କୀର କାନ୍ଦଣା ଶୁଣାଯାଉଛି। ଏହାପରେ ଭୂପେନ ହଜାରିକା ଏକ ପ୍ରକାର ସମାଜକୁ ଚାଲେଞ୍ଜ କଲେ। ପାନୁ କାହିଁକି ମରିଲା ? ସେଥିଲାଗି ତୁମେ ଆମେ କ'ଣ ଦାୟୀ ନୋହୁଁ। ତାହାପରେ ତାଙ୍କ ଗୀତକୁ ଏକ ସଂସ୍କାରକ ମୋଡ଼ ଦେଇ କହିଲେ- 'ଆରୁ ପାନୁ ନ ମରେ, ଆରୁ ଜଙ୍କୀ ନ କାନ୍ଦେ'- ଆଉ ପାନୁର ମରିବ ନାହିଁ, ଆଉ ଜଙ୍କୀ କାନ୍ଦିବ ନାହିଁ।

କିନ୍ତୁ ହାୟ, ତାଙ୍କର ଆଶା ସଫଳ ହୋଇନାହିଁ। ମିଶିଂ ସମାଜରେ ବିଶେଷ ପରିବର୍ତ୍ତନ ହୋଇନାହିଁ। ତଥାପି ବାହାର ଦୁନିଆ ସହିତ ସମ୍ପର୍କ ବଢ଼ିବାରୁ ପାନୁ ଓ ଜଙ୍କୀ ତ ଅତିକମରେ ପଳେଇ ପାରିବେ। କିନ୍ତୁ ଭୂପେନ ଆଉ ଗୋଟିଏ ଏବଂ ମହତ୍ତ୍ୱ ଆଶା ତାଙ୍କ ଗୀତରେ ପ୍ରକାଶ କରିଥିଲେ। ତାହା ହେଲା ଯେପରି ଦିଂଶା, ଡ଼ିହିଂ ଇତ୍ୟାଦି ନଦୀମାନେ ବ୍ରହ୍ମପୁତ୍ରକୁ ସମୃଦ୍ଧ କରୁଛନ୍ତି। ସେହିପରି ମିଶିଂ, ବୋଡ଼ୋ, ଲାଲୁଂ ଇତ୍ୟାଦି ଉପଜାତିମାନେ ସେମାନଙ୍କର ନିଜସ୍ୱ ସଂସ୍କୃତି ଦ୍ୱାରା ଆସାମର ସଂସ୍କୃତିକୁ ସମୃଦ୍ଧ କରିବେ। କିନ୍ତୁ ହାୟ। କୌଣସି ଜନଜାତି ଆସାମରେ ରହିବାକୁ ପ୍ରସ୍ତୁତ ନୁହେଁ। ବୋଡ଼ୋଲାଣ୍ଡ ହୋଇଗଲା। କାର୍ବି ମଧ୍ୟ ରହିବ ନାହିଁ। ତାହାର କାରଣ ଆଲୋଚନା କରିବାର ସ୍ଥାନ ଏଠି ନୁହେଁ। କିନ୍ତୁ ଏହା କେବଳ ଭୂପେନଦାଙ୍କ ସ୍ୱପ୍ନ ନ ଥିଲା। ଆମର ଅନେକଙ୍କର ଥିଲା। ସେହି ସ୍ୱପ୍ନ ଧ୍ୱଂସ ହୋଇଯିବାର ପୀଡ଼ା ମୁଁ ଏବଂ

ମୋ ପରି ଆଉ କେତେକ ଭୋଗୁଛୁ ଓ ଭୋଗିବୁ। ତଥାପି ସେହି ରାତି, ସେହି ଜ୍ୟୋସ୍ନା ସେହି ପବନ ଏବଂ ସେହି ସୁର ଏକ ଅଲିଭା ସ୍ମୃତି ଏବଂ ତା' ସହିତ ଏକ ଅମର ଆଶା, ଯେ ଦିନେ ନା ଦିନେ,

"ଆରୁ ପାନୁ ନ ମରେ
ଆରୁ ଜଙ୍କୀ ନ କାନ୍ଦେ।"

ଭୂପେନଙ୍କର ଆଉ ଏକ ଗୀତରେ ଅଛି, "ମୁଁ ପ୍ରଭାତ ଆଣିବା ଗୋଟିଏ ଅମର ଗୀତକୁ ପ୍ରକାଶ କରିପାରୁଥିବା ସୁଧାକଣ୍ଠ ହୁଏ।" ତାହା ଅବଶ୍ୟ ଠିକ୍। ଭୂପେନ ସୁଧାକଣ୍ଠ।

■

ଚୀନା କପ୍ତାନ

ଆସାମ ଓ ଅରୁଣାଚଳ ପ୍ରଦେଶର ସୀମାରେ ସବୁବେଳେ ଗୋଳମାଳ ଲାଗିଥାଏ। ଏ ଜାଗାଟା ସ୍ଥାୟୀ ହୋଇନି। ପ୍ରକୃତି ତା'ର ଭଙ୍ଗା ଗଢ଼ା କାମ ସାରି ନାହିଁ। ସମସ୍ତଟା ଏହି ଶତାବ୍ଦୀର ପ୍ରଥମ ଭାଗରେ ମୋଟାମୋଟି ଠିକ୍ ଥିଲା ବା ଠିକ୍ ହୋଇ ଆସୁଥିଲା। କିନ୍ତୁ ୧୯୫୦ ସାଲରେ ଏକ ନାହିଁ ନଥିବା ଭୂମିକମ୍ପ ହୋଇଗଲା। ଗୋଟାଗୋଟା ପାହାଡ଼ ଭୁଷୁଡ଼ି ପଡ଼ିଲା। ନଦୀ ଅଟକି ଗଲା। ଦୁଇ ତିନି ଦିନ ସ୍ରୋତ ବନ୍ଦ ହୋଇଗଲା। ତା' ପରେ ସେହି ନଦୀ ନିଜର ରାସ୍ତା ନିଜେ ବାହାର କଲା। ତାହାପରେ ପୂର୍ବ ଆସାମରେ ଯେଉଁ ପ୍ରଳୟ ହେଲା ତାହା ବିଷୟରେ ଲୋକେ ଖୁବ୍ କମ୍ ଜାଣନ୍ତି। ଗୋଟିଏ ନମୁନାରୁ ଅନୁମାନ କରନ୍ତୁ। ଆସାମର ଦ୍ୱିତୀୟ ବୃହତ୍ତମ ନଗର ଦିବ୍ରୁଗଡ଼ ପାଣି ଭିତରକୁ ଚାଲିଗଲା। ବର୍ତ୍ତମାନର ଦିବ୍ରୁଗଡ଼ ପୁଣିଥରେ ଅନ୍ୟ ସ୍ଥାନରେ ତିଆରି। ଏହାର ଫଳ ହେଲା ଯେ ସବୁ ଭୂଗୋଳ ଓଲଟ ପାଲଟ ହୋଇଗଲା। ଧରନ୍ତୁ ଗୋଟିଏ ଛୋଟ ନଦୀ ଆସାମରେ ଦିବ୍ରୁଗଡ଼ ଜିଲ୍ଲା ଓ ଅରୁଣାଚଳର ଲୋହିତ ଡ଼ିଭିଜନର ସୀମା। ହଠାତ୍ ଦେଖିଲା ବେଳକୁ ନଈ ଗାଏବ। ନୂତନ ଗତିପଥ ସେଠୁ ପାଞ୍ଚମାଇଲ ଦୂରରେ ଆସାମରେ। ଅରୁଣାଚଳ କହିଲା, ନଦୀ ଯେଉଁଠି ସୀମା ସେଇଠି! ଆସାମ କହିଲା, ଖେଳଘର ନା କ'ଣ। ସୀମା ଯେଉଁଠି ଥିଲା ସେଇଠି ରହିବ। ନଦୀ ଘୁଞ୍ଚିଗଲା ବୋଲି କ'ଣ ତୁମେ ଇଲାକା ମାରିଦେବ। ପୁଣିଥରେ ସର୍ଭେ ହେବ। ସୀମା ନିରୂପଣ କରାହେବ।

ଆଗେ ଏହି ଇଲାକାକୁ କେହି ସହଜେ ପଶୁ ନଥିଲେ। ବାଘ, ହାତୀ, ବଢ଼ି ଓ ମ୍ୟାଲେରିଆ ଏହି ଅଞ୍ଚଳଟାକୁ ମଣିଷର ଉତ୍ପାତରୁ ମୋଟାମୋଟି ଖାଲି ରଖିଥିଲେ। କିନ୍ତୁ ମ୍ୟାଲେରିଆର ଔଷଧ ବାହାରିବା ଏବଂ ମୃତ୍ୟୁହାର ହ୍ରାସ ପାଇବା ଓ ଜନସଂଖ୍ୟାର

ବୃଦ୍ଧି। ଏହି ଦୁଇ କାରଣରୁ ମଣିଷ ଏହି ଅଞ୍ଚଳକୁ ପ୍ରବେଶ କରି ଚାଷ ଆବାଦ କରିବା ଆରମ୍ଭ କଲା। ଦୁଇଟା ଜନସ୍ରୋତ ଏ ଆଡ଼କୁ ଆସିଲେ। ପାହାଡ଼ରୁ ଓହ୍ଲାଇ ଆସିଲେ ମିଶ୍ମି ଜାତି ଓ ଆସାମର ସମତଳରୁ ଆସିଲେ ଅସମୀୟା ଭାଷା କାଛାରୀ, ଦେଉରୀ ଇତ୍ୟାଦି ଜାତି ଏବଂ ଏଥିରୁ ଉପୁଜିଲା ସ୍ୱାର୍ଥ ସଂଘର୍ଷ। ଆସାମ ସରକାର ମୋଟାମୋଟି ଏହି ଉପନିବେଶକୁ ସମର୍ଥନ କରୁଥିଲା ଏବଂ ବିଶ୍ୱାସ କରୁଥିଲା ଯେ, ଆସାମରେ ଥିବା ଅନାବାଦି ଜମି ଆବାଦ କରାଯାଉଛି। ଅନ୍ୟ ଆଡ଼େ ଅରୁଣାଚଳ ସରକାର ମଧ୍ୟ ତାହା ହିଁ ବିଶ୍ୱାସ କରୁଥିଲା। ଏଣୁ ସୀମା ବିବାଦ ପ୍ରାୟ ସୀମା ସଂଘର୍ଷରେ ପରିଣତ ହୋଇଯାଉଥିଲା। ସବୁଠାରୁ ଅସୁବିଧା କଥା ହେଲା ଯେ, ଉଭୟ ପକ୍ଷର ବସତିକାରୀଙ୍କ ପାଖରେ ବନ୍ଧୁକ ଥିଲା। ସେଠି ଯାହା ବନ୍ୟଜନ୍ତୁର ଉତ୍ପାତ, ସେଥିରେ ତାଙ୍କୁ ବନ୍ଧୁକ ଲାଇସେନ୍ସ ନାହିଁ କରି ହେବନାହିଁ। କିନ୍ତୁ ଏହା ଆତ୍ମରକ୍ଷା ଓ ଶିକାର। ଆକ୍ରମଣ ଲାଗି ମଧ୍ୟ ବ୍ୟବହାର ହେଉଥିଲା। ଦଳବଦ୍ଧ ଭାବରେ ପରସ୍ପର ମଧ୍ୟରେ ଆକ୍ରମଣ ହେଉଥିଲା ଏବଂ ପରସ୍ପରର ଘର ପୋଡ଼ିଦେବା ଏକ ନିତ୍ୟ ନୈମିତ୍ତିକ ଘଟଣା ହୋଇଯାଇଥିଲା।

ଏହି ସମୟରେ ଏକ ଗରମାଗରମ ଖବର ପହଞ୍ଚିଲା ଯେ, ଅରୁଣାଚଳ ପ୍ରଦେଶର ଉପଜାତିମାନେ ଆସାମ ସୀମାର ଗ୍ରାମମାନଙ୍କୁ ଆକ୍ରମଣ କରିବେ। ଏଥିଲାଗି ସେମାନେ ଅସ୍ତ୍ରଶସ୍ତ୍ର ସଂଗ୍ରହ କରୁଛନ୍ତି ଏବଂ ସେମାନଙ୍କ ନେତୃତ୍ୱ ଜଣେ ମିଶ୍ମି କରୁଛି ଏବଂ ସେହି ମିଶ୍ମି ଆଗରୁ ଚୀନା ସେନାରେ ପ୍ରଶିକ୍ଷିତ ଅଫିସର ଏବଂ ବୋଧହୁଏ କ୍ୟାପ୍ଟେନ୍ ଥିଲା। ଏଠି ଏ ଜିନିଷଟା ଗୁଲିଖଟି ମନେ ହୋଇପାରେ। କିନ୍ତୁ ଉତ୍ତର ପୂର୍ବରେ ଏହାକୁ ଗୁରୁତ୍ୱ ନ ଦେବା ସମ୍ଭବ ନୁହେଁ। କାରଣ ଅଳ୍ପଦିନ ତଳେ ଆସାମ ନାଗାଲାଣ୍ଡ ସୀମାରେ ରକ୍ତ ନଦୀ ବହି ଯାଇଛି। ଏଣୁ ସେପରି ଘଟଣା ଯେ କୌଣସି ସ୍ଥାନରେ ଘଟିପାରେ। ଆଗରୁ କହିଛି ଯେ, ଉଭୟପକ୍ଷ ପାଖରେ ଅସ୍ତ୍ରର ଅଭାବ ନାହିଁ। ପୁଣି ନାଗାଲାଣ୍ଡ ସୀମାରେ ଗଣ୍ଡଗୋଳରେ ଆକ୍ରମଣକାରୀ ନାଗାମାନଙ୍କ ମଧ୍ୟରେ କେତେକ ନାଗା ବିଦ୍ରୋହୀ ଥିବାର ଖବର ମିଳିଥିଲା। ଅନେକ ନାଗା ବିଦ୍ରୋହୀ ଚୀନ୍‌ରେ ପ୍ରଶିକ୍ଷିତ। ଏଣୁ ଚୀନା କପ୍ତାନ କଥାଟାକୁ ମଧ୍ୟ ଉଡ଼େଇ ଦେଇ ହେବନାହିଁ। ତାହାଛଡ଼ା ଏହା ଏପରି ଏକ ଐତିହାସିକ ଘଟଣା ଥଲା, ଯାହା ଲାଗି ଏହି ଚୀନା କପ୍ତାନ କଥାର ସତ୍ୟତା ଉଡ଼ାଇ ଦେବା ସମ୍ଭବ ନ ଥିଲା।

ଚୀନ୍‌ରେ କମ୍ୟୁନିଷ୍ଟ ରାଜତ୍ୱ ହେବା ଆଗରୁ ମଧ୍ୟ ଚୀନାମାନେ ଅରୁଣାଚଳ ପ୍ରଦେଶର ଅଧିକାଂଶ ଅଂଶ ତାଙ୍କର ବୋଲି ଦାବି କରି ଆସୁଥିଲେ। ୧୯୫୮/ ୫୯ ଆଡ଼କୁ ତିବ୍ବତରେ ଚୀନା ଶାସନ ମୋଟାମୋଟି ଦୃଢ଼ ହୋଇ ଯାଇଥିଲା। ସେ

ସମୟରେ ସେମାନେ ଭାରତରୁ ଯାଇଥିବା କେତେକ ମିଶ୍‌ମି ପିଲାଙ୍କୁ ନେଇ ଚୀନର Institute of National Minorities ରେ ଶିକ୍ଷା ଦେଇଥିଲେ। ସେମାନେ ପ୍ରଥମରୁ କିପରି ଭାରତରୁ ତିବ୍ବତ ଯାଇଥିଲେ ତାହା ଆଉ ଏକ କାହାଣୀ। ବୋଧହୁଏ ଚୀନାମାନଙ୍କର ଯୋଜନା ଥିଲା ଯେ, ଯେତେବେଳେ ସେମାନେ ଏହିସବୁ ଅଞ୍ଚଳ ଅଧିକାର କରିବେ, ସେତେବେଳେ ଏହି ପିଲାମାନେ ଚୀନା ପ୍ରଶାସନରେ କାମ କରିବେ ଏବଂ ଚୀନା ଭାଷା ଜାଣିଥିବାରୁ ଜନତା ଓ ପ୍ରଶାସନ ମଧ୍ୟରେ ଯୋଗସୂତ୍ର ହୋଇପାରିବେ। ପ୍ରାୟ ଷାଠିଏ ଏକଷଠି ମସିହାରେ ଏହି ପିଲାମାନେ ନିଜ ଗାଁକୁ ଫେରି ଆସିଲେ। ସେଥିରୁ ଆମର ବୁଝିବା ଉଚିତ ଥିଲା ଯେ, ଚୀନାଙ୍କ ଉଦ୍ଦେଶ୍ୟ କ'ଣ ? ଠିକ୍ ଏହିପରି ଘଟଣା ତିବ୍ବତରେ ମଧ୍ୟ ଘଟିଥିଲା। ଅବଶ୍ୟ ୧୯୬୨ ପରେ ଆମେ ଏହି ପିଲାମାନଙ୍କ ଉପରେ କଡ଼ା ନଜର ରଖିଥିଲୁ। ଆମର ଅଭିଜ୍ଞତା ହେଲା ଯେ, ଶିକ୍ଷା, ଦୀକ୍ଷା ପରେ ମଧ୍ୟ ଏ ପିଲାମାନଙ୍କର ବିଶେଷ ପରିବର୍ତ୍ତନ ହୋଇନାହିଁ। ଚୀନ ପ୍ରତି କୌଣସି ବିଶେଷ ମୋହ ମଧ୍ୟ ଉତ୍ପନ୍ନ ହୋଇନାହିଁ। ସେମାନେ ଯେଉଁ ମିଶ୍‌ମି ସେଇ ମିଶ୍‌ମି ।

ଏହି ପରି ଗୋଟିଏ ପିଲା ତାପଲାଙ୍ଗ। ତାକୁ ୧୯୬୨ ବେଳକୁ ପ୍ରାୟ କୋଡ଼ିଏ ବର୍ଷ ହୋଇଥିଲା। ଏଣୁ ଘଟଣା ବେଳକୁ ତା'ର ବୟସ ପଇଁତିରିଶ ପାଖାପାଖି। ଏଣୁ ପିଲା କହି ହେବ ନାହିଁ। ପ୍ରଥମେ ତା' ଗାଁ ଛାଗଲାଗାମ୍‌ରେ ରହୁଥିଲା। କିନ୍ତୁ ସେହି ଗାଁରୁ ଦଳେ ଲୋକ ପାହାଡ଼ରୁ ଚାଲିଆସି ଆସାମ ସୀମା ପାଖରେ ନୂଆ ଗାଁ ସ୍ଥାପନ କଲେ। ଏହା ଭିତରେ ସେ ହିନ୍ଦୀ ଓ ଅସମୀୟା ଶିଖି ଯାଇଛି। ତାହା ଛଡ଼ା ଇଂଲିଶ୍ ମଧ୍ୟ। ପୁଣି ହୋମିଓପାଥି ଚିକିତ୍ସା। ଏଣୁ ସେ ଗାଁରେ ଜଣେ ପ୍ରଧାନ ଲୋକ। ସମସ୍ତେ ତାକୁ କପ୍ତାନ ବୋଲି ଡ଼ାକନ୍ତି। ଏହି କପ୍ତାନ ଅନେକ ସମୟରେ ଦିବ୍ରୁଗଡ଼ ସହରକୁ ଯାଆନ୍ତି। ତା'ର ପ୍ରଧାନ କାରଣ ଜିନିଷପତ୍ର କିଣା। ବିଶେଷ କରି ହୋମିଓପାଥି ଔଷଧ। ତାଙ୍କର ରୋଗୀ କେବଳ ଅରୁଣାଚଳ ମିଶ୍‌ମିମାନଙ୍କ ମଧ୍ୟରେ ନୁହେଁ। ଅନେକ ଆସାମ ଇଲାକାର ଲୋକଙ୍କ ମଧ୍ୟରେ। ଏଣୁ ସେ ବେଶ୍ ପ୍ରସିଦ୍ଧ ଲୋକ।

ଦିନେ ଖବର ମିଳିଲା ଯେ ମିଶ୍‌ମିମାନେ ଆସାମ ଗ୍ରାମ ଆକ୍ରମଣ କରିବେ ଓ ସେଠାରୁ କେତେ ଲୋକଙ୍କୁ ଅପହରଣ କରିନେବେ। ଯଦି ଏପରି ହୋଇଯାଏ ତାହାହେଲେ ରକ୍ତାକ୍ତ ସଂଘର୍ଷ ତ ନିଶ୍ଚିତ। ଏହା ଜାଣିବା ପରେ ମୁଁ ନିଜେ ସେଠାକୁ ଯିବାକୁ ମନସ୍ଥ କଲି। ସେଠି ମୋର ଜଣେ ପରିଚିତ ଥିଲେ ଯାହାଙ୍କୁ ନିରପେକ୍ଷ କହିହେବ। ସେ ଏକ ବିହାରୀ ଯାଦବ। ତାଙ୍କର ଦଳେ ମଇଁଷି ସେଠି ଚରୁଥିଲେ ଏବଂ ଦୁଧ ଘିଅର ବେଶ୍ ବିରାଟ ବ୍ୟବସାୟ ଥିଲା। ଜାଣିବା ମହଲରେ ତାଙ୍କ ତିଆରି

ପେଡା ପ୍ରସିଦ୍ଧ। ମୁଁ ସିଧା ତାଙ୍କ ପାଖରେ ପହଞ୍ଚିଲି। ତାଙ୍କୁ ପଚାରିବାରେ ଜଣାପଡ଼ିଲା ଯେ, କପ୍ତାନ ଅର୍ଥାତ୍ ତାପଲାଙ୍ଗ ଦିବ୍ରୁଗଡ଼ ଔଷଧ କିଣିବାକୁ ଯାଇଥିଲା। ସେଠି ତାକୁ ଆସାମ ପୋଲିସ ଗିରଫ କରି ରଖିଛି। ଏଣୁ ମିଶ୍‌ମିମାନେ ଆକ୍ରମଣ କରି ହୁଏତ କେତେକ ଅସମୀୟା ଲୋକଙ୍କୁ ବନ୍ଦୀ କରିନେବେ ଏବଂ ତାପଲାଙ୍ଗଙ୍କୁ ଛାଡ଼ିଲେ ହିଁ ସେମାନେ ଛାଡ଼ ପାଇବେ। ଏହା ବଡ଼ ଚିନ୍ତାର କାରଣ। ଯଦି ଥରେ ଏପରି କାରବାର ଆରମ୍ଭ ହୋଇଯାଏ, ତାହାହେଲେ ବାରମ୍ବାର ହେବ। ମୂଳରୁ ବନ୍ଦ କରିବାକୁ ହେବ। ତତ୍‌କ୍ଷଣାତ୍ ଦିବ୍ରୁଗଡ଼ ବାହାରି ପଡ଼ିଲି। ସେଠା ଏସ୍.ପି.ଙ୍କ ସାଥିରେ କଥା ହେଲି। ସେ ମଧ୍ୟ କଥାଟାର ଗୁରୁତ୍ୱ ବୁଝିପାରିଲେ ମୁଁ ତାଙ୍କୁ ସମସ୍ତ ଆଇନଗତ କାର୍ଯ୍ୟ ତାହା ଆରଦିନ ବାରଟା ସୁଦ୍ଧା ଶେଷ କରିବାକୁ କହିଲି। ତାହେଲେ ତାଙ୍କ ଗ୍ରାମରେ ତାପଲାଙ୍ଗଙ୍କୁ ସନ୍ଧ୍ୟା ସୁଦ୍ଧା ପହଞ୍ଚାଇ ଦେଇପାରିବି ଏବଂ ତାକୁ ଦେଖିଲେ ଆଉ ମିଶ୍‌ମିମାନେ ତାଙ୍କ ଆକ୍ରମଣର ଯୋଜନା ଛାଡ଼ିଦେବେ। ତା'ଛଡ଼ା ତାପଲାଙ୍ଗ ମଧ୍ୟ ସେମାନଙ୍କୁ ବୁଝାଇ ସୁଝାଇ ରାଜି କରିଦେବ।

ତାହା ପରଦିନ ତାପଲାଙ୍ଗଙ୍କୁ ନେଇ ମୁଁ ତାହାର ଗାଁକୁ ବାହାରିଲି। ଜିପ୍‌ରେ କଥାବାର୍ତ୍ତା ଆଲୋଚନା ପ୍ରାୟ ଅସମ୍ଭବ। କିନ୍ତୁ ଆମକୁ ବ୍ରହ୍ମପୁତ୍ର ପାରି ହେବାକୁ ପଡ଼ିବ। ସେଥିଲାଗି ଏକ ପ୍ରକାର ଜାହାଜର ବନ୍ଦୋବସ୍ତ ଅଛି। ସେଥିରେ ତଳ ମହଲାରେ ପାରିହେବାକୁ ଥିବା ଗାଡ଼ି, ଟ୍ରକ ଆଦି ଚଢ଼େଇ ଦିଆଯାଏ ଓ ଉପର ମହଲାରେ ଲୋକ ବସିବାର ବନ୍ଦୋବସ୍ତ। ପାରିହେବାକୁ ଦୁଇଘଣ୍ଟାରୁ ବେଶି ସମୟ ଲାଗେ କାରଣ ସେଠି ବ୍ରହ୍ମପୁତ୍ର ପ୍ରାୟ ଦଶମାଇଲ ଚଉଡ଼ା ଏବଂ ମଝିରେ ଦ୍ୱୀପ ଥିବାରୁ ବୁଲି କରି ଯିବାକୁ ହୁଏ। ସେହି ଜାହାଜରେ ତାପଲାଙ୍ଗ ସାଥିରେ ଆଲୋଚନା ହେଲା। ତା'ର ସ୍ପଷ୍ଟ ମତ ହେଲା ଯେ, ଏ ସମସ୍ତ ଗଣ୍ଡଗୋଳ ଲାଗି ଆସାମ ଓ ଅରୁଣାଚଳ ସରକାର ଦାୟୀ। ଲୋକେ ଦାୟୀ ନୁହନ୍ତି। କିନ୍ତୁ ଆମ ଜାଣିବାରେ ତ ଏହା ଲୋକଙ୍କର କାମ। ସେହିମାନେ ହିଁ ଉଭୟ ପକ୍ଷରୁ ଜବରଦଖଲ କରୁଛନ୍ତି।

ତାହାର ଉତ୍ତରରେ ତାପଲାଙ୍ଗ କହିଲା, "ଉଭୟ ସରକାର ଜାଣନ୍ତି ଯେ, ଏଠି ଜମି ଅଛି ଏବଂ ଲୋକେ ଏଠିକି ଆସିବାକୁ ଚାହାଁନ୍ତି। ଉଭୟ ସରକାର ମିଳିମିଶି ସୀମା ନିର୍ଦ୍ଧାରଣ କରିଦେବା ଉଚିତ ଥିଲା। ଯଦି ସେମାନଙ୍କର ମତଭେଦ ହେଲା, ତାହା ହେଲେ ଭାରତ ସରକାର ଗୋଟିଏ ହୁକୁମ ଦେଇ ସୀମା ନିର୍ଦ୍ଧାରଣ କରିଦେଇ ଥାଆନ୍ତେ। କେହି କିଛି କଲେ ନାହିଁ। ଏଣୁ ଜନତାର ଦୁଇ ଗୋଷ୍ଠୀ ମଧ୍ୟରେ ସଂଘର୍ଷ ହୋଇଗଲା ଏବଂ ଭବିଷ୍ୟତରେ ହେବ। ସୀମା ନିର୍ଦ୍ଧାରଣ ନ କରି ସରକାର ଆଇନ ଭାଙ୍ଗିଛନ୍ତି କାରଣ ନିଜର କାମ ନ କରିବା ମଧ୍ୟ ଆଇନ ଭାଙ୍ଗିବା। ଏବେ ଲୋକେ

ଆଇନ ଭାଙ୍ଗିଲେ। ଯେ ପର୍ଯ୍ୟନ୍ତ ସରକାର ନିଜର କର୍ତ୍ତବ୍ୟ ନ କରିଛି, ଅର୍ଥାତ୍ ସୀମା ନିର୍ଦ୍ଧାରଣ ନ କରିଛି, ଲୋକେ ଏହିପରି କରିବେ।

ତାପଲାଙ୍ଗ ତା'ର ଗାଁରେ ପହଞ୍ଚିଗଲା ପରେ କ୍ରମଶଃ ଉତ୍ତେଜନା କମିଗଲା ଓ ସେଥିର କୌଣସି ଗଣ୍ଡଗୋଳ ହୋଇନାହିଁ। ଶେଷରେ ଭାରତ ସରକାର ହିଁ ଏକ ମୋଟାମୋଟି ସୀମା ନିର୍ଦ୍ଧାରଣ କରିଦେଲେ। କିନ୍ତୁ ସମସ୍ତ ଉତ୍ତର-ପୂର୍ବ ଭାରତରେ ଏହି ଗୋଳମାଳ ଚାଲିଛି। ପାଠକ ହୁଏତ ଜାଣନ୍ତି ନାହିଁ ଯେ, ବର୍ତ୍ତମାନ ମଣିପୁରରେ ନାଗା ଓ କୁକି ଜନଜାତି ମଧ୍ୟରେ ଏକ ଖୋଲାଖୋଲି ଯୁଦ୍ଧ ଚାଲିଛି। ଖାଲି ପୂର୍ବୋତ୍ତରରେ ନୁହେଁ। ଅନ୍ୟତ୍ର ମଧ୍ୟ ଏ ସମସ୍ୟା ଦେଖାଯାଇଛି ଏବଂ ପ୍ରାୟ ପ୍ରତ୍ୟେକ କ୍ଷେତ୍ରରେ ଡାକ୍ତର ତାପଲାଙ୍ଗର ରୋଗ ନିର୍ଦ୍ଧାରଣ ଠିକ୍ ।

■

ବିରହିଣୀ

ପୃଥିବୀରେ ଏପରି କେତେକ ସ୍ଥାନ ଅଛି ଯେଉଁଠି ପ୍ରେମ ଗଛଟା ଖୁବ ଭଲ ବଢ଼େ। ତା'ର କାରଣ ମୁଁ ଜାଣେ ନାହିଁ ଏବଂ ହୁଏତ କେହି ଜାଣନ୍ତି ନାହିଁ। ଭାରତ ବର୍ଷରେ ଏପରି କେତେଟା ଜାଗା ଅଛି। ମୁଁ ଜାଣିବାରେ ସେହି ତାଲିକାରେ ଓଡିଶା ନାହିଁ। ଏହି ଧରନ୍ତୁ ଯମୁନା କୂଳ। ଫାଷ୍ଟକ୍ଲାସ ଜାଗା। କିନ୍ତୁ ଦୁଃଖ ଯେ ଭଗବାନ ଶ୍ରୀକୃଷ୍ଣ ସମସ୍ତଟାକୁ ଭୋଗ ଦଖଲ କରୁଛନ୍ତି। ଆମ ପାଇଁ ଜାଗା ନାହିଁ। ଯାହା ଟିକିଏ ପାର୍ଥିବ ମଣିଷ ଚେଷ୍ଟା କରିଥାଆନ୍ତା, ତାକୁ ମୋଗଲ ସମ୍ରାଟ ଶାହାଜାହାନ ମାଡି ବସିଲେ। ଏପରିକି ସେଠି ଆପଣ ଜହ୍ନରାତିରେ ନିରାପତ୍ତା ଦୃଷ୍ଟିରୁ ଆଜିକାଲି ସମ୍ଭବ ନୁହେଁ। ଆପଣଙ୍କ ମୁହଁକୁ ଯଦି କୌଣସି ବିଶେଷ ଗାଲ ଆଡକୁ ବର୍କାନ୍ତି, ତାହାହେଲେ ମନେହେବ ଯେପରି କିଏ କହୁଛି ବେଆଦବୀ ବନ୍ଦକର। ହକ୍ କଥା, ତାଙ୍କର ପଇସା ଥିଲା ବୋଲି ପ୍ରେମ; ଆମ ପ୍ରେମ କ'ଣ ପ୍ରେମ ନୁହେଁ? ସେଥିଲାଗ ସାହିର ଲୁଧାନବୀ ତାଙ୍କର ତାଜମହଲ କବିତାରେ ଲେଖିଛନ୍ତି -

ହମ୍‌ସେ ପହଲେ ଅନ୍‌ଗିନତ୍ ଲୋଗୋଁନେ
ମୁହବତ କୀ ହୈ
କୌନ କହତା ହୈ କି ଉନ୍‌କେ
ଜଜ୍‌ବାତ୍ ସାଦିକ୍ ନ ଥେ।
ମଗର ଉନ୍ ଲୋଗୋଁ କେ ପାସ
ନୁମାଇଶକା ସାମାନ ନ'ଥା।
କ୍ୟୁଁ କି ୱହ ହମାରେ ତରହଫହି
ମୁଫଲିସ୍ ଥେ।

(ଆମ ଆଗରୁ ମଧ୍ୟ ଅସଂଖ୍ୟ ଲୋକ ପ୍ରେମ କରିଛନ୍ତି। ତାଙ୍କର ହୃଦୟର ଭାବନା କ'ଣ ପବିତ୍ର ନ ଥିଲା ? କିନ୍ତୁ ସେମାନଙ୍କ ପାଖରେ ପ୍ରଦର୍ଶନୀ ଲାଗି ସମ୍ବଳ ନ ଥିଲା, କାରଣ ସେମାନେ ମଧ୍ୟ ଆମ ପରି ଗରିବ ଥିଲେ।) ଏଣୁ ବାଧ୍ୟ ହୋଇ କାଳିନ୍ଦୀକୂଳ ଛାଡିବାକୁ ହେବ। ଏହିପରି ଆଉ ଗୋଟିଏ ନଦୀ ହେଲା ପଞ୍ଜାବର ଚେନାବ୍ ବା ଚନ୍ଦ୍ରଭାଗା। ସେଠି ହୀର୍‌ରାଂଝା, ମିର୍ଜା ସାହିବ୍‌ର ସୋନୀ ମହିଓ୍ୱାଲ ଇତ୍ୟାଦି ତାଙ୍କର ପ୍ରାଣ ଦେଇଛନ୍ତି। ତା' ବଦଳରେ ଅବଶ୍ୟ ଦୁର୍ଲଭ ଐଶ୍ୱର୍ଯ୍ୟ ଲାଭ କରିଛନ୍ତି। କିନ୍ତୁ ସେହି ନଦୀର ହାଲ୍ ହକିକତ ମୁଁ ବେଶି ଜାଣେ ନାହିଁ; କାରଣ ତା'ର ଅଧିକାଂଶ ଅଂଶ ତ' ପାକିସ୍ତାନରେ। ତେବେ ଭାରତରେ ମଧ୍ୟ ଏକ ସେହିପରି ନଦୀ ବା ନଦ ଅଛି। ବ୍ରହ୍ମପୁତ୍ର ଯେଉଁଠି ଭାରତ ଛାଡ଼ି ବାଂଲାଦେଶରେ ପ୍ରବେଶ କରୁଛି, ସେ ଅଞ୍ଚଳଟା ହେଲା ଭାରତରେ ଗୋଆଲପଡା ଜିଲ୍ଲା ଓ ବାଂଲାଦେଶରେ ମୈମନସିଂହ। ଏହି ଅଂଚଳ ବିଷୟରେ କିଛି କିଛି ଜାଣିବାର ସୁଯୋଗ ହୋଇଛି। ଏଠାରେ ଲୋକମୁଖରେ ପ୍ରଚଳିତ ପ୍ରେମ କବିତା ଅତି ମନୋହର। ପଞ୍ଜାବର ହୀର୍ ରାଂଝାଙ୍କ ପରି ମୈମନସିଂହର କଙ୍କ ଓ ଲିଲା। କିନ୍ତୁ ମୋତେ ଆହୁରି ଭଲ ଲାଗେ ସେଠାର ଅନାମଧେୟ ପ୍ରେମିକାଙ୍କର ହୃଦୟ ସରଳ ଭାଷାରେ ଉଚ୍ଛ୍ୱାସ। ଯେପରି ଅଭ୍ୟାସରୁ ଭାତ ରାନ୍ଧିଲି, ବାଢ଼ିଲି କିନ୍ତୁ କିଏ ଖାଇବ। ଗୁଆ କାଟି ଆ କଲି, କିନ୍ତୁ କାହାକୁ ଦେବି, ବିଛଣା ଝାଡିଲି, ମଶାରି ଟାଣିଲି, କିନ୍ତୁ ବୃଥା... ଇତ୍ୟାଦି। ଭାଷାର ସାରଲ୍ୟ, ଗ୍ରାମ୍ୟ ଜୀବନରୁ ଆହରିତ ଚିତ୍ର ଏବଂ ହୃଦୟର ସରଳ ଅଭିବ୍ୟକ୍ତି ଏହି ଗୀତମାନଙ୍କର ଗୁଣ।

ଏହି ଗୌରଚନ୍ଦ୍ରିକାର ଉଦ୍ଦେଶ୍ୟ ମୋର ଏକ ଅଭିଜ୍ଞତା ବିଷୟରେ। ଭୁଟାନ ଓ ଭାରତ ମଧ୍ୟରେ କୌଣସି ସୀମାବର୍ତ୍ତୀ ତନଖିଘାଟି ବା ଚେକ୍‌ପୋଷ୍ଟ ନଥିଲା, କାରଣ ଭାରତୀୟମାନେ ଅବାଧରେ ଭୁଟାନକୁ ଓ ଭୁଟାନ ପ୍ରଜା ଅବାଧରେ ଭାରତକୁ ଆସିପାରିବେ। କିନ୍ତୁ ସବୁ ଦେଶପରି ଭୁଟାନ ମଧ୍ୟ ପର୍ଯ୍ୟଟକ, ବିଶେଷ କରି ଗୋରା ପର୍ଯ୍ୟଟକ ଖୋଜିବା ଆରମ୍ଭ କଲା। ଏଣୁ ସେମାନଙ୍କ ପାସପୋର୍ଟ ଭିସା ତନଖି କରିବା ଆବଶ୍ୟକ ହେଲା। ତା'ଛଡା ନିକଟରେ ବାଂଲାଦେଶ ସୀମା। ଏଣୁ ସେ ଅଞ୍ଚଳ ଅନେକ ସମୟରେ ଗସ୍ତ କରିବାକୁ ହେଉଥିଲା। ଭୁଟାନ ଓ ଭାରତ ସୀମାରେ ଏହିପରି ଗୋଟିଏ ଜାଗାରେ ଥରେ ରାତ୍ରି କାଟିବାକୁ ପଡିଲା। ଡାକବଙ୍ଗଳା ନାହିଁ। ଅନ୍ୟ କୌଣସି ସରକାରୀ ପ୍ରତିଷ୍ଠାନ ନାହିଁ। ଏକ କ୍ଷୁଦ୍ର ପୋଲିସ କ୍ୟାମ୍ପରେ ରାତ୍ରି କାଟିବାକୁ ପଡିବ।

ନିକଟରେ ଏକ ବୋଡୋ ଗ୍ରାମ ଏବଂ କ୍ୟାମ୍ପ ପାଖରେ କିଛି ମୈମନସିଂହିଆ ଶରଣାର୍ଥୀଙ୍କ ବସତି। ଏମାନେ ହିନ୍ଦୁ ହୋଇଥିବାରୁ ବୋଡୋଙ୍କ ସାଙ୍ଗରେ କୌଣସି ସଂଘର୍ଷ ନାହିଁ। ଆମର ଦୁଇଟି ଖଟ ଦରକାର। ଏଣୁ ଦୁଇଜଣ ସିପାହୀ ଆମକୁ ଖଟ

ଦେଇ ଗାଁକୁ ଶୋଇବାକୁ ଗଲେ ଅବଶ୍ୟ ସେଥିରେ ତାଙ୍କର କୌଣସି ଆପତ୍ତି ଥିଲାପରି ମନେ ହେଉ ନଥିଲା। କିନ୍ତୁ କ୍ୟାମ୍ପର ମାଲିକ ସେଠାର ହାବିଲଦାର୍ ଜଣାପଡୁ ନଥିଲା। ସେ ଥିଲେ ଏକ ମହିଳା ସେହି ମୈମାନସିଂହିଆ ବସ୍ତିର। ତାଙ୍କର ରୂପ ଗୁଣର ବର୍ଣ୍ଣନା ଫକୀରମୋହନ ଠିକ୍ ଦେଇଥାଆନ୍ତେ। ମୋ ଭଳି ଅକ୍ଷମ ଲେଖନୀ ସେ ସାହସ ନ କରିବା ଭଲ। ଏଣୁ ଆଉ ଜଣେ ସରସ୍ୱତୀଙ୍କ ବରପୁତ୍ରଙ୍କର ସାହାଯ୍ୟ ଲୋଡୁଛି। ଏହି ମହିଳାଙ୍କ ରୂପଗୁଣ ଦୃଷ୍ଟିରୁ ଏହାଙ୍କୁ ଜ୍ଞାନଦା ମାଲୁଣୀ କହୁଛି। ମୁଁ ବର୍ତ୍ତମାନ ବଙ୍ଗଳାର ଭରତଚନ୍ଦ୍ର ରାୟ ଗୁଣାକାରଙ୍କର ଏପରି ଏ ମହିଳାର ବର୍ଣ୍ଣନାରୁ କିଞ୍ଚିତ ଉଦ୍ଧାର କରିବି।

କଥାୟ ହୀରାର ଧାର, ହୀରା ତା'ର ନାମ।
ଦାଁତ୍ ଛୋଲା ମାଜା, ଦୋଲେ ହାସ୍ୟ ଅବିରାମ।
ଚୁଡାବନ୍ଧା ଚୁଲ ପରିଧାନ ସାଦା ଶାଢ଼ୀ
ଫୁଲେର ଚୁପୁଡି ନିୟା ଫିରେ ବାଡି ବାଡି। ଇତ୍ୟାଦି...

ବର୍ତ୍ତମାନ ଜ୍ଞାନଦା ମୋର ଓ ମୋ ଡ୍ରାଇଭରର ଖାଇବାର ବ୍ୟବସ୍ଥା କରିବାକୁ ବାହାରିଲେ। ତାଙ୍କ ଘର କ୍ୟାମ୍ପ ପାଖରେ। ଏଣୁ ସେଇଠି ରନ୍ଧା ହେଲା। ସେଠି ଆଉ କ'ଣ ମିଳିବ। ତାହା ମଧ୍ୟ ଏପରି ଅସମୟରେ। ଭାତ ଏବଂ ଅଣ୍ଡା ତରକାରି। ଆମେ ଶୀଘ୍ର ଖାଇପିଇ ଦେଇ ଶୋଇ ପଡିଲୁ। ଉଦ୍ଦେଶ୍ୟ ସକାଳ ଚାରିଟା ବେଳକୁ ବାହାରିଯିବା। କିଛି ସମୟ ପରେ ହଠାତ୍ ନିଦ ଭାଙ୍ଗିଗଲା। ପାଖ ଘରରୁ ଗୀତ ଶୁଭୁଛି। କିନ୍ତୁ ଏହା ତ ଜ୍ଞାନଦା ମାଲୁଣୀର ସ୍ୱର ନୁହେଁ। ସେ ଯାହାର ବି ହେଉ। ତା'ର ଅନବଦ୍ୟ ରସ ଏଠି ପ୍ରକାଶ କରିବାର ଚେଷ୍ଟା କରୁଛି। ଆପଣ କେବେ ଭାଟିଆଲି ଗୀତ ଶୁଣିଛନ୍ତି କି ? ସେଥିରେ ଯେଉଁ ଦୀର୍ଘ ଓ କରୁଣ ସ୍ୱର ପ୍ରୟୋଗ କରାଯାଏ ତାହା ଅନ୍ୟତ୍ର ଶୁଣି ନାହିଁ। ଓଡ଼ିଶାର ଶଗଡିଆ ଗୀତ ଯେଉଁମାନେ ଶୁଣିଛନ୍ତି, ତାହାକୁ ମନେ ପକାନ୍ତୁ। କିନ୍ତୁ ଉତ୍‌ଥାନଟା ଆହୁରି ଦୀର୍ଘ ଏବଂ ସେହି ସ୍ୱର ଏକ ଦୂରତ୍ୱର ଭାବ ଆଣିଦିଏ। ଯେପରି ଏହା ଏପରି ଏକ ଲୋକର ସ୍ୱର ଯେଉଁଠାକୁ ଆମେ ପହଞ୍ଚି ପାରିବା ନାହିଁ। ଏହି ଗୀତର ଭାଷା ସର୍ବଦା ମୈମନସିଂ ଓ ଗୋଆଲପାଡାର ଭାଷା। ତାହା ଅସମୀୟା ପ୍ରଭାବିତ ପୂର୍ବବଙ୍ଗ ବା ବାଙ୍ଗାଲଭାଷା। ସେଥିରେ ସେହି ଅପରିଚିତା ଗାଉ ଥିଲା।

ତରସା ନଦୀ ଉତାଲ ପାତାଲ, କାର ବା ଚଲେ ନାଓ
ସୋନା ବନ୍ଧୁ ଆହାରେ ମୋହର,
କେମନ କରେ ଗାଓ।

ସ୍ପଷ୍ଟ ଶୁଣାଯାଉଛି। କାରଣ ଘର ତ' ନିକଟରେ ଏହା ପରେ ତା'ର ଭୟର କଥା କହିବା ଆରମ୍ଭ କଲା -

ବନ୍ଧୁଆ ମୋର ପାନିର ଗେଛେ ଉଜ୍ଜାନୀୟାର ଦେଶେ

ସେଇ ନାଁ ଦେଶେ ପୁରୁଷ ବାନ୍ଧା ପଡେ ନାରୀର କେଶେ।

ଉଜ୍ଜାନୀୟା ମାନେ ନଦୀର ଉପର ଭାଗ। ଓଡ଼ିଆରେ ଉଜାଣି। ସେହି ଅପରିଚିତା ପକ୍ଷରେ ଉଜାଣି ହେଲା କାମରୂପ। ଗୌହାଟିର ଆଖପାଖ, ଯଦିଚ ସେଠି ଭେଣ୍ଡାଙ୍କୁ ମେଣ୍ଢା କରିବାର ମିଥ୍ୟା ବଦନାମ ଅଛି। ତଥାପି ତାହାର ଭୟର କାରଣ ସଂଗତ। ତେବେ କେଉଁଠି ପୁରୁଷ ନାରୀର କେଶରେ ବନ୍ଧା ହୁଏନି ଯେ? ଉର୍ଦ୍ଦୁର ମହାକବି ମୀର ତକୀ ମୀରଙ୍କ ଭାଷାରେ...

ହମ ହୁଏ, ତୁମ ହୁଏ, ମୀର ହୁଏ। ସବ ଉସି ଜୁଲ୍‌ଫ୍ କେ ଅସୀର ହୁଏ। (ମୁଁ ହୁଏ, ତୁମେ ହୁଅ, ମୀର ହୁଅନ୍ତୁ। ସମସ୍ତେ ସେହି କେଶପାଶରେ ବନ୍ଦୀ) କିନ୍ତୁ ମହିଳାଙ୍କର ଦୁଃଖ ଯେ "ମୋର ମନରେ ଯେ ଲକ୍ଷ୍ୟ କଥା, ତାହା କାହାକୁ କହିବି। ବନ୍ଧୁ ଯେ ଉଜାଣି ଦେଶକୁ ଯାଇଛି। ସେହି ସମୟରେ ଆଉ ଗୋଟିଏ ଗଳାରୁ ଶୁଣାଗଲା...."

ନା ସୁଖାୟ ମୋର ଚୋ଼ଖେର ପାନି

ଧିକି ଧିକି କରେ ହିୟା ଖାନି

ସୋନାର ଦେହ ମୋର କାଲୋ

ଅଙ୍ଗାର ହଇଛେ।

କିଏ ଗାଉଛି? କିଏ ସେ ବିରହିଣୀ? ହେ ଭଗବାନ, କାହିଁକି ସୁନା ତନୁକୁ କଳା ଅଙ୍ଗାର ହେବାକୁ ଦିଅ? କିନ୍ତୁ ସେମାନେ କଣ ଏକାହ ବିଚରା ବିହାରୀ ଯୁବକ, କୁଲି କାମ କରି ଯିବାକୁ ବାଧ୍ୟ। ଏଣୁ କୋସୀ କୁଳର ତରୁଣୀ ଗାଇଛି। "ପଛିମ୍ ସେ ଆଇଲ୍ ରେଲୱା ପୁରବସେ ଜାହାଜ ଦୋନ୍ ଭଇଲ୍ ମୋର ସୌତନ୍‌ୱା ।'

କିନ୍ତୁ ରେଲ ଓ ଷ୍ଟିମର କ'ଣ ସଉତୁଣୀ? ପ୍ରକୃତ ସଉତୁଣୀ କ୍ଷୁଧା। କେତେବେଳେ କ୍ଷୁଧାଟା ପେଟର ତ କେତେବେଳେ ଧନର ବା କ୍ଷମତାର। ମୁଁ ବା ଏଠି କାହିଁକି? ମୋର କି କ୍ଷୁଧା? କର୍ତ୍ତବ୍ୟ କ'ଣ ଗୋଟାଏ କ୍ଷୁଧା?

କିନ୍ତୁ ଯଦି ଏହି ବିରହ ନଥାନ୍ତା ତାହାହେଲେ କ'ଣ କାବ୍ୟ କଳା ହୋଇପାରନ୍ତା। ବିରହ ନଥିଲେ ମିଳନର କି ଅର୍ଥ ଥାଆନ୍ତା?

ସେହି ନିଦ ଲାଗି ଆସିବା ଆଗର ଅର୍ଦ୍ଧଜାଗ୍ରତ ଅବସ୍ଥାରେ ନଈଘାଟରେ ଏକ ଯୁବତୀର ଛବି ଭାସି ଉଠିଲା। ସେ ନଭର ଉଜାଣୀକୁ ଉଦାସ ଦୃଷ୍ଟିରେ ଚାହିଁ ରହିଛି।

ଐତିହାସିକ

ଆପଣ ଜାଣିଥିବେ ଯେ, ଭାରତୀୟ ବିଦେଶ ସେବା ବା ଆଇ.ଏଫ.ଏସ. ଲାଗି ପ୍ରତିବର୍ଷ ପରୀକ୍ଷା ହୁଏ। ଆଇ.ଏ.ଏସ. ଇତ୍ୟାଦି ସାଥୀରେ ସେଥିରୁ ପିଲା ବଛା ଯାଆନ୍ତି। ଭାରତ ସ୍ୱାଧୀନ ହେଲା ପରେ ଆମକୁ ସାଙ୍ଗେ ସାଙ୍ଗେ ଏକ ଫରେନ୍ ସର୍ଭିସ ବା ବିଦେଶ ସେବା ଗଢ଼ିବାକୁ ପଡିଲା। ପରୀକ୍ଷା ପାସ କରି ଆସୁଥିବା ପିଲାଙ୍କୁ ରାଷ୍ଟ୍ରଦୂତ ବା ବିଦେଶ ସଚିବ ହେବାକୁ ଅତି କମରେ ତିରିଶ ବର୍ଷ ଲାଗିବ। ବର୍ତ୍ତମାନ କାମ ଚ଼ଳେ କିପରି ? ଏହି ସର୍ଭିସ୍‌ର ମୂଳଦୁଆ ବା ଇସ୍ପାତ ଫ୍ରେମ ହେଲେ ବ୍ରିଟିଶ୍ ଅମଳର ଇଣ୍ଡିଆନ ପଲିଟିକାଲ୍ ସର୍ଭିସର ଅଫିସର। କିନ୍ତୁ ବ୍ରିଟିଶମାନେ ଏଥିଲାଗି ବହୁତ କମ୍ ଭାରତୀୟ ନେଉଥିଲେ। ଏଣୁ ସ୍ୱାଧୀନତା ପରେ ଗୋରାମାନେ ଘରକୁ ଗଲେ ଏବଂ ଫଳତଃ ହେଲା ଏକ ଭ୍ୟାକୁମ ବା ଶୂନ୍ୟ ଅବସ୍ଥା। ପୁଣି ଆମକୁ ବହୁତ ଦୂତାବାସ ଇତ୍ୟାଦି ଖୋଲିବାକୁ ହେଲା। ଫଳତଃ ସରକାର ଭିନ୍ନ ଭିନ୍ନ ଜାଗାରୁ ଉଚ୍ଚପଦ ଲାଗି ସିଧା ସଳଖ ଭରତି କରିବାକୁ ବାଧ୍ୟ ହେଲା। ଏଥିରେ ଥିଲେ ଅନେକ ରାଜା, ଉଚ୍ଚପଦସ୍ଥ ସେନା ଅଫିସର, ପ୍ରଫେସର, ଓକିଲ ଇତ୍ୟାଦି। ଏହିପରି ଜଣଙ୍କୁ ନେଇ ଆଜିର ସ୍ମୃତିଚାରଣ ।

କପାଳର ଗର୍ଦ୍ଦିଶରୁ ମୁଁ କେତେକାଳ ବିଦେଶ ସେବାରେ ଥିଲି ବା କହନ୍ତୁ ବିଦେଶ ସେବାର ଏକ ଲାଙ୍ଗୁଡ ସେବାରେ ଥିଲି। ପକ୍କା ବିଦେଶ ସେବାବାଲା ହେଲେ ଦ୍ୱିଜ। ଆମେ ଲାଙ୍ଗୁଡ ପାର୍ଟି ହେଲୁ ଏକ ପ୍ରକାର ଶୂଦ୍ର। ତଥାପି ଯେପରି ଶୂଦ୍ର ବିନା ବ୍ରାହ୍ମଣର ବୃତ୍ତି ଅସମ୍ଭବ ସେହପରି କେବଳ ଆଇ.ଏଫ.ଏସ. ଦେଇ ଦୂତାବାସ ମଧ୍ୟ ଚଳିପାରିବ ନାହିଁ। ଯେପରି ସେଠାରେ ଭାରତୀୟଙ୍କର ଖବର ବୁଝିବା, ଭିସା ଦେବା ଇତ୍ୟାଦି ଏହି ଅବ୍ରାହ୍ମଣଙ୍କ କାମ। କିନ୍ତୁ ରାଜନୈତିକ ଆଲୋଚନା, ସେଠାରେ ବିଦେଶ

ବିଭାଗ ସହିତ ସମ୍ପର୍କ ଇତ୍ୟାଦି କେବଳ ଆଇ.ଏଫ.ଏସ.ଙ୍କ କାମ। ଏହି ସମୟରେ ମୋର ସର୍ବପ୍ରଧାନ ହାକିମ ଥିଲେ ଏକ ଆଇ.ଏଫ.ଏସ. ଅଫିସର। ବୟସ ପ୍ରାୟ ପଚାଶ। ସେ ଆଇ.ଏଫ.ଏସ.କୁ ଆସିବା ଆଗରୁ ଲେବାନନ୍‌ର ବେରୁଟ ବିଶ୍ୱବିଦ୍ୟାଳୟରେ ଇତିହାସର ଅଧ୍ୟାପକ ଥିଲେ। ତାହା ଆଗରୁ ଆମେରିକାର 'ୟେଲ ବିଶ୍ୱବିଦ୍ୟାଳୟରରେ ଗବେଷଣା ଓ ଅଧ୍ୟାପନା କରୁଥିଲେ। ଏଣୁ ଅବଶ୍ୟ ପଣ୍ଡିତ ଲୋକ। କିନ୍ତୁ ରବୀନ୍ଦ୍ରନାଥଙ୍କର ଗୋଟିଏ କଥା ଆବଛା ଆବଛା ମନେପଡୁଛି। ଯାହାର ସବୁ ପଣ୍ଡ ହୋଇଛି ସେ ପଣ୍ଡିତ ହୁଏ।' ଏହାଙ୍କର କ'ଣ ପଣ୍ଡ ହୋଇଥିଲା ତାହା ପରେ ବିଚାର୍ଯ୍ୟ। କିନ୍ତୁ ଭଦ୍ରଲୋକଙ୍କର ମୁଣ୍ଡରେ ଯେ କିଛି ପେଞ୍ଚ ଢ଼ିଲା, ତାହା ନିଃସନ୍ଦେହ। ମହାଶୟ ଅତ୍ୟନ୍ତ ଭୋଜନବିଳାସୀ। ସେ ଅବିବାହିତ। ତାଙ୍କର ଦୁଇଜଣ ପାଚକ ଥିଲେ। ଜଣେ ମୋଗଲାଇ ରାନ୍ଧିବାକୁ ଏବଂ ଅନ୍ୟ ଜଣେ ଫରାସୀ ରାନ୍ଧିବାକୁ। ମୋଗଲାଇ ବବୁର୍ଚ୍ଚି ଲକ୍ଷ୍ନୌର ମୁସଲମାନ ଏବଂ ୟୁରୋପୀୟ ରାନ୍ଧିବାବାଲା ବାଂଲାଦେଶ ଚଟ୍ଟଗ୍ରାମର ବୌଦ୍ଧ। ଏହି କଳାକାରମାନେ ଅତି ଉଚ୍ଚ ଦରର। ତଥାପି ଏମାନଙ୍କୁ ସାହେବଙ୍କୁ ତୃପ୍ତ କରିବାକୁ ଅନେକ ସମୟରେ ବହୁତ ପାଣି ପିଇବାକୁ ପଡେ। ତାଙ୍କ ଘରେ ଖିଆପିଆର ଅତ୍ୟନ୍ତ ଅଲଂଘ୍ୟ ନିୟମାବଳୀ ଥିଲା। ଏପରି କି ଅଫିସରେ ଲଞ୍ଚ ଖାଇବା ଲାଗି ମଧ୍ୟ। ପ୍ରତ୍ୟେକ ପ୍ରକାର ଖାଦ୍ୟ ଲାଗି ବିଶେଷ ବାସନ ଥିଲା। କେଉଁଠି ସାମାନ୍ୟ ଟିକିଏ ପାନରୁ ଚୂନ ଖସିଲା ତ' ସଙ୍ଗେ ସଙ୍ଗେ ଖାଇବା ଫେରାଇ ଦେବେ। ତା' ଉପରେ ଭଦ୍ରଲୋକ ମହା ନାରୀବିଦ୍ୱେଷୀ ଅବଶ୍ୟ ଅବିବାହିତ। ତାଙ୍କ ଘରେ ତ ପ୍ରାୟ ପାର୍ଟି ଇତ୍ୟାଦି ହେଉଥାଏ। ପାର୍ଟି ସମୟରେ ଭଦ୍ରତା ଲାଗି ଅଳ୍ପ କିଛି ମୁହଁରେ ଦେଇଥାଆନ୍ତି। କିନ୍ତୁ ରାତ୍ରିଭୋଜନ ପାର୍ଟି ସରିଲେ, ନିଜ ଖାଇବା ଘରେ କରନ୍ତି। ତାଙ୍କର କହିବାର କଥା ହେଲା ଯେ ଏହି ସ୍ତ୍ରୀ ଲୋକମାନେ ନାନାବିଧ ପ୍ରସାଧନ ସାମଗ୍ରୀ ଦେହରେ ଲଗାଇଥିବାରୁ ତାହାର ଗନ୍ଧ ଚାରିଆଡେ ବ୍ୟାପିଯାଏ ଓ ଖାଦ୍ୟର ସୁଗନ୍ଧ ଓ କେତେ ପରିମାଣରେ ସ୍ୱାଦ ମଧ୍ୟ ତାହା ଦ୍ୱାରା ବିକୃତ ହୋଇଯାଏ। ଦୁର୍ଭାଗ୍ୟକୁ ତାଙ୍କ ବାସଭବନର ବ୍ୟବସ୍ଥା ମୋର କର୍ମ ପରିସର ମଧ୍ୟରେ ଥିଲା। ଏଣୁ ମୋତେ ଅନେକ ସମୟରେ ତାଙ୍କୁ ହାବୁଡିବାକୁ ପଡୁଥିଲା ।

ମୋତେ ଟିକିଏ ନେକ୍ ନଜରରେ ଦେଖୁଥିଲେ। ତାଙ୍କ ବାସଭବନକୁ କାମରେ ଗଲେ ବେଳେବେଳେ ବହୁତ କଥା ହେଉଥିଲେ। ବିଶେଷକରି ଇତିହାସ ଉପରେ। ସ୍ୱୀକାର କରୁଛି ସେ ପୋକଟା ମୋ ମୁଣ୍ଡରେ ଭୁକେଇ ଦେବାକୁ ସମର୍ଥ ହୋଇଥିଲେ। ତାଙ୍କର ଇତିହାସର ଆଲୋଚନା ବ୍ୟାସଙ୍କଠାରୁ ଆରମ୍ଭ ହୋଇ ଟୟନ୍‌ବୀରେ ପହଞ୍ଚେ। ମଝିରେ ଇବ୍‌ନ ଖାଲଦୁନ, ଅଲ ବରୁନୀ, ଗ୍ରୀସର ନାନାଦି ଯୁଦ୍ଧ ଏବଂ ହୋମର, ପୁଣି

ଚୀନ ଦେଶର ସୁମାଚେନ, ସୁନ୍‌ଙ୍କୁ ଇତ୍ୟାଦି ମଧ୍ୟ ଆସନ୍ତି। ସେହି ବନ୍ୟାରେ ଭାସିଯିବା ଛଡା ଉପାୟ ନାହିଁ। ମୋର ପ୍ରତିକ୍ରିୟା ରବୀନ୍ଦ୍ରନାଥଙ୍କ ଭାଷାରେ- ତୁମି କେମନ୍ କରେ, ଗାନ କରୋ ହେ ଗୁଣୀ, ଆମି ଅବାକ୍ ହୟେ ଶୁନି।' କିନ୍ତୁ ସେ ମୋତେ ଖବରର ସତ୍ୟତା କିପରି ପରୀକ୍ଷା କରିବାକୁ ହୁଏ, ତାହା ଏକ ଐତିହାସିକର ଦୃଷ୍ଟିଭଙ୍ଗୀରୁ ଶିଖାଇ ଥିଲେ। ଐତିହାସିକ ପକ୍ଷରେ ଅନେକ ସମୟରେ ଲିଖିତ ଖବର, ଚିଠି ଇତ୍ୟାଦିର ସତ୍ୟାସତ୍ୟ ପରୀକ୍ଷା କରିବାକୁ ପଡେ ଏବଂ ତାହାର ଏକ ବିଜ୍ଞାନସମ୍ମତ ପଦ୍ଧତି ମଧ୍ୟ ଅଛି। ପୁରାଣରୁ ଉଦାହରଣ ଦେଇ ପ୍ରକ୍ଷେପକୁ କିପରି ଚିହ୍ନିବାକୁ ହୁଏ, ତାହା ବୁଝାଇଥିଲେ। ତେବେ ଦିନେ ସେ ଆରବ ଦେଶର ଏକ ଗଳ୍ପ କହିଲେ। ମୋ ମତରେ ତାଙ୍କୁ ଚିହ୍ନିବାରେ ସାହାଯ୍ୟ କରିବ। ଏକ ଆରବ ସମ୍ରାଟ ଏକ ପ୍ରାସାଦ ତିଆରି କରିଥିଲେ। ତାଙ୍କର ପ୍ରତ୍ୟେକ ରାଣୀଙ୍କ ଲାଗି ନଅର ଥିଲା। ସେ ସବୁ ନଅରର କାନ୍ଥରେ ଅତର ମିଶାଇ ପଲସ୍ତରା କରାଯାଇଥିଲା। କେଉଁ ରାଣୀଙ୍କର ଗୋଲାପ, କାହାର ଯୁଇ, କାହାର ଚମ୍ପା ଇତ୍ୟାଦି। କିନ୍ତୁ ନିଜ ପାଇଁ ଯାହା କରିଥିଲେ, ସେଥିରେ ସେ ସର୍ବଶ୍ରେଷ୍ଠ ସୁଗନ୍ଧ ଦେଇଥିଲେ। ଅର୍ଥାତ୍ ଗନ୍ଧହୀନତା ।

ଦିନେ ସଂଧ୍ୟାବେଳେ ରାଜଦୂତଙ୍କ ମନ୍ଦିରରେ ପହଞ୍ଚିଲି (ଅର୍ଥାତ୍ ବାସସ୍ଥାନ) ସେ ତ' ପ୍ରାୟ ଦେବତା ପଦବାଚ୍ୟ। କେତେଟା ଗାଲିଚା ବଦଳାଇବା ଦରକାର। ସାହେବ ଗାଲିଚା ତତ୍ତ୍ୱର ଯାହା ଜାଣନ୍ତି ନାହିଁ, ତାହା ଜାଣିବାର କିଛି ଦରକାର ନାହିଁ। ଏହି ଗାଲିଚା ତତ୍ତ୍ୱରୁ ଇରାନ ଓ ମଧ୍ୟ ଏସିଆର ସଭ୍ୟତା ଏବଂ ତାହାର ଭାରତ ସହିତ ଆଦାନ ପ୍ରଦାନ ଏବଂ ଭାରତରେ ଗାଲିଚା ଶିଳ୍ପର ବିକାଶ ଏବଂ ବିଲାତ ଓ ଜର୍ମାନୀକୁ ଆସୁଥିବା କାର୍ପେଟ କିପରି ମୀର୍ଜାପୁରରେ (ଉତ୍ତର ପ୍ରଦେଶରେ) ଭୟଙ୍କର ବର୍ଣ୍ଣସଂକର ସୃଷ୍ଟି କରୁଛି, ଏସବୁ ବିଷୟରେ ଅନେକ ସାରଗର୍ଭକ ଭାଷଣ ଶୁଣି ମୁଁ ମଧ୍ୟ ଅନ୍ୟମାନଙ୍କୁ ବେଶ୍ ଗାଲୁ ମାରି ପାରୁଥିଲି। ରୋଜେ ଓ୍ୱାକିଆ ବା ଘଟଣା ଦିନ, ଭାରତ ଗୋଆ-ଆମ କଥାରେ ମୁକ୍ତ କରିଥାଏ। ଅବଶ୍ୟ ପାକିସ୍ତାନ କଥାରେ ଉଲଗ୍ନ ଆକ୍ରମଣ କରି ଦଖଲ କରି ଯାଇଥାଏ। ଆକ୍ରମଣ ସମୟରେ କେହି ଉଲଗ୍ନ ହେବା ସମ୍ଭବ କି, ଏହି ଆଲୋଚନା ଏଠାରେ ଥାଉ।

ମୁଁ ସାହସ କରି ସାହେବଙ୍କୁ ଭବିଷ୍ୟତ ବିଷୟରେ ତାଙ୍କ ମତ ପଚାରିଲି। ତାହାର ଉତ୍ତରରେ ମୋତେ କହିଲେ "ଜୋସେଫ୍‌କୁ କହ ମୋ ଲାଗି ଗୋଟିଏ ଛୋଟ Jack Daniel (ଏକ ପ୍ରକାର ହୁଇସ୍କି) ଆଣିବ। ତୁମେ ମଧ୍ୟ ନିଜ ପସନ୍ଦ ମୁତାବକ କିଛି ଆଣ। ଏଠି ଅବଶ୍ୟ ବିଧି କହୁଛି ଯେ, ବାସର ଶଯ୍ୟାକୁ ଯାଉଥିବା ବଧୂ ପରି କିଞ୍ଚିତ୍ ଲାଜ ଦେଖାଇବାକୁ ହେବ। ମୁଁ ଏହି ଔପଚାରିକ କର୍ମଟି କରିବା ଆଗରୁ ସାହେବ

କହିଲେ Stop that hypocrisy and get on with the job ଅର୍ଥାତ୍ କପଟଲଳିତା ବଧୂଙ୍କୁ ବଲ୍ଲଭଘର ଭିତରକୁ ଟାଣିନେବା ପରି। ମୋର ପ୍ରିୟ ବିଅର ମାତ୍ର। ବିଶେଷ କରି ଫିଲିପାଇନସରେ ତିଆରି San Miguel.... ଯଥା ସମୟରେ ଜିନିଷ ଆସି ପହଞ୍ଚିଲା। ତା'ପରେ ଆରମ୍ଭ ହେଲା ଏକ ଭାଷଣ ବା ଥେସିସ୍। ସେଥିରୁ ଯାହା ମନେ ଅଛି ତାହା ଲେଖୁଛି।

ଦେଖ, ଗୋଆ ଗୋଟେ ଅତି ଛୋଟ ଜିନିଷ। କିନ୍ତୁ ଏହା ଦ୍ୱାରା ପ୍ରମାଣିତ ହେଲା ଯେ ଦରକାର ପଡିଲେ ଭାରତ ବଳପ୍ରୟୋଗ କରିବ। ପୃଥିବୀରେ ଗୋଟେ ଧାରଣା ହୋଇ ଯାଇଛି ଯେ, ଭାରତ ଅହିଂସା ଏବଂ ନିଜର ସାମରିକ ଶକ୍ତି କେବଳ ଆତ୍ମରକ୍ଷା ଲାଗି ପ୍ରୟୋଗ କରିବ। ଏପରି ନୀତି ଭାରତ ପକ୍ଷରେ ବିପଦର କାରଣ। ତୁମେ ଚୀନ୍ କଥା ବହୁତ ଶୁଣୁଛ। କିନ୍ତୁ ସେଇଟା ଆମର ପ୍ରଧାନ ସମସ୍ୟା ନୁହେଁ। ଆମର ପ୍ରଧାନ ସମସ୍ୟା ପାକିସ୍ତାନ। ତାହାର କାରଣ ଆମେ ସମସ୍ତ ଇତିହାସ ଓ ଭୂଗୋଳକୁ ଭୁଲି ଏହି ଦେଶ ବିଭାଜନକୁ ରାଜି ହୋଇଗଲୁ। ଆମର ଓ ପାକିସ୍ତାନ ମଧ୍ୟରେ କୌଣସି ଐତିହାସିକ ଓ ଭୌଗୋଳିକ ସୀମା ନାହିଁ। ଇତିହାସରେ ଦୁଇଟି ସୀମା ସ୍ୱୀକୃତ ହୋଇଛି। ତାହା ସିନ୍ଧୁନଦୀ ଓ ହିନ୍ଦୁକୁଶ ପର୍ବତ। ଭାରତରେ ଥିବା କୌଣସି ରାଜ୍ୟ ହିନ୍ଦୁକୁଶ ଆରପଟେ ରାଜତ୍ୱ କରିପାରି ନାହିଁ। ହିନ୍ଦୁକୁଶ ମାନେ ହେଲା ହିନ୍ଦୁ ବା ହିନ୍ଦୁସ୍ଥାନୀଙ୍କର ମୃତ୍ୟୁ। ତା'ର ଅନ୍ୟ ପଟଟା ଖୋରାସାନ। ତାହାର ସମ୍ପର୍କ ପାରସ୍ୟ ଓ ସମରକନ୍ଦ ଇତ୍ୟାଦି ସହିତ। ପାକିସ୍ତାନ ଓ ଆଫଗାନିସ୍ତାନର ସୀମା ମଧ୍ୟ Stable ବା ସ୍ଥାୟୀ ନୁହେଁ। ବର୍ତ୍ତମାନ ଦେଖ ଯେ, ପାକିସ୍ତାନର ପୂର୍ବ ବା ପଶ୍ଚିମ ସୀମାନ୍ତ ପ୍ରାକୃତିକ ଏବଂ ସ୍ଥିତିଶୀଳ ନୁହେଁ। ଏହିପରି ଅବସ୍ଥାରେ ସେନା ସର୍ବେସର୍ବା ହୋଇଯାଏ। ଏ ପର୍ଯ୍ୟନ୍ତ ପାକିସ୍ତାନ ଆଫଗାନ ସମ୍ପର୍କ ଖରାପ। କିନ୍ତୁ ପାକିସ୍ତାନ ସବୁବେଳେ ଚେଷ୍ଟା କରିବ ଯେ, ତା'ର ଆଫଗାନ ସରକାର ଉପରେ ଖୁବ୍ ପ୍ରଭାବ ଥାଉ। ଏପରି ସରକାର ଦୁଃସାହସିକ କାମରେ ହାତଦେବା ସ୍ୱାଭାବିକ। ଏଣୁ ଆମର ଏତେ ଶକ୍ତି ରହିବା ଦରକାର ଯେ, କୌଣସି ଦୁଃସାହସିକ କାର୍ଯ୍ୟ କରିବାକୁ ପାକିସ୍ତାନ ଆଗେଇବ ନାହିଁ ଏବଂ ଯଦି କରେ ତାକୁ ଉପଯୁକ୍ତ ଭାବେ ଦଣ୍ଡିତ କରିବାର କ୍ଷମତା ଥିବା ଆବଶ୍ୟକ। ଭାରତର ଅର୍ଥନୈତିକ ଶକ୍ତି ଅବଶ୍ୟ ପାକିସ୍ତାନ ଠାରୁ ଢ଼େର୍ ବେଶି। କିନ୍ତୁ ଏଣିକି ପ୍ରଥମ ଓ ଦିତୀୟ ମହାଯୁଦ୍ଧ ପରି ଲମ୍ବା ଯୁଦ୍ଧ ହେବ ନାହିଁ। ବର୍ତ୍ତମାନର ଯୁଦ୍ଧ ଆରବ ଇସ୍ରାଏଲ ଯୁଦ୍ଧ ପରି ହେବ। ଏଣୁ ନିଜର ଅର୍ଥନୈତିକ ଶକ୍ତିକୁ ସାମରିକ ଶକ୍ତିରେ ପରିଣତ କରିବା ପାଇଁ ସମୟ ମିଳିବ ନାହିଁ। ଯାହା ମହଜୁଦ ଅଛି ତାହାକୁ ନେଇ ଯୁଦ୍ଧ କରିବାକୁ ହେବ।

ସବୁଠାରୁ ବଡ଼ ସମସ୍ୟା ହେଲା ଯେ ପାକିସ୍ତାନ ନିଜର ପରିଚ୍ୟ ଠିକ୍ କରିପାରି ନାହିଁ ଏବଂ ପାରିବ ନାହିଁ। ଏହି ରାଷ୍ଟ୍ର ଧର୍ମର ଦୁଆ ଦେଇ ଗଢ଼ା ହୋଇଛି। ସେ ଠିକ୍ କରିପାରୁନାହିଁ ଯେ ସେ ମଧ୍ୟପ୍ରାଚ୍ୟର ମୁସଲିମ ଜଗତର ଅଂଶ ନା ଭାରତୀୟ ଉପମହାଦେଶର ଗୋଟିଏ ଦେଶ। ଏ ଭଳିଆ ଅସନ୍ତୁଳନ ତା'ର ପ୍ରତିବେଶୀ ଦେଶମାନଙ୍କ ପକ୍ଷରେ ବିପଦର କାରଣ। ତାହାଛଡ଼ା ଆମେ ଇତିହାସର ଏକ ପ୍ରଧାନ ଶିକ୍ଷା ଆଡକୁ ମନ ଦେଲୁ ନାହିଁ। ଯଦି ଲାହୋର ଦିଲ୍ଲୀର ଅଧୀନରେ ନ ରହେ ତେବେ ଦିଲ୍ଲୀ ଉପରେ ଉତ୍ତର ପଶ୍ଚିମରୁ ଆକ୍ରମଣ ହେବ।

ଖାଲି ସେତିକି ନୁହେଁ। ପଶ୍ଚିମ ପାକିସ୍ତାନର ଧର୍ମ ଉପରେ 'ସୁଫୀ' ପ୍ରଭାବ ଅତି ଶକ୍ତିଶାଳୀ। ପୂର୍ବ ପାକିସ୍ତାନ ମଧ୍ୟ ଆଉଲ ବାଉଲ ଇତ୍ୟାଦି ଅର୍ଥାତ୍ ବଙ୍ଗାଳୀ 'ସୁଫୀ'ଙ୍କର ଦେଶ। କିନ୍ତୁ ବର୍ତ୍ତମାନ ସେଠି ଭାରତର ଉତ୍ତର ପ୍ରଦେଶରୁ ନିଆଯାଇଥିବା କଟ୍ଟର ସୁନ୍ନୀ ମଜହବ ଚାଲୁ କରାଯାଉଛି। ଏହା ମଧ୍ୟ ଆଉ ଏକ ଅସନ୍ତୁଳନ ସୃଷ୍ଟି କରୁଛି। ଏହାର ଫଳ କ'ଣ ହେବ ଅନୁମାନ କରିବା କଷ୍ଟ। କିନ୍ତୁ ଆମର ସାମରିକ ଶକ୍ତିକୁ ମଜଭୁତ ରଖିବାକୁ ହେବ। ପାକିସ୍ତାନ ତ' ଆମେରିକାଠାରୁ ଅସ୍ତ୍ର ପାଉଛି। ତାହା ଆମ ଲାଗି ଆଉ ଏକ ବିପଦ।

ସେ ଏହି ବକ୍ତୃତା ବା ସ୍ୱଗତୋକ୍ତିରେ ଗୋଟିଏ କଥା ବାରମ୍ବାର କହୁଥିଲେ। ଇତିହାସ ଏକ ନିଷ୍ଠୁର ଶିକ୍ଷକ। ତୁମେ ଶିକ୍ଷା ସମ୍ପୂର୍ଣ୍ଣ ରୂପେ ଗ୍ରହଣ ନ କଲା ପର୍ଯ୍ୟନ୍ତ ତୁମକୁ ସେହି ପାଠ ବାରମ୍ବାର ପୁନରାବୃତ୍ତି କରିବାକୁ ହେବ। ହେ ପ୍ରଭୁ, ଦୟାକର। ମୋର ମନେହୁଏ ଯେ ଆମେ ଇତିହାସରୁ ବିଶେଷ କିଛି ଶିଖି ନାହୁଁ।

■

ପୁଂଶ୍ଚଳୀ

ସଂସ୍କୃତରେ ଗୋଟେ କଥା ଅଛି ପୁଂଶ୍ଚଳୀ। ଅଭିଧାନ ଇତ୍ୟାଦିରେ ଏହାର ଅର୍ଥ ଅସଦ୍‌ଚରିତ୍ରା ବୋଲି କୁହାଯାଇଥାଏ। ମୋର ମନେହୁଏ ଏତେ ସାଧାସିଧା କଥାରେ ତାହାର ବ୍ୟଞ୍ଜନା ଫୁଟି ଉଠେ ନାହିଁ। ଆପଣ ଜାଣନ୍ତି ଯେ କେତେକ ପୁରୁଷ ନାରୀକୁ ପ୍ରଧାନତଃ ଭୋଗ୍ୟା ବୋଲି ଗ୍ରହଣ କରନ୍ତି। ଏହାର ଓଲଟାଟା ମଧ୍ୟ ଥିବ। ଅର୍ଥାତ୍ ଏପରି ନାରୀ ଯେ ପୁରୁଷକୁ ନିଜର ଭୋଗ୍ୟ ମନେକରେ। ଏପରି ସ୍ତ୍ରୀକୁ ଆପଣ ଭ୍ରଷ୍ଟା ଇତ୍ୟାଦି ମନୋହର ସମ୍ବୋଧନ କରିପାରନ୍ତି, କିନ୍ତୁ ତା'ର ବ୍ୟକ୍ତିତ୍ୱ ତାହାଠାରୁ ବଡ଼। ଯେ ପୁରୁଷକୁ ଭୋଗ୍ୟ ବସ୍ତୁ ମନେକରେ, ସେ ନାରୀ ନିଶ୍ଚୟ ସ୍ୱାଧୀନଚେତା, ମନସ୍ୱିନୀ। ସେ ହୁଏତ ପୁରୁଷକୁ ଏକ ହେୟ ଦୃଷ୍ଟିରେ ଦେଖେ। ଆଗେ ସମସ୍ୟାପୂର୍ତ୍ତି ବୋଲି ଏକ ବୌଦ୍ଧିକ କସରତର ପ୍ରଚଳନ ଥିଲା। ସେଥିରେ ଶ୍ଳୋକର ଶେଷପଦ ଦିଆଯାଉଥିଲା। ବାକି ତିନିପଦକୁ ପୂରଣ କରିବାକୁ ହେଉଥିଲା। ଏଥିରେ ପାଣ୍ଡିତ୍ୟ, କବିତ୍ୱ ଏବଂ ପ୍ରତ୍ୟୁତ୍ପନ୍ନମତିତାର ପରୀକ୍ଷା ହୋଇଯାଉଥିଲା। ଏହିପରି ଏକ ଦରବାରରେ ସମସ୍ୟା ଦିଆଗଲା "ପୁଂଶ୍ଚଳୀ, ପୁଂଶ୍ଚଳୀଶ୍ଚ।" ପୁରସ୍କୃତ ଶ୍ଲୋକର ସଂସ୍କୃତଟା ମନେ ନାହିଁ। ଏଣୁ ଓଡ଼ିଆ ଅର୍ଥ ଦେଉଛି। ଏଥିରୁ ପଂଶ୍ଚଳୀ ଶବ୍ଦର ବ୍ୟଞ୍ଜନା ବୁଝିହେବ ।

"ସଂସାରରେ ଯେତେ ଲୋକ ଅଛନ୍ତି, ସେଥିରୁ ଅଧେ ତ ନାରୀ। ଯାହା ରହିଲେ ସେଥିରୁ ଅଧେ ତ ଦୂରଦେଶରେ ଥିବା ଇତ୍ୟାଦି କାରଣରୁ ସାଧ୍ୟ ନୁହନ୍ତି। ଯାହା ରହିଲେ ସେଥିରୁ ଅଧେ ତ ବୃଦ୍ଧ ଓ ବାଳକ। ଯାହା ରହିଲେ ସେଥିରୁ ଅଧେ ତ ରୋଗୀ, ଯୋଗୀ ଇତ୍ୟାଦି। ପୁଣି ଯାହା ରହିଲେ ସେଥରୁ ପୂଜ୍ୟ, ଅଗମ୍ୟ ଆଦି ବାଦ୍ ଗଲେ। କେତେଟା ପୁରୁଷ ବାକି ରହିଲେ ଯେ ମୋତେ ଖାଲି ପୁଂଶ୍ଚଳୀ, ପୁଂଶ୍ଚଳୀ କହୁଛ।'

ଏହିପରି ଗରବିଣୀ ମନସ୍ୱିନୀ କ୍ୱଚିତ୍ ଦେଖିବାକୁ ମିଳନ୍ତି। ମୁଁ ଜାଣିବାରେ କେବଳ

ଜଣକୁ ଦେଖିଛି ଯେ କି ଏହି ପଦବୀ ଦାବି କରିପାରିବ। ମୁଁ ତାଙ୍କୁ ଦେଖିଲାବେଳକୁ ତାଙ୍କ ବୟସ ପାଖାପାଖି ପଚିଶ ହେବ। ଭାରତ ତିବ୍ବତ ସୀମାନ୍ତ ନିକଟରେ ତାଙ୍କ ଗାଁ। ତାଙ୍କୁ ଏଠି ଲାମୋ ବୋଲି ଡାକୁଛି। ପ୍ରକୃତରେ କାହାର ନାଁ ନୁହେଁ। ନାଁ ପରେ ଲାଗେ। ଯେପରି କସ୍ତୁରୀ ଦେବୀ ତିବ୍ବତୀ ଭାଷାରେ ହେବେ ଲାଟୀ ଲାମୋ ବା ଶୁଭାଦେବୀ ହେବେ ଟାଶୀ ଲାମୋ ବା ଟାଶୀ ଡୋମା। ତିବ୍ବତୀୟ ଭାଷାରେ ଡୋମା ଲେଖାଯାଏ ଡୋଲମା। ଏବେ ଜଣେ ଏଭରେଷ୍ଟ ପର୍ବତାରୋହିଣୀ ଡୋଲମାଙ୍କ କଥା ପଢ଼ିଥିବେ। କିନ୍ତୁ ଉଚ୍ଚାରଣ ହେବା ଉଚିତ୍ ଡୋମା ।

ସେହି ଗାଁଟି ସୀମା ପାଖରେ ଏବଂ ପାଖରେ ତିବ୍ବତ ଯିବାକୁ ଏକ ସହଜ ଗିରିସଙ୍କଟ ବା ପାସ୍ ଅଛି। ଏଣୁ ସେଠି ପହରାର ଉପଯୁକ୍ତ ବ୍ୟବସ୍ଥା କରିବାକୁ ହେବ। ସେଠାର ସିପାହୀମାନଙ୍କ ଭିତରୁ ଅନେକ ସେଠାର। ତାହାର କାରଣ ସେମାନେ ପର୍ବତ ଭିତରେ ରାସ୍ତା ଜାଣନ୍ତି ଏବଂ ପେଟ୍ରୋଲିଂ ପାର୍ଟିର ସାଥୀରେ ସେମାନେ ପଥ ପ୍ରଦର୍ଶକ। ମୁଁ ଏହି ସ୍ଥାନକୁ କାର୍ଯ୍ୟବଶତଃ ଅନେକ ସମୟରେ ଯାଉଥିଲି। ଏ ଜାଗାଟି ନିକଟବର୍ତ୍ତୀ ଗିରିସଙ୍କଟ ଲାଗି ଯେତେ ପ୍ରସିଦ୍ଧ ହୋଇ ନ ଥିଲା, ତା' ଅପେକ୍ଷା ବେଶୀ ଏଠାର ବହୁ ଚର୍ଚ୍ଚିତା ଲାମୋଙ୍କ ଲାଗି। ସେଠି ତାଙ୍କର ଅନୁଗୃହୀତ ଅନେକ। ତାଙ୍କର ପ୍ରଣୟୀଗଣ ନାନା ଜାତିର। ଫଳତଃ ମହିଳା ଏକ ପ୍ରକାର ବିଦୁଷୀ। କାରଣ ତିବ୍ବତୀୟ ଛଡା ହିନ୍ଦୀ, ନେପାଳୀ, ପଞ୍ଜାବୀ, ଅସମୀୟା ଏବଂ କିଛି ତାମିଲ ମଧ୍ୟ କହିପାରୁଥିଲେ। କିଛି ଇଂରେଜୀ ଜାଣନ୍ତି। ଅତି କମ୍‌ରେ କେତେଟା ବାକ୍ୟ ତ' କହିଦେଉଥିଲେ। ଥଟ୍ଟା ପରିହାସରେ କାହାକୁ ବାକି ରଖୁ ନ ଥିଲେ। ମହିଳାଙ୍କୁ ସୁନ୍ଦରୀ ନ କହିଲେ ମଧ୍ୟ ସୁଶ୍ରୀ କହିବାକୁ ହେବ। ପୁଣି ନିଜକୁ ସଜାଇ ଜାଣନ୍ତି। ତା'ଛଡ଼ା ତାଙ୍କର ନାନା ପ୍ରଦେଶର କୃପାପାତ୍ରମାନଙ୍କର ଆଣିଥିବା ପୋଷାକରେ ଦେଖାଦିଅନ୍ତି। ଯଦିଚ ସେ ବେଶି ସମୟ ତିବ୍ବତୀୟ ପୋଷାକରେ ଦେଖାଯାଉଥିଲେ, ତଥାପି କେତେବେଳେ ଶାଢ଼ୀ, ବ୍ଲାଉଜ ବା ସଲଓ୍ୱାରକମିଜ ତ' କେତେବେଳେ ସ୍କର୍ଟ। ସବୁ ତାଙ୍କୁ ମାନୁଥିଲା। ମୋଟ ଉପରେ ସେଠି ସେ ନନ୍ଦନବନର ଉର୍ବଶୀ ପରି ସ୍ୱୟଂ ପ୍ରକାଶିତା। ଏହାଙ୍କ ଉପରେ ମଧ୍ୟ ରବୀନ୍ଦ୍ରନାଥଙ୍କର ସେହି ଉକ୍ତି ଖାଟିପାରେ - 'ଉଷାର ଉଦୟ ସମ ଅନବଗୁଣ୍ଠିତା ତୁମି ଅକୁଣ୍ଠିତା'।

ଏହି ମହିଳା ସେ ପର୍ଯ୍ୟନ୍ତ ଅବିବାହିତା ଥିଲେ। ତାଙ୍କର ପାଣିପ୍ରାର୍ଥୀଙ୍କର ଅଭାବ ନଥିଲା। ତାଙ୍କର ଆଚରଣ ତ ଗୋପନ ନଥଲା ବା ସେ ମଧ୍ୟ ଏହାକୁ ଗୁପ୍ତ ରଖିବାର କୌଣସି ବିଶେଷ ଚେଷ୍ଟା କରୁନଥିଲେ। ଏଣୁ ଆମକୁ ଆଶ୍ଚର୍ଯ୍ୟ ଲାଗୁଥିଲା କାହିଁକି ଏତେ ଲୋକ ଲାମୋଙ୍କୁ ବିବାହ କରିବାକୁ ଉତ୍ସୁକ। ବିବାହ ପରେ ସେ ଲାମୋ ନିଜ

ଜୀବନଶୈଳୀ ବଦଳାଇ ଦେବ ତା' ମଧ୍ୟ ବିଶ୍ୱାସଯୋଗ୍ୟ ନୁହେଁ। ଏହା ଅବଶ୍ୟ ଆମର ଅର୍ଥାତ୍ ଅନ୍ୟ ଜାଗାରୁ ଆସିଥିବା ଲୋକଙ୍କର କୌତୂହଳର କାରଣ। ମୋର ମହକୁମାର କେତେକ ଉପଜାତୀୟ ଟୋକା ଏହି ସ୍ୱୟମ୍ବରର ଉମେଦ୍‌ବାର। ମୁଁ ଅଫିସର ହୋଇଥିବାରୁ ସେମାନଙ୍କୁ ପଚାରିବାକୁ ଲାଜ ମାଡୁଥିଲା।

ନିକଟରେ ଥିବା ନିଲଂ ଗ୍ରାମର ମୁଖିଆଙ୍କ ପୁଅ ନିମା ଛିରିଂ ଏକ ପ୍ରକାର ମୋ ବନ୍ଧୁ ଥିଲା। ତା'ର ସାମାଜିକ ପ୍ରତିଷ୍ଠା ତ' ଥିଲା। ତା'ଛଡା ସେ ଥିଲା ମହା ଶିକାରୀ। କସ୍ତୁରୀ ମୃଗ ଶିକାରରେ ଓସ୍ତାଦ୍ ଏବଂ ତାହାଦ୍ୱାରା ଭଲ ପଇସା କମାଉଥିଲା। ସେ ଏ ଅଞ୍ଚଳର ଭୂଗୋଳ ବିଷୟରେ ବହୁତ ଓ୍ୟାକିଫ୍‌ହାଲ। ଏଣୁ କେଉଁପଟେ ତିବ୍ବତକୁ ଯିବାର ଗୁପ୍ତ ରାସ୍ତା ଅଛି ଯାହା ଉପରେ ନଜର ରଖିବା ଦରକାର, ଏହିସବୁ କଥାର ସେ ବିଶେଷଜ୍ଞ। ଏଣୁ ତା'ର ମତ ମୋ ଲାଗି ମୂଲ୍ୟବାନ। ତା'ଛଡ଼ା ସରକାରୀ କଳ ବାହାରେ ବି ତ' ଜଣେ ବନ୍ଧୁ ଦରକାର ଯାହାର ସହିତ କିଛି ଅନୌପଚାରିକ ଗପସପ କରିହେବ। ନିମା ମଧ୍ୟ ସେଠାର ସମାଜରେ ପ୍ରବେଶ କରିବା ଲାଗି ମୋର ଚାବିକାଠି। ତାହାର ବଡ଼ ବଡ଼ ଲାମାଙ୍କ ସାଥୀରେ ପରିଚୟ। ଏଣୁ ସେ ମୋତେ ବୌଦ୍ଧମଠ ଗୋର୍ମାର ଜୀବନ ସହିତ ପରିଚୟ କରାଇ ଦେଇଥିଲା ।

ଖବର ମିଳିଲା ଯେ, ନିମା ମଧ୍ୟ ଲଟେରୀ ଲଗେଇଛି। ଅର୍ଥାତ୍ ସେ ମଧ୍ୟ ଲାମୋର ପାଣିପ୍ରାର୍ଥୀ। ମୁଁ ତ ଏକଦମ୍ ଆଶ୍ଚର୍ଯ୍ୟ। କାରଣ ନିମା ଲାଗି କନ୍ୟା ଅଭାବ ହେବା କଥା ନୁହେଁ। ନିମା ସେହି କ୍ଷୁଦ୍ର ସମାଜର ପାର୍ଥ, ଆଭିଜାତ୍ୟ, ଧନ ଓ ବାହୁବଳ ସବୁ ଅଛି। ତା'ଉପରେ ଲାମୋର ସମ୍ମୋହନର କାରଣ କ'ଣ? ଦୁଇ ତିନି ଦିନ ପରେ ମୁଁ ସେଠିକି ଯାଇଥିଲି। ଏଣୁ ଏକୁଟିଆ ନିମା ଗାଁକୁ ଗଲି। ନିମା ଘରେ ଥିଲା। ସେଦିନ ମୁଁ ନିମାର ଆତିଥ୍ୟ ଗ୍ରହଣ କଲି ।

ସନ୍ଧ୍ୟାବେଳେ ଆମେ ଦୁଇଜଣ ଗପ କରୁଥଲୁ। ମୁଁ ପରିଷ୍କାର ନିମାକୁ ପଚାରିଲି ପପ "ନିମା, ତୁମେ କୁଆଡ଼େ ଲାମୋକୁ ବାହା ହେବାକୁ ଚାହୁଁଛ। ଏଇଟା ଅବଶ୍ୟ ତୁମର ବ୍ୟକ୍ତିଗତ କଥା। କିନ୍ତୁ ଲାମୋ ଯେ ବହୁ ପୁରୁଷ ବିଳାସିନୀ ଏକଥା ତ ଲୁଚାଛପା ନୁହେଁ। ତେବେ ତୁମେ ତା' ପ୍ରତି ଏତେ ଆକର୍ଷିତ କାହିଁକି? ପ୍ରକୃତ କଥା ଯେ ବହୁତ ଝିଅ ତୁମକୁ ପାଇଲେ ନିଜକୁ ଭାଗ୍ୟବତୀ ମନେ କରିବେ।'

ନିମା ଉତ୍ତର ଦେଲା- 'ସାହେବ, ଏକା କ'ଣ ମୁଁ ଲାମୋକୁ ଚାହୁଁଛି? ତାକୁ ତ କେତେ ବାହା ହେବାକୁ ଚାହୁଁଛନ୍ତି। କାହିଁକି? କାରଣ ତା'ର ଭିତରେ କ'ଣ ଅଛି ଯେ ସେ ସମସ୍ତଙ୍କୁ ଟାଣୁଛି। ଲାମୋ ମୋ ପକ୍ଷରେ ଅପରିଚିତା ନୁହେଁ। ମୁଁ ତାହାର ଅନୁଗ୍ରହ ମଧ୍ୟ ପାଇଛି। ଆପଣ ଲାମୋକୁ ସାଧାରଣ ସ୍ତ୍ରୀ ପରି ଭାବିବେ ନାହିଁ। ମୁଁ ତାକୁ

ବାହା ହେବାକୁ ଚାହେଁ କାରଣ ସେହି ଆକର୍ଷଣର କେନ୍ଦ୍ରକୁ ପ୍ରବେଶ କରିବାକୁ ଚାହେଁ। ଯେ ସେ ଆକର୍ଷଣରେ ପଡ଼ିନାହିଁ ତାକୁ ତାହା ବୁଝାଇ ହେବ ନାହିଁ।'

ଏହାର ଉତ୍ତର ମୋ ପାଖରେ ନ ଥିଲା। ଆଜି ମଧ୍ୟ ନାହିଁ। ତେବେ କିଏ ତାହା କ'ଣ ପୂର୍ବରୁ ବା ଜାଣି ନଥିଲେ? ଉର୍ବଶୀ କେତେବେଳେ ଅପ୍‌ସରା ପୁଣି କେତେବେଳେ ମାନବୀ। କିନ୍ତୁ ତାକୁ ଅପ୍‌ସରାର ମାପକାଠି ବା ମାନବୀୟ ମାପକାଠିରେ ମାପି ହେବ ନାହିଁ। ଲାମୋ ମଧ୍ୟ ମୋଟାମୋଟି ତାହା। ତେବେ ମୁଁ ଥିବାଯାକେ ଲାମୋ ବାହା ହୋଇ ନ ଥିଲା। ପରେ ଶୁଣିଲି ସେ ଅବିବାହିତା ହିଁ ରହିଲା। ଗାଲିଚା ବୁଣିବାର ଶିକ୍ଷୟିତ୍ରୀ ହୋଇ ସରକାରୀ ଚାକିରି କଲା। ବୋଧହୁଏ ସେ ନିଜେ ବୁଝୁଥିଲା ଯେ ତା' ପକ୍ଷରେ ବିବାହ ତା'ର ବ୍ୟକ୍ତିତ୍ୱ ମୃତ୍ୟୁ। ଉର୍ବଶୀ କେବଳ ଉର୍ବଶୀ ହିଁ ରହିପାରେ।

■

ନରସିଂହ

ଏହି ହାଇ ଓଡ଼ିଶା ସଚିବାଳୟରେ ଯାହା ଘଟିଗଲା ସେଥିଲାଗି ସବୁଠି ଶୁଣାଯାଉଛି "ହାୟ କି କାଳ ହେଲା।" ସମସ୍ତ ଅନୁଶାସନ କୁଆଡ଼େ ଗଲା। ତେବେ ଦେଖନ୍ତୁ ଅନୁଶାସନ ମଧ୍ୟରେ ଯେଉଁ ବିଶେଷ ପଦଟି ଅଛି ତାହା ଶାସନ। ଅନୁ ଟା ତ' କେବଳ ଉପସର୍ଗ। ତେବେ ଯାଯାବର ଜୀବନଟା ଯାକ। ଏତେ ବକ୍ତୃତା ଶୁଣିଛି ଯେ କଥିତ ବା ଲିଖିତ ବକ୍ତୃତା ଦ୍ୱାରା ଅନ୍ୟମାନଙ୍କର ଅବିଶ୍ୱାସ କରିବା ଅତ୍ୟନ୍ତ ପାପକର୍ମ ମନେକରେ। ତେବେ ଯାହା ଦେଖିଛି, ଯାହା ଗୁରୁଠାରୁ ଶୁଣିଛି ଏବଂ ଯାହା ଅଙ୍ଗେ ନିଭେଇଛି, ସେଥିରୁ ଗୋଟିଏ ପ୍ରାସଙ୍ଗିକ ଉଦାହରଣ ଦେଲେ ପାପ ହେବ ନାହିଁ। କାହାଣୀ ଯଦି ଆପଣଙ୍କୁ ବୋର୍ କରେ ତେବେ ସ୍ୱାଭାବିକ ପ୍ରସାଦ ଗୁଣରୁ କ୍ଷମା ଦେବେ।

ମୁଁ ଆଇ.ଏ.ଏସ୍. ବା ଓ.ଏ.ଏସ୍. ଭଳି ଗୋବରରେ ସାମିଲ ନ ହୋଇଥିବାରୁ ଶାସନ ବା ଆଡ଼ମିନିଷ୍ଟ୍ରେସନ ଉପରେ ଶାସ୍ତ୍ରାଧିକାର ଅଛି ବୋଲି ଦାବି ତ କରିପାରିବି ନାହିଁ। ତଥାପି ନାନା ସ୍ଥାନରେ ଓ ନାନା ପରିବେଶ ମଧ୍ୟରେ ଅନେକ ପ୍ରକାରର। ସର୍କସ, ଚିଡ଼ିଆଖାନାନ ପାଗଲଖାନା ଇତ୍ୟାଦି ପରିଚାଳନା କରିବାକୁ ପଡ଼ିଛି। ଯାହା ଶିଖିଛି, ଠକି ଶିଖିଛି, ଝୁଣ୍ଟି ପଡ଼ି ଚାଲିବା ଶିଖିଛି। ମୋର ଅଭିଜ୍ଞତାରୁ କୌଣସି ଥିଓରୀ ବାହାରିବ ନାହିଁ। ମୁଁ ମଧ ସେ ଚେଷ୍ଟା କରିନାହିଁ। ତେବେ ଆଜି ଜଣେ । ନରସିଂହ ବା ପ୍ରକୃତରେ ସିଂହପରି ମନୁଷ୍ୟଙ୍କ ବିଷୟରେ କିଛି କହିବାକୁ ମନସ୍ଥ କରିଛି। କଥାଟା ପ୍ରାସଙ୍ଗିକ ମଧ ହୋଇପାରେ। ଆଜିକାଲି ମୁଖ୍ୟ ନିର୍ବାଚନ କମିଶନର ଶ୍ରୀ ଶେଷାନ ବହୁତ ଚର୍ଚ୍ଚିତ ହୋଇ ଯାଇଛନ୍ତି। ମୁଁ ଯାହାଙ୍କ କଥା କହୁଛି ସେ ମଧ୍ୟ ଥିଲେ ଶେଷାନଙ୍କର ଦୁଇ ପାହାଚ ଉପରେ। ସମସ୍ତେ ତାଙ୍କ ନାଁକୁ ଥରହର। ସେ ଥଲେ ପ୍ରକୃତରେ ସିଂହ। କେତେଲୋକ ଯେ ଖାଇଛନ୍ତି। ତାଙ୍କର ସେ ସମୟରେ ପ୍ରବଳ ପ୍ରତାପ ଥିଲା। ତାଙ୍କୁ

ଖୁସି କରିବା ପ୍ରାୟ ଅସମ୍ଭବ ଥିଲା। ସନ୍ତାନହୀନ ବିପତ୍ନୀକ। ଏଣୁ ସମସ୍ତ ସମୟଟା ସେ ସରକାରୀ କାର୍ଯ୍ୟରେ ନିୟୋଜିତ କରନ୍ତି।

କେବଳ ବ୍ରାହ୍ମମୁହୂର୍ତ୍ତରେ ଦୁଇଘଣ୍ଟା ଭଗବାନଙ୍କୁ ଦିଅନ୍ତି। ଶୁଅନ୍ତି ବୋଧ ହୁଏ ଚାରିଘଣ୍ଟା। ଏଣୁ ସେ ଏକ ବିଶ୍ୱକୋଷ ହୋଇଯାଇଥିଲେ ଏବଂ ତାଙ୍କ ହାବୁଡ଼ରେ ପଡ଼ିଲେ ପ୍ରଥମେ ନିଜର ଅଜ୍ଞତା ଲାଗି ଗାଳି ଖାଇବାକୁ ପଡ଼ିବ। ଯଦି ସେତିକିରେ ରହିଗଲେ, ତା' ହେଲେ ସଙ୍କଟମୋଚନ ହନୁମାନଙ୍କ ପାଖେ ଭୋଗ କରିବା କର୍ତ୍ତବ୍ୟ। କେଉଁ ବିଷୟରେ କେତେବେଳେ ପଚାରିଦେବେ ତା'ର ଠିକ୍ ନାହିଁ। ଥରେ ଗୋଟିଏ ଅଫିସ୍‌ରେ ବରିଚାରେ ଥିବା ଗୋଟିଏ ଫୁଲର ନାଁ ସେଠାର ମୁଖ୍ୟଙ୍କୁ ପଚାରିଦେଲେ। ଦୁର୍ଭାଗ୍ୟକୁ ତାଙ୍କୁ ଜଣା ନ ଥିଲା। ଅତଏବ ପ୍ରଶ୍ନ ହେଲା- ତୁମ ନାକ ତଳେ ଥିବା ବଗିଚାର ଯଦି ଖବର ନ ରଖିଛ, ତାହାହେଲେ ଦେଶର ଖବର କ'ଣ ରଖିବ ? ତାଙ୍କ ଲାଗି ସମସ୍ତଙ୍କୁ ସବୁବେଳେ ଜାଗତିଆର ରହିବାକୁ ପଡୁଥିଲା। କିନ୍ତୁ ସେ ଦେଶପାଇଁ ସମ୍ପୂର୍ଣ୍ଣ ସମର୍ପିତ ଥିଲେ। ସେ ମହାଶୟ ଚାଲି ଗଲେଣି। ତାଙ୍କର ଧର୍ମପ୍ରାଣତା ଓ ନିଷ୍କାମ ଜୀବନ ଦେଖି ଅନେକ ଭାବନ୍ତି ଯେ ସେ ମୋକ୍ଷ ପାଇଥିବେ। କିନ୍ତୁ ମୋର ଦୃଢ଼ ବିଶ୍ୱାସ ସେ ମୋକ୍ଷ ଗ୍ରହଣ କରି ନଥିବେ। କାରଣ ଭାରତବର୍ଷ ଏ ପର୍ଯ୍ୟନ୍ତ ଯଥେଷ୍ଟ ଶକ୍ତିଶାଳୀ ହୋଇନାହିଁ। ଏଣୁ ସେ ଆଉ କିଛି କରିବାକୁ ଏହି ଭାରତରେ ହିଁ ପୁନର୍ଜନ୍ମ ଚାହିଁଥିବେ।

ଆଜକୁ ତିରିଶବର୍ଷ ତଳର ଘଟଣା। ହଠାତ୍ ଏରୋପ୍ଲେନ ଯୋଗେ ମୋର ଜାଗାକୁ ଆସିଗଲେ। ସାଙ୍ଗରେ ଭାରତ ସରକାରଙ୍କ ବହୁ ଉଚ୍ଚ ପଦଧାରୀ ଅଫିସର। ମୁଁ ମହାପ୍ରଭୁଙ୍କୁ ନିଜର ପରିଚୟ ଦେଲି। ସେ ସମୟରେ ସେଠାରେ କମିଶନର ସମସ୍ତଙ୍କୁ ଚା' ଖାଇବା ପାଇଁ ନିକଟବର୍ତ୍ତୀ ସରକିଟ୍ ହାଉସ୍‌କୁ ନିମନ୍ତ୍ରଣ କଲେ। ସେହିଠାରେ ଆଲୋଚନା ମଧ୍ୟ ହେବ। କିନ୍ତୁ ନରସିଂହ ବା ମହାପ୍ରଭୁ କହିଲେ, 'ଆପଣମାନେ ଆଗେ ଆଗେ ସରକିଟ୍ ହାଉସକୁ ଯାଆନ୍ତୁ। ମୋର ମିଷ୍ଟର ମହାପାତ୍ରଙ୍କ ଅଫିସ୍‌ରେ ଟିକିଏ କାମ ଅଛି। ତା' ସାରି ମୁଁ ଆସିବି। ସାଙ୍ଗରେ ମିଷ୍ଟର ମହାପାତ୍ରଙ୍କୁ ମଧ୍ୟ ନେଇ ଆସିବି। ସେ ମଧ୍ୟ ଏହି ମିଟିଂରେ ଯୋଗ ଦେବେ।'

ନରସିଂହ ମୋ ଅଫିସ୍‌ରେ ପହଞ୍ଚିଲେ। ସେ ଅଭିଜ୍ଞତା ମନେପଡ଼ିଲେ ଏବେ ମଧ୍ୟ ହୃତକମ୍ପ ଜାତ ହୁଏ। ନରସିଂହଙ୍କ ହାତରେ ବିଚରା ହିରଣ୍ୟକଶ୍ୟପର ଯାହା ଅବସ୍ଥା। ମୋର ମଧ୍ୟ ମୋଟାମୋଟି ତାହା। ବିଦାରି ପକାଇଲେ। ଆଉ କ'ଣ କହିବି। ଅଫିସ ଘରୁ ବାହାରି ଆସିଲା ବେଳକୁ ମୋର ମୁଣ୍ଡ ବୁଲାଉଛି। କିନ୍ତୁ ଅଁିସ୍ ବାହାରେ ସେ ଆଉ ନରସିଂହ ନୁହନ୍ତି। ଅତି ଭଦ୍ର। ମୋତେ ସାଙ୍ଗରେ ନେଇ ସରକିଟ୍ ହାଉସକୁ

ଗଲେ। ଦିଲ୍ଲୀରୁ ଆସିଥିବା ଅଫିସରମାନଙ୍କ ସାଥୀରେ ପରିଚୟ କରାଇଲେ। ମୋତେ ଜବରଦସ୍ତି ମିଠା ଖୁଆଇଲେ। ସେ କହିଲେ ଯେ, ବର୍ତ୍ତମାନ ବୟସ ଅଛି ଖାଅ। ବୁଢ଼ା ହେଲେ କ'ଣ ଖାଇପାରିବ ? ମିଟିଂରେ ମୋତେ ଏପରି ଦୁଇଚାରିଟା ପ୍ରଶ୍ନ ପଚାରିଲେ ଯାହା କି ସେ ଆଗରୁ ଅଫିସ୍‌ରେ ପଚାରିଥିଲେ ଏବଂ ମୁଁ ତା'ର ଉତ୍ତର ଜାଣିଥିଲି। ଫଳତଃ ଏହି ଉଚ୍ଚପଦସ୍ଥ ଅଫିସରମାନଙ୍କ ଆଖିରେ ମୁଁ ନଗଣ୍ୟ ଜୁନିୟର ହେଲେ ମଧ୍ୟ ଜଣେ ଏକ୍‌ସପର୍ଟ ବୋଲି ପ୍ରମାଣିତ ହୋଇଗଲି ।

କିଛି ସମୟ ପରେ ଏହି ଦଳ, ନରସିଂହଙ୍କୁ ନେଇ ଦୁଇଟା ଉଡ଼ାଜାହାଜରେ ଚାଲିଗଲା। ମୁଁ ସେ ପର୍ଯ୍ୟନ୍ତ ପ୍ରକୃତିସ୍ଥ ହୋଇନଥାଏ। ଡ଼ାକ୍ତରଖାନାରୁ ଶୋଇବା ଔଷଧ ଖାଇ ଶୋଇଲି। ମୋତେ ସମ୍ପୂର୍ଣ୍ଣ ପ୍ରକୃତିସ୍ଥ ହେବାକୁ ତିନି ଚାରିଦିନ ଲାଗିଗଲା । ପରେ ମୁଁ ନରସିଂହଙ୍କର ବ୍ୟବହାରର ତାତ୍ପର୍ଯ୍ୟ ବୁଝିପାରିଲି। ଦେଖନ୍ତୁ ମୋତେ ଯାହା କଲେ, ତାହା ମୋ ଅଫିସ୍ ଭିତରେ କଲେ। ଆଉ କେହି ଦେଖି ନାହିଁ। କିନ୍ତୁ ମୋତେ ବାହାରେ କିଛି କହିଲେ ନାହିଁ। କାରଣ ମୋର ଅପମାନ ଆମ ସଂସ୍ଥାର ଅପମାନ। ଏଣୁ ତାଙ୍କର ଅପମାନ ମଧ୍ୟ। ସମସ୍ତଙ୍କ ଆଗରେ ମୋର ଭାବମୂର୍ତ୍ତି ବା ଇମେଜ୍ ଶକ୍ତିଶାଳୀ କଲେ। କାରଣ ମୋର ସମ୍ମାନ ତ ତାଙ୍କର ମଧ୍ୟ ସମ୍ମାନ। ସେ ବୁଝାଇଦେଲେ ଯେ, ତଳଠାରୁ ଉପର ପର୍ଯ୍ୟନ୍ତ ଆମେ ଗୋଟିଏ ସଂସ୍ଥା ଏବଂ ଆମର ମାନ ଅପମାନ ସମାନ। ଆମେ ପରସ୍ପର ଉପରେ ନିର୍ଭରଶୀଳ। "ମଇଁଷି ଶିଂଘ ଫଟା, ଯୁଝିଲା ବେଳକୁ ଗୋଟା।"

* ଓଡ଼ିଶା ସେକ୍ରେଟେରିଏଟ୍‌ରେ କର୍ମଚାରୀ ଏବଂ ଉଚ୍ଚପଦସ୍ଥ ଅଫିସରମାନଙ୍କ ଭିତରେ ଏକ ହାତାହାତି ହୋଇ ଯାଇଥଲା। ସେହି ସମୟରେ ଏହା ଲେଖା।

ଭାଷାତତ୍ତ୍ୱ

ଭାରତରେ ହିନ୍ଦୀଟା ରାଜ୍ୟଭାଷା ହେବାର ବହୁ ଆଗରୁ ଏକ ସମ୍ପର୍କ ଭାଷା ରୂପେ ଗଢ଼ି ଉଠିଥିଲା। କେତେ ଲୋକ କହନ୍ତି ଯେ, ପ୍ରକୃତରେ ସମ୍ପର୍କ ଭାଷା ଥିଲା ଉର୍ଦ୍ଦୁ। କିନ୍ତୁ ଉର୍ଦ୍ଦୁ ଥଲା ଏକ ବିଦଗ୍ଧ ସମାଜର ଭାଷା। ତାହା ଅବଶ୍ୟ କେତେକଟା ସର୍ବଭାରତୀୟ ଥିଲା। କିନ୍ତୁ ଏହାକୁ ଜନସାଧାରଣଙ୍କ ଭାଷା ବୋଲି କହିହେବ ନାହିଁ। ତା'ର କାରଣ ପ୍ରଥମତଃ ଏହା ଏକ ସହରୀ ବା Urban ଭାଷା ଥିଲା। ଗ୍ରାମର ମୁସଲମାନ ସେହି ଅଞ୍ଚଳର ପ୍ରଚଳିତ ଉପଭାଷା ହିଁ କହୁଥିଲା। ହିନ୍ଦୀ ମୋଟାମୋଟି ତା'ର ଉପଭାଷାମାନଙ୍କୁ ଗ୍ରହଣ କରିଗଲା ଏବଂ ଉପଭାଷାରେ ସୃଷ୍ଟ ସାହିତ୍ୟ ହିନ୍ଦୀ ସାହିତ୍ୟ ବୋଲି ପରିଗଣିତ ହେଲା। ଏକ ସମୟରେ ତ' ସମସ୍ତ ଉତ୍ତର ଭାରତରେ ବ୍ରଜଭାଷା ହିଁ କବିତାର ଭାଷା ବୋଲି ଗୃହୀତ ହୋଇଯାଇଥିଲା। ତା'ଛଡ଼ା ଭାରତରେ ଏକ ନିର୍ଜ୍ଜଳା ସର୍ବଭାରତୀୟ ସମ୍ପ୍ରଦାୟ ଥିଲା ଓ ରହିଛି। ଆପଣ ଦଶନାମୀ ଆଖାଡ଼ା ଓ ନିର୍ବାଣୀ ଆଖାଡ଼ାର ନାମ ଶୁଣିଛନ୍ତି କି? ଏମାନେ ହେଲେ ଏକ ଏକ ବିରାଟ ସର୍ବଭାରତୀୟ ସନ୍ନ୍ୟାସୀ ସଂସ୍ଥା। ଆପଣ ଜାଣନ୍ତି ଯେ, ସନ୍ନ୍ୟାସ ନିଆଯିବା ପରେ ସନ୍ନ୍ୟାସୀର ସଂସାର ଲାଗି ମୃତ୍ୟୁ ହୋଇଯାଏ। ତା'ର ନାମ, ବଂଶ ଓ ଅନ୍ୟାନ୍ୟ ପରିଚୟ ଲୋପ ପାଏ। ସେ ସନ୍ନ୍ୟାସ ଆଶ୍ରମର ଅନ୍ୟ ଏକ ପରିଚୟ ଧାରଣ କରେ। ଏଣୁ ସେ ପୁରୀ, ଭାରତୀ, ସରସ୍ୱତୀ, ବନ, ଅରଣ୍ୟ, ପର୍ବତ, ଏହିପରି ଶଙ୍କରାଚାର୍ଯ୍ୟଙ୍କ ନିର୍ଦ୍ଦିଷ୍ଟ ଦଶଗୋଟି ନାମ ମଧ୍ୟରୁ ଗୋଟିଏ ଧାରଣ କରେ। ଯେପରି ରାଧାନାଥ ଶର୍ମା ହୋଇଯିବେ ବିଶ୍ୱାନନ୍ଦ ଭାରତୀ। ଏହି ସମ୍ପ୍ରଦାୟ ଭାରତରେ ସବୁଠି ଅଛନ୍ତି। ତା'ଛଡ଼ା ସନ୍ନ୍ୟାସୀର ମଧ୍ୟ ଗୋଟିଏ ସ୍ଥାନରେ ରହିବାର ବାରଣ, ଏଣୁ ସେମାନେ ବୁଲୁଥାଆନ୍ତି। ଏହି ସନ୍ନ୍ୟାସୀ ସମ୍ପ୍ରଦାୟର ଭାଷା

ହେଲା ହିନ୍ଦୀ। ପୁଣି କଳକାରଖାନାର ଭାଷା ମଧ୍ୟ ହିନ୍ଦୀ। କିନ୍ତୁ ଏସବୁ ହିନ୍ଦୀ ଆପଣଙ୍କର ବହିଲେଖା ହିନ୍ଦୀ ନୁହେଁ ।

ପ୍ରଥମ ଯୌବନରେ ପ୍ରଥମ ଚାକିରି ଆରମ୍ଭ କଲା ବେଳକୁ ମୋର ଗର୍ବ ଥିଲା ଯେ ମୁଁ ଭଲ ହିନ୍ଦୀ ଜାଣେ। କିନ୍ତୁ କାର୍ଯ୍ୟ କ୍ଷେତ୍ରରେ ଦେଖିଲି ଯେ ଅନେକ ସ୍ଥାନରେ ମୋର ହିନ୍ଦୀ ଲୋକେ ବୁଝି ପାରୁନାହାନ୍ତି ଏବଂ ମୁଁ ତାଙ୍କ ହିନ୍ଦୀ ବୁଝିପାରୁ ନାହିଁ। ବମ୍ବେରେ 'ଅପନ କାଣ୍ଡା ବଟାଟା ଲାନେ କୋ ଗେଲା ଥା' (ଆଳୁ, ପିଆଜ ଆଣିବାକୁ ଯାଇଥିଲି। ଆସାମରେ "ହମ୍ ତୋ ବସ୍‌କେ ଲିଏ ଖଡ଼ା ହୋକର ବୈଠା ଥା'। ଗୋଟିଏ ଲୋକ ଏକାଠି କିପରି ଠିଆ ହୋଇ ପାରିବ ଓ ବସି ପାରିବ। କିନ୍ତୁ ବୈଠା ଥା'ର ଅର୍ଥ କେବଳ ଇଂରାଜୀରେ "ୱାଜ"। ବେଜିର ଅର୍ଥ ଯେ ଇଂଜେକ୍‌ସନ, ଧେମାଲୀର ଅର୍ଥ ପରିହାସ, ଦୁଧ ଯେ ଗାଖାର ଏବଂ ଅଣ୍ଡା ଯେ କୋନି ତାହା ଆପଣ ହିନ୍ଦୀରେ ଏମ.ଏ. କରିଥିଲେ ମଧ୍ୟ ଜାଣି ପାରିବେ ନାହିଁ। ପଶ୍ଚିମ ଭାରତରେ ସେହିପରି ଅଣ୍ଡା ହେଲା ବୈଦା, ଧନିଆପତ୍ର କୋଠମିର୍ ଇତ୍ୟାଦି। ଏଣୁ ସ୍ଥାନେ ସ୍ଥାନେ ହିନ୍ଦୀ ନୂଆ ରୂପ ନିଏ। ପଣ୍ଡିତ୍‌ଜୀ କହିବେ ଯେ ଏ ହିନ୍ଦୀ ଭୁଲ। କିନ୍ତୁ ହିନ୍ଦୀ ତା' ବାଟରେ ଚାଲେ, ପଣ୍ଡିତଜୀଙ୍କର ବ୍ୟାକରଣର କୌଣସି ସମ୍ମାନ ନ କରି ।

ଏଣୁ ଆଗନ୍ତୁକକୁ ସବୁବେଳେ ସାବଧାନ ହେବା ଉଚିତ। ବୁଝି ନ ପାରିଲେ ଅର୍ଥ ପଚାରିଦେବା ଉଚିତ। ସେଠାକାର ଶବ୍ଦର ଠିକ୍ ଉଚ୍ଚାରଣ ଓ ଅର୍ଥ ନଜାଣିବା ପର୍ଯ୍ୟନ୍ତ ଆପଣ ଆପଣଙ୍କ ପରିଚିତ ଶବ୍ଦ ବ୍ୟବହାର କରନ୍ତୁ। ଉଦାହରଣ ସ୍ୱରୂପ, କୋନି ଅର୍ଥ ଅଣ୍ଡା। କିନ୍ତୁ କାନି ଅର୍ଥ ଅଫିମ। ସାମାନ୍ୟ ଉଚ୍ଚାରଣ ଭେଦର କି ଅର୍ଥରେ ଅନର୍ଥ ହୋଇପାରେ। ତାମ୍ବୂଲ (ତାମୁଲ) ଅର୍ଥ ଆମେ ବୁଝୁ ପାନ, କିନ୍ତୁ ଆସାମରେ ତାହାର ଅର୍ଥ କଞ୍ଚା ଗୁଆ। ସେହି ଅର୍ଥରେ ଆସାମର ହିନ୍ଦୀରେ ମଧ୍ୟ ବ୍ୟବହାର ହୁଏ। ଖବରଦାର ପ୍ରଥମେ ଯାଇ ତାମୁଲ ଖାଇବେ ନାହିଁ। ଫଳ ସାଘାଂତିକ ହୋଇପାରେ। ନୂଆ ଲୋକ ଭାଙ୍ଗ ମୋଦକ ଖାଇଲାପରି ।

ଏସବୁ ଭୂମିକାର ଉଦ୍ଦେଶ୍ୟ ମୋର ଏକ କଟୁ ଅଭିଜ୍ଞତା କହିବା ଆଗରୁ ତା'ର ପଟ୍ଟଭୂମି ନିର୍ମାଣ କରିବା। ପୂର୍ବୋତ୍ତର ଅଂଚଳରେ ଅନେକ ସମୟରେ ଇଂରାଜୀ ଜାଣିଥିବା ଲୋକ ହିନ୍ଦୀରେ କଥାବାର୍ତ୍ତା କରନ୍ତି। କିନ୍ତୁ ସେ ହିନ୍ଦୀ ସହିତ ପରିଚିତ ନହେବା ପର୍ଯ୍ୟନ୍ତ ଆପଣଙ୍କୁ ବହୁତ ସାବଧାନ ହେବା ଉଚ଼ିତ। ସେଠି ଗୋଟେ ପ୍ରଚଳିତ କଥା ହେଲା "କଲ ପରସୋ!" ଅର୍ଥାତ୍ କାଲି ପଅରିଦିନ। ଏହା ସ୍ଥାନଭେଦରେ ଭୂତ କାଳ ବା ଭବିଷ୍ୟତ କାଳ ବୁଝାଇବ। କିନ୍ତୁ କାଲି ପଅରିଦିନ ମାନେ ନିକଟ

ଅତୀତ ବା ନିକଟ ଭବିଷ୍ୟତ ନୁହେଁ। ଅତୀତ କାଳକୁ ବୁଝାଇବା ପାଇଁ "କଲପରସୋ" ଗତ ସପ୍ତାହ ମଧ୍ୟ ବୁଝାଇପାରେ । ତିରିଶ ବର୍ଷତଳର ଘଟଣା ମଧ୍ୟ ବୁଝାଇପାରେ ।

ସେହିପରି ମରିବା କଥାଟା ମରିବା ଏବଂ ଦେହ ଖରାପ ଉଭୟ ରୂପରେ ବ୍ୟବହାର ହୁଏ। ଅବଶ୍ୟ ସଙ୍ଗତି ଦେଖି ଅର୍ଥ କରିବାକୁ ହେବ। ଧରନ୍ତୁ ଆପଣଙ୍କୁ ଯଦି ଜଣେ କହିଲା "ସାହବ, ହମାରା ମାଁକୋ ମରନେକୋ ଦିଲ୍ କରତାହୈ।" ଏହାର ଅର୍ଥ ମୋଟେ ଭୟଙ୍କର ନୁହେଁ। ସାମାନ୍ୟ ଦେହ ଖରାପ। ଯଦି କହେ "ମାଁ କ୍ୟା ଜାନି ମରଗୟା ହୋଗା" ତା'ହେଲେ ବୁଝିବେ ଯେ, ବିଶେଷ ଦେହ ଖରାପ। ଛୁଟି ଦେଇ ଦେବା ଦରକାର। କିନ୍ତୁ ଦିଲ୍ଲୀ ବା କଲିକତାରୁ ଯେଉଁ ହୋମରା ଚୋମରା, ବିଶେଷ ସମ୍ବାଦଦାତାମାନେ ଆସନ୍ତି ତାଙ୍କୁ ତ ଏହି ରହସ୍ୟ ଜଣା ନଥାଏ। ଏଣୁ ବିରାଟ ଭୁଲ ହେବାର ସମ୍ଭାବନା। କିନ୍ତୁ ଏହି ଦିଗ୍‌ଗଜମାନେ ପ୍ରାୟ ବ୍ରହ୍ମାଙ୍କ ସାଥୀରେ ସମାନ, ଅର୍ଥାତ୍ ସେ ବିଳିବିଳେଇଲେ ବେଦ। ଉଚ୍ଚତମ ସରକାରୀ ମହଲରେ ଏହି ରିପୋର୍ଟର ଗୁରୁତ୍ୱ ବହୁତ ଏବଂ ମୋ ପରି କ୍ଷୁଦ୍ରତମ ମହଲ ଏଥିଯୋଗୁଁ ରାଶି ଘଣାରେ ପେଡା ହେଲାପରି ପେଡିହୋଇ ଯାଆନ୍ତି ।

ଏହିପରି ଏକ ସମ୍ବାଦ ଦିଗ୍‌ଗଜ ଅରୁଣାଚଳ ଗସ୍ତକୁ ଆସିଲେ। ନାନା ଲୋକଙ୍କ ସଙ୍ଗେ ସାକ୍ଷାତ୍ କଲେ ଓ ନାନା ସ୍ଥାନକୁ ଗଲେ, ସବୁଠାରେ ତାଙ୍କର ଉଚ୍ଛ୍ୱସିତ ସମ୍ବର୍ଦ୍ଧନା କରାଗଲା। କ୍ରମଶଃ ଅରୁଣାଚଳ ପ୍ରଦେଶ ଓ ସେଠାର ସମସ୍ୟା ବିଷୟରେ ତାଙ୍କର ଧାରାବାହିକ ଲେଖା ଏକ ଜାତୀୟ ସ୍ତରର କାଗଜରେ ବାହାରିଲା। ସେଥିରେ ସେ ଜଣେ ଅରୁଣାଚଳର ରାଜନୈତିକ ନେତାଙ୍କ ଉଦ୍ଧୃତି ଦେଲେ। "ନିକଟରେ ନାଗା ବିଦ୍ରୋହୀମାନଙ୍କର ଅରୁଣାଚଳର ଏକ ନିରାପତ୍ତା ବାହିନୀର କ୍ୟାମ୍ପ ଉପରେ ଆକ୍ରମଣ ପ୍ରମାଣ କରେ ଯେ, ଆମର ଏଠି ନିରାପତ୍ତା ବ୍ୟବସ୍ଥାକୁ ଆହୁରି ଶକ୍ତିଶାଳୀ କରିବାକୁ ହେବ।"

ଏହାପରେ ଯାହା ଘଟିଲା ତାହା ଅବର୍ଣ୍ଣନୀୟ। ଅରୁଣାଚଳର ପ୍ରତ୍ୟେକ ସଂସ୍ଥା ତାଙ୍କର ମୁଖ୍ୟାଳୟମାନଙ୍କର ରକେଟ୍ ଆକ୍ରମଣର ଶରବ୍ୟ ହେଲେ। ରକେଟ ମାନେ ବେତାର ସଂଦେଶ ଓ ଚିଠି। ଅଥଚ ଆମେ ବୁଝିପାରୁନାହୁଁ ଯେ, କ'ଣ ହୋଇଛି। ସେହି ସଂଦେଶମାନଙ୍କର ମର୍ମ ମୋର ଜଣେ ହବିଲଦାର୍ ତା'ର ନିଜସ୍ୱ ହିଂଗ୍ରାଜୀ (ହିନ୍ଦୀ+ଇଂଗ୍ରାଜୀ) ରେ ବ୍ୟକ୍ତ କରିଥିଲା। ନାଗା ହମଲା କା ରିପୋର୍ଟ କ୍ୟୋଁ ନହିଁ। ସେଣ୍ଡ୍। ରିପୋର୍ଟ ଅଭି ସେଣ୍ଡ୍ ଆଣ୍ଡ୍ ଜଓ୍ୱାବ ସେଣ୍ଡ୍। କିନ୍ତୁ ସମସ୍ତ ସାମରିକ ଓ ବେସାମରିକ ଅଫିସରମାନେ ମୁଣ୍ଡ ପିଟୁଛନ୍ତି କାରଣ ଏପରି କୌଣସି ଘଟଣା ବିଷୟରେ କେହି ଜାଣିନାହୁଁ। ଏଣେ ମୁଖ୍ୟାଳୟମାନଙ୍କର ଚାପ ଅସହ୍ୟ ହେଲାଣି। ଶେଷକୁ ଉକ୍ତ

ରାଜନୈତିକ ନେତାଙ୍କୁ ପଚାରିଲୁ। ସେ କହିଲେ, ସେ କିଛି ଜାଣନ୍ତି ନାହିଁ। କିନ୍ତୁ ଏହି ଦିଗ୍‌ଗଜ ଅତି କମ୍‌ରେ ସତକଥା ରିପୋର୍ଟ କରନ୍ତି। ଏଣୁ ଆଉ ଜଣେ ରାଜନୈତିକ ନେତାଙ୍କୁ ଧରିଲୁ। ସେ ପ୍ରଥମ ନେତାଙ୍କ ସଙ୍ଗେ ତାଙ୍କ ମାତୃଭାଷାରେ ଆଲୋଚନା କଲେ ।

ପ୍ରାୟ ଦୁଇବର୍ଷତଳେ ନାଗା ବିଦ୍ରୋହୀମାନେ ଏକ କ୍ୟାମ୍ପ ଉପରେ ଆକ୍ରମଣ କରିଥିଲେ। ଏହି ସାମ୍ବାଦିକଙ୍କ ସହିତ ଆଲୋଚନା ବେଳେ ଅରୁଣାଚଳ ଓ ବର୍ମା ସୀମାନ୍ତରେ ସୁରକ୍ଷାର ସମସ୍ୟା ବିଷୟରେ ଏହି ନେତା ଉକ୍ତ ଘଟଣା ପ୍ରତି ଦୃଷ୍ଟି ଆକର୍ଷଣ କରିଥିଲେ। ସେଥିରେ ଏହି ଘଟଣାକୁ "କଲପରସୋ" ଘଟିଥିବାର କହିଲେ, ଯେପରିକି ଅରୁଣାଚଳରେ ସାଧାରଣତଃ କହନ୍ତି। ଏଣୁ ସାମ୍ବାଦିକ ତାକୁ କେବଳ ଅତୀତ ନ ବୁଝି ନିକଟ ଅତୀତ ବୁଝିଲେ ।

ଆମ ପକ୍ଷରେ ତ' ସମସ୍ୟାର ସମାଧାନ ହୋଇଗଲା। କିନ୍ତୁ ଆଉ ଏକ ସମସ୍ୟାର ସମାଧାନ ଡେରି ଲାଗିଲା। ତାହା ମୁଖ୍ୟାଳୟମାନଙ୍କୁ ବୁଝାଇବା। ବ୍ୟାପାରଟା ଯେ ଏତେ ସରଳ।

■

ଅବଦୁର ରହମାନ୍

ଆଫଗାନିସ୍ତାନ ବିଷୟରେ ସବୁବେଳେ ତ ଶୁଣୁଥିବେ। ଏଇଟା ତାବତ୍ ବିଶ୍ୱବାସୀ ବୁଝିସାରିବେଣି ଯେ ଆଫଗାନ ମୁଜାହିଦ୍ଦିନ ବା ଧର୍ମଯୋଦ୍ଧା ଆଫଗାନିସ୍ତାନର କମ୍ୟୁନିଷ୍ଟ ସରକାର ବିରୁଦ୍ଧରେ ଯେଉଁ ଯୁଦ୍ଧ ବା ଜେହାଦ୍ କରୁଥିଲେ ତାହା କେବଳ ରିର୍ହସାଲ ଥିଲା ଏବଂ ଅସଲ ଯୁଦ୍ଧ ତ ଏବେ ଆରମ୍ଭ ହୋଇଛି। ପ୍ରକୃତରେ ବୋଧହୁଏ କମ୍ୟୁନିଷ୍ଟ ସରକାର ବିରୁଦ୍ଧରେ ତାଙ୍କର ପ୍ରଧାନ ଆକ୍ଷେପ ହେଲା ଯେ, ତାହା ଅତିରିକ୍ତ ଶକ୍ତିଶାଳୀ ହୋଇଥିବାରୁ ଦେଶରେ ଶାନ୍ତି ଭଳି ଗୋଟିଏ ଖରାପ ଅବସ୍ଥା ଚାଲୁ କରିଦେଲା ଏବଂ ନାନା ଗୋଷ୍ଠୀ ମଧ୍ୟରେ ଯେଉଁ ସନାତନ ରକ୍ତକ୍ଷୟ ଆବହମାନ କାଳରୁ ଚାଲି ଆସିଥିଲା ତାକୁ ବନ୍ଦ କରିଦେଲା। ଏଣୁ ବର୍ତ୍ତମାନ ନିଜିବୁଲ୍ଲା ସରକାର ପତନ ପରେ ସନାତନ ଆଫଗାନ ପଦ୍ଧତି ଚାଲୁ ହୋଇଛି। ଇତିହାସର ଯଦି ନଜିର ନିଆଯାଏ ତାହାହେଲେ ଏକ ନୂତନ ଡିକ୍ଟେଟରର ଅଭ୍ୟୁଦୟ ନ ହେବା ପର୍ଯ୍ୟନ୍ତ ଏହା ଚାଲିଥିବ। ପ୍ରତି ପନ୍ଦର ଦିନରେ ଗୋଟିଏ ଗୋଟିଏ ଯୁଦ୍ଧ ବିରାମ, ଶାନ୍ତି ଚୁକ୍ତି ହେଉଥିବ ଏବଂ ଦୁଇଦିନ ପରେ ଭାଙ୍ଗି ଯାଉଥିବ ।

ମୋର ସେହି ଦେଶ ବିଷୟରେ ସେପରି କିଛି ଜ୍ଞାନ ବା ଅଭିଜ୍ଞତା ନାହିଁ। କିନ୍ତୁ ୧୯୮୨-୮୩ ଠାରୁ ମୁଁ ଦିଲ୍ଲୀରେ ଥିଲି। ଧୀରେ ଧୀରେ ଦିଲ୍ଲୀ ଆଫଗାନ ଶରଣାର୍ଥୀରେ ଭର୍ତ୍ତି ହୋଇଗଲା। ଜାତିସଂଘ ଏକ ସ୍ୱତନ୍ତ୍ର ଅଫିସ ଖୋଲିବାକୁ ବାଧ୍ୟ ହେଲା। ଆଶ୍ଚର୍ଯ୍ୟ କଥା ଯେ, ସେମାନେ ଆଗ ପାକିସ୍ତାନକୁ ଆସି ସେଠାରୁ ବେଆଇନ୍ ଭାବେ ଭାରତକୁ ପଳାଇ ଆସୁଥିଲେ। ତେବେ ସେମାନେ ପାକିସ୍ତାନରେ ନ ରହିଲେ କାହିଁକି ? ପ୍ରାୟ ତିରିଶ ଲକ୍ଷ ଆଫଗାନ୍ ତ' ପାକିସ୍ତାନରେ ଶରଣାର୍ଥୀ ରହିଗଲେ। ଏମାନେ ଭାରତ ଆସିଲେ କାହିଁକି ? ପୁଣି ଏମାନଙ୍କ ମଧ୍ୟରୁ ଅଧିକାଂଶ ଶିକ୍ଷିତ, ଅଧିକାଂଶଙ୍କର ଉଦ୍ଦେଶ୍ୟ

ୟୁରୋପ ବା ଆମେରିକା ଯିବା। ଏମାନେ ଜାଲ ପାସପୋର୍ଟ ନେଇ ପଳାଇବାର ଚେଷ୍ଟା କରୁଥିଲେ। ବହୁତ ଧରା ମଧ୍ୟ ହେଉଥିଲେ। କିନ୍ତୁ ଯେଉଁମାନେ ଧରା ପଡୁଥିଲେ ତାଙ୍କୁ ଜବରଦସ୍ତ କାବୁଲ୍ ପଠାଇ ଦେବାର ଉପାୟ ନ ଥିଲା। କାରଣ ଆମ ଦେଶର ଏବଂ ଆନ୍ତର୍ଜାତିକ ମାନବାଧିକାର ଦରଦୀମାନେ ତାଙ୍କ ଚିତ୍କାରରେ ସ୍ୱର୍ଗ-ମର୍ତ୍ତ-ପାତାଳ ଏକ କରିଦେବେ। ଏହି ରିଫ୍ୟୁଜୀମାନେ ଦିଲ୍ଲୀର ଭଲ ଭଲ ଅଞ୍ଚଳରେ ଘରଭଡା ନେଇ ରହୁଥିଲେ। ଭଡାଟା ଜାତିସଂଘ ଦେଉଥିଲା। ତା'ଛଡା ଏକ ଭତ୍ତା ମଧ୍ୟ ।

ଏହିପରି ଏକ ଶରଣାର୍ଥୀ ହେଲେ ଅବଦୁର ରହମାନ୍। ଭଦ୍ରଲୋକ ଇଞ୍ଜିନିୟର। ଆଫଗାନ୍ ସରକାରରେ କାମ କରୁଥିଲେ। ସରକାରୀ କାର୍ଯ୍ୟ ଉପଲକ୍ଷରେ ଭାରତକୁ ଗସ୍ତରେ ଆସିଥିଲେ। ସାଙ୍ଗରେ ନିଜର ସ୍ତ୍ରୀ ଓ ଝିଅକୁ ମଧ୍ୟ ନେଇ ଆସିଥିଲେ। ଆସି ଏଠି ଜାତିସଂଘ ଅଫିସରେ ଶରଣାର୍ଥୀ ବୋଲି ନିଜକୁ ରେଜିଷ୍ଟ୍ରୀ କରିଦେଲେ। ଫଳତଃ ଏଠି ରହିଗଲେ। ପ୍ରକୃତରେ ତାଙ୍କର ଉଦ୍ଦେଶ୍ୟ ଥିଲା କୌଣସି ପଶ୍ଚିମ ଦେଶକୁ ଚାଲିଯିବା। ସେଇଟା ତ ଆଉ ସାଙ୍ଗେ ସାଙ୍ଗେ ହୋଇପାରିବ ନାହିଁ ସେ ଏପରି ମୂର୍ଖ ନୁହଁନ୍ତି ଯେ, ଜାଲ ପାସପୋର୍ଟ ଚକ୍କରରେ ପଡିବେ। ମୋର ତାଙ୍କ ସାଥୀରେ ପରିଚୟ ଓ ପରେ ବେଶ୍ ବନ୍ଧୁତ୍ୱ ହୋଇଥିଲା। ତାଙ୍କ ଜରିଆରେ ମୁଁ ଆଫଗାନିସ୍ତାନ ବିଷୟରେ ବହୁତ କିଛି ଜାଣିବାକୁ ପାଇଲି। ପାକିସ୍ତାନକୁ ସେ ଘୃଣା କରନ୍ତି କାରଣ ପାକିସ୍ତାନ ତାଙ୍କ ମତରେ ବ୍ରିଟିଶ ସରକାରର ଆଉ ଏକ ରୂପ। ପୁଣି ପାକିସ୍ତାନରେ ଇସଲାମୀ ମୌଳବାଦୀମାନଙ୍କ ପ୍ରଭାବ ଖୁବ୍ ବେଶୀ। ପାକିସ୍ତାନ ଆଫଗାନିସ୍ତାନକୁ ଏକପ୍ରକାର ନିଜର ଉପନିବେଶ କରିବାକୁ ଚାହେଁ, କାରଣ ସ୍ୱାଧୀନ ଓ ଶକ୍ତିଶାଳୀ ଆଫଗାନିସ୍ତାନ ରହିଲେ ପାକିସ୍ତାନର ଆଫଗାନ, ଯେଉଁମାନଙ୍କୁ ପାକିସ୍ତାନରେ ପଠାନ୍ କୁହାଯାଏ, ନିଜର ସ୍ୱାଧୀନତା ଲାଗି ଦାବି କରିବେ। ଏପରି ଅନେକ କଥା ।

ଦିନେ ସନ୍ଧ୍ୟାବେଳେ ତାଙ୍କ ଘରେ ପହଞ୍ଚିଲି। ସେଦିନ ତାଙ୍କର ମନ ଖରାପ ଜଣାପଡୁଥିଲା। ଦେଶ ଛାଡି ଆସିଥିବାର ପୀଡା ତାଙ୍କୁ ବ୍ୟସ୍ତ କରୁଥିଲା। ମୁଁ କହିଲି, "ଆପଣ ତ କ୍ୱାଲିଫାଏଡ ଲୋକ। ଅଷ୍ଟ୍ରେଲିଆ ଯିବା ଲାଗି ଆପଣଙ୍କ ଚେଷ୍ଟା ନିଶ୍ଚୟ ସଫଳ ହେବ। ଦେଶ ଛାଡିଲେ କାରଣ ସେଠି ରହିବା ଆପଣଙ୍କ ପକ୍ଷରେ ସମ୍ଭବ ନ ଥିଲା ଏବଂ ଆପଣଙ୍କର ଭବିଷ୍ୟତ ତ' ଉଜ୍ଜ୍ୱଳତର। ତାହାହେଲେ ଏତେ ଦୁଃଖ କରୁଛନ୍ତି କାହିଁକି ?"

ଅବଦୁର୍ ରହମାନ୍ କହିଲେ, 'ବିରାଦରେମନ୍ (ଭ୍ରାତଃ), ଅଷ୍ଟ୍ରେଲିଆ ଚାଲିଗଲେ ବା ଆମେରିକା ଚାଲିଗଲେ କ'ଣ ମୋର ମନର ଦୁଃଖ ଯିବ ? ଏକ ଫାରସୀ ରୁବାଇ ଶୁଣ -

"ସଙ୍ଗେ ଓ୍ୱତନ୍ ଅଜ୍ ତଖ୍ତେ ସୁଲେମାନ ବେହତର୍
ଖାରେ ଓ୍ୱତନ୍ ଅଜ୍ ଗୁଲେ ରେହାନ୍ ବେଶର୍ତ ।
ୟୁସୁଫ ମିଶ୍ର ପାଦିଶହୀ ମିକ୍ରଦ୍
ମିଗୁଫତ୍, ଗଦା ବୁଦାନେ କିନାନ୍ ବେହର୍ତ ।"

ଅର୍ଥାତ୍ "ଜନ୍ମଭୂମିର ପ୍ରସ୍ତର ମଧ୍ୟ ସୁଲେମାନ (King Solomon)ଙ୍କ ସିଂହାସନଠାରୁ ମହତ୍ତର। ଜନ୍ମଭୂମିର କଣ୍ଟା ବିଦେଶର ଫୁଲଠାରୁ ଉତ୍ତମ। ୟୁସୁଫ (ଜୋସେଫ୍) ମିଶରର ବାଦଶହ (ପ୍ରଧାନମନ୍ତ୍ରୀ) ହେବା ସମୟରେ ମଧ୍ୟ କହୁଥିଲା: 'ଆହା ଏହାଠାରୁ ତ କିନାନ (ପାଲେଷ୍ଟାଇନ୍) ରେ ଭିକାରି ହେବା ଶେୟସ୍କର।' ମିଶର ନିଶ୍ଚୟ କିନାନ୍ ଠାରୁ ଭଲ ଜାଗା ଏବଂ କିନାନ୍ ପକ୍ଷରେ ସେ ସମୟରେ ମିଶର ଆଜିର ଭାରତ ପକ୍ଷରେ ଆମେରିକା ଯାହା। ସେଠି ପୁଣି ସେ ପ୍ରଧାନମନ୍ତ୍ରୀ। ତାହାହେଲେ ସେ କିନାନ ଲାଗି କାହିଁକି କାନ୍ଦୁଥିଲା ।"

ମୁଁ ପଚାରିଲି 'କିନ୍ତୁ ଆପଣ ତ' କାବୁଲ ଛାଡିଛନ୍ତି କାରଣ ଆପଣ ସେଠି ରହିବାକୁ କଷ୍ଟବୋଧ କରୁଥିଲେ।'

ସେ ଉତ୍ତର ଦେଲେ, "ହଁ ଭାଇ ତାହା ସତ୍ୟ ଏବଂ ତାହାଠାରୁ ଆହୁରି କଠୋର ସତ୍ୟ ଯେ, କମ୍ୟୁନିଷ୍ଟ ଶାସନ ରହିପାରିବ ନାହିଁ। କାରଣ ଆଫଗାନିସ୍ତାନରେ ବିଦେଶୀର ସାହାଯ୍ୟ ନେଇ କେହି ରାଜତ୍ୱ କରିପାରିନାହିଁ। କିନ୍ତୁ ତାହାପରେ ଯେଉଁ ରକ୍ତନଦୀ ବହିବ, ତା'ର କଳ୍ପନା ସଂସାର କରିପାରିନାହିଁ। ମୂଳରୁ ତ' ଆଫଗାନିସ୍ତାନ ବୋଲି କିଛି ନ ଥିଲା। ଆଫଗାନିସ୍ତାନର ଉତ୍ତର ପଶ୍ଚିମ ଅଂଶ ଇରାନ୍ ସହିତ ରହିଛି। ଏହାର ନାମ ଖୁରାସାନ। ଦକ୍ଷିଣ-ପୂର୍ବଟା ପଖତୁନ୍ ଅଞ୍ଚଳ। ଏମାନେ ହିଁ ଆଫଗା୍ ନାମଟାକୁ ମାଡି ବସିଛନ୍ତି। କାନ୍ଦାହାରର ଦୁରାନୀମାନେ ଆଫଗାନିସ୍ତାନ ନାମକ ରାଜ୍ୟ ସୃଷ୍ଟି କଲେ। ସେମାନଙ୍କର ଶେଷ ପ୍ରଦୀପ ଜହୀର ଶାହ ବୃଦ୍ଧ ଓ ନିର୍ବାସିତ। ଥରେ କମ୍ୟୁନିଷ୍ଟ ସରକାର ଭାଙ୍ଗିଲେ ତାଜିକ୍ ଉଜ୍‌ବେକ୍, କିଜିଲିବାଶ, ଖୋରାସାନୀ ଇତ୍ୟାଦି ପଖତୁନ୍ ଶାସନକୁ କାହିଁକି ମାନିବେ? ତା'ଛଡା ପଖତୁନ୍‌ମାନେ ନିଜ ଭିତରେ ରକ୍ତ ନଦୀ ବୁହାଇବାରେ କେଉଁ କମ୍ କି? ଏହାପରେ ଯାହାହେବ ତା' କଳ୍ପନା କରିବାକୁ ଭୟ ଲାଗେ। ଯେ ବଞ୍ଚୁ ବା ଯେ ମରୁ, ବିଂଶ ଶତାବ୍ଦୀରେ ଆଫଗାନିସ୍ତାନରେ ଯାହା ବା ଆଧୁନିକୀକରଣ ହୋଇଛି, ସେ ସବୁ ଧ୍ୱଂସ ହେବ। ଏଣୁ ମୁଁ ଓ ମୋ ଭଳି ଲୋକଙ୍କ ପାଇଁ ସ୍ଥାନ ନାହିଁ ।"

ମୋ ପକ୍ଷରେ କିନ୍ତୁ ଏହା ଗ୍ରହଣ କରିବା କଠିନ ଥିଲା କାରଣ ବିଂଶ ଶତାବ୍ଦୀ ଶେଷ ହେବାକୁ ବସିଲାଣି। ଏ ଯୁଗରେ କୌଣସି ଦେଶ ଆଧୁନିକୀକରଣର ବନ୍ୟାରୁ

ବଞ୍ଚିପାରିବ ବୋଲି ମୋର ବିଶ୍ୱାସ ହେଉ ନଥିଲା। କିନ୍ତୁ ବର୍ତ୍ତମାନ ଯାହା ଦେଖୁଛି ବୋଧ ହୁଏ ଅବଦୁର୍ ରହମାନ ଅବସ୍ଥାଟା ଠିକ୍ ବୁଝିଥିଲେ। ଏହି ଭିନ୍ନ ଭିନ୍ନ ମୁଜାହିଦ୍ଦିନଙ୍କ ମଧ୍ୟରେ କେତେଥର ଯୁଦ୍ଧ ବିରାମ ଭାଙ୍ଗିଲାଣି। ଏହା ମଧ୍ୟ ସ୍ପଷ୍ଟ ହେଲାଣି ଯେ ବର୍ତ୍ତମାନ ଯୁଦ୍ଧ ହେଲା ଗୁଲବୁଦ୍ଦିନ ହିକମତିୟାରଙ୍କର ପଖତୁନ୍ ଓ ଜେନେରାଲ ଦୋସ୍ତମ ଏବଂ ଅହମଦ ଶାହ ମସୁଦଙ୍କର ଉଜ୍‌ବେକ୍ ଓ ତାଜିକ୍ ମାନଙ୍କ ମଧ୍ୟରେ ।

ଅବଦୁର ରହମାନ୍ ବିଦେଶ ଚାଲି ଗଲେ। ତାଙ୍କର ଏକ ସହପାଠୀ ଆମେରିକାର ଏକ ବହୁରାଷ୍ଟ୍ରୀୟ କମ୍ପାନୀରେ ବଡ ଅଫିସର। ତାହାଙ୍କର ଚେଷ୍ଟାରେ ଅବଦୁର୍ ରହମାନ୍ ଚାକିରି ପାଇଗଲେ। ମୁଁ ତାଙ୍କୁ ବିଦାୟ ଜଣାଇବାକୁ ତାଙ୍କ ଘରକୁ ଯାଇଥିଲି। ସେଠି ସେ କହିଲେ ଯେ, ବର୍ତ୍ତମାନ ସେ ସତରେ ବିଦେଶ ଯାଉଛନ୍ତି। ହିନ୍ଦୁସ୍ତାନର ଭାଷା, ସଂସ୍କାର, ଖାଦ୍ୟ ଇତ୍ୟାଦି ତାଙ୍କ ମାତୃଭୂମି ସହିତ ବହୁତ ମିଶେ। ଏଥର ପ୍ରକୃତରେ ବିଦେଶ ହେବ କାରଣ ଆଉ ନାନ୍ ମିଳିବ ନାହିଁ। ଛେଳି ମାଂସ ମିଳିବ ନାହିଁ। ଏପରିକି ହଲାଲ୍ ହୋଇଥିବା ମାଂସ ମିଳିବା ପ୍ରାୟ ଅସମ୍ଭବ। ନିଜର ସଂଗୀତ ଶୁଣିବାକୁ ମିଳିବ ନାହିଁ। ଏଠାରୁ ପ୍ରକୃତ ନିର୍ବାସନ ଆରମ୍ଭ ହେଲା ।

ମୁଁ ବାହାରି ଆସୁଥିଲାବେଳେ ଗୋଟିଏ ଉର୍ଦ୍ଦୁ ଶୈର୍ କହିଲେ – ଦିଲଦାରୀ ଭି, ଦିଲ ଶିକନୀ ଭି। ଯାଦେ ଓ୍ୱତନ କୁଛ ଇସ୍‌ସେ ଜ୍ୟାଦା – ମାତୃଭୂମିର ସ୍ମୃତି : ହୃଦୟ ଦେବା ଓ ହୃଦୟ ଭାଙ୍ଗିବା ମଧ୍ୟ। କିନ୍ତୁ ତାହା ଏହି ଦୁଇ କଥାରୁ ମଧ୍ୟ କିଛି ଆହୁରି ଅଧିକ ।

ଏହି ଲେଖା ୧୯୯୪ ଆରମ୍ଭର। ଆଫଗାନିସ୍ତାନରେ ଅନେକ ପରିବର୍ତ୍ତନ ହୋଇଛି ଏବଂ ମୋଟାମୋଟି ଅବଦୁର୍ ରହମାନ୍‌ଙ୍କ ଭବିଷ୍ୟତବାଣୀ କଠୋର ସତ୍ୟରେ ପରିଣତ ହୋଇଛି। ବର୍ତ୍ତମାନ ଯେଉଁ ତାଲିବାନ୍ କାବୁଲ୍‌ରେ କ୍ଷମତାରେ ଅଛନ୍ତି, ତାଙ୍କର ଇଚ୍ଛା ସପ୍ତମ ଶତାବ୍ଦୀକୁ ଫେରିଯିବା, ଏକବିଂଶ ଶତାବ୍ଦୀକୁ ଯିବା ନୁହେଁ। ଗୋଟିଏ କଥା ଠିକ୍ ଅଛି ପାପ ରକ୍ତନଦୀରେ ସ୍ରୋତ ପ୍ରବଳ।

■

ବିଡ଼ାଲ ବଧ

୧୯୬୫ ସାଲ ଖରାଦିନ। ଜୁନ୍ ମାସ। ଯଦିଚ ତ୍ରସ୍ତ ଉତ୍ତର ଭାରତ ଜ୍ୟେଷ୍ଠର ଉତ୍ତାପରେ ଖରଡି ହେଉଛି, ତଥାପି ଆସାମ ଇତ୍ୟାଦିରେ ବର୍ଷା ଆରମ୍ଭ ହୋଇଗଲାଣି। ଏହି ସମୟ ଅର୍ଥାତ୍ ଜୁନ୍ ଠାରୁ ନଭେମ୍ବର ଉତ୍ତର ସୀମାନ୍ତରେ ସବୁଠାରୁ ସାବଧାନ ରହିବାର ସମୟ। ଏହି ସମୟରେ ସବୁ ଗିରିପଥରୁ ବରଫ ତରଳି ଯିବାରୁ ରାସ୍ତା ଖୋଲିଯାଏ। ଏଣୁ ଭାରତ ସରକାରଙ୍କ ସାମରିକ, ଅର୍ଦ୍ଧ ସାମରିକ ଏବଂ ପ୍ରଶାସକ ବିଭାଗ ସବୁ ସତର୍କ ରହନ୍ତି। ସୀମାପାଖ ଉଚ୍ଚ ପର୍ବତର ଢ଼ାଲୁରେ ବରଫ ତରଳି ବହୁତ ଘାସ ହୁଏ। ଏଣୁ ସେଠାରେ ଜନସାଧାରଣ ଯଥା ମୋନପା ଜନଜାତିର ଲୋକେ ନିଜ ଗାଈଗୋରୁ ଚମରୀ ଆଦି ନେଇ ସେଠିକୁ ଚାଲିଯାଆନ୍ତି ଓ ମାସ ମାସ ଧରି ରହନ୍ତି। ଏଣୁ ସବୁବେଳେ ଭୟ ଥାଏ କାଳେ କିଏ ଜାଣତରେ ବା ଅଜାଣତରେ ସୀମା ପାର କରିଯିବ ଏବଂ ତାହାର ଫଳ କାଳେ ସାଂଘାତିକ ହୋଇଯିବ। ପୁଣି ୧୯୬୫ ସାଲରେ ଆମର ସେନା ଓ ବାୟୁସେନାର ପୁନର୍ଗଠନ ଚାଲିଥାଏ। ପାର୍ବତ୍ୟ ବା ମାଉଣ୍ଟେନ ଡିଭିଜନ ସବୁ କ୍ରମଶଃ ଠିଆ ହୋଇ ଆସୁଥାଆନ୍ତି। କାରଣ ଲୋକ ଓ ଅସ୍ତ୍ରଶସ୍ତ୍ର ଏକାଠି କରିଦେଲେ ଡିଭିଜନ ହୋଇଯାଏ ନାହିଁ। ତାହାକୁ ନାନାରକମର ରଣ କୌଶଳରେ ଲିପ୍ତ କରାଇବାକୁ ଟ୍ରେନିଂ ଓ ଅଭ୍ୟାସ ବା ଏକ୍‌ସରସାଇଜ୍ ଦେଇ ଗଢ଼ିବାକୁ ହେବ। ସଂପୂର୍ଣ୍ଣ ପ୍ରସ୍ତୁତ କରିବାକୁ ସମୟ ଲାଗେ। ତା'ଛଡା ୧୯୬୩ର ମାନସିକ ଆଘାତ ମଧ୍ୟ ଯାଇ ନଥାଏ ।

ଏହି ସମୟରେ ଆମେ ବହୁତ ଗସ୍ତ କରୁ। ଏହିପରି ଏକ ଗସ୍ତ ସମୟରେ ମୋର ଖୁବ୍ ପରିଚିତ ଜଣେ ବ୍ରିଗେଡିଅର୍ (କାଳକ୍ରମେ ଲେଫ୍‌ନେଣ୍ଟ ଜେନେରାଲ)ଙ୍କ ସାଥିରେ ଦେଖାହେଲା। ମୋର ଜଣେ ସହକର୍ମୀଙ୍କର କକେଇ ହୋଇଥିବାରୁ ତାଙ୍କ

ସହିତ ମୋର କେତେକଟା ଅନୌପଚାରିକ ସମ୍ପର୍କ ଥିଲା। ସଂଧ୍ୟାବେଳେ ସେ ମୋତେ ନିମନ୍ତ୍ରଣ କଲେ ଓ ସେ ସମୟଟା ଅନେକ ଆଳାପ ଆଲୋଚନାରେ କଟିଲା। ମୁଁ ତାଙ୍କୁ ବର୍ତ୍ତମାନ ଅବସ୍ଥା ଓ ପରିଣତି ବିଷୟରେ ପଚାରିଲି। ସେ କିଛି ସମୟ ଚୁପ୍ ରହି କହିଲେ, ଅବସ୍ଥା ଭଲ ନୁହେଁ। ସେପ୍ଟେମ୍ବର ଅକ୍ଟୋବର ଆଡକୁ ବୋଧହୁଏ ପାକିସ୍ତାନ ଗୋଳମାଳ କରିବ। ସାଙ୍ଗେ ସାଙ୍ଗେ ମୋ ମନରେ ଯେଉଁ ସବୁଠାରୁ ବଡ ଭୟ ଥିଲା ତା' ବିଷୟରେ ପଚାରିଲି। ଅର୍ଥାତ୍ ଯଦି ପାକିସ୍ତାନ ଗୋଳମାଳ କରେ ତ ଉତ୍ତର ସୀମାନ୍ତରେ ଚୀନ ତାକୁ ସାହାଯ୍ୟ କରିବା ଲାଗି ଆକ୍ରମଣ ବା ଅନୁପ୍ରବେଶ କରିବାର ସମ୍ଭାବନା କେତେ। ମୋର ନିଜର ମତ ଥିଲା ଯେ ଚୀନର ସେ ସମୟର ଆଭ୍ୟନ୍ତରୀଣ ଅବସ୍ଥା ଲାଗି ଏହାର ସମ୍ଭାବନା କମ୍। ବ୍ରିଗେଡିୟର ମଧ୍ୟ ମୋ କଥାରେ ଏକମତ ହେଲେ । ତେବେ ପାକିସ୍ତାନ ଯେ କାହିଁକି ଗୋଳମାଳ କରିବ, ସେଇଟା ମୋ ପକ୍ଷରେ ସ୍ପଷ୍ଟ ହେଉ ନଥାଏ। ଏଣୁ ମୁଁ ଏ ଦିଗଟା ମୋତେ ବୁଝାଇବାକୁ ଅନୁରୋଧ କଲି।

ବ୍ରିଗେଡିୟର କହିଲେ, ତୁମେ ଗୋଟେ ଫାର୍ସୀ କଥା ଶୁଣିଛ? ଗୁର୍ବେ କୁଶତନ୍, ସବେ ଅୱ୍ୱଲ। ଅର୍ଥ ହେଲା ପ୍ରଥମ ରାତ୍ରିରେ ବିରାଡି ମାରିବ। ମୋ ପକ୍ଷରେ ଜିନିଷଟା ଆହୁରି କୁହେଳିକାମୟ ହୋଇଗଲା। ପ୍ରଥମ ରାତି ହେଉ, ବା କୌଣସି ରାତି ବା ଦିନ ହେଉ, ବିରାଡି କାହିଁକି ମରାଯିବ? ଏଣୁ ମୁଁ ଏହାର ଅର୍ଥ ବୁଝାଇବାକୁ ଅନୁରୋଧ କଲି। ବର୍ତ୍ତମାନ ବ୍ରିଗେଡିୟରଙ୍କ କଥାଟା ଶୁଣନ୍ତୁ, ଇରାନରେ ଦୁଇଟି ପିତୃମାତୃହୀନ କିନ୍ତୁ ବିଶେଷ ଧନଶାଳୀ ଭଉଣୀ ଥିଲେ। ସେମାନେ କିନ୍ତୁ ସାଧାରଣ ଇରାନୀ ସ୍ତ୍ରୀ ପରି ସ୍ୱାମୀର ଦାସୀ ହେବାକୁ ପ୍ରସ୍ତୁତ ନଥିଲେ। ଏଣୁ ତାଙ୍କର ସର୍ତ୍ତ ଥିଲା ଯେ ପ୍ରତିଦିନ ସକାଳୁ ଉଠି ସ୍ୱାମୀକୁ ପଚାଶ ଜୋତା ମାରିବେ ଏବଂ ଏହା ନିକାନାମା ବା ବିବାହର ଦଲିଲରେ ଲେଖା ରହିବ ଏବଂ ସ୍ୱାମୀ ଯଦି ଜୋତା ଖାଇବାକୁ ନାରାଜ ହୁଏ ତାହାହେଲେ ଆପେ ଆପେ ବିବାହ ବିଚ୍ଛେଦ ହୋଇଯିବ। ଏ ସର୍ତ୍ତରେ କ'ଣ ଆଉ ବର ମିଳନ୍ତେ? କିନ୍ତୁ ସେହି ସହରରେ ଦୁଇଟି ଅତି ଗରିବ ପିଲା ଥିଲେ। ସେମାନେ ଠିକ୍ କଲେ ଯେ ଓପାସ ରହିବାଠାରୁ ତିନିଓଳି ଖାନା ଖାଇବା ଢ଼େର ଭଲ, ଯଦିଚ ତାହା ସହିତ ଜୋତାମାଡର ଜଳଖିଆ ମଧ୍ୟ ଖାଇବାକୁ ହେବ। ଯାହାହେଉ ବାହାଘର ହୋଇଗଲା ଏବଂ ଦୁଇ ଭଉଣୀ ତାଙ୍କ ମିଆଁମାନଙ୍କୁ ନେଇ ଭିନ୍ନ ଭିନ୍ନ ଘରେ ରହିଲେ। କିଛିଦିନ ପରେ ଦୁଇବନ୍ଧୁଙ୍କର ଦେଖାରେ ଦୁହେଁ ଅନ୍ୟାନ୍ୟ ଖବର ପରେ ଅସଲ ଖବର ଅର୍ଥାତ୍ ମାଡତତ୍ତ୍ୱ ପଚାରି ବସିଲେ। ଜଣେ କହିଲା ଯେ ତା'ର ବିବି ତାକୁ ମୋଟେ ମାରେ ନାହିଁ ଏବଂ ମୋଟାମୋଟି ସମ୍ମାନ ଦିଏ। ଅନ୍ୟଜଣକ କାବା। ଏ

କୁହୁକ କିପରି ସମ୍ଭବ ହେଲା। ପ୍ରଥମ ଜଣକ କହିଲା ଯେ ପ୍ରଥମ ରାତ୍ରିରେ ଯେତେବେଳେ ବିବି ଖାନା ଆଣିଦେଲେ, ସେତେବେଳେ ତାଙ୍କର ପ୍ରିୟ ବିରାଡିଟି ମଧ୍ୟ ମ୍ୟାଉଁ କରି ଚାଲି ଆସିଲା। ସାଙ୍ଗେ ସାଙ୍ଗେ ବର ଅଣ୍ଟାରୁ ତରବାରୀ ବାହାର କରି ବିରାଡିର ମୁଣ୍ଡ କାଟିଦେଲା। ବିବିଜାନ ତ' ପଥର ପାଲଟି ଗଲେ। ସଙ୍ଗେ ସଙ୍ଗେ ବର କହିଲା ଯେ ତା'ର ବଡ ରାଗି ମିଜାଜ୍। ସାମାନ୍ୟ କଥାରେ ଗରମ ହୋଇଯାଏ। ତାହାପରଠାରୁ ସବୁ ନିରାପଦରେ କଟୁଛି। ଏହି କଥା ଶୁଣି ଆର ବନ୍ଧୁ ଖୁସି ହୋଇ ଚାଲିଗଲା। ସେଦିନ ରାତିରେ ତାର ସ୍ତ୍ରୀର ବିରାଡିଟକୁ ଶାସ୍ତ୍ରୋକ୍ତ ପଦ୍ଧତିରେ ହାଣିଦେଲା। କିନ୍ତୁ ବିବିଙ୍କର ପ୍ରତିକ୍ରିୟା ଭିନ୍ନ। ତତ୍କ୍ଷଣାତ୍ ଦାସୀ ହାତରେ ଜୋତା ମଗାଇ, ପଚାଶ ଜାଗାରେ ଶହେଥର ମାଡ ଦେଲା। ବନ୍ଧୁ ତାହା ଆରଦିନ ବ୍ୟସ୍ତ ହୋଇ ଆର ସାଙ୍ଗକୁ ପଚାରିଲା। ତାଙ୍କର ସାଙ୍ଗ କହିଲା, ଯେ ବିରାଡି ମାରିବାର ରହସ୍ୟ ହେଲା ପ୍ରଥମ ରାତିରେ ବିରାଡି ମାରିବ। ଯଦି ସେ ସୁବର୍ଣ୍ଣ ସୁଯୋଗ ହରାଇଦିଅ, ତାହା ହେଲେ ବିରାଡି ମାରିବାର ଫଳ ହେବ ଓଲଟା। ଗୁର୍ବେ କୁଶତନ୍ (ବିରାଡି ମାରିବ) ଶବେ ଅୱ୍ୱଲ (ପ୍ରଥମ ରାତି)। ଦେଖ, କଚ୍ଛରେ ପାକିସ୍ତାନ ଆମ ଇଲାକାରେ ଅନୁପ୍ରବେଶ କଲା। ଏକ ପ୍ରକାର ଆକ୍ରମଣ କଲା। ସେଠି ଆମେ ଆନ୍ତର୍ଜାତିକ କ୍ଷେତ୍ରରେ ଫରିଆଦ କରି ବୁଲିଲୁ। ଏପରି କି ବ୍ରିଟେନ୍‌ର ମଧ୍ୟସ୍ଥତାରେ ରାଜି ହୋଇଗଲୁ। ଚୀନ ଆକ୍ରମଣ ପରେ ଏହା ପ୍ରଥମ ପାକିସ୍ତାନୀ ଆକ୍ରମଣ। ଏଥିରେ ପାକିସ୍ତାନ ଆମର ସାମରିକ ଶକ୍ତି ଓ ମନୋବଳର ପରୀକ୍ଷା କରୁଥିଲା। ଏହି କଚ୍ଛରେ ପାକିସ୍ତାନର ସେପରି କିଛି ସ୍ୱାର୍ଥ ନାହିଁ। ତାହାର ଅସଲ ଆଖି କାଶ୍ମୀର ଉପରେ। ଆମେ କଚ୍ଛରେ ଯଦି ଜୋରଦାର ପ୍ରତିଆକ୍ରମଣ ଏବଂ ବାୟୁସେନାର ଉପଯୁକ୍ତ ବ୍ୟବହାର କରିଥାଆନ୍ତେ ତାହାହେଲେ ପାକିସ୍ତାନ ବୁଝିଯାଇଥାନ୍ତା ଯେ ଭାରତ ସହିତ ଲାଗିବା ନିରାପଦ ନୁହେଁ। ବର୍ତ୍ତମାନ ଆମେ ବିରାଡିଟି ଠିକ୍ ସମୟରେ ମାରିଲୁ ନାହିଁ। ପାକିସ୍ତାନର ଧାରଣା ଯେ ବର୍ତ୍ତମାନ ଭାରତର ମନୋବଳ ନାହିଁ ଏବଂ ଆନ୍ତର୍ଜାତିକ ଚାପକୁ ବହୁତ ବେଶୀ ଡରୁଛି। ଏଣୁ ମୋର ଦୃଢ଼ ବିଶ୍ୱାସ ଯେ ଏ ବର୍ଷ ମନସୁନ୍ ବର୍ଷା ସରିଲା ପରେ ନିଶ୍ଚୟ କାଶ୍ମୀରରେ ଖେଳ ଦେଖାଇବ। ସେତେବେଳେ ଅନେକ ବେଶୀ ରକ୍ତ ବୁହାଇବାକୁ ପଡିବ। ଅନେକ ବେଶୀ କଷ୍ଟ ସହିବାକୁ ପଡିବ।

ଇତିହାସ ସାକ୍ଷୀ, ଠିକ୍ ତାହା ହେଲା। ସେପ୍ଟେମ୍ବର ୧୯୬୫ରେ ପାକିସ୍ତାନ କାଶ୍ମୀରରେ ଆକ୍ରମଣ କଲା ।

ସ୍ୱର୍ଗ ନରକ

ମନୁଷ୍ୟ ମଲାପରେ ସ୍ୱର୍ଗ ବା ନରକକୁ ଯାଏ କି ନଯାଏ ତାହା ମୁଁ କହିପାରିବି ନାହିଁ ଏବଂ ମୋର ବିଶ୍ୱାସ ଅନ୍ୟ କେହି ମଧ୍ୟ କହିପାରିବେ ନାହିଁ। ଏ ବିଷୟରେ କବିର ଖୁବ୍ ଖାଣ୍ଟି କଥା କହିଛନ୍ତି ଯେ ସେଠୁ କେବେ କେହି ଫେରି ନାହିଁ। ସଠିକ୍ ଖବରଟା କିଏ ଦେବ ହ "ଭତତେ କୋଇ ନ ବାହୁଡା, ଯାକେ ପୁଛୁଁ ଧାୟ।" ତେବେ ଏହି ଆମର ସଂସାରରେ ମୁଁ ସ୍ୱର୍ଗ, ନରକ ଏବଂ ମର୍ତ୍ତ୍ୟ ତିନିଟାଯାକ ଦେଖିଛି। ସ୍ୱର୍ଗ ମାନେ ହେଲା ଯେ ଆମର ଏହି ଚିରାଚରିତ ଆହାର, ନିଦ୍ରା, ଭୟ ମୈଥୁନ, ଯାହାକୁ ମର୍ତ୍ତ୍ୟ କୁହାଯାଇପାରେ, ତା'ର ଉର୍ଦ୍ଧ୍ୱରୁ ଉଠି ଏକ ଉଚ୍ଚତର ଚେତନାର ଜଗତରେ ନିବାସ କରିବା ହେଲା ସ୍ୱର୍ଗ। ତାହା ସାଧାରଣତଃ ଏକ ଆଦର୍ଶକୁ ଗ୍ରହଣ କରିବା ଦ୍ୱାରା ସମ୍ଭବ ହୋଇଥାଏ। ସେତେବେଳେ ଜୀବିତ ରହିବାର ଏକ ଅର୍ଥ ଅନୁଭବ କରିହୁଏ। ମୋ ମତରେ ଏହି ଅବସ୍ଥାକୁ ମୋଟାମୋଟି ଦେବତ୍ୱ ମଧ୍ୟ କୁହାଯାଇପାରେ। କାରଣ ଦେବତା ତା'ର ପରିବେଶର ଦାସ ନ ହୋଇ ପରିବେଶକୁ ନିଜ ଇଚ୍ଛାଶକ୍ତି ଦ୍ୱାରା ପ୍ରଭାବିତ କରେ ବା କରିବାକୁ ଚେଷ୍ଟା କରେ। ଯାହାର ଜୀବନଟା ଏହି ଆଦର୍ଶ ପଛରେ କଟିଯାଏ ସେ ଭାଗ୍ୟବାନ। କିନ୍ତୁ ନରକ ଆସେ ଯେତେବେଳେ ଆଦର୍ଶଟା ହିଁ ଭାଙ୍ଗିଯାଏ। ସେତେବେଳେ ଆହାର ନିଦ୍ରାର ସ୍ତରରେ ରହିହୁଏ ନାହିଁ। ଆହୁରି ଏକ ଗଭୀର ଗହ୍ୱରକୁ ଯିବାକୁ ହୁଏ। ପ୍ରେମଟା ମଧ୍ୟ ମୋଟାମୋଟି ଆଦର୍ଶ ସାଙ୍ଗେ ସାମିଲ। ବୋଧହୁଏ ପ୍ରେମର ମୃତ୍ୟୁ ହେଲା ବିବାହ। ତାହା ନ ହେଲେ ଆମ ସାହିତ୍ୟ ଏହି ପରକୀୟା ନେଇ ଏତେ ମାତି ଥାଆନ୍ତେ କାହିଁକି ? ବୋଧହୁଏ ରମାକାନ୍ତ ରଥ ଏ କଥାଟା ଠିକ୍ ଧରିଥିଲେ। ସେ ଶ୍ରୀରାଧାଙ୍କ ମୁହଁରେ କୁହାଇଛନ୍ତି –

"ସେ ଦିନେ ପିନ୍ଧାଇ ଦେଲେ
ଆଙ୍ଗୁଠିରେ ମୋର
ମୁଦିଟିଏ। ତାକୁ କାଢ଼ିଦେଲି
ଲେଉଟାଇ ଦେଇ ତାଙ୍କୁ
କହିଲି ମୁଁ କ'ଣ ପତ୍ନୀ ପରି
ତୁମକୁ ଦିଶିଲି ?

କିନ୍ତୁ ଏହି ଆଦର୍ଶର ମୃତ୍ୟୁ ବଡ କରୁଣ। ଆପଣଙ୍କର ସେ ବିଷୟରେ ମୋଟାମୋଟି ଧାରଣା ହେବ ଯଦି ଆପଣ ପୁରୁଣା କମ୍ୟୁନିଷ୍ଟମାନଙ୍କୁ ଲକ୍ଷ୍ୟକରନ୍ତି। ସେମାନେ ଦେଖୁଛନ୍ତି ଯେ ତାଙ୍କର ଆଦର୍ଶ ଫେଲ୍ ମାରି ସାରିଲାଣି। ତଥାପି ସେ ମାର୍କସିଜିମ୍‌କୁ ଜାବୁଡ଼ି ଧରିବାର ଚେଷ୍ଟା କରୁଛନ୍ତି। କାରଣ ଛାଡିଦେଲେ ତାଙ୍କର ଜୀବନଟା ଯେ ଅର୍ଥହୀନ ତାହା ସ୍ୱୀକାର କରିବାକୁ ହେବ। ସେମାନେ ଯେପରି ତ୍ରିଶଙ୍କୁ ପରି ଶୂନ୍ୟରେ ଅଟକି ରହିଛନ୍ତି। ସେହିପରି ବା ତାଙ୍କଠାରୁ ମଧ୍ୟ ଆହୁରି ଦୁର୍ଭାଗା ହେଲେ ଯେଉଁମାନେ ତାଙ୍କ ଜାତିର ସ୍ୱାଧୀନତା ଲାଗି ଗରିଲା ଯୁଦ୍ଧ ବା ସନ୍ତ୍ରାସବାଦ ଇତ୍ୟାଦି କଲେ। ୧୯୫୦ ପରଠାରୁ କୌଣସି ସ୍ଥାନରେ ଗରିଲା ଯୁଦ୍ଧ ସଫଳ ହୋଇନାହିଁ ଓ ବର୍ତ୍ତମାନର ଆର୍ନ୍ତଜାତିକ ଅବସ୍ଥାରେ ତାହା ହେବାର ନୁହେଁ। କିନ୍ତୁ ଗରିଲା ଯୁଦ୍ଧକୁ ଉସ୍‌କେଇବାକୁ ବହୁତ ଶକ୍ତି ଅଛନ୍ତି। ଗରିଲା ଯୁଦ୍ଧ ବା ସନ୍ତାସବାଦ ଜୁଆର ପରି ଆସେ ଏବଂ ଭଟ୍ଟା ପରି ଯାଏ। କିନ୍ତୁ ସମୁଦ୍ର ଶିପ ଫୋପାଡି ଦେଲା ପରି କେତେଟା ଦୁର୍ଭାଗାଙ୍କୁ ଫୋପାଡି ଦେଇଯାଏ।

ଆପଣମାନେ ଖବରକାଗଜରୁ ବୋସନିଆ ଇତ୍ୟାଦି ବିଷୟ ଅନେକ ଶୁଣୁଛନ୍ତି। କିନ୍ତୁ ଆମ ପାଖରେ ଓ ଆମ ନିକଟରେ ଯାହା ଅଛି, ତାହା ବୋସନିଆର ବାବା। ଦକ୍ଷିଣ ପଶ୍ଚିମ ଚୀନଠାରୁ ଆରମ୍ଭ କରି ବର୍ମା ବା ମ୍ୟାନମାର, ଲାଓସ, ଉତ୍ତର ଥାଇଲାଣ୍ଡ ଧରି ଭାରତର ଉତ୍ତର-ପୂର୍ବ ସୀମାନ୍ତ ପର୍ଯ୍ୟନ୍ତ ଏକ ଅସମ୍ଭବ ରକମର ଜାତୀୟ ଖେଚେଡି। ଇଂରାଜୀରେ କହିଲେ Ethnic Cauldron - ଏହି ବିଚିତ୍ର ନାଟକର ପ୍ରଧାନ ପାତ୍ର ହେଲେ ପ୍ରଥମତଃ ଶାନ-ଥାଇ ଜାତି ଯାହାର ଏକ ଶାଖା ଭାରତରେ ଆହମ। ଆଉ ଏକ ପାତ୍ର ହେଲେ କଚିନ ଜାତି ଏବଂ ତାହାଉ ଶାଖା ସିଂଫୋ। ତା' ଛଡା ନାଗା ପ୍ରଧାନତଃ ଭାରତରେ। ବର୍ମାରେ ମଧ୍ୟ ଯଥେଷ୍ଟ। ପୁଣି କୁକି ଓ ଚୀନ ଜାତିସମୂହ। ଭାରତରେ ପ୍ରଧାନତଃ ମିଜୋ ଏବଂ କିଛି କୁକି। ପୁଣି ବର୍ମାରେ କରେନ। ଏତିକି ଜାତି ମୁଣ୍ଡ ଖରାପ କରିବାକୁ ସତେ ଯେମିତି ଯଥେଷ୍ଟ ନୁହେଁ, ସେଥିରେ ପୁଣି ବର୍ମାର ଆରାକାନ ପ୍ରଦେଶରେ ରୋହିଙ୍ଗିୟା ମୁସଲମାନ ଯାହାଙ୍କ ସମସ୍ୟା ପ୍ରକୃତରେ ବୋସନିଆର ମୁସଲମାନଙ୍କ ଅପେକ୍ଷା ଅନେକ ବେଶି ଗୁରୁତର। ଏହି ଜାତିମାନେ

ସମସ୍ତେ ନିଜର ସ୍ୱାଧୀନତା ଲାଗି ଗରିଲା ଯୁଦ୍ଧ ଚଳାଇ ଯାଉଛନ୍ତି। ଖାଲି ଏମାନେ ଗୋରା ନ ହୋଇ ଥିବାରୁ ଏବଂ ଏମାନଙ୍କର ପାଖେ ତେଲ ନ ଥିବାରୁ ପୃଥିବୀର ଟେଲିଭିଜନ କଂପାନୀମାନଙ୍କର ଏମାନଙ୍କ ଲାଗି କୌଣସି କୌତୂହଳ ନାହିଁ। ପ୍ରକୃତରେ କେବଳ ଭାରତ ହିଁ ଏହି ଜାତି ସମସ୍ୟାର ଏକ ମୋଟାମୋଟି ସମାଧାନ କରିପାରିଛି। ତେବେ ଏଠି ସେ ବିଷୟରେ ଆଲୋଚନା ପ୍ରାସଙ୍ଗିକ ନୁହେଁ। ବର୍ମା ଓ ଥାଇଲାଣ୍ଡ ନିଜର ଭାଷା, ଧର୍ମ ଓ ସଂସ୍କୃତି ଏହି ଜାତିମାନଙ୍କ ଉପରେ ଚପେଇବାକୁ ଚେଷ୍ଟା କରିବାରୁ ଏହି ଗରିଲା ଯୁଦ୍ଧ ଚାଲିଛି। ପୁଣି ବର୍ମା ସରକାରର ମଧ୍ୟ ସେଭଳି ସାମରିକ ସାମର୍ଥ୍ୟ ନାହିଁ ଯେ ବିଦ୍ରୋହଟାକୁ ମୋଟାମୋଟି ଚପେଇଦେବ।

ଆପଣ ଯଦି ଏହି ଅଞ୍ଚଳରେ କାମ କରନ୍ତି, ନିଶ୍ଚୟ ଏହିପରି କିଛି ବିଦ୍ରୋହୀଙ୍କୁ ଭେଟିବେ। ବର୍ମା ସରକାରର ଉତ୍ତର ବର୍ମାରେ କାର୍ଯ୍ୟକାରୀ ଶାସନ ଚଳାଇବାର କ୍ଷମତା ନାହିଁ। ଏଣେ ପୃଥିବୀର ଅନେକ ଦେଶ ଗୁପ୍ତରେ ସାହାଯ୍ୟ କଲେ ମଧ, କେହି କାଚିନ ବା କାରେନ ରାଜ୍ୟକୁ ରାଜନୈତିକ ସ୍ୱୀକୃତି ଦେବ ନାହିଁ। ବର୍ତ୍ତମାନ ଏହି ବିଦ୍ରୋହ ବୁଢ଼ା ହେଲାଣି ଏବଂ ବିଦ୍ରୋହୀ ନେତାମାନେ ମଧ ବୁଢ଼ା। ଯଦି ବିଦ୍ରୋହ ୧୯୫୦ ଆଗରୁ ଆରମ୍ଭ ହୋଇଥାଏ, ତାହାହେଲେ ତ ବର୍ତ୍ତମାନ ଚାଳିଶ ବର୍ଷରୁ ବେଶି ପୁରୁଣା। ପୃଥିବୀରେ କାହାର ଆଉ ଏ ବିଷୟରେ କୌଣସି ଆଗ୍ରହ ନାହିଁ। ଏହି ଉପଜାତିମାନଙ୍କ ମଧରୁ ଅଧିକାଂଶ ଖ୍ରୀଷ୍ଟାନ ହୋଇଥିବାର କେତେକାଳ ପର୍ଯ୍ୟନ୍ତ ୟୁରୋପ ଓ ଆମେରିକାର ଖ୍ରୀଷ୍ଟାନ ସଂସ୍ଥାମାନେ ସାହାଯ୍ୟ ପଠାଉଥିଲେ। ବର୍ତ୍ତମାନ ସେମାନେ ବି ବିରକ୍ତ। କିନ୍ତୁ ବିଦ୍ରୋହ ଠିକ୍ ଚାଲିଛି। ବିଦ୍ରୋହକୁ ଚଳାଉଛି ଚୋରା କାରବାର ବା Smuggling। ଏ ଅଞ୍ଚଳରେ ଯଥେଷ୍ଟ ଅଫିମ ହୁଏ। ମଣିମାଣିକ୍ୟର ଖଣି ମଧ ଅଛି। ଆହୁରି ଅଛି ଅଗୁରୁ ଚନ୍ଦନର ଗଛ। ଅଗୁରୁ କାଠ ବର୍ମା ସୀମାନ୍ତରେ ଯଦି ପାଞ୍ଚଶହ ଟଙ୍କା ହୁଏ, ବମ୍ବେରେ ପାଞ୍ଚହଜାର। ଏବେ ତ ଖବରକାଗଜରେ କର୍ଣ୍ଣାଟକର ବୀରାପ୍ପାନ କଥା ପଢୁଛନ୍ତି। ସେ ଅଞ୍ଚଳରେ ଅନେକ ବୀରାପ୍ପାନ। କିନ୍ତୁ ସେମାନେ ନିଜକୁ ସ୍ୱାଧୀନତା ସଂଗ୍ରାମୀ କହନ୍ତି ।

ଏହିପରି ଜଣେ ହେଲା ନାରୁ। ସେ ଯଦିଚ ଚୀନ୍ ଜାତିର, ତଥାପି ସେ ଏକ ଅଖଣ୍ଡ ବର୍ମାର ସ୍ୱପ୍ନ ଦେଖୁଥିଲା। ତା'ର ସ୍ୱପ୍ନର ବର୍ମାରେ ସବୁ ପ୍ରଧାନ ଉପଜାତି ମୋଟାମୋଟି ସ୍ୱାୟତ୍ତ ଶାସନ ପାଇବେ। ସେମାନେ ନିଜର ଭାଷା ଓ ସଂସ୍କୃତିକୁ ସମୃଦ୍ଧ କରିପାରିବେ। ଯଦିଚ ଅଧିକାଂଶ ବର୍ମା, ବର୍ମା ଭାଷା ଓ ବୌଦ୍ଧ ଧର୍ମକୁ ଉପଜାତିମାନଙ୍କ ଭିତରେ ଜୋର୍ କରି ପ୍ରଚାର କରିବାକୁ ଚାହୁଁଥିଲେ, ତଥାପି କେତେକ ପ୍ରଧାନ ନେତା ଯଥା ଉନ ଏହି ବିଷୟରେ ଯଥେଷ୍ଟ ଉଦାର ଥିଲେ। ସେମାନେ

ଉପଜାତିଙ୍କ ଭିତରେ ନିଜ ପାର୍ଟିର କର୍ମକର୍ତ୍ତା ଗଢ଼ିବାର ଚେଷ୍ଟା କରିଥିଲେ। ସେହିପରି ଜଣେ ହେଲା ନାରୁ ଯେ କି ଉନୁଙ୍କ ପାର୍ଟିର ଜଣେ ଉଲ୍ଲେଖଯୋଗ୍ୟ କର୍ମକର୍ତ୍ତା ଥିଲା। ବର୍ମାର ମିଲିଟାରୀ ଗଣତାନ୍ତ୍ରିକ ଶାସନକୁ ଭାଙ୍ଗି ଦେଇ ଜେନେରାଲ ନେ ଓଭଇନ୍‌ଙ୍କ ଏକଛତ୍ରବାଦ ଚଳେଇଲା। ଉନୁ ଭାରତ ପଳାଇ ଆସି ସାଞ୍ଚିରେ ବୌଦ୍ଧ ଭିକ୍ଷୁର ଜୀବନ କଟାଇଲେ। କିଏ ଆଇଲାଣ୍ଡ, କିଏ ମାଲେସିୟା ଇତ୍ୟାଦି ପଳାଇଲେ। ନାରୁର ଘରଠାରୁ ଭାରତ ପାଖ ହୋଇଥିବାରୁ ସେ ଏଠିକି ଚାଲିଆସିଲା। ସେ ଏହିଠାରୁ ଏବଂ କେତେବେଳେ ବର୍ମାର ଚୀନ୍ ପର୍ବତରୁ ତା'ର ଗରିଲା ଯୁଦ୍ଧ ଚଳାଉଥିଲା ।

ମୁଁ ଭେଟିଲା ବେଳକୁ ସେ ଏହି ଆନ୍ଦୋଳନରେ ମାତିଛି। କିନ୍ତୁ ତା'ର ସ୍ତ୍ରୀ ଦେହ ବଡ ଖରାପ। ସେହି ସୂତ୍ରରୁ ମୋ ସହିତ ଯୋଗାଯୋଗ। ମୋର ଡାକ୍ତରମାନଙ୍କ ସହିତ ଭଲ ପରିଚୟ ଥିବାରୁ ତାହାର ସ୍ତ୍ରୀର ଚିକିତ୍ସା ଓ ଅପରେସନର ସୁବିଧା କରି ଦେଇଥିଲି। ଫଳତଃ ସେ ମୋ ପ୍ରତି କୃତଜ୍ଞ ଥିଲା। ମୁଁ ସେ ସମୟରେ ତା' ଭିତରେ ଜ୍ୱଳନ୍ତ ଆଦର୍ଶବାଦ ଲକ୍ଷ୍ୟ କରିଛି। ଅନେକ ସମୟରେ ସେ ଭାରତକୁ ଖୁବ୍ ଦୋଷ ଦେଉଥିଲା କାରଣ ତା'ର ମତରେ ଭାରତ ଏକ ଗଣତାନ୍ତ୍ରିକ ଦେଶ ହୋଇଥିବାରୁ ଭାରତର ବର୍ମାରେ ଗଣତନ୍ତ୍ର ଆନ୍ଦୋଳନକୁ ସାହାଯ୍ୟ କରିବା ଉଚିତ; ଯାହାକି ଭାରତ କରୁନାହିଁ। ତେବେ ସେ ନିଜର ବିଜୟ ସମ୍ବନ୍ଧରେ ନିଶ୍ଚିତ ଥିଲା।

ଏହାପରେ ବହୁତ ଦିନ ବିତିଗଲା। ପ୍ରାୟ ଦଶବର୍ଷ। ହଠାତ ଖବର ମିଳିଲା ଯେ ନାରୁ ଗିରଫ ହୋଇଛି। ଖୋଜ ନେବାରେ ଜଣାଗଲା ଯେ ନାରୁ ଏକ ବଡ ତସ୍କର ବା ସ୍ମଗଲର୍। ସେ ପ୍ରଧାନତଃ ଅଗୁରୁ ଚନ୍ଦନ କାଠ ଓ ମାଣିକ୍ୟ ବା ରୁବି ବର୍ମାରୁ ଭାରତକୁ ଚୋରାଚାଲାଣ କରେ ଏବଂ ଭାରତରୁ ଔଷଧ ଇତ୍ୟାଦି ଚାଲାଣ କରେ। ତାକୁ ମୋର ଜେଲ୍‌ରେ ଦେଖା କରିବାକୁ ପଡିଥିଲା। ମୁଁ ତ ଆଶ୍ଚର୍ଯ୍ୟ ହୋଇଗଲି। ଏ କ'ଣ ସେହି ନାରୁ ଯେ କି ତାର ଆଦର୍ଶ ଲାଗି ନିଜର ସବୁ କିଛି ଉତ୍ସର୍ଗ କରିବାକୁ ପ୍ରସ୍ତୁତ ଥିଲା ଏବଂ କରିଥିଲା ମଧ୍ୟ। ତାକୁ ଏଠି ଦେଖି ମୁଁ ମଧ୍ୟ ବିମର୍ଷ ହୋଇପଡିଲି। ମନେହେଲା ଯେପରି ମୋର ମଧ୍ୟ ଆଦର୍ଶବାଦ ପ୍ରଚଣ୍ଡ ଧକ୍କା ଖାଇଛି। ନାରୁ ସାଥିରେ କଥା ହେବାକୁ କଷ୍ଟ ଲାଗୁଥିଲା। ଶେଷରେ ପଚାରିଲି ନାରୁ। ଏହା କିପରି ହେଲା ? ସେ ମୋତେ ଯାହା ଉତ୍ତର ଦେଲା ତାହା ଭୟାବହ। ମୋଟାମୋଟି ଏହିପରି –

ସାହେବ, ସେ ନାରୁ ମରିଗଲାଣି। ତମ ଆଗରେ ବର୍ତ୍ତମାନ ନାରୁର ଶରୀରରେ ଆଉ ଜଣେ। ଉନୁ ଧର୍ମରେ ଆଶ୍ରୟ ନେଲେ। ଜଣକ ପରେ ଜଣେ ପୁରୁଣା ସାଥୀ ମରିଗଲେ ବା ମିଲିଟାରୀ ସହିତ ସାଲିସ କରିନେଲେ। ମୁଁ ପ୍ରାୟ ଦିଗଭ୍ରାନ୍ତ ହୋଇଗଲି। ଏ ମଧ୍ୟରେ ସ୍ତ୍ରୀର ଦେହ ବହୁତ ଖରାପ ହେଲା। ଧନ ନାହିଁ। ବନ୍ଧୁ ନାହାଁନ୍ତି। ଏହି

ସମୟରେ ମୋର ଜଣେ ପୁରୁଣା ବନ୍ଧୁ କିଛି ଟଙ୍କା ଦେବାକୁ ରାଜି ହେଲେ। ସେହିଠାରୁ ଏହି ସ୍ମଗଲିଂ ଆରମ୍ଭ। ଦେଖିଲି ଯେ ମୋର ଆଦର୍ଶ ଲାଗି ସାହାଯ୍ୟ କରିବାକୁ କେହି ନାହିଁ। ମୋର ସ୍ତ୍ରୀର ଚିକିତ୍ସା କରିବାର ଉପାୟ ନାହିଁ। ମୋର ଆଦର୍ଶ ଛଡା ସଂସାରରେ ତ କେବଳ ମୋର ବୋଲି ସେହି ସ୍ତ୍ରୀ ଲୋକଟି। ଆଦର୍ଶର ମୃତ୍ୟୁ ତ ଆଖି ଆଗରେ ଦେଖିଲି। କିନ୍ତୁ ମୋର ସ୍ତ୍ରୀର ମୃତ୍ୟୁ ମୁଁ ଦେଖିବାକୁ ପ୍ରସ୍ତୁତ ନ ଥିଲି ଏବଂ କିଛିଦିନ ପରେ ସେ ଆବଶ୍ୟକତାଟା ଅବଶ୍ୟ ପୂରଣ ହୋଇଯାଇଛି। କିନ୍ତୁ ସେତେବେଳେକୁ ମୋତେ ଟଙ୍କାର ନିଶା ଲାଗି ସାରିଛି। ସେ ନିଶା ଛାଡିବାର ନୁହେଁ। ଆଜି ଯାହା ହୋଇଛି, ତାହା କିଛି ନୂଆ ନୁହେଁ। ମଝିରେ ମଝିରେ ଧରା ପଡିବା ସ୍ୱାଭାବିକ। କିନ୍ତୁ ଆଗରୁ ମଧ୍ୟ ଟଙ୍କା ବଳରେ ଖସି ଯାଇଛି ଓ ଏଥର ମଧ୍ୟ ଖସିଯିବି। ତେବେ ସାହେବ୍ ଟିକିଏ ଓ ଦେଖ, ମୋର ଆଦର୍ଶର ମୃତ୍ୟୁ ଲାଗି କ'ଣ ତୁମେମାନେ କେତେକଟା ଦାୟୀ ନୁହଁ ?

ଏହା ମୋର ନରକ ଦର୍ଶନ, କାରଣ ନାରୁର ପ୍ରଶ୍ନ ମୋର ଆତ୍ମବିଶ୍ୱାସର ମୂଳଦୁଆ ଦୋହଲାଇ ଦେଇଥିଲା ।

ନାରୁର ଆଦର୍ଶ ମରିଲା। ତେବେ ସମସ୍ତେ ତ ଆଦର୍ଶ ହତ୍ୟାରେ ଲାଗି ପଡିଛନ୍ତି। ସମସ୍ତ ପ୍ରଚାର ଅଭିଯାନ ସତ୍ତ୍ୱେ ମ୍ୟାନମାରର ମିଲିଟାରୀ ଶାସନ ଜୁଣ୍ଟା ଆସିଆନ୍ ଦେଶ, ଚୀନ ଏପରିକି ଆମେରିକାଠାରୁ ମଧ୍ୟ ସାହାଯ୍ୟ ପାଉଛି। ଶ୍ରୀମତୀ ଅଂସାନ୍ ସୁକୀ ପାଞ୍ଚବର୍ଷ ହେଲା ଅଟକବନ୍ଦୀ ଥିଲେ। ଅଥଚ ସେ ବର୍ମା ବା ମ୍ୟାନ୍‌ମାର ଜାତିପିତାଙ୍କ କନ୍ୟା। ତାଙ୍କ ପିତା ଅଂସାନ୍‌ଙ୍କ ସ୍ଥାନ ଭାରତର ଗାନ୍ଧୀଙ୍କ ପରି। ସବୁ ଉନ୍ନତ ଗଣତାନ୍ତ୍ରିକ ଦେଶମାନଙ୍କ ଆଦର୍ଶ ଗଲା କୁଆଡେ ? ବୋଧହୁଏ ସ୍ୱାର୍ଥଠାରୁ ବଡ଼ ଆଦର୍ଶ ନାହିଁ ଏ କଥାଟା କହିବା ମଧ୍ୟ ମୋର କୁମ୍ଭୀପାକ ଦର୍ଶନ। ଅନ୍ୟମାନେ ଯାହା ଭାବନ୍ତୁ।

■

ବୀରାଙ୍ଗନା

ଆଜି ଯାହାଙ୍କ ବିଷୟରେ କହିବାକୁ ବାହାରିଛି, ତାଙ୍କୁ ଯେ ମୁଁ ବୁଝିପାରିଛି, ତାହା କହିବା ଦୁଃସାହସ ମାତ୍ର। ପ୍ରଥମେ ତାଙ୍କ ବିଷୟରେ କିଛି କହିବାକୁ ଭୟ ହେଉଥିଲା, କାରଣ ସେ ସର୍ବଗୃହୀତ ମାନ୍ୟତାକୁ ପ୍ରତ୍ୟାଖାନ କରିଦେଇଛନ୍ତି ଏବଂ ନିଜ ଲାଗି ପାପପୁଣ୍ୟର ଅଲଗା ସଂଜ୍ଞା ନିରୂପଣ କରୁଛନ୍ତି। କିନ୍ତୁ ସେହି କାରଣରୁ ସେ ନିଜର ଭିନ୍ନ ଏବଂ ଏକ ଅନନ୍ୟ ପରିଚୟର ଅଧିକାରିଣୀ। ସେହି ଅନନ୍ୟ ପରିଚୟ ବା Identity ପାଠକଙ୍କର ସମ୍ମୁଖରେ ଉପସ୍ଥିତ କରୁଛି। ଅବଶ୍ୟ କିଛି ଭୟର ସହିତ। କାରଣ ମୋର ଅକ୍ଷମତା ସମ୍ବନ୍ଧରେ ସଚେତନତା।

ସ୍ଥାନଟା ତିବ୍ବତ ସୀମାନ୍ତ। ୧୯୬୨ର କଟୁ ସ୍ୱାଦ ମନରେ ଲାଗି ରହିଛି। ସୀମା ଉପରେ ଉପଯୁକ୍ତ ପହରାର ବ୍ୟବସ୍ଥା କରିବା ଆମର ପ୍ରଧାନ କର୍ତ୍ତବ୍ୟ। କିନ୍ତୁ ଏତେ ବଡ ଏବଂ ପର୍ବତମୟ ସୀମାକୁ ପୂରା ଜଗି ହେବ ନାହିଁ। ଏଣୁ ସାଧାରଣ ପହରା ଛଡା ଅନ୍ୟ ଉପାୟ ମଧ୍ୟ କରିବାକୁ ହେବ। ଏଥିରେ ସୀମା ପାଖରେ ବାସ କରୁଥିବା ଜନଜାତିର ଗ୍ରାମବାସୀ, ଗୋରୁ, ଚମରୀ ନେଇ ବୁଲୁଥିବା ପଶୁପାଳକ ଏବଂ କସ୍ତୁରୀମୃଗ ଶିକାରୀ, ସମସ୍ତଙ୍କର ସହଯୋଗ ଆବଶ୍ୟକ। କିନ୍ତୁ ତାହାଛଡା ତାଙ୍କ ଭିତରୁ କେହି କୌଣସି ବେଆଇନ କାର୍ଯ୍ୟରେ ଲିପ୍ତ ଅଛି କି, ତାହା ଉପରେ ମଧ୍ୟ ଆଖି ରଖିବାକୁ ହେବ। ଆମେ ଖବର ପାଇଲୁ ଯେ ଏକ ଗିରିସଙ୍କଟ ନିକଟରେ ଗ୍ରାମ ଠାରୁ ଦୂରରେ ଗୋଟିଏ ଦମ୍ପତି ଘର କରି ରହିଛନ୍ତି। ଏପରି ରହିବାଟା ବଡ ସନ୍ଦେହଜନକ। ଏଣୁ ଏ ବିଷୟରେ ତଦନ୍ତ କରିବାକୁ ହେବ। ଗ୍ରାମବାସୀଙ୍କ ଠାରୁ ଜଣାପଡିଲା ଯେ, ସେମାନେ ପ୍ରଥମେ ଗ୍ରାମରେ ରହୁଥିଲେ। ଏକ ଜଘନ୍ୟ ପାପ କରିଥିବାରୁ ଗ୍ରାମବାସୀ ତାଙ୍କୁ ଗ୍ରାମରୁ ନିର୍ବାସିତ କରିଛନ୍ତି। ଗ୍ରାମବାସୀଙ୍କ ଇଚ୍ଛା ଯେ ସରକାର ସେମାନଙ୍କୁ ଗିରଫ

କରି ଜେଲ୍ ପଠାଇ ଦେଉ। ଗ୍ରାମବାସୀଙ୍କର ସେ କ୍ଷମତା ନ ଥିବାରୁ ସେମାନେ ତାହା କରିପାରୁ ନାହାଁନ୍ତି। ଗ୍ରାମବାସୀ ଏକମତ ଏ ସରକାର ଏ ବିଷୟରେ କିଛି କରିବା ଉଚିତ୍। କିନ୍ତୁ ପାପ କ'ଣ ଗ୍ରାମବାସୀ ସ୍ପଷ୍ଟ କହୁ ନାହାନ୍ତି। କେବଳ ଏତିକି ଇସାରା କଲେ ଯେ, ନାରୀ-ପୁରୁଷ ଘଟିତ ଏକ ଗର୍ହିତ ବ୍ୟାପାର ଏଥିରେ ଅଛି।

ମୁଁ ଗସ୍ତରେ ଯାଇଥିଲା ବେଳେ ସେଠାର ସୀମା ଚୌକିର ଅଫିସର୍ କଥାଟା ଉଠେଇଲେ। ସମସ୍ତ ବ୍ୟାପାରଟା ତାଙ୍କର ଠିକ ବୋଧଗମ୍ୟ ହେଉ ନାହିଁ। ପ୍ରଥମେ ତାଙ୍କର ସନ୍ଦେହ ଥିଲା ଯେ, ହୁଏତ ଏହି ଦମ୍ପତିଙ୍କ ଘର ଗ୍ରାମଠାରୁ ଦୂରରେ ଏବଂ ନିରୋଳା ସ୍ଥାନରେ ହୋଇଥିବାରୁ ତିବ୍ବତରୁ ଚୀନର ଗୁପ୍ତଚର ବା ଅତିକମ୍‌ରେ ତସ୍କର କାରବାରି ତାଙ୍କ ଘରକୁ ଘାଟି କରି ଥାଇପାରନ୍ତି। କିନ୍ତୁ ଅନେକ ଦିନ ଆଖି ରଖି ମଧ୍ୟ କିଛି ସନ୍ଦେହଜନକ ଗତିବିଧି ଆଖିରେ ପଡିନାହିଁ। କିନ୍ତୁ ସେମାନେ ଏପରି କାହିଁକି ରହିଛନ୍ତି ତା'ର ମଧ୍ୟ କୌଣସି ସଙ୍ଗତ କାରଣ ମିଳୁନାହିଁ। ଆମେ ସ୍ଥିର କଲୁ ଯେ ଏହି ଦମ୍ପତିଙ୍କୁ ହିଁ ସିଧାସଳଖ ପଚରାଉଚରା କରିବା। ମୁଁ ନିଜେ ପଚରାଉଚରା କରିଥିଲି। ସ୍ୱାମୀ ତ କହିଲା ଯେ, ସେମାନଙ୍କୁ ଗାଁରୁ ବାହାର କରିଦିଆ ଯାଇଥିବାରୁ ସେମାନେ ଗାଁ ବାହାରେ ଚାଷ କରି କୌଣସି ମତେ ଚଳୁଛନ୍ତି। ସେ କେବେ ସୀମା ପାଖକୁ ଯାଏ ନାହିଁ। ନିକଟସ୍ଥ ବଣରୁ କେବଳ କାଠ କାଟିବାକୁ ଯାଏ। ଗ୍ରାମବାସୀ ତାଙ୍କୁ ବାହାର କରିଦେଇଛନ୍ତି। ଏଣୁ ତା'ର କାରଣ ଗ୍ରାମବାସୀ ସାହେବଙ୍କୁ କହିବା ଉଚିତ। ତା'ର ମନରେ ଏକ ଗଭୀର କ୍ଷତ ଏବଂ ଏକ ବେପରୁଆ ଭାବ ଥିବା ଅନୁଭବ କରିହେଉଥିଲା। ବୁଝିଲି ଯେ, ଏହାଠାରୁ ବେଶି କିଛି ମିଳିବ ନାହିଁ।

ଏଣୁ ସେହି ମହିଳାଙ୍କ ସାଥିରେ କଥାବାର୍ତ୍ତା କରିବାକୁ ମନସ୍ଥ କଲି। ତାଙ୍କୁ ସବୁ କଥା ବୁଝାଇ କହିଲି। ଯଦି ଆମେ ଆମର ପ୍ରଶ୍ନ ସବୁର ଉତ୍ତର ନ ପାଉ, ତାହା ହେଲେ ଆମେ ଧରିନେବୁ ଯେ ସେମାନଙ୍କର ଏହିପରି ରହିବାରେ କୌଣସି ଅସଦ୍ ଓ ବେଆଇନ ଉଦ୍ଦେଶ୍ୟ ଅଛି। ଏଣୁ ଆମେ ତାଙ୍କୁ ବହୁଦୂରରେ ଥିବା ରିଫ୍ୟୁଜି କ୍ୟାମ୍ପକୁ ପଠାଇବାକୁ ବାଧ୍ୟ ହେବୁ। ସେଠି ଅତ୍ୟନ୍ତ ଗରମ ଓ ସେମାନଙ୍କର ସେଠି ରହିବା କଷ୍ଟକର ଅବଶ୍ୟ ହେବ। ମହିଳା ତାଙ୍କ ସ୍ୱାମୀଙ୍କ ଠାରୁ ଢ଼େର ବେଶି ଦାୟିତ୍ୱଶୀଳ ଏବଂ ପରିସ୍ଥିତିର ଗାମ୍ଭୀର୍ଯ୍ୟ ଅନୁଭବ କରିବାକୁ ବେଶି ସକ୍ଷମ ଥିଲେ। ସେ କହିଲେ, ଆଚ୍ଛା କଣ ପଚାରିବେ ପଚାରନ୍ତୁ ।

ସେ ମହିଳାଙ୍କ ନାମ ପେମା ଡୋମା। କିନ୍ତୁ ସମସ୍ତେ ତାଙ୍କୁ ଉଚୀ ବୋଲି ଡାକନ୍ତି। ଉଚୀ ଶବ୍ଦର ଅର୍ଥ ହେଲା ଝିଅ। ଏଭଳି ପ୍ରାପ୍ତବୟସ୍କା ମହିଳାଙ୍କୁ ସମସ୍ତେ କାହିଁକି ପାଇକାରୀ ଦରରେ ଝିଅ ଡାକନ୍ତି, ତାହା ମଧ୍ୟ ଏକ ପ୍ରଶ୍ନ। ଏଣୁ ମୁଁ ସେହିଠାରୁ

ଆରମ୍ଭ କଲି। ଅର୍ଥାତ୍ ତାଙ୍କର ଏହି ଉଟୀ ନାମକରଣର କାରଣ ପଚାରିଲି ।

ସେ କହିଲେ – "ସାହେବ ମୋର ଦୁର୍ଭାଗ୍ୟ ଓ ସମସ୍ୟାର ମୂଳ ତ ସେଇଠି ମୁଁ ସାରା ଗାଁଟାର ଝିଅ ଏବଂ ନିୟମ ଅନୁଯାୟୀ ମୁଁ ମୋର ସ୍ୱାମୀଙ୍କର ଝିଅ। ଏଣୁ ଆମର ଏହି ନିର୍ବାସନ।" ତାହା ପରେ ସେ ସଂପୂର୍ଣ୍ଣ କାହାଣୀଟି କହିଲେ। 'ଏଠାରେ ପ୍ରଥା ଅନୁଯାୟୀ ମୋର ମାଆଙ୍କର ତିନିଜଣ ସ୍ୱାମୀ ଥିଲେ। ସେମାନେ ଭାଇ। ମୋର ବର୍ତ୍ତମାନ ସ୍ୱାମୀ ମୋ ମାଆଙ୍କର ସବା ସାନ ସ୍ୱାମୀ ଥିଲେ। ମୋର ପିଲାଦିନେ ସେ ଏଠି ନ ଥିଲେ। ଅନ୍ୟତ୍ର ଚାକିରି କରୁଥିଲେ। ଏହା ଭିତରେ ମୋର ପ୍ରଥମ ବାପା ମରିଗଲେ। ତାଙ୍କ ଅନ୍ୟଭାଇ ଅର୍ଥାତ୍ ମୋର ମାଆଙ୍କର ଅନ୍ୟ ଏକ ସ୍ୱାମୀ ବହୁତ ଆଗରୁ ମରିଯାଇଥିଲେ। ଏଣୁ ଘରେ ଆଉ ପୁରୁଷଲୋକ ନ ଥିବାରୁ ଏହାଙ୍କୁ ଚାକିରି ଛାଡି ଆସିବାକୁ ପଡିଲା। ମା' ତାଙ୍କର ସାନ ସ୍ୱାମୀଠାରୁ ପନ୍ଦରବର୍ଷରୁ ବେଶି ବଡ। ମୋତେ ପ୍ରାୟ ପନ୍ଦର ଏବଂ ଏହାଙ୍କୁ ପ୍ରାୟ ପଚିଶ। ଏଣୁ ମୋର ତାଙ୍କର ପ୍ରାକୃତିକ ଝିଅ ହୋଇଥିବା ପ୍ରାୟ ଅସମ୍ଭବ। ତଥାପି ଆଇନ ଅନୁସାରେ ମୁଁ ତାଙ୍କ ଝିଅ ଓ ସେ ମୋର ବାପା। ଏ କଥା ସତ ଯେ ଆମେ ପରସ୍ପର ପ୍ରତି ଆକର୍ଷଣ ଅନୁଭବ କରୁଥିଲୁ। ଆମମାନଙ୍କର ଖେତ ଗାଁଠାରୁ ଅନେକ ଦୂରରେ ଥାଏ। ଖେତର କାମ ଲାଗି ମୋତେ ଅନେକ ସମୟରେ ଯିବାକୁ ପଡୁଥିଲା। କାମ ବେଶି ଥିଲେ ରାତିରେ ଫେରି ହୁଏନାହିଁ। ଆପଣ ତ ଜାଣନ୍ତି ଯେ, ଆମେ ଖେତରେ ଗୋଟିଏ ଛୋଟିଆ ଘର ମଧ୍ୟ କରିଥାଉ। ଅନେକ ସମୟରେ ଆମେ ଦୁଇଜଣ ସେଠି ରାତିରେ ରହିବାକୁ ବାଧ୍ୟ ହେଲୁ। ଦିନେ ଆପଣ ଯାହା ସନ୍ଦେହ କରୁଛନ୍ତି, ତାହା ଘଟିଗଲା। ତାହା ପରେ ଆମେ କୌଣସିମତେ ବାହାନା କରି ଖେତ ଘରେ ରାତି କାଟିବାକୁ ଲାଗିଲୁ। ଖୁବ୍‌ଶୀଘ୍ର ମା'ର ସନ୍ଦେହ ହେଲା; ଏବଂ ଗ୍ରାମବାସୀଙ୍କର। ମୋତେ ବହୁତ ମାଡ ହେଲା। ମୁଁ ଅନେକ ଗମାତ ସ୍ୱୀକାର କରି ନ ଥିଲି। କାରଣ ତାହା ହେଲେ ଏହାଙ୍କ ଉପରେ ଭୀଷଣ ଦଣ୍ଡ ହେବ। ଏକ ସମୟରେ ମାଡରେ ମୁଁ ମୂର୍ଚ୍ଛିତ ହୋଇଗଲି। ମୋର ଏ ଦୁର୍ଦ୍ଦଶା ଦେଖି ମୋର ସ୍ୱାମୀ ଯେ କି ସେତେବେଳେ ମୋର ବାପା କୁହାଉଥିଲେ, ଦୋଷ ସ୍ୱୀକାର କଲେ। ଅନ୍ୟ କାଳରେ ତାଙ୍କୁ ପ୍ରାଣଦଣ୍ଡ ହୋଇଥାଆନ୍ତା। କିନ୍ତୁ ବର୍ତ୍ତମାନ ଭାରତ ସରକାରର ଶାସନରେ ତାହା ତ ହୋଇପାରିବ ନାହିଁ। ଏଣୁ ସେ ନିର୍ବାସିତ ହେଲେ।'

ମୁଁ ପଚାରିଲି– ତୁମର ଆଇନ ଅନୁଯାୟୀ ସ୍ତ୍ରୀକୁ କୌଣସି ଦଣ୍ଡ ଦିଆଯାଏ ନାହିଁ, ଦଣ୍ଡ ପୁରୁଷକୁ ଦିଆଯାଏ। ସ୍ତ୍ରୀକୁ ମାଡ ହୁଏ, କେବଳ ତାହାଠାରୁ ସତ କଥା ବାହାର କରିବା ପାଇଁ। ଯେତେବେଳେ ପୁରୁଷ ସ୍ୱୀକାର କରିସାରିଛି, ସେତେବେଳେ ଆଉ ମାଡ ହୋଇପାରିବ ନାହିଁ। ତୁମର ନିର୍ବାସନ ଦେବାର ଅଧିକାର ଗ୍ରାମସଭାର ନାହିଁ।

ତୁମେ କାହିଁକି ଏଠି 'ଉଟୀ' କହିଲା- ସାହେବ, ଆପଣ ଯାହା କହୁଛନ୍ତି, ତା' ଠିକ୍। ମୋତେ କେହି ଗାଁ ଛାଡିବାକୁ କହିନାହିଁ। ଅନେକେ ମୋତେ ଗାଁରେ ରହିବାକୁ କହୁଥିଲେ। କାରଣ ମୋ ମା' ଏକଲା ହୋଇଯିବ। କିନ୍ତୁ ଯାହା ଘଟିଲା ସେଥିଲାଗି ମୋର ସ୍ୱାମୀ କ'ଣ ଏକା ଦାୟୀ। ମୁଁ ମଧ୍ୟ ତ ତାହାର ଅଂଶୀଦାର କାରଣ ତାହା ମୋର ଅନିଛାରେ ଘଟିନାହିଁ। ତାଙ୍କ ସହିତ ମୁଁ ନାରୀତ୍ୱ ପାଇଲି। ନ ହେଲେ ହୁଏତ ଚିରଦିନ ସେହି ଉଟୀ ରହିଥାଆନ୍ତି। ସେ ଯେପରି ମୋତେ ନିଦରୁ ଉଠାଇ ଦେଇଥିଲେ। ସୁଖ ଆମେ ଦୁହେଁ ଭୋଗିଥିଲୁ। ଦୁଃଖଟା କାହିଁକି ସେ ଏକା ଭୋଗିବେ ତାଙ୍କର ମୋ ଉପରେ ଅଧିକାର ଅଛି ଏବଂ ମୋର ତାଙ୍କ ଉପରେ। ମୁଁ ତାହା ତ୍ୟାଗ କରିଦେବା ଅତି ଖରାପ ମନେ କଲି। ଏଣୁ ତାଙ୍କ ସାଥୀରେ ଚାଲିଆସିଲି। ଆପଣ ଯଦି ରିଫ୍ୟୁଜି କ୍ୟାମ୍ପକୁ ପଠାଇବେ ତ ପଠାନ୍ତୁ।

ସରକାର ସାଙ୍ଗେ ତ' ଲଢ଼ି ପାରିବୁ ନାହିଁ। ତେବେ ଗୋଟିଏ ଅନୁରୋଧ, ଆମକୁ ଅଲଗା କରିବେ ନାହିଁ। ଆମ ସମାଜର ନିୟମରେ ସ୍ତ୍ରୀ ପୁରୁଷ ସମ୍ପର୍କରେ ଯାହା କରିବ ତାହା ପୁରୁଷ କରିବ। ଭଲ ହେଉ ବା ମନ୍ଦ ହେଉ। ପାପ ହେଉ ବା ପୁଣ୍ୟ ହେଉ। ମୁଁ ଏହା ମାନିବି ନାହିଁ। ମୋ ଇଚ୍ଛାରେ ମୁଁ ଏଠି ଅଛି। ମୋତେ କେହି ବାଧ୍ୟ କରୁନାହିଁ। ମୋର ସ୍ୱାମୀ ମଧ୍ୟ ତାହା କରିପାରିବେ ନାହିଁ। ସେହିପରି ମୋତେ ଏ ସ୍ଥାନ ଛାଡି ମା' ପାଖକୁ ଗାଁକୁ ଯିବାକୁ କେହି ବାଧ୍ୟ କରିପାରିବନାହିଁ। ମୋର କର୍ମର ଫଳ ମୁଁ ଭୋଗିବି। ଭଲ ହେଉ ବା ମନ୍ଦ ହେଉ। ଆଉ କାହାର କର୍ମର ଫଳ ମୁଁ ଚାହେଁ ନାହିଁ; ତାହା ଯେତେ ଭଲ ହେଉ ।

ଏହି ମହିଳାଙ୍କ ପ୍ରତି ବୀରାଙ୍ଗନା ଛଡା ଅନ୍ୟ କୌଣସି ସମ୍ବୋଧନ ଉଚିତ ହେବ କି ?

ରାଧା ମେମ୍‌ସାହେବ

କପାଳ ଲିଖନ, କେ କରିବ ଆନ। ମୁଁ ହଠାତ୍ ଦିନେ ନିଜକୁ ଏକ ଗବେଷଣା ସଂସ୍ଥାର ମୁଖ୍ୟ ରୂପେ ଆବିଷ୍କାର କଲି। ମୋର ସବା ଉପର ହାକିମ ମୋତେ ଡାକି ପଠାଇଲେ। ମୋତେ କହିଲେ ଯେ, ତୁମେ ଏଥର ପାଟକୋଇ ପର୍ବତ ପାଖେ ଥିବା ଟିଫ ଗବେଷଣା କେନ୍ଦ୍ରର ଅଧ୍ୟକ୍ଷର କାର୍ଯ୍ୟଭାର ଗ୍ରହଣ କରିବ। ମୁଁ ଆଶ୍ଚର୍ଯ୍ୟ କାରଣ ମୁଁ ନିରାପତ୍ତା ବିଭାଗର ଲୋକ। ବିଜ୍ଞାନ ବିଷୟରେ କ'ଣ ଜାଣେ। ମହାପ୍ରଭୁ ବୁଝାଇଲେ ଯେ, ବର୍ତ୍ତମାନ ବୈଜ୍ଞାନିକଗୁଡାକ ନିଜ ଭିତରେ ବହୁତ କଳି କରୁଛନ୍ତି। କାମ ଠପ୍। ତୁମେ ସେଠି ଯାଇ ସେଠାର ଶାସନ ସମ୍ଭାଳ। ବୋଧହୁଏ ସେଠି ତୁମକୁ କେହି ଭଲ ପାଇବେ ନାହିଁ। କିନ୍ତୁ ତୁମେ ଯଦି ସେମାନଙ୍କର ସାଧାରଣ ଶତ୍ରୁ ହୋଇଯାଅ, ତାହାହେଲେ ସେମାନେ ପରସ୍ପର ଭିତରେ କଳି ନ କରି କେବଳ ତୁମ ସାଥୀରେ କଳି କରିବେ। ତୁମେ ତ' ତାକୁ ସହଜରେ ସମ୍ଭାଳି ନେବ। କିନ୍ତୁ ତାହା ଦ୍ୱାରା ଶାନ୍ତି ଆସିଯିବ ଏବଂ କାମ ହେବା ଆରମ୍ଭ ହେବ।

ଆପଣ ଭାବନ୍ତୁ କି ହୁକୁମ, କି ଅବସ୍ଥା। କର୍ମ ଆଦରି ଟିଫରେ ପହଞ୍ଚିଲି। ଭାଗ୍ୟର କଥା ବୈଜ୍ଞାନିକମାନଙ୍କ ଭିତରୁ ଅନେକଙ୍କ ସାଥୀରେ ଭଲ ସମ୍ପର୍କ ହୋଇଗଲା। କାରଣ ମୁଁ ସବୁ ବାହାର କାମ ସମ୍ଭାଳି ନେଲି ଓ ସେମାନେ କେବଳ ଲାବୋରେଟରୀ ନେଇ ରହିଲେ। କେଉଁଠି ଘାସ କଟାହେବ, ପେଟ୍ରୋଲ ଡିଜେଲ କିପରି ଆସିବ, କାହା ବିରୁଦ୍ଧରେ ଦଣ୍ଡଦେବାର ବ୍ୟବସ୍ଥା ହେବ ଇତ୍ୟାଦି ଆଉ ତାଙ୍କର ଝମେଲା ରହିଲା ନାହିଁ। ଏଣିକି ସମସ୍ୟାଟା ମୋତେ ଦେଇ ଦେଲେ ତାଙ୍କର ଛୁଟି। ଏହିପରି ଏକ ସମସ୍ୟା ହେଲା ଯେ ଜଙ୍ଗଲ ଭିତରେ ଯେଉଁ ତାର ଯାଇଛି, ହାତୀମାନେ ତାକୁ ସବୁବେଳେ ଛିଣ୍ଡାଇ ଦେଉଛନ୍ତି। ଖୁଣ୍ଟ ଓପାଡି ଦେଉଛନ୍ତି। ଯେଉଁ ଘରେ ଯନ୍ତ୍ର ଅଛି ସେଠା ଚୌକିଦାର ବାଘ ଓ ହାତୀ ଡରରେ ରହୁନାହିଁ। ଏହିସବୁ ସମସ୍ୟାର ସମାଧାନ ଲାଗି ମୁଁ ସେଠାରେ ଶିକାରୀ ମହଲ ସହିତ ଯୋଗାଯୋଗ କଲି ।

ଆମ କେନ୍ଦ୍ରର ଅଳ୍ପ ଦୂରରେ ଡେକିଆଜାନ ଚା'ବଗିଚା। ସେଠାରେ ଆସିଷ୍ଟାଣ୍ଟ ମ୍ୟାନେଜର ୱାରେନ ସାହେବ। ୱାରେନ ସେ ଅଞ୍ଚଳର ଅତି ପ୍ରସିଦ୍ଧ ଶିକାରୀ। ତାହା ସହିତ ଜଙ୍ଗଲରେ ବହୁତ ବୁଲିଲୁ। ସେ ଚିହ୍ନାଇଦେଲା ଯେ ତାର ଯେଉଁବାଟେ ଯାଇଛି, ତାହା ହାତୀଙ୍କର ପାଣିକୁ ଯିବା ବାଟରେ। ଏଣୁ ହାତୀ ଅବଶ୍ୟ ଭାଙ୍ଗିବ। ସେହି ଦୁଇଶହ ଗଜ ତାର ଭୂମିତଳେ ନେଇଗଲେ ସମସ୍ୟାର ସମାଧାନ ହୋଇଯିବ। ତା'ଛଡା ଜଣାପଡିଲା ଯେ, ଚୌକିଦାରର କାହାଣୀ ସଂପୂର୍ଣ୍ଣ ମିଛ। ସେଠି ସେ ଚୋରା ଦେଶୀମଦ କାରବାର କରୁଥିବାରୁ ଏହିପରି ଲୋମହର୍ଷକ କାହାଣୀ ପ୍ରଚାର କରିଦେଇଥିଲା, ଯେପରି ସେଠି କେହି ହଠାତ୍ ନ ପହଞ୍ଚିଯାଆନ୍ତୁ।

ୱାରେନ ଲୋକଟି ମୋତେ ଭଲ ଲାଗିଲା। କିନ୍ତୁ ଜାଣିଲି ଯେ, ସେ ପ୍ରାୟ ଅନ୍ୟାନ୍ୟ ଚା' ଅଫିସରମାନଙ୍କ ସହ ମିଶେ ନାହିଁ ଏବଂ ଅନ୍ୟମାନେ ତା' ବିଷୟରେ କଥାବାର୍ତ୍ତା କରିବାକୁ ନାରାଜ। ଏହା ଭିତରେ କିଛି ରହସ୍ୟ ଥିଲାପରି ମନେ ହେଲା। ସେହି ପାଖରେ ଥିବା ଏକ ପେଟ୍ରୋଲ ପମ୍ପରୁ ଆମେ ବହୁତ ଇନ୍ଧନ ନେଉ। ଏଣୁ ସେହି ପ୍ରତିଷ୍ଠାନର ମାଲିକ ମାରୱାଡିକୁ ପଚାରିଲି। ସେ ପ୍ରଥମେ କିଛି କହୁ ନଥିଲା। ଶେଷକୁ ବହୁତ ବାଧ କରିବାରୁ କହିଲା ଯେ ୱାରେନ ସାହେବ ଇଂରେଜ ହୋଇ ମଧ୍ୟ ରାଧା ବୋଲି ଗୋଟିଏ କୁଲିଝିଅକୁ ବାହା ହୋଇଛି। ଏଣୁ ସବୁ ଚା' ବଗିଚାର ଅଫିସରମାନେ ତାକୁ ଏକପ୍ରକାର ବୟକଟ କରିଛନ୍ତି। ତାକୁ ବାହାର କରିହେବ ନାହିଁ କାରଣ ତା'ର ହେଡଅଫିସ ଅର୍ଥାତ୍ ଲଣ୍ଡନରେ ଭଲ ପ୍ରଭାବ ଅଛି। ସେ ତା'ର କାମ, ଶିକାର ଓ ମୋଟର ବୋଟ୍ ନେଇ ଆରାମରେ ଥାଏ।

ୱାରେନ ଓ ମୋ ମଧ୍ୟରେ କିଛି ଘନିଷ୍ଠତା ମଧ୍ୟ ହେଲା। ସେ ଭାରି କୁକୁର ସଉକିନି, ନାନା ପ୍ରକାର କୁକୁର ରଖିଥିଲା। ତାହା ସହିତ ମୋଟର ବୋଟ୍‌ରେ ଅନେକ ବୁଲିଛି। ପ୍ରକୃତି, ପରିବେଶ ଏବଂ ବନପ୍ରାଣୀ ବିଷୟରେ ତା'ର ପାଣ୍ଡିତ୍ୟ ଅଗାଧ। ଏହାଠାରୁ କୁକୁର ପିଲାନେଇ ଅନ୍ୟମାନଙ୍କୁ ଦେଇ ଆପ୍ୟାୟିତ କରିଛି। ଅବଶ୍ୟ ମୁଁ ସେହି କୁକୁରପୁଚ୍ଛ ଧରି ତପ୍ତ ବୈତରଣୀ ପାର ହେବାର ଆଶା ରଖିନାହିଁ ଏବଂ ଗୋଟିଏ ବୁଢ଼ୀଗାଇ ଦାନ କଲେ ତା' ଲାଙ୍ଗୁଡ ଧରି ଆପଣ ତପ୍ତ ବୈତରଣୀ ପାର ହେବେ, ଅତିକମ୍‌ରେ କର୍ମଫଳ ଭୋଗରେ ଏପରି ଦୁର୍ନୀତି ନ ହେଉ ବୋଲି ମୋର ବିଶ୍ୱାସ। ମୋର ନିଜର ସଉକ ନ ଥିବାରୁ ମୁଁ ନିଜ ଲାଗି କୁକୁର ନେଇ ନାହିଁ। କିନ୍ତୁ ୱାରେନ ସାଥିରେ ବୁଲି ଅନେକ ଅଦ୍ଭୁତ ଦୃଶ୍ୟ ଦେଖିଛି। ଯଥା - ହାତୀପଲ ପହଁରି ନଦୀ ପାର ହେବା, ଘନକୁହୁଡି ହଠାତ୍ ଆକାଶକୁ ଉଠି ବିନା ମେଘରେ ବର୍ଷା ହେବା ଇତ୍ୟାଦି। ତା'ର ସ୍ତ୍ରୀ ସହିତ ମଧ ପରିଚୟ ହେଲା, ଯାହାଲାଗି ୱାରେନ ତା'ର ସମାଜ ଛାଡିଛି। ସାଧାରଣ କୁଲି ଝିଅ ପରି। ଅଧିକାଂଶ

ଟୀ'ବଗିଚା କୁଲିଙ୍କ ଆଦିପୁରୁଷ ତ ବିହାର ଓ ଓଡ଼ିଶାର ଆଦିବାସୀ। ସେ ମଧ୍ୟ ସେହି ସନ୍ତାଳ ଝିଅପରି। କୃଷ୍ଣକାୟ କିନ୍ତୁ ଦୀର୍ଘାଙ୍ଗୀ ଓ ଏକ ଲାଳିତ୍ୟ ସର୍ବାଙ୍ଗରେ ପୂରି ରହିଛି। ପୋଷାକ ପରିଚ୍ଛଦ ଅତି ରୁଚିଯୁକ୍ତ। ସାଧାରଣତଃ ହାଲୁକା ରଙ୍ଗର ଶାଢ଼ୀ ଓ ଧଳା ବ୍ଲାଉଜ। କଦାପି ମୁହଁରେ ଲିପଷ୍ଟିକ୍ ଲଗାନ୍ତି ନାହିଁ। ଗହଣା ଭିତରେ ହାତରେ ଦୁଇପଟ ସୁନାକାଚ ଏବଂ ଜୁଡାରେ ଗୋଟିଏ ଫୁଲ: ଗୋଲାପ ବା ଡାଲିଆ। ଅର୍କିଡ଼ ଫୁଟିବା ଦିନ ଅର୍କିଡ଼। ଇଂରେଜୀ କହିପାରନ୍ତି। ଅବଶ୍ୟ ଖୁବ୍ କମ୍ କଥାବାର୍ତ୍ତା କରନ୍ତି।

ଦିନକର ଘଟଣା। ମୁଁ ୱାରେନ ସାଥିରେ ମାଛ ମାରିବାକୁ ଯାଇଥିଲି। ବ୍ରହ୍ମପୁତ୍ରରେ ମହାଶେର ମାଛ ମିଳେ, ବିଶେଷକରି ଲୋହିତ ନଦୀରେ। ଏହା ଲଢୁଆ ମାଛ ବା gamefish। ଏହାକୁ ଧରିବା ଏକ ରୀତିମତ ଯୁଦ୍ଧ ଏବଂ ୱାରେନ ମୋତେ ଶିଖାଇବ ବୋଲି ଆଣିଥିଲା। କିନ୍ତୁ ହଠାତ୍ ପାଗ ଖରାପ ହୋଇଗଲା ଏବଂ ଆମେ କୂଳକୁ ଆସିବାକୁ ବାଧ୍ୟ ହେଲୁ। ଆମ ପାଖରେ ନାଇଲନ ତମ୍ବୁ ଥିଲା। ଏଣୁ ରହିବାର କିଛି ଅସୁବିଧା ହେଲା ନାହିଁ। ୱାରେନ ତ ଜଙ୍ଗଲର ପୋକ। ସଙ୍ଗେ ସଙ୍ଗେ ନିଆଁ ଜାଳିବାର ବ୍ୟବସ୍ଥା କଲୁ। ମୋର ମଧ୍ୟ ଏହିପରି କାର୍ଯ୍ୟରେ ଅଭିଜ୍ଞତା ଅଛି। ପାଖରେ ଥିବା ଖାଦ୍ୟ ଗରମ କରିନେଲୁ। ବର୍ଷା ଓ ଥଣ୍ଡା ପବନ। କିନ୍ତୁ ନିଆଁ ଆମକୁ ବେଶ୍ ଗରମ ରଖୁଥାଏ। ଏହି ଝରଝର ବର୍ଷାର ସୁବିଧା ନେଇ ମୁଁ ୱାରେନକୁ ତା' ସ୍ତ୍ରୀ କଥା ପଚାରିଲି। କାରଣ ଢ଼ୁ ଢ଼ୁ ବର୍ଷାରେ ଦୁଇଜଣ ଯଦି ଗୋଟିଏ ଆଶ୍ରୟ ତଳେ ଥାଆନ୍ତି, ତାହାହେଲେ ସ୍ୱତଃ ତାଙ୍କ ମଧ୍ୟରେ ଥିବା ବ୍ୟବଧାନ ଭାଙ୍ଗିଯାଏ। ହୁଏ ତ ସେହି ବର୍ଷା, ସେହି ନିର୍ଜନତା ଏବଂ ସେହି ନିଆଁର ଧିକି ଧିକି ଉତ୍ତାପ ଏବଂ ଅଗ୍ନିଶିଖାର ନାନା ବର୍ଣ୍ଣର ଖେଳ ସବୁ ମିଶି ଏକ ଅଦ୍ଭୁତ ପରିବେଶ ଗଢ଼ି ଦେଇଥିଲା ଏବଂ ୱାରେନ ତା'ର ରାଜ୍ କହି ପକାଇଲା ଏବଂ କଥାଟା ରହି ରହି ଆସ୍ତେ ଆସ୍ତେ ବାହାରିଥିଲା। ମୁଁ ଏଠି ତାହାର ଏକ ସଂକ୍ଷିପ୍ତ ବିବରଣୀ ଦେଉଛି। ୱାରେନର ଜୁବାନି।

ମୁଁ ଯେତେବେଳେ ଶିବସାଗର ଜିଲାରେ ମାତାଲି ଟୀ'ବଗିଚାରେ ଥାଏ, ରାଧା ସେଠାର ସର୍ଦାରର ଝିଅ। ଆମ ବଗିଚାରେ ଥିବା ଡିସ୍‌ପେନ୍‌ସାରିରେ ଧାର କାମ ଶିଖୁଥାଏ। ତାହାର କାମ ଶିଖିବାର ଆଗ୍ରହ ଥିଲା। ଏଣୁ ଅନେକ କଥା ଜାଣି ଯାଇଥିଲା। ମୋଟାମୋଟି କମ୍ପାଉଣ୍ଡର ଓ ନର୍ସର କାମ କରିପାରୁଥିଲା। କାମ ଲାଗି ନିଜ ଚେଷ୍ଟାରେ କିଛି ଇଂରେଜୀ ଶିଖିଯାଇଥିଲା। ଯେପରିକି ପ୍ରେସକ୍ରିପ୍‌ସନ ବୁଝିପାରିବ। ଏହି ସମୟରେ ମୋତେ ଟାଇଫଏଡ ହେଲା। ମୁଁ ତ ଏକୁଟିଆ। ଡିସ୍‌ପେନ୍‌ସାରି ମୋର ବଙ୍ଗଳା ପାଖରେ। ଡାକ୍ତର ହଜାରିକା ରାଧାକୁ ମୋର ନର୍ସିଂ ଲାଗି ପଠାଇଲେ। ରାଧା ମୋର ଚିକିତ୍ସା ଓ ସେବାରେ ସଂପୂର୍ଣ୍ଣ ଲାଗି ରହିଲା। ମୁଁ ସେଣ୍ଟ ଫ୍ରାନ୍‌ସିସ ନୁହେଁ। ଆଗରୁ ବହୁ ନାରୀଙ୍କ ସମ୍ପର୍କରେ

ଆସିଥିଲି। କିନ୍ତୁ ରାଧା କିପରି ଅଲଗା। ଅନ୍ୟମାନେ ମୋଠାରୁ ଚାହିଁଛନ୍ତି ଅତିକମରେ Good time। କିଏ ଚାହିଁଛି ଟଙ୍କା, କିଏ ଚାହିଁଛି ମଜା। କିନ୍ତୁ ରାଧା କିଛି ଚାହୁଁ ନ ଥିଲା। ସେ କେବଳ ଦେବାକୁ ଚାହୁଁଥିଲା। ମୋତେ ତା'ର ସାନିଧ କ୍ରମଶଃ ବେଶି ବେଶି ଭଲ ଲାଗିଲା। ଟାଇଫଏଡଟା ତ ଲମ୍ବା ବେମାରୀ। ଏଣୁ ତା'ର ସେବା ବେଶ୍ କିଛିଦିନ ଚାଲିଲା। ଭଲ ହେଲା ପରେ ମଧ୍ୟ ସେ ଆସୁଥିଲା କାଳେ ଟାଇଫଏଡ ଲେଉଟି ପଡିବ ବୋଲି ଠିକ୍ ଖିଆପିଆର ଦେଖାଦେଖି କରିବାକୁ। କ୍ରମଶଃ ମୁଁ ମଧ୍ୟ ଅନୁଭବ କଲି ଯେ, ରାଧାକୁ ଭଲପାଇ ବସିଲିଣି। ସେ ସମୟରେ ମ୍ୟାନେଜର ହର ବିଲାତ ଯାଇଥାଆନ୍ତି। ମୁଁ ହିଁ ବଗିଚାର ମ୍ୟାନେଜର। ଏଣୁ ମୋତେ କେହି ରାଧା ବିଷୟରେ କିଛି କହି ନାହିଁ। ବିଚିତ୍ର ସ୍ତ୍ରୀ। ଥରେ ମୁଁ ତାକୁ ଗୋଟିଏ ହାର ଉପହାର ଦେବାକୁ ଚେଷ୍ଟା କଲି। ସେ ତ ରାଗି ଖୁନ୍। ଫୋପାଡି ଦେଲା। କିନ୍ତୁ ତା'ର କେତେଦିନ ପରେ ମୁଁ ତାକୁ ଗୋଲାପଟିଏ ଦେଲି। ମୁହଁ ହସରେ ଭରିଗଲା ଏବଂ ତା'ର ଜୁଡା ଦେଖାଇଦେଲା ମୁଁ ସେଠି ଫୁଲଟି ଖୋସି ଦେବାକୁ। ମୁଁ ବୁଝିଲି ଯେ, ଏପରି ସ୍ତ୍ରୀ ଲୋକ ମୁଁ ଆଉ ପାଇବି ନାହିଁ। ଶେଷରେ ତାକୁ ବାହା ହେବାର ପ୍ରସ୍ତାବ ଦେଲି। ଅନେକ ଦ୍ୱିଧା ପରେ ରାଜି ହେଲା। ମୁଁ ଅନ୍ୟ ବଗିଚାକୁ ବଦଳି ମାଗି ରାଧାକୁ ଧରି ନୂଆ ଜାଗାକୁ ଚାଲି ଆସିଲି। ସେଠି ମାଷ୍ଟର ରଖି ରାଧାକୁ ଇଂରେଜୀ ପଢ଼ାଇଲି। ରାଧା ଖୁବ୍ ଶୀଘ୍ର ଭାଷାଟା ଶିଖିଗଲା। କିନ୍ତୁ ମୁଁ ଦେଖିଲି ଯେ ଆମକୁ ପଦେ ପଦେ ଅପମାନ କରିବାକୁ ଚେଷ୍ଟା କରାଯାଉଛି। କେହି ଆମ ଘରକୁ ଆସୁନାହାନ୍ତି। କ୍ଲବରେ କେହି ମୋ ସହିତ କଥା ମଧ୍ୟ ହେଉନାହାନ୍ତି। ରାଧା ତ' ଅତ୍ୟନ୍ତ ମନମରା ହୋଇଗଲା। ମୋର ସନ୍ଦେହ ହେଲା ଯେ, ସେ ବାୟାଣୀ ହୋଇଯିବ। ମୋର ହୋମ ଲିଭ୍ ବା ବିଲାତର ଛୁଟି ପାଉଣା ଥିଲା। ରାଧାକୁ ଜବରଦସ୍ତ ବିଲାତ ନେଇଗଲି। ସେଠି ତା'ର ଆଖି ଖୋଲିଗଲା। ଗୋରା ଲୋକ ଯେ ମଜଦୁର କାମ କରିପାରେ ତା' ବୁଝିଗଲା। ମୋର କେତେକ ବନ୍ଧୁବାନ୍ଧବ ବିଶେଷକରି ମୋ ମାଆଙ୍କ ସହିତ ପରିଚୟ ହେଲା। ମାଆଙ୍କର ଦେହ ସେତେ ଭଲ ନ ଥିଲା। ଏଣୁ ରାଧା ଅନେକ ସେବା ଓ ନର୍ସିଂ କରି କିଛି ପ୍ରିୟ ହୋଇଗଲା। ଫଳତଃ ସେ ତା'ର ମାନସିକ ଭାରସାମ୍ୟ ଓ ଶାନ୍ତି ଫେରିପାଇଲା। ଏଠି ତ ମୋର ଓ ରାଧାର ସାମାଜିକ ଜୀବନ କିଛି ନାହିଁ! ରାଧା ତ ତା'ର ବନ୍ଧୁବାନ୍ଧବ, ପରିବାର ଓ ସମାଜ ଛାଡିଛି। ମୁଁ କ୍ଲବ ଯାଇପାରୁ ନାହିଁ ଏଇଟା କ'ଣ ଏତେବଡ କଥା? Is she not reason enough to rule out all other reasons ? (ସେ କ'ଣ ଅନ୍ୟ ସମସ୍ତ କାରଣକୁ ବାଦ ଦେବା ପାଇଁ ଯଥେଷ୍ଟ କାରଣ ନୁହେଁ?)

■

ପ୍ରେମିକ

ଆପଣ ପ୍ରେମିକ ଦେଖୁଛନ୍ତି ? ଆପଣ କହିବେ, "କିଓ ବାବୁ, ତାଙ୍କ ଉତ୍ପାତରେ ଝିଅ, ବୋହୂଙ୍କ ବାଟ ଚାଲିବା ଭାରି ହେଲାଣି । କଲେଜ୍‌ରେ, ଅଫିସ୍‌ରେ, ବସ୍ ଷ୍ଟାଣ୍ଡ୍‌ରେ କେଉଁଠି ସେ ଅଭିଶାପଗୁଡ଼ାକ ଗିଜ୍ ଗିଜ୍ ନ ହେଉଛନ୍ତି ଯେ ! ପୁଣି ପଚାରୁଛ କ'ଣ ନା' ତୁମେ ପ୍ରେମିକ ଦେଖିଛ ? ଭଗବାନଙ୍କ ଦୟାରୁ ସେଗୁଡ଼ାଙ୍କୁ ଦେଖିବାକୁ ପଡ଼ନ୍ତାନି କି । ଆଜ୍ଞା ଆପଣଙ୍କର କଥା ଆପାତତଃ ଠିକ୍ କୁହାଯାଇପାରେ । କିନ୍ତୁ ଆପଣ ଯେଉଁ ପ୍ରାଣୀମାନଙ୍କ କଥା କହିଲେ, ସେମାନେ ପ୍ରେମିକ ନୁହନ୍ତି । ପ୍ରେମିକଙ୍କର ମାତ୍ର ଏକ କ୍ୟାରିକେଚର ବା ବ୍ୟଙ୍ଗଚିତ୍ର । ଆମେ ପ୍ରାୟ ସମସ୍ତ ପ୍ରାପ୍ତବୟସ୍କ ପୁରୁଷ ଏକ ସମୟରେ କୌଣସି ନାରୀସଙ୍ଗ ଇଚ୍ଛା କରିଛୁ । ଅବଶ୍ୟ କେତେକ ଜୀବନମୁକ୍ତଙ୍କୁ ଛାଡ଼ିଦେଲେ । ଏମାନଙ୍କୁ ଜୀବନମୁକ୍ତ ନ କହି ଜୀବନମୃତ କହିଲେ କ'ଣ ଖୁବ୍ ଭୁଲ ହେବ ? ଆମର ଭାବନାକୁ ସ୍ପଷ୍ଟ ଶବ୍ଦରେ କେଉଁ ଦେବଦୀନ ନାମକ ଅଭିନେତା ସୁରୁଗୁଜାର ରାମଗଡ଼ ପାହାଡ଼ରେ ଚିରକାଳ ଲାଗି ଏକ ଗୁହାର କାନ୍ଥରେ ଖୋଳି ଦେଇଯାଇଛି ।

"ସୁତନୁକା ନାମ୍ନୀ ଦେବଦାସୀ
ତାହାକୁ କାମନା କରିଛି, କାଶୀବାସୀ

ଦେବଦୀନ ନାମକ ରୂପଦକ୍ଷ ।"

କେଉଁ ଜାପାନୀ ହାଇକୁ ଏହାକୁ ବଳିଯିବ ?

ଏ ମଧ୍ୟ ଉଚ୍ଚଦରର ଭାବ ଏବଂ ଆମକୁ ସ୍ପର୍ଶ କରୁଛି କାରଣ ସେହି କାମନା ଆମେ ମଧ୍ୟ କରିଚୁ । କାମନା କଲେ ଯେ କାମନା ସାର୍ଥକ ହେବ ଏପରି କିଛି କଥା

ନାହିଁ। ବରଂ କାମନା ସାର୍ଥକ ନ ହେବାଟା ସାଧାରଣ କଥା। ତେବେ ଆମେ କାମନା କରିଥିଲୁ ବା କରୁଛୁ ବୋଲି ଆମେ ପ୍ରେମିକ ନୋହୁଁ। ଏପରି କି ଦେବଦୀନ ମଧ୍ୟ ପ୍ରେମିକ ନୁହେଁ। ମୋଡ଼ ଉପରେ ଠିଆ ହୋଇ ସିଟି ବଜାଇବା ହିରୋଙ୍କ କଥା ଛାଡ଼ି ଦିଅନ୍ତୁ। ତେବେ ପ୍ରେମିକ କିଏ ? ବୈଷ୍ଣବ ବାବାଜୀ କହିବେ ଏକ ମାତ୍ର ଶ୍ରୀକୃଷ୍ଣ ହିଁ ପ୍ରେମିକା ଆଉ ସମସ୍ତେ ଆମେ ପୁରୁଷାଧାମ କ୍ଲାସରେ ଯାଉ। ଗୋସେଇଁଜୀ ମଧ୍ୟ ଠିକ୍ କହୁଛନ୍ତି। ଆପଣ କୃଷ୍ଣଙ୍କୁ ନେଇ ଆସିଲେ ତ ଆମେ ସମସ୍ତେ ପୁରୁଷାଧମ ଏବଂ ଆମର ଉଚିତ ଏହା ସ୍ୱୀକାର କରି ଏହି ଅଧମ ଅବସ୍ଥାକୁ ପରିତ୍ୟାଗ କରି ଗୋପୀ ଭାବରେ ମଜ୍ଜିଯିବା। ଏଥିସହିତ ତ ତର୍କ ଅସମ୍ଭବ। ଏଣୁ ଆମେ ଯଦି ସେହି ବୈଷ୍ଣବ ଆଧ୍ୟାତ୍ମିକ ସ୍ତରରେ ନ ଥାଉ, ତାହାହେଲେ ଆମେ ପୁରୁଷ ବା ନାରୀ ଏବଂ ଆମର କାମନା କରିବାର ଅଧିକାର ଅଛି। କିନ୍ତୁ ମୁଁ ତାକୁ ପ୍ରେମ କହିବି ନାହିଁ। ସତକଥା ମୁଁ ଜୀବନରେ ଜଣେ ମାତ୍ର ପ୍ରେମିକ ଦେଖିଛି। ପ୍ରେମିକ ତା'ର ପ୍ରେମିକାକୁ ପ୍ରେମ କରେ ନାହିଁ। ପ୍ରକୃତରେ ସେ ପ୍ରେମ କରେ ପ୍ରେମକୁ। ଏଣୁ Shelly ଲେଖିଛନ୍ତି-
'I love love, Thought it has wings and like light can flee'

ମୁଁ ଯେଉଁ ପ୍ରେମିକର କଥା କହୁଛି ସେ ମୋର ପ୍ରଥମ ଯୌବନର ବନ୍ଧୁ। ମଧ୍ୟପ୍ରଦେଶର ବ୍ରାହ୍ମଣ। କନ୍ଦର୍ପର ରୂପ କିପରି ଥିଲା କିଏ ଜାଣିଛି। ସେ ତ ଅତନୁ। ତେବେ ଭାଷାରେ ତ କନ୍ଦର୍ପ ସୁନ୍ଦର କଥାଟା ଅଛି। ମୋର ମନେ ହୁଏ ମୋର ବନ୍ଧୁ ଭାସ୍କରର ଚେହେରାଟାକୁ କନ୍ଦର୍ପ ସୁନ୍ଦର ବୋଲି ଚଳାଇ ଦେଇ ହେବ। ପ୍ରାୟ ଛଅଫୁଟ ଉଚ୍ଚ। ସୁଗଠିତ ଋଜୁ ଦେହ। ତଥାପି କିଞ୍ଚିତ କ୍ଷୀଣ। ନାକ, କାନ, ଶିଙ୍ଖାର ଗଢ଼ା ପରି। ଇଂରେଜୀରେ ଯାହାକୁ କହନ୍ତି Chiselled। ମହୁର ରଙ୍ଗ। ଗୋରା ତକ ତକ ଦେହ। କିନ୍ତୁ ସବୁଠାରୁ ଲକ୍ଷଣୀୟ ତା'ର ଆଖି ଓ ଭ୍ରୂଲତା। ଆଖିର ରଙ୍ଗ ମଧ୍ୟ ବାଳ ପରି ମହୁ ରଙ୍ଗର। କୁସ୍ତି ଭଲ ଲଢ଼ି ପାରୁଥିଲା। ସୁକଣ୍ଠ ଏବଂ ସଙ୍ଗୀତରେ କିଛି ସାଧନା ମଧ୍ୟ କରିଥିଲା। ଗଜଲ ଓ ଭଜନ ଅତି ସୁନ୍ଦର ଗାଉଥିଲା। ହକି ଖୁବ୍ ଭଲ ଖେଳୁଥିଲା। ଏକ ପ୍ରକାର ସେ ଆମ ଭିତରେ ହିରୋ। ଏପରି ଲୋକର ପ୍ରେମିକା ଅଭାବ ନ ଥିଲା। ଆମେ ପ୍ରଥମେ ପ୍ରଥମେ ଭାବିଥିଲୁ ଯେ ସେ ଗାଲୁ ମାରୁଛି। କିନ୍ତୁ ଖୋଜ ଖବର ନେବାରେ ଜଣାଗଲା ଯେ ଭାସ୍କର ମିଛ କହୁନାହିଁ। ସାଧାରଣତଃ ତା'ର ଏକାଧିକା ନାୟିକାଙ୍କ ସାଥିରେ ଏକା ସାଥୀରେ ସମ୍ପର୍କ ଥାଏ। ଆମେ ବେଳେ ବେଳେ କହୁଥିଲୁ ଯେ ଭାସ୍କର ଯେତେ ମହିଳାଙ୍କୁ ପ୍ରେମ କରିଛି ଓ ତାହା ପରେ ହରାଇଛି, ସେମାନେ ଯଦି ବସ୍ ଲାଗି ଏକାଠି କ୍ୟୁରେ ଠିଆ ହୁଅନ୍ତି ତାହା ହେଲେ କ୍ୟୁ ସରିବାକୁ ଦୁଇ ତିନି ଘଣ୍ଟା ସମୟ ଦରକାର। ଅବଶ୍ୟ ହିସାବଟା ଦିଲ୍ଲୀ ବସ୍‌ର ପ୍ରାୟ ପଚିଶବର୍ଷ ତଳର

ଅବସ୍ଥାକୁ ଲକ୍ଷ୍ୟ କରି। ଭାସ୍କର କେବେ କୌଣସି ପ୍ରେମିକାକୁ ତ୍ୟାଗ କରିନାହିଁ। ସମ୍ପର୍କର ଆରମ୍ଭଟା ସେହିଆଡୁ ପ୍ରଥମ ପଦକ୍ଷେପରେ ହୋଇଥାଏ ଓ ସେମାନେ ହିଁ ପ୍ରେମକୁ ଶେଷକୁ ତ୍ୟାଗ କରନ୍ତି। ପ୍ରଥମ କାରଣ ଯେତେବେଳେ ଜାଣିପାରନ୍ତି ଯେ, ସେ ଏକମାତ୍ର ନୁହଁନ୍ତି ଏବଂ ଭାସ୍କର ତାଙ୍କ ଲାଗି ଅନ୍ୟ ସମ୍ପର୍କ ଭାଙ୍ଗୁ ନାହିଁ। ଦ୍ୱିତୀୟ କାରଣ ଭାସ୍କରର ବାହା ହେବାରେ ଅନିଚ୍ଛା ।

ମୁଁ ସେତେବେଳେ ମୁଖ୍ୟାଳୟରେ ଥାଏ। ଘର ପାଇ ନଥାଏ। ଏଣୁ ଶ୍ରୀହୀନ। ବର୍ତ୍ତମାନର ସରୋଜିନୀ ନଗରରେ ଜଣକର ଘରେ ଗୋଟିଏ ବଖରା ଭଡ଼ା ନେଇଥାଏ। ଭୋଜନମ୍ ଯତ୍ରତତ୍ରଷ୍ଟ। କେବଳ ଶୟନ ଲାଗି ଏ ବଖରାଟା ଓ ନିତ୍ୟକର୍ମ ଲାଗି। ଦିନେ ସକାଳୁ ଶ୍ରୀମାନ ଭାସ୍କର ମୋ ଘରେ ହାଜର। ଭାସ୍କରର ଚାକିରି ସ୍ଥାନ ସେଠାରୁ ପ୍ରାୟ ପାଞ୍ଚଶହ ମାଇଲ। ମୁଁ ଭାବିଲି କୌଣସି ସରକାରୀ କାମ ବା ଟ୍ରେନିଂରେ ଆସିଛି। କିନ୍ତୁ ତା' ନୁହେଁ। ସେ ଚାରିଦିନ ଛୁଟି ନେଇ ଘରକୁ ଯିବ ବୋଲି କହି ଆସିଛି। ତା'ର ଘର ତା' କାମ ସ୍ଥାନରୁ ଦକ୍ଷିଣ ଦିଗରେ। ମୁଖ୍ୟାଳୟ ଉତ୍ତର ପଶ୍ଚିମ ଦିଗରେ। ଏଣୁ ସେ ସେଠୁ ଦକ୍ଷିଣକୁ ଯାଉଥିବା ଗାଡ଼ିରେ ବସିଲା। ସେ ଗାଡ଼ିରେ ପ୍ରାୟ ଛଅଘଣ୍ଟା ଗଲାପରେ ଆଉ ଏକ ଜଙ୍କସନ ଆସିଲା ଯେଉଁଠାରୁ କି ଦିଲ୍ଲୀକୁ ଗାଡ଼ି ମିଳିବ। ସେଠି ଗାଡ଼ି ବଦଳାଇ ଆସିଛି। ତାହାର କାରଣ ଯେ ସେ ମୁଖ୍ୟାଳୟକୁ ଆସିଛି ତାହା ଗୋପନ କରିବାକୁ ଚାହେଁ। ଏଣୁ ଆମର ଗେଷ୍ଟ ହାଉସ୍‌କୁ ନ ଯାଇ ମୋ ପାଖକୁ ଆସିଛି। ତା'ର ଅର୍ଥ ସମସ୍ୟା ଗୁରୁତର। କଥାବାର୍ତ୍ତାରୁ ଜଣାପଡ଼ିଲା ଯେ, ଏହା ତାହାର ପ୍ରେମଘଟିତ ଏକ ବିକଟ ସମସ୍ୟା ।

ସମସ୍ୟାଟା ହେଲା ଯେ, ସେ ଯେଉଁଠି କାମ କରୁଥଲା ତାହାର ପ୍ରଧାନ ଅଫିସର କେତେକଟା ମୁଫତଖିଆ ଥିଲେ। ଭାସ୍କର ସେଠି ଜଏନ୍ କରିବାର କିଛିଦିନ ଭିତରେ ସେଠାର ସଙ୍ଗୀତଜ୍ଞ ମହଲରେ ପରିଚିତ ହୋଇଗଲା। ଏହିପରି ଏକ ସଙ୍ଗୀତ ଆସରକୁ ଉକ୍ତ ମୁଫତଖୋର ମହାଶୟ ତାଙ୍କ ସ୍ତ୍ରୀ ଓ ଝିଅଙ୍କୁ ନେଇଯାଇଥିଲେ। ସେଠି ଭାସ୍କରଙ୍କ ଗୀତ ଶୁଣିଲେ। ବଡ଼କଥା ତାଙ୍କ ସ୍ତ୍ରୀ ଓ ଝିଅ ଶୁଣିଲେ। ଭାସ୍କରକୁ ତାଙ୍କ ଘରକୁ ଡ଼ାକରା ହେଲା। କ'ଣ ହେଉଛି ତାହା ଭାସ୍କରର ଠିକ୍ ବୋଧଗମ୍ୟ ହେବା ଆଗରୁ ଭାସ୍କର ତାଙ୍କ ଘରେ ଅବୈତନିକ ସଙ୍ଗୀତ ଶିକ୍ଷକ ହୋଇଗଲା। ପ୍ରଥମେ ତ କେବଳ ଝିଅଙ୍କୁ ଶିଖାଉଥିଲା। କିନ୍ତୁ କିଛିଦିନ ପରେ ମା' ମଧ୍ୟ ଆରମ୍ଭ କରିଦେଲେ କାରଣ ସେ ବାହାଘର ଆଗରୁ ଭଲ ଗାଉଥିଲେ। ଝିଅ ନାନା ଲୀଳା କଳା ଦ୍ୱାରା ତା'ର ନିମନ୍ତ୍ରଣ ଜଣାଇଦେଲା। ଭାସ୍କରର ପ୍ରକୃତି ଯେ ସେ ଏହି ନିମନ୍ତ୍ରଣ ବେଶ୍ ଶୀଘ୍ର ବୁଝିପାରେ ଏବଂ ପ୍ରତ୍ୟାଖ୍ୟାନ କରିପାରେ ନାହିଁ। ଭାସ୍କରର ମୁଣ୍ଡକୁ ଢୁକିଲା ନାହିଁ ଯେ, ନିଜ ହାକିମ ଝିଅ ସହିତ

ପ୍ରେମ କରିବା ଖଣ୍ଡାଧାରରେ ଚାଲିବା ଭଳି ବିପଦସଙ୍କୁଳ। ପରେ ଦେଖାଗଲା ଯେ ଝିଅକୁ କୌଣସିମତେ ବିଦାକରି ତାହା ଜାଗାରେ ମା’ ଶିଖିବା ଆରମ୍ଭ କଲେ ଏବଂ ଝିଅ ଯେଉଁ ନିମନ୍ତ୍ରଣ ଦେଇଥିଲା ତାହା ମା’ଠାରୁ ମଧ୍ୟ ଆସିଲା ଏବଂ ଭାସ୍କରର ପ୍ରେମ ଧର୍ମରେ ତାହା ପ୍ରତ୍ୟାଖ୍ୟାନ କରାଯାଇପାରିବ ନାହିଁ। ବର୍ତ୍ତମାନ ଭାସ୍କରର ଅବସ୍ଥା ଖରାପ। ମା’, ଝିଅ ପରସ୍ପରର ପ୍ରତିଦ୍ୱନ୍ଦିନୀ ହୋଇଗଲେଣି ଏବଂ ଏହାର ଫଳ ସେ ସବୁମତେ ଭୟାବହ ତାହା ଭାସ୍କର ପରି ଓଲୁ ମଧ୍ୟ ବୁଝୁଛି। ଏଣୁ ସେ ମୋ ପାଖକୁ ଆସିଛି ଏବଂ ଏଭଳି ବିଚିତ୍ର ରାସ୍ତାରେ ଆସିଛି କାରଣ ମା’ ବା ଝିଅ ଯଦି କିଛି ଜାଣିପାରନ୍ତି ତାହା ହେଲେ ପରିଣାମ ଭୟଙ୍କର ହେବ। କିଛି ନ ହେଲେ ମା’ ବା ଝିଅ ଯଦି କଥାଟା ହାକିମଙ୍କ ଆଗେ ପ୍ରକାଶ କରିଦିଏ ତାହାହେଲେ ବାର୍ଷିକ ରିପୋର୍ଟ ଖରାପ ଠାରୁ ଆରମ୍ଭ କରି ଆହୁରି ଅନ୍ୟାନ୍ୟ ଗୋଳମାଳ ହୋଇପାରେ କାରଣ ସେ ହାକିମ ବଡ଼ ଖରାପ ଓ ପ୍ରତିହିଂସା ପରାୟଣ ବୋଲି ପ୍ରସିଦ୍ଧ।

ମୁଁ ପ୍ରଥମେ ଭାସ୍କର ଉପରେ ଖୁବ୍ ରାଗିଲି। କାରଣ ସେ କ’ଣ ବିପଦ ଜାଣି ନ ଥିଲା ଯେ, ଏହା ଭିତରେ ଗୋଡ଼ ପୂରାଉଥିଲା ? କିନ୍ତୁ ଭାସ୍କର ସଫା କହିଦେଲା ଯେ, ସେ କଦାପି କୌଣସି ପ୍ରେମ ନିବେଦନ ପ୍ରତ୍ୟାଖ୍ୟାନ କରିପାରେ ନାହିଁ। କାରଣ ସେ ପ୍ରେମିକାଠାରୁ ବେଶି ପ୍ରେମକୁ ପ୍ରେମ କରେ। ଏଣୁ ଗତସ୍ୟ ଶୋଚନା ନାସ୍ତି। ବର୍ତ୍ତମାନ “ଗୋଡ଼ ଖସି ଖେଦ ହେବାରୁ ଦରଜ ଯିବାର ଉପାୟ କର।” କୌଣସିମତେ ମା’ ବା ଝିଅ ହିଂସ୍ର ନ ହୋଇ ଯାଆନ୍ତୁ। ମୁଁ ତତ୍‌କ୍ଷଣାତ୍ ତାହାକୁ ତାହା ଘରକୁ ଯିବାକୁ କହିଲି। ସକାଳ ସାଢ଼େ ନଅଟା ବେଳକୁ ତା’ର ଘର ଆଡ଼କୁ ଏକ ଏକ୍‌ସପ୍ରେସ୍ ଛାଡ଼େ। ସେଥିରେ ତାକୁ ବସାଇ ଦେଇ ମୁଁ ଅଫିସ ଆସିଲି। ସେଠି ପର୍ସନେଲ ବିଭାଗରେ ଥିବା ମୋର ଏକ ସାଙ୍ଗକୁ ଏ ସମସ୍ୟା କହିଲି। କିନ୍ତୁ ତା’ର ମୋଟେ ଏଥିରେ ସହାନୁଭୂତି ନ ଥିଲା। ତାହାର କହିବା ହେଲା ‘Let him stew in his own Juice’ ଅର୍ଥାତ୍ ସେ ତା’ର ନିଜ ରସରେ ସିଝୁଥାଉ। କିନ୍ତୁ ତାକୁ ବହୁତ କଷ୍ଟରେ ମନେଇଲି। ଭାସ୍କରର ଆବଶ୍ୟକ ତତକ୍ଷଣାତ୍ ପ୍ରେମଜାଲ ଛିନ୍ନ କରି ପଳାୟନ। ଏଣୁ ଆମେ ଦୁହେଁ ବହୁ ଆଲୋଚନା ପରେ ସ୍ଥିରକଲୁ ଯେ ସୀମାନ୍ତର ଏକ ଅଖାଡୁଆ ଜାଗାକୁ ଭାସ୍କରକୁ ଟେଲିଗ୍ରାମ ଦ୍ୱାରା ବଦଳି କରାଯାଉ ଏବଂ ତାହାକୁ ସାତଦିନ ମଧ୍ୟରେ ଯୋଗ ଦେବାକୁ ହୁକୁମ କରାଯାଉ। ସେ ଆସିଗଲେ ଏଇଠୁଁ ହିଁ ତାକୁ ସୀମାନ୍ତକୁ ପଠାଇଦେବା। ତାଂର ପୂର୍ବ ଅଫିସ କାଗଜପତ୍ର ପରେ ପଠାଯିବ। ଏହି ଉପାୟରେ ସେଥର ତ’ ବଞ୍ଚିଗଲା। କିନ୍ତୁ ତା’ର ପ୍ରକୃତି ଯିବ କୁଆଡୁ। ରବୀନ୍ଦ୍ରଙ୍କ ଭାଷାରେ –

"ମନ ଦିଆନିଆ ଅନେକ କରିଛି
ମରିଛି ହଜାର ମରଣେ,
ନୂପୁରର ପରି ବାଜିଛି
ଚରଣେ ଚରଣେ ।"

ଶେଷକୁ ଅବଶ୍ୟ ଆଉ ଦଶଟାଙ୍କ ଭଳି ଗୋଟିଏ ଚରଣର ନୂପୁର ହେଲା। କିନ୍ତୁ ସେ କାହାଣୀ ଭିନ୍ନ ଏବଂ ସେଥିରେ ଯାଯାବରର କୌଣସି ଭୂମିକା ନାହିଁ।

କଲ୍ୟାଣୀ ବିପଦ ତାରିଣୀ

ବର୍ତ୍ତମାନ ଧର୍ମ ଓ ରାଜନୀତିକୁ ଅଲଗା କରିବା ବିଷୟରେ ସପକ୍ଷରେ ଏବଂ ବିପକ୍ଷରେ ପ୍ରଚଣ୍ଡ ଚିତ୍କାର ଚାଲିଛି। ଅବଶ୍ୟ ପାଟି ବେଶି କରିବା ଏବଂ କାମ କମ୍ କରିବା ଆମର ପୁରୁଣା ବେମାରୀ। କିଏ ତ ରାଜନୀତିକୁ ଧର୍ମର ସ୍ତ୍ରୀ କରି ସାରିଲେଣି। ତାଙ୍କ ଛୁଆପିଲାମାନଙ୍କ ନାମ ଜାଣିବାର ବାସନା ରହିଲା। ଅବଶ୍ୟ ପ୍ରଥମ ଭୁଲ୍ ଯେ, ଧର୍ମକୁ ଇଂରେଜୀ Religion ବା ଉର୍ଦ୍ଦୁ ମଜହବ୍ ଲାଗି ବ୍ୟବହାର କରାହେଉଛି। ସଂସ୍କୃତର ଅର୍ଥ ଠିକ୍ ତାହା ନୁହେଁ। ଗୀତାର ସ୍ୱଧର୍ମ ହିନ୍ଦୁ ମୁସଲମାନ, ଖ୍ରୀଷ୍ଟିୟାନ ପରି କୌଣସି ଧର୍ମକୁ ବୁଝାଏ ନାହିଁ। ମୋ ମତରେ Religion କଥାଟା ଧର୍ମ ନ ବୁଝାଇ ଧର୍ମ ମତ ବୁଝାଏ। କିନ୍ତୁ ଏସବୁ ଆଲୋଚନା ନିରର୍ଥକ। ମୋର ନିଜର ଧର୍ମ ବିଷୟରେ ଅଭିଜ୍ଞତା କଟୁ, କାରଣ ମୁଁ ବାରମ୍ବାର ନାନା ସ୍ଥାନରେ ଧର୍ମର କ୍ଷୁଦ୍ର ସ୍ୱାର୍ଥ ଲାଗି ଅପବ୍ୟବହାର ହିଁ ଦେଖିଛି। ତାହା ସରକାରୀ ଜମି ମାଡି ବସିବାଠାରୁ ଭୋଟ ଆଦାୟ କରିବା ପର୍ଯ୍ୟନ୍ତ ଏବଂ ଏହା କୌଣସି ଏକ ସମ୍ପ୍ରଦାୟର ଏକଚାଟିଆ ନୁହେଁ। ସମସ୍ତେ ସୁବିଧା ପାଇଲେ କରୁଛନ୍ତି।

ତେବେ ଆଜିର ଅବତାରଣା କୌଣସି ଭାଷଣ ଶୁଣାଇବା ଉଦ୍ଦେଶ୍ୟରେ ନୁହେଁ। ପୂର୍ବଜନ୍ମର ଦୃଷ୍କୃତ ଲାଗି ସେ ଜିନିଷ ବହୁତ ଶୁଣିବାକୁ ପଡୁଛି। ସତ୍ୟଜିତ ରାୟଙ୍କ ବାପା ସୁକୁମାର ରାୟ ପ୍ରସିଦ୍ଧ ବ୍ୟଙ୍ଗ ଲେଖକ। ସେ ଏପରି ଏକ ଦେଶର କଳ୍ପନା କରିଛନ୍ତି ଯେଉଁଠି କବିତା ଲେଖିବାର ଦଣ୍ଡ ହେଲା ଯେ ଗୋଟିଏ ପଞ୍ଜୁରୀରେ ବନ୍ଦୀଙ୍କୁ ବନ୍ଦ କରି ତା'ର କାନ ପାଖରେ ନାନା ସୁର ଓ ବେସୁରରେ ଶହେ ଜଣ ପଣିକିଆ ପଢ଼ିବେ। ଯଦି ସୁକୁମାର ବାବୁ ହାଲ ଫେସନର ହୋଇଥାଆନ୍ତେ, ତ ପଣିକିଆ ଜାଗାରେ ରାଜନୈତିକ ଓ ଧାର୍ମିକ ଭାଷଣ ଲଗାଇ ଦେଇଥାଆନ୍ତେ। ଆମେ କବି

ହେଉ ବା ନ ହେଉ ସେ ଦଣ୍ଡ ତ ଭୋଗୁଛୁ। ମୁଁ ଏଠି କାହିଁକି ବୋଝ ଉପରେ ନଳିତା ବିଡା ସୃଷ୍ଟି କରିବି ? ଏଠି କେବଳ ମୁଁ ଏପରି ଜଣେ ମହାନୁଭବଙ୍କ ସହିତ ଆପଣଙ୍କର ପରିଚୟ କରାଇଦେବାକୁ ଚାହେଁ ଯାହାଙ୍କ ଧର୍ମ କ'ଣ ଆମେ ତ ଜାଣି ନାହୁଁ। ତାଙ୍କର ସ୍ତ୍ରୀ ମଧ୍ୟ ଜାଣି ନାହାନ୍ତି। ସେ ନିଜେ ଜାଣନ୍ତି ନାହିଁ ତାହା ମଧ୍ୟ ବିତର୍କ ସାପେକ୍ଷ। ଭଦ୍ରଲୋକ କେରଳର। ନାମ ସୁଧାକରନ୍। ତାଙ୍କ ଜାତି ମଧ୍ୟ ଠିକ୍ ଜଣା ପଡିନାହିଁ। ଆପଣ ତ ଜାଣନ୍ତି ଯେ ପବିତ୍ର ଭାରତ ଭୂମିରେ ଧର୍ମ ଅପେକ୍ଷା ଜାତି ଅନେକ ବେଶି ଦଡ। ମୁଁ ଗୋଟିଏ ଖ୍ରୀଷ୍ଟାନ ବାହାଘର ଭାଙ୍ଗିଯିବା ଦେଖିଛି। ତାହାର କାରଣ ଝିଅର ପରିବାର ଖ୍ରୀଷ୍ଟାନ ହେବା ଆଗରୁ ରାଜପୁତ ଥିଲେ ଏବଂ ପ୍ରସ୍ତାବିତ ଜୋଇଁର ବଂଶ ମୂଳରୁ ବନିଆ ଅର୍ଥାତ୍ ବୈଶ୍ୟ। ମୁସଲମାନମାନେ ମଧ୍ୟ ଏ ବେମାରୀରୁ ବର୍ତ୍ତିପାରି ନାହାନ୍ତି। ସୁଧାକରନ୍‌ର ଜାତି କିଏ କହେ ନାୟର୍, ପୁଣି କିଏ କହେ ଏଳଭା, ପୁଣି କାହା ମତରେ ରୋମାନ କ୍ୟାଥଲିକ୍ ଖ୍ରୀଷ୍ଟାନ୍। ସୁଧାକରନ୍‌କୁ ପଚାରିଲେ ଏକ ଜାତି ପ୍ରଥା ବିରୁଦ୍ଧରେ ଅତି ଲମ୍ବା ଓ କ୍ଲାନ୍ତିକର ବକ୍ତୃତା ଶୁଣିବାକୁ ମିଳିବାରୁ ଆମେ ସେ ଦୁଃସାହସ କରିବା ଚେଷ୍ଟା କରୁନାହୁଁ। ସେ କୌଣସି ଧର୍ମସ୍ଥାନକୁ ଯିବାର ଦେଖା ନଥିଲା। କିନ୍ତୁ ଗୀର୍ଜାବାଲା ଓ ହନୁମାନ ମନ୍ଦିରବାଲା ଉଭୟେ ତାହାଠାରୁ ଚାନ୍ଦା ନେଉଥିଲେ।

କିଛିଦିନ ପରେ ହଠାତ୍ ଚାରିଆଡ଼େ ଜନରବ ହେଲା ଯେ ସୁଧାକରନ୍ ଅଫିସକୁ ଲେଖି ଜଣାଇଦେଇଛି ଯେ, ସେ ବୌଦ୍ଧଧର୍ମ ଗ୍ରହଣ କରିଛି। ଏଇ ସମୟଟା ଡକ୍ଟର ଆମ୍ବେଦକରଙ୍କର ବୌଦ୍ଧଧର୍ମ ଦୀକ୍ଷା ନେବାର ଅଳ୍ପ କେତେଦିନ ପରର କଥା। ସେ ସମୟର ଅନେକ ଲୋକ ବୌଦ୍ଧଧର୍ମ ଗ୍ରହଣ କରିଥିଲେ। ତାହା ମଧ୍ୟରୁ ସୁଧାକରନ୍‌ର ହାକିମ ଜଣେ। ଏଣୁ ଏହା ସ୍ପଷ୍ଟ ଉଦ୍ଦେଶ୍ୟମୂଳକ ବୋଲି ଜଣା ପଡୁଥିଲା। କିନ୍ତୁ ଅନ୍ୟ ଆଡୁ ଖବର ମିଳିଲା ଯେ, ସୁଧାକରନ୍ ଧାର୍ମିକ ରୋମାନ କ୍ୟାଥଲିକ ପରି ମାସ୍ [Mass] ସହିତ ଉପସ୍ଥିତ ଥାଏ। ଏଣେ ତାକୁ ଖୋଲା ଦେହରେ ମନ୍ଦିରରେ ନଡ଼ିଆ ଭାଙ୍ଗିବାର ମଧ୍ୟ ଦେଖାଯାଇଛି। ଖାଲି ସେତିକି ନୁହେଁ। ବେଳେ ବେଳେ ମୁଣ୍ଡରେ ଟୋପି ପିନ୍ଧି ମସ୍‌ଜିଦ ପାଖରେ ବୁଲାବୁଲି କରୁଥିବାର ମଧ୍ୟ ଉଡା ଉଡା ଖବର ମିଳୁଛି। ବ୍ୟାପାରଟା କ୍ରମଶଃ ଜଟିଳରୁ ଜଟିଳତର ଆଡ଼କୁ ଯାଉଛି। ତାଙ୍କୁ ଏକପ୍ରକାର ଘେରିଯାଇ ପଚରା ଉଚରା କଲୁ। କିନ୍ତୁ ସେ କୌଣସି ପ୍ରଶ୍ନର ଉତ୍ତର ନ ଦେଇ ଆମକୁ ନାନା ରକମର ପାଲଟା ଦାର୍ଶନିକ ପ୍ରଶ୍ନ ପଚାରିଥିଲା। ଫଳତଃ ଆମେ ତାକୁ ଛାଡ଼ିଦେଲୁ। ଖାଦ୍ୟରେ କୌଣସି ବାରଣ ମାନେ ନାହିଁ। ଘୁଷୁରି ମାଂସ ଓ ମଇଁଷି ମାଂସ ଉଭୟ ଆନନ୍ଦରେ ଖାଏ। ଏଣୁ ଆମେ ଆଉ ତା'ର ଧାର୍ମିକ ଜୀବନ ବିଷୟରେ କୌଣସି କୌତୂହଳ ଦେଖାଇବା ଛାଡ଼ିଦେଲୁ।

ଯୋଗକୁ ସୁଧାକରନ୍ ଓ ମୁଁ ଉଭୟେ ଏକ ସମୟରେ ଏକ ମହାନଗରୀରେ ଚାକିରି କରୁଥାଉ। ସୁଧାକରନ୍ ମୋ ଘର ପାଖରେ ହିଁ ରହୁଥାଏ। ଯାଉ ଆସୁ ଦେଖା ସାକ୍ଷାତ୍। ସେ ସମୟରେ ସୁଧାକରନ୍ ଅବିବାହିତ। ଅବସର ସମୟରେ ସେ ତା'ର ଧାର୍ମିକ ଗବେଷଣା ଚାଲୁ ରଖିଥାଏ। ଦିନେ ସକାଳୁ ତା' ଘରେ ଏକ ରୋମାନ କ୍ୟାଥଲିକ୍ ଫାଦର ପଶୁଥିବାର ଦେଖିଲି। ଆଉ ଦିନେ ତା' ଘରକୁ କାମରେ ଗଲାବେଳକୁ ଏକ ମୁଣ୍ଡିତ ମସ୍ତକ ଚିବରଧାରୀ ବୌଦ୍ଧ ଭିକ୍ଷୁ। ଦିନେ ମୁଁ ନିକଟର ଆର୍ଯ୍ୟସମାଜ ମନ୍ଦିରକୁ ସେଠି ଏକ ବାହାଘର କରାଇବା ପାଇଁ ବ୍ୟବସ୍ଥା କରିବାକୁ ଆସିଥିଲି। ଦେଖେ ତ ସୁଧାକରନ୍ ସେଠି ହାଜିର ଏବଂ ସେଠା ପଣ୍ଡିତ୍‌ଜୀଙ୍କର ସାଥିରେ ବେଶ୍ ଦହରମ୍ ମହରମ୍ ଥିବାର ଦେଖାଗଲା। ସବୁଠାରୁ ବିଚିତ୍ର ଘଟଣା ହେଲା ଯେ ଦିନେ ତାହା ଘରେ ଏକ ବଡ଼ ମସ୍‌ଜିଦର ଇମାମଙ୍କୁ ଦେଖିଲି। ମୁଁ ତାଙ୍କୁ ପରିଷ୍କାର କହିଦେଲି "ଦେଖ, ତୁ ନିଜକୁ ଚୁଇଁ ଆକବର ବୋଲି ମନେକରିବା ଛାଡ଼। ଖୋଦ୍ ଆକବର ଏଥିରେ ବିଶେଷ ସଫଳତା ପାଇ ନ ଥିଲେ। ଧର୍ମ ଖୁବ୍ ଭଲ ଜିନିଷ। କିନ୍ତୁ ଧର୍ମର ପୂଜାରୀମାନେ ମହା ଖତରନାକ୍ ମାଲ। ଏମାନଙ୍କୁ ନ ଘାଣ୍ଟିବା ଭଲ। ବିଶେଷକରି ଏକାଠି ଏତେଗୁଡାଙ୍କ ସାଙ୍ଗରେ କାରବାର ବିପଜ୍ଜନକ ହୋଇପାରେ!"

ସୁଧାକରନ୍ ଗ୍ୟାରେଜ୍ ଉପରେ ଥିବା ଗୋଟିଏ ବଖରାର ଫ୍ଲାଟରେ ଥାଏ। ବାକି ଅଂଶଟାରେ ଆଉ ଗୋଟିଏ ପରିବାର ଥିଲେ। ତାଙ୍କର ଗୋଟିଏ ବଡ଼ ଝିଅ ଥିଲା କଲ୍ୟାଣୀ। ସେଠାର ଏକ ସ୍କୁଲରେ ଶିକ୍ଷୟିତ୍ରୀ। କିନ୍ତୁ ସେ ସମସ୍ତ ପଡ଼ାର ପିଲାମାନଙ୍କର ଦିଦି। ପଡ଼ାର କ୍ଲବ୍, ପୂଜା ଇତ୍ୟାଦିର ଦିଦି ପ୍ରଧାନ କାରପଟଦାର୍। ପଡ଼ାରେ ସମସ୍ତେ ଦିଦିଙ୍କୁ ମାନନ୍ତି ଏପରିକି କଲେଜ ପିଲାମାନେ ମଧ୍ୟ।

ଦିନେ ଏକ ଦୁର୍ଘଟଣା ହେଲା। ମୌଲବୀ ସାହେବ ଓ ପାଦ୍ରୀ ସାହେବ ଏକାବେଳକେ ସୁଧାକରନ୍ ଘରେ ହାବୁଡ଼ି ଗଲେ। ପ୍ରଥମେ ତ ପରସ୍ପର ଭିତରେ କିଛି ବଚସା ହୋଇଗଲା। କିନ୍ତୁ କିଛି ସମୟ ପରେ ଉଭୟ ମଧ୍ୟ ଧରିନେଲେ ଯେ ସୁଧାକରନ୍ କାଫେର ଆପୋଷ୍ଟେଟ୍ [Apostate], ମହାପାପୀ ଇତ୍ୟାଦି କାରଣ ସେ ଇଚ୍ଛା କରି ଉଭୟ ମୁସଲମାନ ଓ ଖ୍ରୀଷ୍ଟାନ୍ ଧର୍ମକୁ ଉପହାସ କରିଛି। ଫଳତଃ ଅତ୍ୟନ୍ତ ଉଚ୍ଚସ୍ୱରରେ ସୁଧାକରନ୍‌ଙ୍କୁ ଗାଳି ଓ ଅଭିସମ୍ପାତ ଦେବାକୁ ଲାଗିଲେ। ଏ ପାଟି ଶୁଣି ସାଇର ଛୋକରାତକ ଗଦା ହୋଇଗଲେ। ସେମାନଙ୍କ ବୁଦ୍ଧିରେ ପଶୁନି ଯେ ଗୋଳମାଳର କାରଣଟା କ'ଣ ଏଣୁ ସେମାନେ ଯାଇ ଦିଦିଙ୍କୁ ଖବର ଦେଲେ। ଦିଦି ଅର୍ଥାତ୍ କଲ୍ୟାଣୀ ଆସି ଦେଖିଲା ବେଳକୁ ଆରବୀ ଓ ଲାଟିନ୍‌ରେ ଅଭିସମ୍ପାତର ତୋଫାନ ଚାଲିଛି। ଦିଦି ଟିକିଏ ଦେଖି ତା'ପରେ ଗମ୍ଭୀର ଭାବରେ କହିଲେ ଚୁପ୍। ଉଭୟେ ମୌଲବୀ ଓ

ଫାଦର ଜଣେ ସାଧାରଣ ଝିଅଠାରୁ ଏପରି ହୁକୁମ ଆଗରୁ କେବେ ଶୁଣି ନଥିଲେ। ହଠାତ୍ ଆଶ୍ଚର୍ଯ୍ୟ ହୋଇଯାଇ କ୍ଷଣକ ପାଇଁ ଚୁପ୍ ହୋଇଗଲେ। ଏହି ସମୟର ସୁବିଧା ନେଇ କଲ୍ୟାଣୀ ଥଣ୍ଡା ସ୍ୱରରେ କହିଲା, ପାଟିତୁଣ୍ଡ ବନ୍ଦ କରନ୍ତୁ ଓ ଚୁପ୍‌ଚାପ୍ ଚାଲି ଯାଆନ୍ତୁ। ନହେଲେ ଆପଣଙ୍କ ପଛରେ ସାଇ ପିଲାଙ୍କୁ ଲଗାଇ ଦେବି। ଝରକା ବାଟେ ଦେଖନ୍ତୁ କେତେ ଜମା ହୋଇଛନ୍ତି। ଏମାନଙ୍କର କୌଣସି ପ୍ରକାର ଧର୍ମ ଭୟ ନାହିଁ। ଥରେ ଲାଗିଗଲେ ଏମାନେ କ'ଣ କରିଦେବେ ତ ଭାବିବା କଷ୍ଟ। ସୁଧାକରନ୍ ବାବୁ ଯାହା କରିଛନ୍ତି। ତାହା ଯଦି ପାପ ତାହାହେଲେ ଭଗବାନ ତାଙ୍କୁ ଦଣ୍ଡ ଦେବେ। ଯଦି ତାହା ଆଇନ ଅନୁଯାୟୀ ଦଣ୍ଡନୀୟ ବୋଲି ଭାବୁଛନ୍ତି ତାହାହେଲେ ଥାନା ବା କୋର୍ଟରେ କେସ୍ କରନ୍ତୁ। ଆପଣମାନେ ଯେ କେବଳ ସାଇର ଶାନ୍ତିଭଙ୍ଗ କରୁଛନ୍ତି ତାହା ନୁହେଁ, ଆପଣଙ୍କର କାର୍ଯ୍ୟ ସାହିରେ ଉତ୍ତେଜନା ମଧ୍ୟ ବଢ଼ାଇପାରେ। ଏଣୁ ଏହି କ୍ଷୁଦ୍ର ସଇତାନ ପଲ ଅର୍ଥାତ୍ ଏ ଛୋକରା ଦଳ ଉତ୍ତେଜିତ ହେବା ଆଗରୁ ଆପଣ ଚାଲିଯାଆନ୍ତୁ।"

ଏହି ଉଭୟ ଧର୍ମଯାଜକ ଜଣେ ସାଧାରଣ ଝିଅଠାରୁ ଏପରି ଆଦେଶ ଶୁଣିବାରେ ଅଭ୍ୟସ୍ତ ନୁହନ୍ତି। ହଠାତ୍ କ'ଣ କରିବାକୁ ହେବ ବୁଝିପାରିଲେ ନାହିଁ। କିନ୍ତୁ ନେପଥ୍ୟରୁ ସିଟି, ବିଚିତ୍ର ଆଓ୍ୱାଜ୍ ଇତ୍ୟାଦି ଶୁଣାଗଲା। ଏଣୁ ଉଭୟେ ଚୁପ୍‌ଚାପ୍ ବାହାରିଗଲେ। ଦିଦି ଦୁଇଜଣ ବଡ଼ ଟୋକାଙ୍କୁ କହିଲେ ଏମାନଙ୍କୁ ସାଇ ବାହାରେ ଛାଡ଼ିଦେବା ପାଇଁ।

ଏହାପରେ ଅବଶ୍ୟ ସୁଧାକରନ୍ ତା'ର ଧାର୍ମିକ ଗବେଷଣା ଛାଡ଼ିଦେଲା। ପରେ ପରେ ମୋର ଅନ୍ୟତ୍ର ବଦଳି ହୋଇଗଲା। କିଛିଦିନ ପରେ ତା'ର ବିବାହର କାର୍ଡ ପାଇଲି। କନ୍ୟାର ନାମ କଲ୍ୟାଣୀ। ବୋଧହୁଏ କଲ୍ୟାଣୀର ସେଦିନ ବିପଦ ତାରିଣୀ ରୂପ ଦେଖି ସୁଧାକରନ୍ ସବୁଦିନ ଲାଗି ତାହା ଶରଣରେ ରହିବାକୁ ମନସ୍ଥ କଲା।

ମୃତ୍ୟୁମ୍ ଶରଣମ୍ ଗଚ୍ଛାମି

୧୯୫୯ରେ ଯେତେବେଳେ ଦଲାଇଲାମା ଲାସା ଛାଡ଼ି ଆସିଲେ, ସେ ସମୟରେ ଭାରତକୁ ତିବ୍ବତୀୟ ଶରଣାର୍ଥୀମାନଙ୍କର ଏକ ବନ୍ୟା ଆସିଲା । ଅଧିକାଂଶଙ୍କର ଚୀନ ସରକାର ସହିତ କୌଣସି ପ୍ରକାର ଭୁଲ୍ ବା ମନ୍ଦ ସମ୍ପର୍କ ହିଁ ନଥିଲା। ଏପରିକି ଅନେକ କୌଣସି ଚୀନାକୁ ଦେଖି ମଧ୍ୟ ନଥିଲେ। ତଥାପି ସେମାନେ କାହିଁକି ଏହି ଗରମ ଭାରତ ଦେଶକୁ ପଳାଇ ଆସିଲେ ? ଏହାର କାରଣ ବୁଝିବା ଟିକିଏ କଷ୍ଟ ହୋଇପାରେ। ନିଜେ ସିଧାସଳଖ ଅତ୍ୟାଚାରିତ ନ ହେଲେ ମଧ୍ୟ ସେମାନେ ଅନୁଭବ କରୁଥିଲେ ଯେ, ଯଦି ଦଲାଇଲାମାଙ୍କ ଲାଗି ସୁରକ୍ଷା ନାହିଁ ତାହା ହେଲେ ଆଉ କିଏ କିପରି ସୁରକ୍ଷା ପାଇପାରିବ? ପୁଣି ଦଲାଇଲାମାଙ୍କ ଉପସ୍ଥିତିର ଆଧ୍ୟାତ୍ମିକ ପ୍ରଭାବ ମିଳିବ ନାହିଁ କାରଣ ଦଲାଇଲାମା ଜୀବନ୍ତ ଅବଲୋକିତେଶ୍ୱର ବୁଦ୍ଧ ବା ତିବ୍ବତୀ ଭାଷାରେ ଚେନିରେଜୀ। ଏଣୁ ଏଠି ପାପରୁ କ୍ଷମା ପାଇବା, ମୃତ୍ୟୁ ପରେ ସଦ୍‌ଗତି ଲାଭ କରିବା କଠିନ ହେବ। ୧୯୬୦/୬୧ ବେଳକୁ ଏହି ବଢ଼ି ତ ବନ୍ଦ ହୋଇଗଲାଣି। ତଥାପି କିଛି କିଛି ତ ଆସୁଥାଆନ୍ତି। ୧୯୬୨ର ଚୀନା ଆକ୍ରମଣ କିନ୍ତୁ ଅବସ୍ଥାର ସମ୍ପୂର୍ଣ୍ଣ ପରିବର୍ତ୍ତନ ଆଣିଦେଲା। ସୀମାନ୍ତ ଅଞ୍ଚଳରେ ଚୀନ ସେନାର ସତର୍କ ଉପସ୍ଥିତି ଯୋଗୁଁ କୌଣସି ଶରଣାର୍ଥୀର ଆସିବା ପ୍ରାୟ ଅସମ୍ଭବ ହୋଇପଡ଼ିଲା। ଏହା ସହିତ ଆମ ମନରେ ତ କୋକୁଆଭୟ ପଶି ଯାଇଥିଲା। ଆମେ ଭୂତ ଦେଖିଲା ପରି ଏଠି ସେଠି ଚୀନା ଏଜେଣ୍ଟ ଦେଖୁଥିଲୁ। ଆମର ସନ୍ଦେହର କାରଣ ଯେ ନଥିଲା ନୁହେଁ; ଚୀନା ସେନାର ପହରାକୁ ଫାଙ୍କି ଦେଇ କେହି ଶରଣାର୍ଥୀ ଆସିବା ଆମକୁ ଅସମ୍ଭବ ମନେ ହେଉଥିଲା ।

ପ୍ରକୃତ କଥା, ସେ ସମୟରେ ଆମେ ଅର୍ଥାତ୍ ଭାରତ ସରକାରର ସୀମାନ୍ତରେ ଥିବା କର୍ମଚାରୀଗଣ ଏତେ ଡ଼ରି ଯାଇଥିଲୁ ଯେ, ଚୀନା ସେନାକୁ ଅନେକ ଅଲୌକିକ ଗୁଣରେ ଭୂଷିତ କରି ଦେଇଥିଲୁ। ପ୍ରକୃତରେ ଚୀନା ସେନା ପକ୍ଷରୁ ସବୁ ଗିରିସଙ୍କଟ, ସବୁ ରାସ୍ତା ଜଗିବା ସମ୍ଭବ ନଥିଲା। କିନ୍ତୁ ଆମେ ଭାବିଥିଲୁ ଯେ, ସାବଧାନ ହେବା ଆବଶ୍ୟକ। ଏହି ଶରଣାର୍ଥୀ ଦଳକୁ ଯଦି ଚୀନା ଛାଡ଼ି ଦେଇଛନ୍ତି, ତାହାହେଲେ ଖୁବ୍ ସମ୍ଭବ ତାଙ୍କର କୌଣସି ଗୁପ୍ତଚର ଓ ଅନ୍ତର୍ଘାତୀ କାର୍ଯ୍ୟକଳାପ କରିବା ଲୋକ ଏହି ଦଳରେ ମିଶାଇ ଦେଇଛନ୍ତି। ଏଣୁ ଆମେ ଏପରି ଶରଣାର୍ଥୀ ଆସିଲେ ବିଶେଷ ସାବଧାନ ହୋଇ ପଚରା ଉଚରା କରିଥିଲୁ। ସରକାରଙ୍କ ନିର୍ଦ୍ଦେଶ ଥିଲା ଯେ, ସେମାନଙ୍କୁ ଫେରି ଯିବାକୁ ପ୍ରବର୍ତ୍ତାଇବ। କିନ୍ତୁ ବଳ ପ୍ରୟୋଗ କରି ସୀମା ପାର କରାଇବ ନାହିଁ। ଏହା ଯେ ଅତିରିକ୍ତ ପୋଥି ବାଇଗଣ, ତାହା ପାଠକ ମଧ୍ୟ ବୁଝିଥିବେ। ଯେ ସୀମାପାର କରି ଭାରତ ଆସିଛି, ସେ ବଳ ପ୍ରୟୋଗ ନ କଲେ ଯିବ କାହିଁକି ? ଫଳତଃ ଏହି ତଦାରଖରେ ବହୁତ ସମୟ ଲାଗୁଥିଲା ଏବଂ ଶରଣାର୍ଥୀ ଦଳ ତ୍ରିଶଙ୍କୁ ପରି ଲଟକି ରହୁଥିଲେ। ଏଥିରେ ଅବଶ୍ୟ ତାଙ୍କର ଆପତ୍ତି ନଥିଲା କାରଣ ସେମାନେ ଜ୍ଞାନୀ ବା ଚୀନାମାନଙ୍କଠାରୁ ବାହାରି ଆସି ପୂଣ୍ୟଭୂମି ଭାରତରେ ପହଞ୍ଚିଗଲେଣି ଏବଂ ସରକାର ତ ଖାଦ୍ୟାନ୍ନ ଦେଉଛି।

ଦିନେ ଖବର ମିଳିଲା ଯେ, ପ୍ରାୟ ଚାଳିଶ ଜଣ ଶରଣାର୍ଥୀ ସୀମାନ୍ତବର୍ତ୍ତୀ ଏକ କ୍ଷୁଦ୍ର ସହରରେ ପହଞ୍ଚି ଯାଇଛନ୍ତି। ସେମାନେ ସେଠାରୁ ତିବ୍ଦତକୁ ଯିବାର ସାଧାରଣ ରାସ୍ତାରେ ଆସିନାହାନ୍ତି କାରଣ ସେହି ବାଟରେ ଆମର ସୀମା ଚୌକି ମଧ୍ୟ ଅଛି। ସେମାନେ ଏକ ଅବ୍ୟବହୃତ ଗିରିସଙ୍କଟ ଦେଇ ଭାରତ ଭିତରକୁ ପଶିଛନ୍ତି। ସେହି ଉପତ୍ୟକାରେ କୌଣସି ଜନବସତି ନାହିଁ। ଏଣୁ ସେମାନଙ୍କ ଆସିବା ଖବର ମିଳିନାହିଁ। ପ୍ରତ୍ୟେକ ଗିରିସଙ୍କଟ ଲାଗି ପହରା ଦେବାକୁ ଆମ ପାଖରେ ଲୋକ ନାହାନ୍ତି। ଏଣୁ କେତେଟା ରାସ୍ତା ଯାହାକି ବର୍ଷ ବର୍ଷ ଧରି ବ୍ୟବହାର ହେଉନାହିଁ ତାକୁ ଛାଡ଼ି ଦେବାକୁ ବାଧ୍ୟ ହୋଇଥାଉ। ବର୍ତ୍ତମାନ ଏହି ଶରଣାର୍ଥୀ ଦଳକୁ ବସତିଠାରୁ କିଛି ଦୂରରେ ରଖାଗଲା। କାଠ ବାଉଁଶର ଅଭାବ ନାହିଁ, ଏଣୁ, ସେମାନେ ହିଁ ନିଜ ଲାଗି ଘର କରିନେଲେ। ଆମେ ତାଙ୍କର ଖାଇବା ବନ୍ଦୋବସ୍ତ କରି ସେଠି ପହରା ଲଗାଇଦେଲୁ। ଏକପ୍ରକାର ଟେମ୍ପୋରାରୀ ଜେଲ୍ କହିପାରନ୍ତି ବା ଡ଼ିଟେନସନ୍ କ୍ୟାମ୍ପ କହିପାରନ୍ତି। ତାହାପରେ ଚାଲିଲା ପଚରା ଉଚରା, ଖୋଜ ନେବା ଇତ୍ୟାଦି ।

ତାଙ୍କ ଭିତରୁ ଜଣେ ମୋର ଦୃଷ୍ଟି ଆକର୍ଷଣ କଲେ। ସେ ଏକ ବୃଦ୍ଧ ଲାମା। ଏହି ଦଳରେ ସେ ଏକମାତ୍ର ଲାମା। ପୃଥୁଳକାୟ ଏପରି ଥିଲେ ଯେ, ମୋତେ ଆଶ୍ଚର୍ଯ୍ୟ

ଲାଗୁଥିଲା ସେ ଏହି ରାସ୍ତାରେ ଆସିଲେ କିପରି। କାରଣ ମୁଁ ସେହି ଉପତ୍ୟକାରେ ଗସ୍ତ କରିଛି ଏବଂ କେତେ ଜାଗାରେ ମୋତେ ଭୟ ଲାଗିଛି। ଏଣୁ ତାଙ୍କୁ ମୁଁ ନିଜେ ପଚରା ଉଚରା କଲି। ସେ ଚୀନର ସୁଦୂର ସିନିଂ ପ୍ରଦେଶର ଲୋକ। ଆମ ସୀମାଠାରୁ ତାହା ଅତି କମ୍‌ରେ ଅଢ଼େଇ ହଜାର ମାଇଲ (କିଲୋମିଟର ନୁହେଁ) ହେବ। ଆଶ୍ଚର୍ଯ୍ୟ ଯେ, ସେ ଏହି ଦୀର୍ଘପଥ ଚାଲିକରି ଆସିଛନ୍ତି ଏବଂ ବୟସ ତ ଷାଠିଏ ନିଶ୍ଚୟ। ଏହା ତ ମୋତେ ମାର୍କୋପୋଲଙ୍କ ଯାତ୍ରା ପରି କଠିନ ଲାଗିଲା। ସେହି କାହାଣୀକୁ ଏଠି ସଂକ୍ଷେପରେ ଲିପିବଦ୍ଧ କରୁଛି।

ଲାମା ଓ୍ୱାଂଡୁ ଚୀନର ସିନିଂ ପ୍ରଦେଶରେ ଲାଂଚୋ ନଗରର କିଛି ଦୂରରେ ଏକ ଗୁମ୍ଫା ବା ବୌଦ୍ଧ ମଠରେ ଲାମା ଥିଲେ। ସେ ଜଣେ ସାଧାରଣ ଲାମା। ଶାସ୍ତ୍ର ଜ୍ଞାନ ବିଶେଷ ନୁହେଁ। କେବଳ ଧର୍ମଗ୍ରନ୍ଥ ପାଠ କରନ୍ତି ଓ ମଠର କାମଦାମ କରନ୍ତି। ତାହା ପରେ ଚୀନା ଅଫିସର ହୁକୁମ୍ ଦେଲେ ଯେ, ଏତେ ଲାମା ଏଠି ରହିବା ଅନାବଶ୍ୟକ। ଅନ୍ୟମାନଙ୍କୁ ଉପଯୁକ୍ତ ଉତ୍ପାଦନକାରୀ କାର୍ଯ୍ୟରେ ଲଗାଯିବ। ଯଦିଚ ବୟସ ଦୃଷ୍ଟିରୁ ଲାମା ଓ୍ୱାଂଡୁ ହୁଏତ ମଠରେ ରହିଯାଇପାରିଥାଆନ୍ତେ, ତଥାପି ସେ ମଠ ଛାଡି ଲାସା ଯିବାକୁ ମନସ୍ଥ କଲେ। ଚାଲି ଚାଲି ବାଟରେ ଭିକ ମାଗି କେତେବାଟ ଗଲେ। ସେଠାରୁ ଜଣେ ଧାର୍ମିକ ତିବ୍ବତୀ ଜାତୀୟ ଲୋକର ସହାୟତା ପାଇଲେ। ପ୍ରକୃତରେ ସିନିଂ ପ୍ରଦେଶରେ ବହୁ ସଂଖ୍ୟକ ତିବ୍ବତୀୟ ଏପରିକି ବର୍ତ୍ତମାନ ଦଲାଇଲାମାଙ୍କ ଜନ୍ମ ସେଠାରେ। ସେହି ଭକ୍ତ ତାଙ୍କ ବାଟଖର୍ଚ୍ଚ ଲାଗି କିଛି ଟଙ୍କା ଦେଲା। କିନ୍ତୁ ତାହା ଲାସା ଯିବାଲାଗି ଯଥେଷ୍ଟ ନଥିଲା। ଏଣୁ ସେ ଟଙ୍କାରେ କିଛି ମନୋହରି ଜିନିଷ କିଣି ତାକୁ ବାଟରେ ବିକ୍ରୀ କରି କରି ଚାଲିଲେ। ଏହିପରି ଚାଲିଥାଆନ୍ତି। ଲାଭରେ ନିଜ ଖର୍ଚ୍ଚ ଉଠି ଯାଉଥାଏ। ତିବ୍ବତର ନାଗଚୂକାରେ ପହଞ୍ଚି ଶୁଣିଲେ ଯେ, ଦଲାଇଲାମା ଓ ଆହୁରି ଅନେକ ଲାମା ଓ ସାଧାରଣ ଲୋକ ଭାରତରେ ଶରଣ ନେଇଛନ୍ତି। ସେଠି ଶୁଣିଲେ ଯେ, ଭାରତକୁ ଯିବାର ପ୍ରଧାନ ରାସ୍ତା ସବୁ ଚୀନା ବନ୍ଦ କରି ଦେଇଛନ୍ତି।

ଯଦି ଦଲାଇଲାମା ନାହାନ୍ତି ତାହାହେଲେ ଆଉ ତିବ୍ବତରେ ରହି କି ଲାଭ! ଏଣୁ ଭାରତ ଯିବାକୁ ହେବ। ଏଣୁ ଲାସା ବାଟ ଛାଡି ପୂର୍ବକୁ ଖାମ ପ୍ରଦେଶକୁ ଗଲେ। ସେଠାରୁ ଆସ୍ତେ ଆସ୍ତେ ଦକ୍ଷିଣ ପଶ୍ଚିମ ଆଡକୁ ଗଲେ। ଭରଣପୋଷଣ ଲାଗି ଫେରିବାଲା କାମ। ତାହାଛଡ଼ା କୌଣସି ଗୃହସ୍ଥ ଡାକିଲେ ତାହାର ଘରେ ପୂଜା କରି ଦିଅନ୍ତି। ଏହିପରି ଚାଲି ଚାଲି ଦୁଇବର୍ଷ ପରେ ତିବ୍ବତର ଛାଂପୋ ଅଥାମ ହିସାବରେ ବ୍ରହ୍ମପୁତ୍ର କୂଳରେ ପହଞ୍ଚିଲେ। ସେଠି ଶୁଣିଲେ ଯେ, ନଦୀର ଆରପଟେ ଯେଉଁ ପର୍ବତ ତାକୁ ପାରିହେଲେ ଭାରତ। କିନ୍ତୁ ସମସ୍ୟା ନଦୀ ପାର ହେବା। ସେ ସମୟରେ ଚୀନାମାନେ

ସବୁ ଗାଁରୁ ଡଙ୍ଗା ଏକାଠି କରି କେତେକ ଘାଟରେ ରଖି ଦେଇଥିଲେ ଏବଂ ପ୍ରତ୍ୟେକ ଘାଟରେ ପହରା ଥିଲା ଓ ନଦୀ ପାରହେବା ଲୋକର ନାଁ ଖାତାରେ ଲେଖା ହେଉଥିଲା। ଏଣୁ ଲାମା ୱାଂଡୁଙ୍କ ପକ୍ଷରେ ସେଠିକି ଯିବା ମାନେ ଜେଲ୍ ଯିବା, କାରଣ ସେ ବେଆଇନ ଭାବେ ତାଙ୍କ ଘର ଓ ପ୍ରଦେଶ ଛାଡି ଆସିଛନ୍ତି। ସେଠାର ଲୋକମାନଙ୍କ ଉପଦେଶ ମତେ ସେ ସେହି ଅଞ୍ଚଳରେ ଗାଁ ଗାଁ ବୁଲି ପୂଜା କରୁଥିଲେ। ଶୀତଦିନ ଆସିଗଲେ ନଦୀରେ ପାଣି କମିଯିବ। ସେହି ସମୟରେ କୌଣସି ବିଶେଷ ସ୍ଥାନରେ ଘୋଡା ୟାକ୍ ବା ଚମରୀ ଗାଇ ନଦୀ ଭିତରେ ପଶି ପାର ହୁଅନ୍ତି। ତାଙ୍କ ସାଥିରେ କୌଣସି ୟାକ୍ ଉପରେ ବସି ପାର ହୋଇପାରିବ। ସେହି ପଥରେ ଏକ ଧାର୍ମିକ ପଶୁପାଳକ ଯାଯାବରର ସହାୟତାରେ ବ୍ରହ୍ମପୁତ୍ର ପାରି ହେଲେ। କିନ୍ତୁ ସେତେବେଳକୁ ଭାରତକୁ ଯିବା ବାଟ ବରଫରେ ବନ୍ଦ ହୋଇଗଲାଣି। ଏଣୁ ନିକଟର ଏକ ଛୋଟ ଗାଁରେ ରହିଗଲେ। ସେଠାର ଜନତାରୁ କେତେକ ପଳାଇବା ପାଇଁ ଭାବୁଥିଲେ। କାରଣ ଚୀନା ଶାସନ ଫଳରେ ଅନେକ ଅସୁବିଧା ଆରମ୍ଭ ହୋଇଯାଇଥିଲା ଏବଂ ଅନ୍ୟତ୍ର ଯେପରି ଶାସନର ଖବର ମିଳୁଥିଲା, ବିଶେଷ କରି କମ୍ୟୁନ କରିବା ବିଷୟରେ, ତାହା ଲୋକଙ୍କ ମନରେ ଭୟ ଉତ୍ପନ୍ନ କରି ଦେଇଥିଲା। ଏଣୁ ଏମାନେ ଲାମା ୱାଂଡୁଙ୍କୁ ସାଥିରେ ଧରି ଭାରତ ଚାଲି ଆସିଲେ। ଏହି ରାସ୍ତାରେ ଚୀନା ପୋଷ୍ଟ ମଧ୍ୟ ନଥିବାରୁ ସେମାନଙ୍କୁ କେହି ବାଧା ଦେଇ ନାହିଁ। ଏଣୁ ଏଠି ପହଞ୍ଚିଲେ।

ହଠାତ୍ ଲାମାଙ୍କ ଦେହ ଖରାପ ହେବା ଆରମ୍ଭ କଲା। ତାଙ୍କୁ ଡାକ୍ତରଖାନା ନେଇଗଲୁ। ଡାକ୍ତରମାନେ ଆଶ୍ଚର୍ଯ୍ୟ ଯେ ଏହି ଲୋକ ଏତେଦୂର ଆସିଲା କିପରି ? ଅତିରିକ୍ତ ରକ୍ତଚାପ, ହୃଦୟର ଅବସ୍ଥା ମଧ୍ୟ ଭଲ ନୁହେଁ। ଅତିରିକ୍ତ ସ୍ଥୂଳତା ଯୋଗୁଁ ଅନ୍ୟାନ୍ୟ ଅସୁବିଧା ଇତ୍ୟାଦି। ତ ସେ ହସ୍ପିଟାଲରେ ରହିଲେ। ସେଇଠି ମୁଁ ତାଙ୍କ ସହିତ କଥାବାର୍ତ୍ତା ହେଉଥିଲି। ମୁଁ ତାଙ୍କୁ ଦଲାଇଲାମାଙ୍କର ଏକ ଫଟୋ ଆଣି ଦେଲି। ସେଇଠି ତାଙ୍କ ଖଟ ପାଖରେ ଥାଏ ଏବଂ ଯେତେବେଳେ ପହଞ୍ଚିଛି; ଦେଖୁଛି ଯେ, ସେହି ଫଟୋକୁ ଚାହିଁ ପ୍ରାର୍ଥନା ବୋଲୁଥାଆନ୍ତି। ହଠାତ୍ ଦିନେ ଲାମାଙ୍କୁ ହାର୍ଟ ଆଟାକ ହେଲା। ଚିକିତ୍ସା ଯାହା କରିବାର ତାହା କରାଗଲା। ସେଦିନ ସକାଳେ ମୁଁ ତାଙ୍କୁ ଦେଖିବାକୁ ଯାଇଥିଲି। ଅତି ଧୀରେ ଧୀର କହିଲେ ଦଲାଇ ଲାମାଙ୍କ ଦର୍ଶନ କରିପାରିଲି ନାହିଁ। ତେବେ ତାଙ୍କ ଦେଶକୁ ଆସିଯାଇଛି। ଆଉ ଧର୍ମଶତ୍ରୁ ଚୀନାଙ୍କ ଅଧିକାରରେ ନାହିଁ। ଏଠି ତ ସ୍ୱାଧୀନ ଭାବେ ମରିବି। ସେହି ଦେଶରେ ତ ଶରଣ ପାଇଛି। ପାଖରେ ଯଦି ଗୋଂପା (ବୌଦ୍ଧ ମଠ) ଥାଏ, ସେଠାରେ ମୋର ଶେଷକୃତ୍ୟ କରାଇଦେବ। ତାହା ପରେ ଥରେ ଦଲାଇଲାମାଙ୍କ ଛବିକୁ ଚାହିଁ ଆଖି ବୁଜିଦେଲେ। ଡାକ୍ତର ଆସି

ଆମେ ଯାହା ଭାବୁଥିଲୁ ତାହାକୁ ଆଇନଗତ କରିଦେଲେ ଅର୍ଥାତ୍ ମୃତ୍ୟୁ ସାର୍ଟିଫିକେଟ୍ ଦେଲେ। ମୁଁ ସେଠାରୁ ଦଶ କିଲୋମିଟର ଦୂରରେ ଥିବା ଗୋପାକୁ ଖବର ପଠାଇଲି। ଲାମାମାନେ ସେଠାରୁ ଆସି ଲାମା ଓ୍ୱାଂଡୁଙ୍କ ଶେଷକୃତ୍ୟ କଲେ। ବୌଦ୍ଧ ଧର୍ମରେ ତ୍ରିଶରଣ ଅଛି। ବୁଦ୍ଧ ଧର୍ମ ଓ ସଂଘ। ଲାମା ଓ୍ୱାଂଡୁ କିନ୍ତୁ ମୃତ୍ୟୁ ଭିତରେ ଏହି ତ୍ରିଶରଣ ପାଉଥିଲେ। ସେ ଭାରତ ପହଞ୍ଚିବା ପରେ ଆଉ ବଞ୍ଚିବା ଆବଶ୍ୟକତା ଅନୁଭବ କଲେ ନାହିଁ।

କିମ୍ବଦନ୍ତୀ ପୁରୁଷ

ଆଜି ଏପରି ଜଣଙ୍କୁ ଆପଣଙ୍କ ସାଥିରେ ପରିଚୟ କରେଇ ଦେଉଛି, ଯାହାଙ୍କ ଭଳି ଲୋକ ମୁଁ ଦେଖିନାହିଁ। ତାଙ୍କର ତୁଳନା ହୁଏତ ଲର୍ଡ କ୍ଲାଇବଙ୍କ ସାଥିରେ କରାଯାଇପାରେ। ଲର୍ଡ କ୍ଲାଇବ ଭାରତରେ ଇଂରେଜ ଶାସନର ମୂଳଦୁଆ ପକାଇଲେ ସତ, କିନ୍ତୁ ତାଙ୍କ ବେଳକୁ ଇଂରେଜ ସାମ୍ରାଜ୍ୟ କେତେ। ତାହା ଉପରେ ସୌଧ ଗଢ଼ିଲେ ୱାରେନ ହେଷ୍ଟିଂସ, କର୍ଣ୍ଣୱାଲିସ, ବେଣ୍ଟିକ୍ ଓ ଶେଷରେ ଡେଲ୍‌ହାଉସି। ଏହି ମହାଶୟ ଭାରତୀୟ ସାମ୍ରାଜ୍ୟ କରିବାର ଚେଷ୍ଟା କରିନାହାନ୍ତି। କିନ୍ତୁ ଭାରତର ବର୍ତ୍ତମାନ ସୀମାକୁ ତାହା ସ୍ଥାନକୁ ଆଣିବାରେ ଅବଶ୍ୟ ସହାୟକ ହୋଇଛନ୍ତି। ଚୀନାମାନେ ଓ ତାଙ୍କ ସହିତ କେତେକ ଭାରତୀୟ ନକ୍ସଲପନ୍ଥୀ ଯେତେବେଳେ ଭାରତ ସରକାରଙ୍କୁ ଗାଳି ଦେଉଥିଲେ ସେ ସମୟରେ ଏହାଙ୍କୁ ନିଶ୍ଚୟ ଭାରତୀୟ ବିସ୍ତାରବାଦୀ କହିଥାଆନ୍ତେ। ଏହାଙ୍କ ବିଷୟରେ ମୁଁ ଆଗ ଲେଖିବାକୁ ପଶ୍ଚାତପଦ ହେଉଥିଲି କାରଣ ସେ ଭାରତୀୟ ରାଷ୍ଟ୍ରର କେତେକ ନୀତି କାର୍ଯ୍ୟକାରୀ କରିବା ସହିତ ସଂପୃକ୍ତ ଏବଂ ସେହି ସମସ୍ୟା ଏପର୍ଯ୍ୟନ୍ତ ଅଛି। କିନ୍ତୁ ହିନ୍ଦୁସ୍ତାନ ଟାଇମ୍‌ସର ୬ ଅକ୍ଟୋବର ୧୯୯୩ ସଂଖ୍ୟାରେ ଶ୍ରୀ ରାଜେଶ୍ୱର ଭାରତ - ଚୀନ ରାଜିନାମା ଉପରେ ଏକ ପ୍ରବନ୍ଧ ଲେଖିଛନ୍ତି। ଏଥିରେ ସେହିସବୁ ଘଟଣାର ଉଲ୍ଲେଖ ହୋଇଯାଇଥିବାରୁ ମୁଁ ମୋର ନମସ୍ୟ ବ୍ୟକ୍ତିଙ୍କୁ ଶ୍ରଦ୍ଧାଞ୍ଜଳି ଦେବାରେ କାହିଁକି ପଶ୍ଚାତପଦ ହେବି ?

ଏହି ମହାଶୟ ନାଗା ଜାତିର। ଦ୍ୱିତୀୟ ବିଶ୍ୱଯୁଦ୍ଧ ସମୟରେ ସେ ଭାରତୀୟ ସେନାରେ ଅଫିସର ଭାବେ ଯୋଗ ଦିଅନ୍ତି। ଜାପାନର ବର୍ମା ଦଖଲ ପରେ ଭାରତ ଉପରେ ଆକ୍ରମଣ ଅବଶ୍ୟମ୍ଭାବୀ ଜଣା ପଡ଼ିଲା। ଏହି ସମୟରେ ବ୍ରିଟିଶ ସରକାର ନାଗା କୁକି, ମିଜୋ ଇତ୍ୟାଦି ଉପଜାତିମାନଙ୍କ ମଧ୍ୟରୁ ଏକ କମାଣ୍ଡୋ ସେନା ତିଆରି କରାଇଥିଲା; ଯେ କି ବର୍ମାର ଅଭ୍ୟନ୍ତରରେ ଜାପାନୀମାନଙ୍କର ଗୋଦାମ,

ରେଳଲାଇନ, ରାସ୍ତା ଇତ୍ୟାଦି ଧ୍ୱଂସ କରିବ। ତାହାହେଲେ ଜାପାନୀ ସେନାକୁ ଏହା ଜଗିବାକୁ ଅନେକ ସୈନିକ ମୁତୟନ କରିବାକୁ ପଡ଼ିବ ଏବଂ ଫଳତଃ ଆକ୍ରମଣ କରିବାଲାଗି ମୋର୍ଚ୍ଚାରୁ ସେନା କମିଯିବ ଏବଂ ତାହାଦ୍ୱାରା ଭାରତ ଅପେକ୍ଷାକୃତ ନିରାପଦ ହେବ। ଏହି ଗୁପ୍ତ ସେନାଙ୍କୁ V-Force କୁହାଯାଉଥିଲା। ଏଥିରେ ହିଁ ଏହି ମହାଶୟ ପ୍ରଚୁର ବୀରତ୍ୱ ଦେଖାଇଥିଲେ। ମେଜର ପଦ ଲାଭ କରିଥଲେ ଏବଂ ସାହସ ଲାଗି ବ୍ରିଟିଶ ସରକାରଙ୍କ ଦ୍ୱାରା ସମ୍ମାନିତ ହୋଇଥିଲେ ।

ଯୁଦ୍ଧ ସରିଲା ଓ ଭାରତ ସ୍ୱାଧୀନ ହେଲା। ବ୍ରିଟିଶ ସରକାର ତ ପ୍ରାୟ କେବେ ବର୍ତ୍ତମାନ ଅରୁଣାଚଳ ପ୍ରଦେଶକୁ ଶାସନ କରୁ ନଥିଲା। କିନ୍ତୁ ଭାରତ ସରକାର ଧୀରେ ଧୀରେ ଏଠି ଶାସନ ଓ ଉନ୍ନୟନ କରିବାକୁ ମନସ୍ଥ କଲେ। ଏଣୁ ଏଥିଲାଗି କେତେ ଅଫିସର ନିଆଗଲେ ଯେଉଁମାନେ କି ପରେ ଭାରତୀୟ ସୀମାନ୍ତ ପ୍ରଶାସନିକ ସେବା [Indian Frontier Administrative Service] ଗଠନ କଲେ। ଆମ କାହାଣୀର ନାୟକ ଏଥିରେ ଯୋଗଦେବା ଅଫିସରମାନଙ୍କ ମଧ୍ୟରେ ଜଣେ ବରିଷ୍ଠ ବ୍ୟକ୍ତି ।

ସେ ସମୟରେ ସେ ଚାରଦୁଆର ନାମକ ସ୍ଥାନରେ ଆସିଷ୍ଟାଣ୍ଟ ପଲିଟିକାଲ ଅଫିସର ଥାଆନ୍ତି। ବ୍ରିଟିଶ ସମୟରୁ ସୀମାନ୍ତର ପ୍ରଶାସକମାନଙ୍କୁ ପଲିଟିକାଲ ଅଫିସର ବା ରାଜନୈତିକ ଅଧିକାରୀ କୁହାଯାଉଥିଲା। ତାହାର କାରଣ ସେମାନଙ୍କର ନୀତି ନିର୍ଦ୍ଧାରଣ କରିବାର ସ୍ୱାଧୀନତା ଥିଲା। ସେମାନେ ହିଁ ଭାରତ ସହିତ ସୀମାନ୍ତର ଉପଜାତିମାନଙ୍କର ସମ୍ପର୍କ ସ୍ଥିର କରୁଥିଲେ। ସେମାନେ କ'ଣ କରି ପାରୁଥିଲେ। ତାହା ଶୁଣିଲେ ଆଜିକାଲିକା ଆଇ.ଏ.ଏସ୍. ମାନେ ଦୀର୍ଘଶ୍ୱାସ ପକାଇ କହିବେ, କି ଥିଲା ଏ ରାଜ୍ୟ କି ହୋଇଛି ଆଜ। ଚାରଦୁଆର ଅରୁଣାଚଳ, ଆସାମ ଓ ଭୁଟାନର ସୀମା ଅଞ୍ଚଳରେ। ଆସିଷ୍ଟାଣ୍ଟ ପଲିଟିକାଲ ଅଫିସର ବା ଏ.ପି.ଓ. ସମସ୍ତ ପାହାଡ଼ ଅଞ୍ଚଳ ଲାଗି ଭାରତ ସରକାର। ସେ କଲେକ୍ଟର, ସେ ଜଜ୍, ସେ ପୁଲିସ୍, ସେ ଜଙ୍ଗଲ ଅଧିକାରୀ ଇତ୍ୟାଦି। ତାଙ୍କୁ ସହାୟତା କରିବା ପାଇଁ ଦୁଇ ପ୍ଲାଟୁନ ଆସାମ ରାଇଫଲ୍ସ ସେନା ଓ ଜଣେ ଡାକ୍ତର। ସାଧାରଣତଃ ଡାକ୍ତର ନ ଥିବାରୁ ଆସାମ ରାଇଫଲସ୍‌ର କମ୍ପାଉଣ୍ଡର ହିଁ ସହାୟ।

ମ୍ୟାକମୋହନ ଲାଇନ, ଯାହାକି ପୂର୍ବୋତ୍ତର ଭାରତରେ ଭାରତ ଚୀନ ସୀମା, ସେତେବେଳେ କେବଳ ନକ୍ସାରେ ଥାଏ। ସମସ୍ତ ଇଲାକାର ଅଧିକାଂଶ ଅଞ୍ଚଳରେ କାହାର ଶାସନ ନ ଥାଏ। ଉପଜାତିମାନେ ଏକ ପ୍ରକାର ସ୍ୱାଧୀନ। କିନ୍ତୁ ଭୁଟାନକୁ ଲାଗି ଅରୁଣାଚଳ ଏକ ଅଂଶ, ଯାହାକୁ ଆଜିକାଲି ପଶ୍ଚିମ କାମେଂ କହନ୍ତି, ତିବ୍ବତ ସହିତ ଘନିଷ୍ଠ ଭାବେ ଜଡ଼ିତ ଥିଲା। ଜନତା ବୌଦ୍ଧ ଓ ଜଣେ ଦଲାଇଲାମା ମଧ୍ୟ

ଏଠାରୁ ହୋଇଛନ୍ତି। ଏଣୁ ଏଠି ବଡବଡ ବୌଦ୍ଧ ପୀଠ ବା ଗୁମ୍ଫା ଅବସ୍ଥିତ। ବିଶେଷ କରି ତାୱାଂର ମଠ ସ୍ଥାପତ୍ୟ ଦିଗର ଏତେ ମହତ୍ତ୍ୱପୂର୍ଣ୍ଣ ଯେ ଏହାକୁ ଭାରତର ପ୍ରଧାନ ସ୍ଥାପତ୍ୟ ନିଦର୍ଶନ ମଧ୍ୟରେ ଗଣିବା ଉଚିତ । କିନ୍ତୁ ଏଠି ଏକ ତିବ୍ବତୀୟ ଶାସକ ଆସି ଭୟଙ୍କର ଅତ୍ୟାଚାର ଆରମ୍ଭ କରିଦେଲା। ଏଣୁ ତାୱାଂର ଅଧିବାସୀମାନଙ୍କର ଏକ ପ୍ରତିନିଧିମଣ୍ଡଳ ଭାରତ ସରକାରଙ୍କୁ ନିଜ ଦୁଃଖ ଜଣାଇବାକୁ ଆସିଲା ଏବଂ ଭାରତ ସରକାର ମାନେ ତ ଏ.ପି.ଓ. ଚାରଦୁଆର । ତାୱାଂର ଜନତାର କରୁଣ କାହାଣୀ ଶୁଣି ସେ ତତ୍‌କ୍ଷଣାତ୍ ଆସାମ ରାଇଫଲ୍‌ସର ଏକ ପ୍ଲାଟୁନ ସେନା ଧରି ତାୱାଂର ବାହାରିଲେ। ସେ ସମୟରେ ନକ୍‌ସା ନାହିଁ। ନକ୍‌ସାରେ ବହୁତ ଅଞ୍ଚଳ କେବଳ ଧଳା ଦେଖାଇ ଦିଆଯାଉଥିଲା। ତାହାର ଅର୍ଥ ଏ ସବୁ ଅଞ୍ଚଳ ବିଷୟରେ କିଛି ଜଣାନାହିଁ। କିନ୍ତୁ ସେ ନିଶ୍ଚୟ ଯାହା ନକ୍‌ସା ଥିଲା ଅନୁଧ୍ୟାନ କରି ବୁଝି ସାରିଥିଲେ ଯେ, ମ୍ୟାକମୋହନ ରେଖାର ଦକ୍ଷିଣରେ ତାୱାଂର ଏବଂ ସେଠି ଭାରତର ଇଲାକା ହେବା ଉଚିତ ।

ତାୱାଂର ପହଞ୍ଚିଲା ବେଳକୁ ପ୍ରାୟ ପନ୍ଦର ଦିନ। ରାସ୍ତାରେ ଦୁର୍ଗମ ଓ ଉଚ୍ଚ ସେଲା ଗିରିସଙ୍କଟ। ସବୁ କଷ୍ଟ ସହି ତାୱାଂରରେ ପହଞ୍ଚି ସେଠାର ଅତ୍ୟାଚାରୀ ତିବ୍ବତୀ ଶାସକ ବା ଜଂପେନ ସହିତ ଦଫାରଫା ଆରମ୍ଭ କରିଦେଲେ। ଜଂପେନର ଦେହରକ୍ଷୀ ସୈନିକମାନେ ଆସାମ ରାଇଫଲ୍‌ସର ଅସ୍ତ୍ରଶସ୍ତ୍ର ଦେଖି ଚମ୍ପଟ। ଜଂପେନ ଆତ୍ମସମର୍ପଣ କଲା ଏବଂ ତାଙ୍କୁ ସିଧା ନିକଟବର୍ତ୍ତୀ ତିବ୍ବତ ଇଲାକାରେ ଥିବା ଛୋନାଜଂ ଦୁର୍ଗକୁ ପଠାଇଦେଲେ। ଏହି ସବୁ ତ କରିବାରେ ବିଶେଷ କିଛି ଅସୁବିଧା ହୋଇ ନାହିଁ। କିନ୍ତୁ ବର୍ତ୍ତମାନ ସେ ଚାରିଦୁଆର ଫେରିବାକୁ ଚାହିଁବାରୁ ସମସ୍ୟା ହେଲା।

ଜନତା ତାଙ୍କୁ ଛାଡିବାକୁ ନାରାଜ। ଜନତାର କହିବା କଥା ହେଲା ଆପଣ ଚାଲିଗଲେ ପୁଣି ଥରେ ଜଂପେନ ଆସିଲେ ଆମେ କ'ଣ କରିବୁ? ଆପଣ ହୁଏତ ଚାରଦୁଆରରୁ ବଦଳି ହୋଇ ଚାଲିଯିବେ। ନୂଆ ଅଫିସର ଆମ କଥା ଶୁଣିପାରେ ନ ଶୁଣିପାରେ। ଏଣୁ ଆମର ନିରାପତ୍ତାର କି ଗ୍ୟାରେଣ୍ଟି ରହିଲା ?

କିନ୍ତୁ ତାୱାଂରରେ ତ ଭାରତୀୟ ଅଫିସର ସାଙ୍ଗେ ସାଙ୍ଗେ ରହିପାରିବେ ନାହିଁ। ଏଣୁ ବହୁ ଆଳାପ ଆଲୋଚନା ପରେ ସେଠାର ଜନତାଙ୍କ ପ୍ରତିନିଧିମାନେ ପ୍ରସ୍ତାବ ଦେଲେ ଯେ ଆପଣ ଆମ ଠାରୁ କିଛି କର ନିଅନ୍ତୁ ଓ ରସିଦ୍ ଦିଅନ୍ତୁ। କର ନେବା ଦ୍ୱାରା ଆପଣ ସ୍ୱୀକାର କଲେ ଯେ ଆମେ ଭାରତ ସରକାରର ପ୍ରଜା ଏବଂ ଏହି ରସିଦ୍ ବଳରେ ଆମେ ସରକାରକୁ ଆମକୁ ରକ୍ଷା କରିବାକୁ ଦାବୀ କରିପାରିବୁ। ସମସ୍ତ ଉତ୍ତର-ପୂର୍ବ ପାର୍ବତ୍ୟ ଅଞ୍ଚଳ କରମୁକ୍ତ। ଏପରିକି ଜନଜାତୀୟ ଅଫିସର୍‌ମାନେ ଆୟକରରୁ ମୁକ୍ତ। ତଥାପି ତାୱାଂରେ ମୁଁ ଥିଲା ପର୍ଯ୍ୟନ୍ତ ଘରପିଛା ଏକ ଅତି ନଗଣ୍ୟ

କର ନିଆଯାଉଥିଲା। ଜନତାଙ୍କ ଦାବିରେ କର ବସିବାର ଘଟଣା ମୋର ଜାଣିବାରେ ଏହା ଏକମାତ୍ର। କିନ୍ତୁ ଏଥିରେ ଶାସକ ଓ ଶାସିତ ମଧ୍ୟରେ ସମ୍ପର୍କର କି ସୁନ୍ଦର ବିଶ୍ଳେଷଣ। ଶାସିତର କରଦେବା କେବଳ କର୍ତ୍ତବ୍ୟ ନୁହେଁ, ଅଧିକାର। କାରଣ କର ନେବା ଦ୍ୱାରା ଶାସକ ନିଜର କର୍ତ୍ତବ୍ୟ ଓ ଦାୟିତ୍ୱ ସ୍ୱୀକାର କରୁଛି। ଶାସକର ପ୍ରଥମ ଦାୟିତ୍ୱ ହେଲା ଶାସିତକୁ ନିରାପତ୍ତା ପ୍ରଦାନ କରିବା। ତାହାପରେ ଆଉ ସବୁ କଥା। ଦେଶ ବାହାରୁ ଓ ଦେଶ ଭିତରୁ ବ୍ୟକ୍ତି ବା ସମାଜ ଉପରେ ଆକ୍ରମଣକୁ ପ୍ରତିହତ କରି ବ୍ୟକ୍ତି ଓ ସମାଜକୁ ସୁରକ୍ଷା ଦେବା ଶାସନର ପ୍ରଥମ କର୍ତ୍ତବ୍ୟ। ତାହାହିଁ ତାୱାଂବାସୀ ମାଗିଥିଲେ ଓ ତାହାର ଆଇନଗତ ଓ ନୈତିକ ସ୍ୱୀକୃତି ପାଇଁ କର ଦେବାର ଅଧିକାର ମାଗିଥିଲେ।

କଲେଜରେ ରାଜନୀତି ଓ ସମାଜ ବିଜ୍ଞାନ ଇତ୍ୟାଦିରେ Social Contract ବୋଲି ଏକ କଥା ଅଛି। ତାୱାଂ ଘଟଣା ତାହାର କି ସୁନ୍ଦର ଜୀବନ୍ତ ଉଦାହରଣ ।

ଏହି କାହାଣୀର ନାୟକ ପରେ ଭାରତ ସରକାରଙ୍କର ଅତି ଉଚ୍ଚପଦମାନ ଅଳଂକୃତ କରିଥିଲେ ଏବଂ ଅତ୍ୟନ୍ତ ଦକ୍ଷ ଶାସକ ଏବଂ ଉଚ୍ଚଦରର ମନୁଷ୍ୟତ୍ୱ ସମ୍ପନ୍ନ ବ୍ୟକ୍ତି ବୋଲି ପ୍ରସିଦ୍ଧ ଥିଲେ। ଏହିଭଳି ଲୋକଙ୍କୁ ନେଇ କିମ୍ବଦନ୍ତୀ ବା Legend ହୁଏ। ଏହି ଯାନ୍ତ୍ରିକ ଗତାନୁଗତିକ ଯୁଗରେ ମଧ୍ୟ ଏପରି ଜଣେ ଜଣେ ବେଳେବେଳେ ଜନ୍ମ ହେଉଛନ୍ତି।

■

ଦେବତା

ମୋ କପାଳଟା ଏପରି ବେଆଡା ଯେ, ଯେତେକ ସୃଷ୍ଟିଛଡ଼ା ଅଖାଡୁଆ ଲୋକ ଓ ଅବସ୍ଥା ମୋ ଉପରେ ଆସି ପଡ଼ନ୍ତି। ଏହା ମୋର ସୌଭାଗ୍ୟ ବା ଦୁର୍ଭାଗ୍ୟ ତାହା ମୁଁ କହିପାରିବି ନାହିଁ। ସତକଥା ମୁଁ ଏ ବିଷୟରେ କେବେ ଭାବିନାହିଁ। ଥରେ ଏହିପରି ଗ୍ରହମାନଙ୍କର ବିଚିତ୍ର ଗତି ଯୋଗୁ ମୁଁ ନିଜକୁ ଏକ ଗବେଷଣା ସଂସ୍ଥାର ମୁଖ୍ୟ ଭାବେ ଆବିଷ୍କାର କଲି। ସେତେବେଳକୁ ମୁଁ ବୁଝିପାରିଥିଲି ଯେ, ଜୋତା ସିଲେଇଠାରୁ ଆରମ୍ଭ କରି ଚଣ୍ଡୀପାଠ ପର୍ଯ୍ୟନ୍ତ ସବୁ ମ୍ୟାନେଜ୍‌ମେଣ୍ଟ ବା ପରିଚାଳନାର କରାମତି। ସବୁ ମଣିଷ ଚରେଇବା ବିଦ୍ୟା। ଏଣୁ ସେଠି ମଧ୍ୟ ମୁଁ ତାହାହିଁ କରୁଥିଲି। କ'ଣ ଗବେଷଣା ହେଉଛି ତାହା ମୋଟାମୋଟି ବୁଝିବା ଏତେ କଷ୍ଟ ନୁହେଁ। ମୁଖ୍ୟ ମ୍ୟାନେଜର୍‌ର କାମ ଗବେଷଣା ପଥରେ ଯେଉଁ ବାଧା ଉପୁଜୁଛି ତାହା ଦୂର କରିବା ଏବଂ ସେସବୁ ବାଧା ସାଧାରଣତଃ ପଦାର୍ଥ ବା ଜୀବବିଜ୍ଞାନର ଗହନ ତତ୍ତ୍ୱ ସହିତ ସଂପୃକ୍ତ ନୁହେଁ। ତାହା ପ୍ରାୟ ଅତି ସାଧାରଣ କଥା ଯେପରି ଯଥେଷ୍ଟ ବିଜୁଳିଶକ୍ତି ନ ମିଳିବା, ଷ୍ଟାଫ ମଧ୍ୟରେ ଦାୟିତ୍ୱହୀନତା ବା ଶୃଙ୍ଖଳାର ଅଭାବ, କର୍ମୀମାନଙ୍କର ରହିବାକୁ ସ୍ଥାନର ଅଭାବ ଇତ୍ୟାଦି ଏବଂ ସବୁଠାରୁ ବଡ କଥା ଅର୍ଥ ବିଭାଗରୁ ଠିକ୍ ସମୟରେ ଖର୍ଚ୍ଚ ଲାଗି ଅନୁମତି ବା ସାଙ୍କସନ୍ ନ ମିଳିବା। ଏହି ସବୁ ନେଇ ଆଣି ଥୋଇବା କାମ ଲାଗି ବୈଜ୍ଞାନିକଙ୍କ ଅପେକ୍ଷା ମୋ ଭଳି ସବୁଥିରେ ହାତ ପୂରାଇବା ବାଲା ବୋଧହୁଏ ବେଶି ଦରକାରି।

କୌଣସି କାରଣରୁ ଆମର କେତେଟା କାଠର ଷାଠିଏ ଫୁଟ ଉଚ୍ଚା ଏବଂ ସଂପୂର୍ଣ୍ଣ ସିଧା ମାସ୍ତଲ ଦରକାର ପଡିଲା। ଏଥିରେ ଯୋଡ ରହିପାରିବ ନାହିଁ। ଜଣାପଡ଼ିଲା ଯେ, ଏପରି ଜିନିଷ ଯୁକ୍ତରାଷ୍ଟ୍ର ଆମେରିକାର କାଲିଫର୍ଣ୍ଣିଆରୁ ଆସେ। ତାହା ଆମଦାନୀ କରିବା ବଡ଼ ସମୟସାପେକ୍ଷ ଏବଂ ବହୁତ ବୈଦେଶିକ ମୁଦ୍ରା ଦରକାର। ସେତେବେଳେ

ବୈଦେଶିକ ମୁଦ୍ରା ସଂକଟ କେତେବେଳେ ନାହିଁ ଯେ? ଏଣୁ ବୈଜ୍ଞାନିକମାନେ ହତାଶ ହୋଇଗଲେଣି। ଯଦି ବା ଆମଦାନୀ ହୁଏ ତାହା ହେଲେ ବମ୍ବେରୁ ପୂର୍ବ ଆସାମ ଆସିବ କିପରି। ଏହି ଜିନିଷ ରେଳର ୱାଗନଠାରୁ ବେଶି ଲମ୍ବା। ପୁଣି ବ୍ରଡଗେଜ୍‌ରୁ ମିଟର ଗେଜ୍‌କୁ ବଦଳି ମଧ୍ୟ ଅଛି। ଏଣୁ ଦିଲ୍ଲୀରେ ଉଚ୍ଚସ୍ତରୀୟ ମିଟିଂ ହେଲା। ମୁଁ ମଧ୍ୟ ସେହି ମିଟିଂରେ ଥିଲି। ମୁଁ କହିଲି ଯେ, ଆମେ ଆମ ଦେଶ ଭିତରେ ଏହା ମିଳିପାରିବ କି ନାହିଁ ତାହା ଠିକ୍ ଭାବରେ ଖୋଜ୍ ନେଇ ନାହୁଁ। କାରଣ ମୁଁ ନିଜେ ଆସାମ ଓ ଅରୁଣାଚଳ ପ୍ରଦେଶର ଜଙ୍ଗଲରେ ଶହେ ଫୁଟ ଉଚ୍ଚ ସରଳରେଖା ପରି ବୃକ୍ଷ ଦେଖିଛି।

ଏଣୁ 'ଆ ବଳଦ ମତେ ବିନ୍ଧ' ମାନେ ମୋତେ ସେପରି ଗଛ ଯୋଗାଡ଼ କରିବାକୁ ହେବ। ମୁଁ ସ୍ପଷ୍ଟ କରିଦେଲି ଯେ, ଏପରି ଗଛ ସାଧାରଣ ନୁହେଁ ଏବଂ ଆଜିକାଲି କାଠ ଚୋର ଏବଂ ଜଙ୍ଗଲ କଣ୍ଟ୍ରାକ୍ଟରଙ୍କ ଦାଉରେ ମିଳିବା ମୁସ୍କିଲ, ତେବେ ମୁଁ ଖୋଜିବାର ପ୍ରତିଶ୍ରୁତି ଦେଇ ମୋର କାର୍ଯ୍ୟସ୍ଥଳୀ ଟିଫ ବାହାରି ଆସିଲି ।

ମୁଁ ନାନାଦି କାରଣରୁ ସେ ଅଞ୍ଚଳର ସୁବିଧା ଅସୁବିଧା ଅନେକ ଜାଗା ବୁଲିଥିଲି। ସେଠି ଏକ ଗ୍ରାମ ଦେଖିଛି ଯାହାର ନାମ କଳାହାଣ୍ଡି ଲାଇନ୍। ତାହା କଥା ତ ଆଉ ଏକ ଉପାଖ୍ୟାନ। କିନ୍ତୁ ଘୋର ଜଙ୍ଗଲ ମଧ୍ୟରେ ଏକ ମାରୱାଡ଼ି ଗୋଟିଏ ଛୋଟିଆ କରତକଳ ବସେଇଥିଲା। ସେ ସେଠି ରହେ ଓ ସେ ବାଟେ ଗଲେ ଅନେକ ସମୟରେ ସେଠି ରହଣି ହୁଏ। କାରଣ ତାହା ପାଖକୁ ଏତେ କମ୍ ଲୋକ ଆସନ୍ତି ଯେ, ସଂଧ୍ୟାରେ କେହି ତାହା ପାଖରେ ଥିଲେ ସେ ବି ଖୁସି। ମାରୱାଡ଼ିର ନାମ ରାମନିୱାସ କେଜରିୱାଲ୍। ସେ ଏକୁଟିଆ। ତେବେ ତା'ର ଚାକର ଉତ୍ତମ ମାରୱାଡି ରନ୍ଧା ରାନ୍ଧେ। ସେହି ଖାଦ୍ୟ ମଧ୍ୟ ଏକ ପରିବର୍ତ୍ତନ। ତାହାର ଚାରିଘର ହାତୀ ମଧ୍ୟ ଥିଲେ ଜଙ୍ଗଲରୁ କାଠ ଆଣିବା ପାଇଁ। ସେ ଜାଗାଟାର କୌଣସି ନାମ ମଧ୍ୟ ନଥିଲା। କିନ୍ତୁ ପାଖରେ ଅଠର ମାଇଲର ଖୁଣ୍ଟ ଥିବାରୁ ଜାଗାଟାର ନାମ ହିଁ ହୋଇଯାଇଥିଲା ଅଠର ମାଇଲ।

ମୁଁ ରାମନିୱାସକୁ ମୋର ସମସ୍ୟା କହିଲି। ସେ କହିଲା ଯେ ସେପରି ଗଛ ଅଛି। କିନ୍ତୁ ଖୋଜି ଠାବ କରିବାକୁ ହେବ। ଏଣୁ ମୁଁ ସ୍ଥିର କଲି ଯେ ସେଠି ଚାରିପାଞ୍ଚଦିନ ରହି ଜଙ୍ଗଲ ଭିତରେ ଖୋଜି ବୁଲିବାକୁ ହେବ। ରାମନିୱାସ୍ ଓ ମୁଁ ହାତୀ ଉପରେ ଜଙ୍ଗଲ ଭିତରେ ଖୋଜି ବୁଲିଲୁ। ଜଙ୍ଗଲରେ ଠାଏ ଠାଏ ରାମନିୱାସ୍‌ର ଘର ଅଛି। ଗୋଟିଏ ବଖରା ଏକ ମଞ୍ଚା ଉପରେ ତିଆରି। ଥରେ ଥରେ ଆମେ ସକାଳୁ ଖାଇଦେଇ ବାହାରି ପଡୁ। ରାତିରେ ଏପରି ଏକ କ୍ୟାମ୍ପ ଘରେ ରହିଯାଉ ଏବଂ ତାହା ଆରଦିନ ସକାଳେ ଅନ୍ୟ ବାଟରେ ଅଠର ମାଇଲକୁ ଫେରିଆସୁ। ଏହାଦ୍ୱାରା ଅନେକ ଅଞ୍ଚଳ

ଦେଖା ହୋଇଯାଏ। ପ୍ରଥମ ଟ୍ରିପ୍ ବିଫଳ ହେଲା। ଦ୍ୱିତୀୟ ଟ୍ରିପ୍‌ରେ ଆସାମ ଅରୁଣାଚଳ ସୀମା ପାଖରେ ଏହିପରି କେତୋଟି ଗଛ ପାଇଲୁ। ସେହି ଯାତ୍ରାରେ ଏକ କ୍ୟାମ୍ପରେ ରହିଲୁ। ସେହି କ୍ୟାମ୍ପରେ କାଠ କାଟିବାର କୁଲି, ହାତୀ ମାହୁନ୍ତ ଇତ୍ୟାଦି ରହନ୍ତି। ସେମାନେ ରାମନିଓ୍ୱାସର ଲୋକ। କ୍ୟାମ୍ପର ଗୋଟିଏ କୋଣରେ ଗୋଟିଏ ମଣ୍ଡପ ଭଳି ବାଉଁଶର ଘର। ସାମ୍‌ନାରେ ଏକ ଛୋଟ ନଈ। ନଈ ଆରପଟୁ ପାହାଡ ଉଠି ଯାଇଛି। ସେଇଠି ଆମର ବିଛଣା ହେଲା। ସେଠି ନିୟମ ହେଲା ସଂଧ୍ୟା ବୁଡିବା ଆଗରୁ ଖାଇଦେବା। କାରଣ ସମସ୍ତେ ଅତି ଶୀଘ୍ର ଉଠିବେ। ଖିଆପିଆ ସରିଲା ପରେ ସମସ୍ତେ ଯେ ଶୋଇପଡନ୍ତି ତାହା ନୁହେଁ। କିଏ ରେଡିଓ ଶୁଣେ। କିଏ ତାସ ଖେଳେ ଇତ୍ୟାଦି। କିନ୍ତୁ ରାତି ଆଠଟା ବେଳକୁ ପ୍ରାୟ ସମସ୍ତେ ଶୋଇ ପଡିଥାଆନ୍ତି। କିନ୍ତୁ ଆମକୁ ତ ଏତେ ଶୀଘ୍ର ନିଦ ହୁଏ ନାହିଁ। ଏଣୁ କିଛି ସମୟ ବସି ଗପସପ କରୁଥାଉ ।

ପ୍ରାୟ ନଅଟା ବେଳ। କ୍ୟାମ୍ପ ଶୋଇ ପଡ଼ିଲାଣି। ଜହ୍ନ ଉଠି ଆସି ପାହାଡ଼, ଜଙ୍ଗଲ ସବୁକୁ ଏକ ରୂପେଲି ବଢ଼ିରେ ବୁଡାଇ ଦେଲାଣି। ମୁଁ ଓ ରାମନିଓ୍ୱାସ କ'ଣ କଥା ହେଉଥିଲୁ ଠିକ୍ ମନେ ନାହିଁ। କିନ୍ତୁ ନଈ ଆରପଟ କୂଳରେ ଏକ ନାଟକର ପ୍ରଥମ ଦୃଶ୍ୟ ଆରମ୍ଭ। କେତେ ହରିଣ ପାଣି ପିଇ ଚାଲିଗଲେ। ତାହାପରେ ସେମାନେ ସେ ପାଖରେ ଚରିବା ଆରମ୍ଭ କଲେ। ତାହା ପରେ ପରେ ବାର୍‌ହା ସେ ଜାଗାକୁ ଖୋଳା ଖୋଳି କରି ନାନାଦି ଶବ୍ଦ କରି ଚାଲିଗଲେ। ଏହାପରେ ଆସିଲା ଏକ ଦନ୍ତାଦଳ। ଏକୁଟିଆ। ସେ ମଧ୍ୟ ଚାଲିଗଲା। ଏକ ଅଦ୍ଭୁତ ନିସ୍ତବ୍ଧତା ଚାରିଆଡ଼େ ଛାଇ ହୋଇଗଲା। ମନେହେଲା ଏହି ରାତ୍ରି କି ମହିୟସୀ। ତାହାର କି ବ୍ୟାପ୍ତି। ସେଥିରେ ମୁଁ କିଏ, ରାମନିଓ୍ୱାସ ବା କିଏ। ଏହି ରାତ୍ରିଦେବୀ ଯାହାଙ୍କୁ ଋକ୍‌ବେଦରେ କୁଶିକ ଋଷି ଦେଖିଥିଲେ, ଅମରଣଧର୍ମୀ, ନିତ୍ୟା। ଯେ ସମସ୍ତ ସୃଷ୍ଟିକୁ ନିଜ ଜ୍ୟୋତିରେ ପରିବ୍ୟାପ୍ତ କରିଛନ୍ତି। ଯେପରି ମୋର ଆଉ ନିଜର ସତ୍ତା ନାହିଁ। ହଠାତ୍ ରାମନିଓ୍ୱାସ କହିଲା, ସେ ଆଡ଼େ ଚାହାନ୍ତୁ ନାହିଁ। ଚାଲନ୍ତୁ ଶୋଇ ପଡ଼ିବା। ମୁଁ କାରଣ ପଚାରିବାରୁ କହିଲା ନିଦ ଲାଗୁଛି, କାଲି କହିବି। ଅଗତ୍ୟା ମଶାରି ଭିତରକୁ ପଶିଗଲୁ।

ତାହା ପରଦିନ ଆମେ ଫେରି ଆସିଲୁ। କାମ ହୋଇଯାଇଛି। ଅଠର ମାଇଲରେ ରାମନିଓ୍ୱାସ ଘରେ ସେଦିନ ରାତି ରହି ତାହା ଆରଦିନ ମୁଁ ମୋର କାର୍ଯ୍ୟସ୍ଥଳକୁ ଫେରିଯିବି। ସେଦିନ ରାମନିଓ୍ୱାସକୁ ଗତ ରାତିର କଥା ପଚାରିଲି। ସେ କହିଲା ଯେ, ଏହିପରି ରାତି ବଡ଼ ଖରାପ। ସବୁ ରାତି ଏପରି ନୁହେଁ। କିନ୍ତୁ କେତେ କେତେ ବେଳେ ଏପରି ରାତି ଆସିଯାଏ। ଆପଣଙ୍କୁ କୁହୁକ ହୋଇଗଲା ପରି ଲାଗିବ। ଏହି ରାତିରେ ବୁଢ଼ା ଡ଼ାଙ୍ଗୁରିଆ ବୁଲେ। ମୁଁ ବୁଝିପାରିଲି ନାହିଁ। ଡ଼ାଙ୍ଗୁରିଆ ଶବ୍ଦର ଅସମୀୟା

ଭାଷାର ଅର୍ଥ ମହାଶୟ। ଯେପରି ଆସାମର ମୁଖ୍ୟମନ୍ତ୍ରୀଙ୍କୁ କୁହାଯାଏ ଶ୍ରୀ ହିତେଶ୍ୱର ସାଇକିଆ ଡ଼ାଙ୍ଗୁରିଆ। ରାମନିଓ୍ୱାସ କହିଲା ଯେ, ସେ ବଣର ଦେବତା। ସେ ଏତେ ବଡ଼ ଯେ, ତାହାର ନାମ ନାହିଁ ବା କେହି ନାମ ଧରିବାକୁ ସାହାସ କରେ ନାହିଁ। ବୁଢ଼ା ଏଠି ପ୍ରାଚୀନ ଓ ମହାନ ଉଭୟ ଅର୍ଥ ଗ୍ରହଣ କରେ। ସେ କୁଆଡ଼େ ଏକ ବିରାଟ ଏବଂ ସୁନ୍ଦର ପୁରୁଷ ଯାହା ଶିର ଆକାଶଚୁମ୍ବୀ ଓ ସେ ଶ୍ୱେତବସ୍ତ୍ର ପରିହିତ। ତା'ର ହାତରେ ଏକ ଲାଠି, ଯଦି ତାକୁ କେହି ଦେଖେ ତାହାହେଲେ ସେ ଲୋକ ସେହିଠାରୁ କୁଆଡ଼େ ଚାଲିଯାଏ । ତାହାର ଆଉ ପତ୍ତା ମିଳେ ନାହିଁ। ଏପରିକି ସେ ଲୋକର ମୃତଦେହ ମଧ୍ୟ ମିଳେ ନାହିଁ। ଭୂତ ପ୍ରେତର ମନ୍ତ୍ର ଅଛି, ଉପାୟ ଅଛି। କିନ୍ତୁ ବୁଢ଼ା ଡ଼ାଙ୍ଗୁରିଆ ଏ ସବୁର ଉପରେ। ଏଣୁ ଯଦି ରାତିରେ କେତେବେଳେ ଏହିପରି କୁହୁକ ଲାଗିଲା ପରି ମନେହୁଏ ତାହାହେଲେ ଘର ବନ୍ଦ କରି ଶୋଇ ପଡ଼ିବ।

ମୁଁ ପରେ ଅନେକ ଭାବିଛି ବୁଢ଼ା ଡ଼ାଙ୍ଗୁରିଆ କିଏ । ସେ କ'ଣ କାଳ? ସେ କ'ଣ ମୃତ୍ୟୁ? ତେବେ ତାହାକୁ ସୁନ୍ଦର ଏବଂ ମହାନ ବୋଲି କାହିଁକି କଳ୍ପନା କରାଯାଇଛି? ଯଦି ତାହା ହୋଇଥାଏ ତାହାହେଲେ କୌଣସି ଜନଜାତୀୟ ନଚିକେତା କ'ଣ ବୁଢ଼ା ଡ଼ାଙ୍ଗୁରିଆ ଠାରୁ ଫେରିଆସିଛି? ନ ହେଲେ ତା'ର ବର୍ଣ୍ଣନା ବା ହେଲା କିପରି। ସେ ନଚିକେତା କ'ଣ କଠୋପନିଷଦ ପରି କିଛି କହିଛି?

ଏହାପରେ ରାମନିଓ୍ୱାସ କହିଲା ଯେ, ଆମେ ସେ ଗଛ କାଟିବା ଆଗରୁ ବୁଢ଼ା ଡ଼ାଙ୍ଗୁରିଆକୁ ପୂଜା ଦେବାକୁ ହେବ। ମୁଁ ସେ ପୂଜାର ବିଧି ପଚାରିଲାରୁ ଜଣାଗଲା ଯେ, ବୁଢ଼ା ଡ଼ାଙ୍ଗୁରିଆର ନିଜ ପୂଜା ନାହିଁ। ନିଜର ପୂଜାରୀ ନାହିଁ। ଯଦି ବନର ସବୁ ପ୍ରଧାନ ଦେବଦେବୀ ଓ ଅପଦେବତାଙ୍କ ଏକାଠି ପୂଜା କରାଯାଏ ତାହାହେଲେ ବୁଢ଼ା ଡ଼ାଙ୍ଗୁରିଆର ପୂଜା ହୁଏ। ଅର୍ଥାତ୍ ସମସ୍ତ ଦେବ ତା'ର ଅଂଶ। ସମସ୍ତଙ୍କ ପୂଜା ତା'ର ପୂଜା। ତାହା ମାନେ କ'ଣ ସେ କାଳଠାରୁ ମଧ୍ୟ ମହତ୍ତର? କେଜାଣି? ହୁଏତ କେବଳ ବୁଢ଼ା ଡ଼ାଙ୍ଗୁରିଆ ହିଁ ଜାଣିଥିବ। ବା

ଆକାଶତ୍ ପତିତଂ ତୋୟମ୍
ଯଥା ଗଚ୍ଛତି ସାଗରମ୍
ସର୍ବଦେବନମସ୍କାରମ୍
କେଶବମ୍ ପ୍ରତିଗଚ୍ଛତି।

ଶୁକ ପୁରାଣ

ଏହି ଅସାର ଖଲୁ ସଂସାରରେ ଜୀବନ ଯାତ୍ରା ନିର୍ବାହ କରିବାକୁ ହେଲେ ନାନା ଆଧିଭୌତିକ ଏବଂ ଆଧିଦୈବିକ ବିପଦର ସମ୍ମୁଖୀନ ହେବାକୁ ହୁଏ। ତା'ର ହିସାବ ଦେବା ତ କାହାରି ପକ୍ଷରେ ଅସମ୍ଭବ। ତଥାପି ଏସବୁ ବିପଦ ବିଷୟରେ ଅନେକ କିଛି ଶୁଣିବାକୁ ମିଳେ। ଯଥା ଝିଅର ଶାଶୁଘର, ମନ୍ତ୍ରୀ, ଏମ.ଏଲ୍.ଏ. ଆଦି, ଉପରିସ୍ଥ ଅଫିସର, ଅବାଧ୍ୟ ପୁଅ, ଭାରତୀୟ ରେଳ ସେବା ଇତ୍ୟାଦି ଇତ୍ୟାଦି। କିନ୍ତୁ ଆଉ ଏକ ଆଧିଦୈବିକ ଧୂମକେତୁ ବିଷୟରେ କମ୍ ଶୁଣାଯାଏ। ସେ ହେଲେ ଭି.ଆଇ.ପି.। ମନ୍ତ୍ରୀ, ବିଧାୟକ ଏଥି ମଧ୍ୟରେ ଗଣୁ ନାହିଁ। କାରଣ ସେମାନେ କୋଷ୍ଠକାଠିନ୍ୟ ବା ଆଣ୍ଠୁଗଣ୍ଠି ବାତ ପରି କଷ୍ଟଦାୟକ ହେଲେ ମଧ୍ୟ ଅଭ୍ୟସ୍ତ ନିତିଦିନିଆ ପୀଡା। ଭି.ଆଇ.ପି. କିନ୍ତୁ ଏକ ଧୂମକେତୁ। ହଠାତ୍ ଆସନ୍ତି ଏବଂ ସବୁ ଲଣ୍ଡଭଣ୍ଡ କରି ହଠାତ୍ ଚାଲି ଯାଆନ୍ତି। ତାହାପରେ ସ୍ୱାଭାବିକ ଅବସ୍ଥା ହେ'ଉଇ ଆଣୁ ଆଣୁ ବହୁତ ପାଣି ପିଇବାକୁ ହୁଏ। ଏଠି ଯାହା କରିବାକୁ ହୁଏ ସେଥିଲାଗି ଉପଯୁକ୍ତ ଓଡ଼ିଆ ଶବ୍ଦ ନାହିଁ। ଏଣୁ ଇଂରାଜୀ କଥାଟା ବ୍ୟବହାର କରୁଛି। Crisis Management ଅଫିସରର ପ୍ରକୃତ ପରୀକ୍ଷା ଏଇଠି।

ଫାର୍ସୀ ଭାଷାରେ ଗୋଟିଏ କଥା ଅଛି, ପୀହା ମିପରନ୍ଦ୍, ଶାଗିର୍ଦାନା ଉନ୍ନାରା ପରାନନ୍ଦ୍। ଅର୍ଥାତ୍ ପୀର ବା ବାବା କ'ଣ ଉଡନ୍ତି ନା, ତାଙ୍କୁ ତାଙ୍କ ଚେଲା ଚାମୁଣ୍ଡା ଉଡାଇ ଦିଅନ୍ତି ହୁଏତ ଆପଣ ନିଜ ଅଭିଜ୍ଞତାରୁ ଏହାର ସତ୍ୟତା ବୁଝିପାରୁଥିବେ। ଏହାର ମଲ୍ଲିନାଥ ଟୀକା କଲେ ହେବ "ଭି.ଆଇ.ପି. ଉଡନ୍ତି ନାହିଁ। ଆପଣଙ୍କ ଉପରିସ୍ଥମାନେ ନିଜ ସ୍ୱାର୍ଥସିଦ୍ଧି ଲାଗି ତାଙ୍କୁ ଉଡାଇ ଦିଅନ୍ତି ଏବଂ ଏହାଦ୍ୱାରା ଆପଣ ବା ମୋ ଭଳି ଅଧମକୁ କତଲ ହେବାକୁ ଛାଡି ଦିଅନ୍ତି।" ଏଣୁ ସୁପରିଚାଳିତ

ସଂସ୍ଥାମାନଙ୍କରେ ଏପରି ପରିସ୍ଥିତିର ମୁକାବିଲା କରିବାକୁ ବ୍ୟବସ୍ଥା କରାଯାଇଥାଏ। ସତକଥା, କୌଣସି ସରକାରୀ ସଂସ୍ଥାରେ ଅଳ୍ପ କେତେଜଣ କାମ କରନ୍ତି ବା କରିପାରନ୍ତି। ଅଧିକାଂଶ କାମ ବିଷୟରେ ଭାରବାହୀ ପଶୁ ପରି। କାମ କରିବେ ନାହିଁ କିନ୍ତୁ ପିଠିରେ ଲଦିଦେଲେ କାମ ରୂପକ ବୋଝଟାକୁ ବୋହି ନେଇଯିବେ। ହୁଏତ କେତେ କେତେ ବେଳେ ପଛରୁ ପାହାରେ ବା ସାମନାରେ ଘାସ ଦେଖାଇବା ଦରକାର ହୋଇପାରେ। କିନ୍ତୁ ଏପରି କିଛି ଲୋକ ମଧ୍ୟ ଥିବା ଦରକାର ଯେକି ସାଧାରଣତଃ ଫାଙ୍କି ମାରୁଥିବେ; କିନ୍ତୁ ଦରକାରବେଳେ ନେଇ ଆଣି ଥୋଇ ଜାଣିଥିବେ। ପାଠକେ ଅବଶ୍ୟ ଓଡ଼ିଆ ପ୍ରବାଦ ଜାଣନ୍ତି। ଏଣୁ, ନେଇ ଆଣି ଥୋଇ ଜାଣିଲେ କେଉଁ ବିଦ୍ୟା ଭଲ ତାହାର ଉତ୍ତର ମଧ୍ୟ ଜାଣନ୍ତି। ଏପରି କଳାକାର କେତୋଟି ନଥିଲେ Crisis Management ଅସମ୍ଭବ।

ଚାକିରୀ ଜୀବନର ପ୍ରଥମ ଅବସ୍ଥାରେ ମୋର ଏହିପରି ଜଣେ ମହାନ୍ କଳାକାରଙ୍କର ସଙ୍ଗ ଲାଭର ସୌଭାଗ୍ୟ ଘଟିଥିଲା। ଭଦ୍ରଲୋକ ଶିଖ୍। ଏଣୁ ଏଠି ତାଙ୍କୁ ନାମ ନ ଧରି କେବଳ ସର୍ଦାର ସାହେବ ବୋଲି ଉଲ୍ଲେଖ କରୁଛି। ସରକାରୀ କାମର ଧାର ଧରନ୍ତି ନାହିଁ। କିନ୍ତୁ ସବୁ ଅନ୍ୟ ପ୍ରକାର କାମରେ ଧୁରନ୍ଧର ଏବଂ ସେଥିଲାଗି ତାଙ୍କର ଉଚ୍ଚ ଅଫିସର ମହଲରେ ବେଶି ଆତଯାତ। ୧୯୫୯-୬୦ର କଥା ଅନେକ ଭୁଲି ଗଲେଣି। ଯୁବକମାନେ ତ ହୁଏତ ଜାଣି ନାହାନ୍ତି। ସେ ସମୟରେ ଦୁଧ ଲାଗି କାର୍ଡ, ନାନା ଜିନିଷ ଲାଗି ପରମିଟ୍, ଗାଡି ବା ସ୍କୁଟର ଲାଗି ବୁକିଂ କରି ଅନନ୍ତ ଅପେକ୍ଷା, ସରକାରୀ କ୍ୱାର୍ଟରର ଅଭାବ; ଜୀବନଟା ସମସ୍ୟା ଓ ସମସ୍ୟା। ଏହି ସମସ୍ୟାର ସମାଧାନ କରିବାକୁ କେତେକ ବିଶେଷଜ୍ଞ ମଧ୍ୟ ବାହାରି ପଡ଼ିଥିଲେ ଯେଉଁମାନେ କି ନାନା ମହଲରେ ନାନା ପ୍ରକାର ଧରାଧରି କରି, କାମ କରାଇ ଦେଉଥିଲେ। ସର୍ଦାର ସାହେବ ଏହିପରି ଜଣେ। ଯଦିଚ ସେ ଉପର ମହଲରେ ବେଶି ଆତଯାତ କରନ୍ତି ଏବଂ ସେମାନଙ୍କ ଓ ସେମାନଙ୍କ ମେମ୍ ସାହେବମାନଙ୍କ ସମସ୍ୟା ସମାଧାନରେ ବେଶି ସମୟ ଓ ବୁଦ୍ଧି ଖଟାନ୍ତି। ତଥାପି ନିଜର ସହକର୍ମୀମାନଙ୍କର ସମସ୍ୟାର ମଧ୍ୟ ସମାଧାନ କରିଦିଅନ୍ତି। ଏଣୁ ଆମେ ତାଙ୍କର ସମସ୍ୟା ଅର୍ଥାତ୍ ବହିରେ ଲେଖା ସରକାରୀ କାମଟା ଚଳେଇ ଦେଉ ।

ଥରେ କୌଣସି ଏକ ବିଦେଶରୁ ଜଣେ ମହାମହିମ ଭି.ଆଇ.ପି. ଆସି ପହଞ୍ଚିଲେ। ଉକ୍ତ ଦେଶ ଉନ୍ନତ ଶିଳ୍ପପ୍ରଧାନ ଦେଶ ନୁହେଁ ଏହା ନିଶ୍ଚିତ କାରଣ ଆମେ ସେଠି କିଛି କଣ୍ଟ୍ରାକ୍ଟ ବାଗେଇବାର ମତଲବରେ ଥିଲୁ। ସିଧା କଥା, ଏହି ଭିନ୍ନ ଆଇ.ପି. ସେଠାର ଏକଚ୍ଛତ୍ର ଶାସକ ଏବଂ କାର୍ଯ୍ୟତଃ ତାଙ୍କ କଥା ସେଠାର ଆଇନ। ଏଣୁ ତାଙ୍କୁ ସମସ୍ତେ

ଖୁସି କରିବାକୁ ଲାଗିଥାନ୍ତି। ଏହି ମହାଶୟ ଆଗ୍ରାରେ ତାଜମହଲ ଆଦି ଦର୍ଶନ କରି ସାରିବାପରେ ଭରତପୁର ନିକଟବର୍ତ୍ତୀ କେଓଲଦେଓ ପକ୍ଷୀବିହାର ଦେଖିବାକୁ ଗଲେ। ସେଠି କ'ଣ ହେଲା ଭଗବାନ ଜାଣନ୍ତି। କିନ୍ତୁ କଥା କଥାରେ ମହାପ୍ରଭୁ କହି ପକାଇଲେ ଯେ ଦକ୍ଷିଣ ଆମେରିକାରେ ଅତି ସୁନ୍ଦର ଓ ବର୍ଣ୍ଣାଢ୍ୟ ଶୁକପକ୍ଷୀ ମିଳନ୍ତି। ଏହି କଥାରୁ ଆମ ବଡ କର୍ତ୍ତାଙ୍କ ମୁଣ୍ଡରେ ଢୁକିଗଲା ଯେ, ଯଦି ଏହି ଜାତିର ଦୁଇ ସୁପର୍ଣ୍ଣ ଅର୍ଥାତ୍ ହଳେ ଦକ୍ଷିଣ ଆମେରିକାର ବହୁରଙ୍ଗୀ ଶୁଆ ଭି.ଆଇ.ପି.ଙ୍କୁ ଦିଆଯାଏ ତାହାହେଲେ ତାଙ୍କ ମନ ଜୟ କରିବା ସହଜ ହେବ। ସେ ଏହି ସମସ୍ୟା ତାଙ୍କର ଦୁଇ ନମ୍ବରଙ୍କୁ କହିଲେ ଏବଂ ଆମ ସଂସ୍ଥାଟି ଏହି ଦୁଇ ନମ୍ବର ସରକାରଙ୍କ ରାଜ୍ୟ। ଏଣୁ ସେ ଆମର ମୁସ୍‌କିଲ ଆସାନ୍ ଅର୍ଥାତ୍ ସର୍ଦାର ସାହେବଙ୍କୁ ଜାଣନ୍ତି କାରଣ ସର୍ଦାର ସାହେବଙ୍କର ହଟଚମଟକୁ ସେ ମଧ୍ୟ ଅନେକ ବ୍ୟବହାର କରିଛନ୍ତି। ସେ ସର୍ଦାର ସାହେବଙ୍କୁ ଡାକି ନିଜର ସମସ୍ୟା କହିଲେ। ସର୍ଦାର ସାହେବ ଚେଷ୍ଟା କରିବି କହି ଅପରେସନରେ ବାହାରି ପଡ଼ିଲେ। ସର୍ଦାର ସାହେବଙ୍କ ଭାଷାରେ ଏହିପରି ସମସ୍ୟା ସମାଧାନର ନାମ ଅପରେସନ। ସର୍ଦାର ସାହେବଙ୍କର ସହକାରୀ ମୋର ସାଙ୍ଗ କୃଷ୍ଣମୂର୍ତ୍ତି ଯାହାକୁ ସେ ମୂର୍ତ୍ତି ସାହେବ ଡାକନ୍ତି। ମୂର୍ତ୍ତିର ପ୍ରଧାନ କାମ ହେଲା ତଥ୍ୟ ସଂଗ୍ରହ। ସେ ଦଉଡାଦଉଡି କରି ଫାଇଲଟା କେଉଁ କିରାନୀ ପାଖେ ଅଛି ବା ଠିକ୍ ଜିନିଷଟା କେଉଁଠାରେ ମିଳିବ ତାହା ଖବର ନିଏ। ତାହାପରେ ସର୍ଦାର ସାହେବଙ୍କ ହଟଚମଟ କାମ କରେ।

ସେତେବେଳେ ପୁରୁଣା ଦିଲ୍ଲୀରେ କେତେକ ଜନ୍ତୁ ବ୍ୟବସାୟୀ ଥିଲେ। ସେମାନେ ଜୀବନ୍ତ ଓ ମୃତ ପଶୁପକ୍ଷୀଙ୍କର କାରବାର କରନ୍ତି। ସରକସ ଲାଗି ବାଘ ଠାରୁ ଆରମ୍ଭକରି ସାଣ୍ଡା ନାମକ ଏକ ପ୍ରକାର ଏଣ୍ଡୁଅର ଚର୍ବି ଇତ୍ୟାଦି ସୃଷ୍ଟିଛଡା ଜିନିଷର ସପ୍ଲାଇ କରିଥାଆନ୍ତି। ତାଙ୍କ ଠାରୁ ଖବର ନେବାରେ ଜଣାଗଲା ଯେ ସେହି ପ୍ରଜାତିର ସୁପର୍ଣ୍ଣ ଭାରତରେ ତ ମିଳିବେ ନାହିଁ। ଏପରିକି ହଂକଂ ବା ସିଙ୍ଗାପୁରର ଚୋରା ବଜାରରେ ମଧ୍ୟ ନୁହେଁ। ଏହିପରି କେତେକ ପକ୍ଷୀ ଦିଲ୍ଲୀ ଚିଡିଆଖାନାରେ ଅଛନ୍ତି। ଏଣୁ ସର୍ଦାର ସାହେବ ସ୍ଥିର କଲେ ଯେ ଏହାକୁ ଚୋରି କରିବାକୁ ହେବ। ଏପରି ପକ୍ଷୀ ଦିଲ୍ଲୀ ଚିଡିଆଖାନାରେ ପ୍ରାୟ କୋଡିଏଟା ଅଛନ୍ତି। ଏଣୁ ହଳେ ଶୁଆ କମିଗଲେ କୌଣସି ଜାତୀୟ କ୍ଷତି ହୋଇଯିବ ନାହିଁ ବରଂ ଭି.ଆଇ.ପି. ମହାପ୍ରଭୁ ଖୁସି ହେଲେ ଜାତୀୟ ସ୍ୱାର୍ଥକୁ ସହାୟକ ହେବ ।

ଭାରତକୁ ଏହି ବୈଦେଶିକ ମହାପ୍ରଭୁମାନେ ପ୍ରାୟ ଶୀତ ଦିନରେ ଆସନ୍ତି ଓ ଘଟଣାର ସମୟ ଡିସେମ୍ବର ମାସ। ପ୍ରଚୁର ଶୀତ। ତାହାଛଡା ଧୂଆଁ ଓ କୁହୁଡି ମିଶି ଚାରିଆଡ ଏକ ଧୂସର ବର୍ଣ୍ଣ। ଦିନେ ଏହିପରି ଗୋଧୂଳି ଲଗ୍ନରେ ସର୍ଦାର ସାହେବ

ଏବଂ ତାଙ୍କ ନନ୍ଦୀ ଅର୍ଥାତ୍ କୃଷ୍ଣମୂର୍ତ୍ତି ବିରାଟ ଓଭରକୋଟ୍ ପିନ୍ଧି ଚିଡିଆଖାନାରେ ପହଞ୍ଚିଲେ ଏବଂ ସିଧା ପ୍ରଧାନଙ୍କ ସାଙ୍ଗରେ ଦେଖାକଲେ। ସେମାନେ ନିଜର ପରିଚୟ ଦେଇ କହିଲେ ଯେ, ସେମାନେ ଭି.ଆଇ.ପି. ବା ବିଦେଶରୁ ଆସୁଥିବା ନେତାମାନଙ୍କର ସୁରକ୍ଷା ଦାୟିତ୍ୱରେ ଅଛନ୍ତି। ଏବେ ସେମାନଙ୍କୁ ଦିଲ୍ଲୀର ଚିଡିଆଖାନା ମଧ୍ୟ ଦେଖାଇବାର କଥା ହେଉଛି। କାରଣ ଦିଲ୍ଲୀରେ ଏକ ନୂତନ ପ୍ରକାର ଚିଡିଆଖାନା ତିଆରି ହେଉଛି। ଏଣୁ ସେମାନେ ସୁରକ୍ଷା ଦୃଷ୍ଟିରୁ ସବୁ ଜିନିଷ ଦେଖିବାକୁ ଆସୁଛନ୍ତି। ଏଣୁ "ଆପଣ ଯଦି ଆମମାନଙ୍କ ସାଥିରେ ଆସି ସବୁ ଜାଗା ଦେଖାଇଦିଅନ୍ତେ ତାହାହେଲେ ବଡ ସୁବିଧା ହୁଅନ୍ତା।" ପ୍ରାୟ ପ୍ରତ୍ୟେକ ବିଶେଷଜ୍ଞ ତାଙ୍କ ନିଜ ପାଠ ବିଷୟରେ କିଏ ପଚାରିଲେ ବଡ ଖୁସି ହୁଅନ୍ତି। ତା'ଛଡା ବୈଦେଶିକ ସମ୍ମାନିତ ଅତିଥି ଆସିବେ ଏହା ତାଙ୍କ ପକ୍ଷରେ ମଧ୍ୟ ଗର୍ବର କଥା। ଏଣୁ ଖୁସି ଖୁସି ବାହାରିଲେ।

ବର୍ତ୍ତମାନ ମୂର୍ତ୍ତିର କାମ ଆରମ୍ଭ। ସେଥିଲାଗି ସେ ଆଗରୁ ପ୍ରସ୍ତୁତ ହୋଇ ଆସିଛି। ଲାଇବ୍ରେରୀରେ ପକ୍ଷୀମାନଙ୍କ ବିଷୟରେ ବିଶେଷକରି ଶୁକ ଜାତି ବିଷୟରେ ସଲିମ ଅଲ୍ଲୀଙ୍କ ପ୍ରାମାଣିକ ଗ୍ରନ୍ଥ ପଢ଼ିଛି ଓ ନୋଟ୍ ଇତ୍ୟାଦି ମଧ୍ୟ ନେଇଛି। ଅନ୍ୟାନ୍ୟ ପକ୍ଷୀମାନଙ୍କ ବିଷୟରେ ମଧ୍ୟ କିଛି ପଢ଼ିଛି। ଏଣୁ ଚିଡିଆଖାନାର ପ୍ରଧାନ ଡାକ୍ତର ଶୁକ୍ଳଙ୍କୁ କଥାରେ ବୁଡେଇ ରଖିଲା। ଏହିପରି ଜ୍ଞାନୀ ଦର୍ଶକ ତ ମିଳନ୍ତି ନାହିଁ। ଏଣୁ ସେ ମହାଉତ୍ସାହର ସହିତ ବୁଝେଇବା ଓ ଦେଖେଇବା ଆରମ୍ଭ କଲେ। ଏପରିକି ତାରଜାଲି ଭିତରକୁ ନେଇଗଲେ। ମୟୂର, ମୋନାଲ, ପେଂଜାଣ୍ଟ ଓ ବଣକୁକୁଡା ଇତ୍ୟାଦି ସମ୍ପର୍କରେ ଏବଂ ସେମାନଙ୍କର ବିବର୍ତ୍ତନ ଇତ୍ୟାଦି ମହାଉତ୍ସାହରେ ବୁଝାଇ ଚାଲିଛନ୍ତି। ସର୍ଦାର ସାହେବ୍ କିନ୍ତୁ ନୀରବଦ୍ରଷ୍ଟା ଓ ଶ୍ରୋତା । ମାଳିକା ବାଣୀରେ, "ତରକିଥିବୁ ତେରକୁ"। ଏହା ମଧ୍ୟରେ ଶୁକପକ୍ଷୀଙ୍କ ଘରେ ପହଞ୍ଚିଲେ। ପ୍ରାୟ କୋଡିଏ ଗଜ ଲମ୍ବା ଓ ଓସାର ଏକ ଜାଗାକୁ ସରୁ ତାର ଜାଲିରେ ପଞ୍ଜୁରୀ ପରି ଘେରା ଯାଇଛି। ଉପରେ ଚାଳର ଛାତ, ଭିତରେ ଦୁଇଟା ଗଛ ମଧ୍ୟ ଅଛି। ଏଠି ନାନା ଜାତିର ଶୁଆ। ତାହା ମଧ୍ୟରେ ଏହି ଅଭିଯାନର ଲକ୍ଷ୍ୟ ସେହି ବର୍ଣ୍ଣାଢ଼୍ୟ ମହାସୁପର୍ଣ୍ଣ। ମୂର୍ତ୍ତି ତା'ର ପ୍ରଶ୍ନର ଜାଲ ଘନ ଘନ ବିଛେଇବା ଆରମ୍ଭ କଲା। ଆଲୋଚନା କମିଯାଇଛି। ମୂର୍ତ୍ତି ଓ ଡକ୍ଟର ଶୁକ୍ଳ ଅନ୍ୟ ଏକ ଦିଗକୁ ଗଲେ। ଅନ୍ଧାର ହୋଇଆସିଲାଣି। ଶୁକ ଆଲୋକର ପକ୍ଷୀ। ଏଣୁ ପକ୍ଷୀମାନେ ଝିମେଇ ଗଲେଣି। ଏହି ସମୟରେ ସର୍ଦାର ସାହେବ, ବାଜପକ୍ଷୀ ପରି ଚଞ୍ଚଳ ହେଲେ। ଦୁଇଟା ଦକ୍ଷିଣ ଆମେରିକୀୟ କାକତୁଆଙ୍କ ମୁହଁ ପାଖରେ ଧରି ଓଭରକୋଟ୍ ପକେଟ ଭିତରେ। ଚାରି ଚକ୍ଷୁରେ ନୀରବ କଥା ହୋଇଗଲା। ମୂର୍ତ୍ତି ଡକ୍ଟର ଶୁକ୍ଳଙ୍କ ଠାରୁ ବିଦାୟ ମାଗିଲା ।

ତାହା ଆରଦିନ ସର୍ଦାର ସାହେବ ବିଜୟ ଗର୍ବରେ ଶୁକଦ୍ୱୟଙ୍କୁ ବଡକର୍ତ୍ତାଙ୍କ ସମ୍ମୁଖରେ ଉପସ୍ଥିତ କଲେ। ରାତିରେ ଜଣେ ବିଜ୍ଞ ପଶୁଚିକିତ୍ସକଙ୍କ ପାଖରେ ଦେଖାଇ ତାଙ୍କର ଉପଯୁକ୍ତ ଖାଦ୍ୟପାନୀୟ ଓ ଅନ୍ୟାନ୍ୟ ଯତ୍ନ ମଧ୍ୟ ନିଆଯାଇଥିଲା। ଏପରି କି ତାଙ୍କ ସ୍ୱାସ୍ଥ୍ୟ ଲାଗି ଇଞ୍ଜେକ୍ସନ ମଧ୍ୟ ଦିଆଯାଇଥିଲା। ଉକ୍ତ ଭି.ଆଇ.ପି. ମହାପ୍ରଭୁଙ୍କୁ ଏହି ଶୁକଦ୍ୱୟ ଉପହାର ଦିଆଯାଇଥିଲା ଏବଂ କହିବା ବାହୁଲ୍ୟ ଯେ ସେ ଅତିଶୟ ପ୍ରୀତ ହୋଇଥିଲେ।

ଦୁଇ ନମ୍ବର ସରକାର ଅର୍ଥାତ୍ ଆମ ୟୁନିଟ୍‌ର ଅଧୀକ୍ଷକ ସର୍ଦାର ସାହେବଙ୍କୁ ଏହାର ରହସ୍ୟ ପଚାରିଥିଲେ। ସର୍ଦାର ସାହେବ ମଧ୍ୟ ବେଳେ ବେଳେ ବଡ ସ୍ପଷ୍ଟବକ୍ତା ହୁଅନ୍ତି। ସେ ତାଙ୍କୁ ଏକ ହିନ୍ଦୀ ପ୍ରବାଦ କହିଲେ। ତାହାର ଓଡ଼ିଆ ହେଲା - "ଆପଣଙ୍କ ଉଦ୍ଦେଶ୍ୟ ଆମ୍ବ ଖାଇବା ନା ଗଛ ଗଣିବା" ତାହାପରେ କହିଲେ, "ଅନେକ କଥା ଆପଣଙ୍କର ନ ଜାଣିବା ମଧ୍ୟ ଭଲ। କାରଣ ସେଥିରେ ଯଦି କୌଣସି ବେଆଇନ କାର୍ଯ୍ୟ ଥାଏ ଏବଂ ଆପଣ ତାହା ଜାଣି ମଧ୍ୟ ତାହା ଘଟିବାକୁ ଦେଇଛନ୍ତି, ତାହା ହେଲେ ସେହି ଦୋଷରେ ଆପଣ ମଧ୍ୟ କିଛିଟା ଶରିକ ହୋଇଯାଉଛନ୍ତି।"

■

ଆଭେ ମାରିଆ

କେରଳୀ ବିଦେଶ ଯାଆନ୍ତି । କେରଳୀ କଥାଟା ଅଳ୍ପଦିନ ହେଲା ଚାଲୁ ହେଇଛି । ଏଇ ଧରନ୍ତୁ କୋଡିଏ ବର୍ଷ ହେଲା । ତାହା ଆଗରୁ ତାଙ୍କୁ ମାଲାୟାଲୀ କୁହାଯାଉଥିଲା । କାରଣ ତାଙ୍କ ଭାଷା ମାଲାୟାଲମ୍ । ବୋଧହୁଏ ଆଗର ନାମଟା ବେଶି ଠିକ୍ ଥିଲା । ମଧ୍ୟପ୍ରାଚ୍ୟରେ ଏମାନେ ଭର୍ତ୍ତି, ତାହା ସମସ୍ତେ ଜାଣନ୍ତି କିନ୍ତୁ ମଧ୍ୟପ୍ରାଚ୍ୟ ଉପରେ ମାଲାୟାଲୀ ଆକ୍ରମଣ ଆଗରୁ ସେମାନେ ସାରା ଭାରତଟା ଖେଦି ଯାଇଥିଲେ । ନାଗାମାନେ ଆଠ, ଆଂଗାମୀ, ସେମା, ଚାକେସାଙ୍ଗ ଇତ୍ୟାଦି ଷୋହଳଟି ଜାତି ବା ଟ୍ରାଇବ (Tribe)ରେ ବିଭକ୍ତ । ନଗାଲାଣ୍ଡରେ ଥଟ୍ଟାରେ କୁହାଯାଏ ଯେ, ବର୍ତ୍ତମାନ ଏଠି ସତରଟି ଜାତି । ଷୋହଳ ତ ଚିରପରିଚିତ ଆଓ, ଆଂଗାମୀ, ସେମା, ଲୋଥା ଇତ୍ୟାଦି କିନ୍ତୁ ସପ୍ତଦଶ ଜାତି ହେଲା ମାଲାୟାଲୀ । ଏଇଥିରୁ ସେମାନଙ୍କର ସର୍ବତ୍ର ଉପସ୍ଥିତି ବିଷୟରେ ଧାରଣା ହେବ । ସେମାନେ ନ ଥିଲେ ଭେଟେରିନାରୀ ଷ୍ଟକ୍‌ମ୍ୟାନ, କମ୍ପାଉଣ୍ଡର, ନର୍ସ, ଓଭରସିଅର ଏବଂ ସବୁଠାରୁ ଆବଶ୍ୟକ ଷ୍ଟେନୋଗ୍ରାଫର ମିଳିଥାଆନ୍ତେ କେଉଁଠୁ । ଏହା କେବଳ ନାଗାଲାଣ୍ଡ ନୁହେଁ, ଅରୁଣାଚଳ ଏବଂ ଆସାମର ଅନେକ ଦୁର୍ଗମ ଅଂଚଳ ଲାଗି ପ୍ରଯୁଜ୍ୟ । କାରଣ ଯେଉଁଠିକୁ ଆସାମିୟା ନ ଯିବ, ସେଠିକୁ ମାଲାୟାଲୀ ନିଶ୍ଚୟ ଯିବ ।

ବ୍ରହ୍ମପୁତ୍ରର ଉତ୍ତରପଟେ ଆପଣ ପଶ୍ଚିମ ସିଂୟଂ ଜିଲ୍ଲାର ପର୍ବତମାଳାରୁ ଓହ୍ଲାଇ ଆସି ବ୍ରହ୍ମପୁତ୍ରର ଉପତ୍ୟକାରେ ପହଞ୍ଚିଲେ । ଗୋଟିଏ ଜାଗା ଲେଖାବାଲି । ଠିକ୍ ପାହାଡ ତଳେ । ଜାଗାଟା ଅରୁଣାଚଳ ପ୍ରଦେଶରେ । ଅବଶ୍ୟ ଆସାମ ମଧ୍ୟ ଏଠି ଦାବୀ କରିଥାଏ । ହିମାଳୟର ଏହି ତଳ ଦେଶଟା ଅଦ୍ଭୁତ । ଏଠି ବହୁ ସଭ୍ୟତା ଥିବାର ପ୍ରମାଣ ମିଳେ । ଏହି ଲେଖାବାଲିରେ ଏକ ପଥରର ସୂର୍ଯ୍ୟ ମୂର୍ତ୍ତି ମିଳିଥିଲା ଯାହା ଏକ ପ୍ରକାର କୋଣାର୍କର

ନକଲ। କୋଣାର୍କରୁ ଦୁଇ ହଜାର କିଲୋମିଟର ଦୂରତ୍ୱ ହେବ। ତେବେ ସେସବୁ ଆଲୋଚନା ବର୍ତ୍ତମାନ କରାଯାଇପାରିବ ନାହିଁ। ଏହି ଲେଖାବାଲିରେ ମୋର ଜଣେ ପରିଚିତ ଭର୍‌ଗିଜ୍, ସେଠି ଜୁନିୟର ଇଂଜିନିୟର ଥାଆନ୍ତି। ସାଧାରଣତଃ ଯେଉଁଆଡୁ ଆସ, ତାହା ତେଜପୁର ଆଡୁ ହେଉ ବା ଦିବ୍ରୁଗଡ ଆଡୁ ହଉ, ଲେଖାବାଲିରେ ରାତି ରହଣି କରିବାକୁ ହୁଏ। ପୁଣି ଡ଼ାକବଙ୍ଗଳାଟା ଭର୍‌ଗିଜ୍ ହାତରେ। ମୁଁ ସେହି ଡାକବଙ୍ଗଳାରେ ରହିବା ପସନ୍ଦ କରୁଥିଲି କାରଣ ବାରଣ୍ଡାରୁ ଦୃଶ୍ୟ ଅତି ମନୋରମ ଏବଂ ଗରମ ଦିନେ ଭଲ ପବନ ମଧ୍ୟ ହୁଏ ।

ଅନେକଥର ଭର୍‌ଗିଜ୍ ମୋତେ ତାଙ୍କ ଘରେ ଖାଇବାକୁ ଅନୁରୋଧ କରିଥଲେ। କିନ୍ତୁ ତାହା ସମ୍ଭବ ହୋଇ ନ ଥିଲା। କାରଣ ମୋ ସାଥିରେ ଅନେକ ସମୟରେ ଅନ୍ୟଲୋକ ଯାଆନ୍ତି। ଏଣୁ ଆମେ ନିକଟରେ ରେଳଷ୍ଟେସନରେ ଖାଇ ଦେଇ ଆସୁ। କିନ୍ତୁ ଥରେ ମୁଁ ଓ ଡ୍ରାଇଭର ଏକୁଟିଆ ପହଞ୍ଚିଲୁ। ଡ୍ରାଇଭରକୁ ସେଠାର କେନ୍ଦ୍ରୀୟ ରିଜର୍ଭ ପୋଲିସ କ୍ୟାମ୍ପରେ ଛାଡି ମୁଁ ନିଜେ ଗାଡି ନେଇ ଭର୍‌ଗିଜ୍‌ଙ୍କ ଘରକୁ ଗଲି। ସେହିଥର ସ୍ଥିର ହେଲା ଯେ ରାତିରେ ତାଙ୍କ ଘରେ ଖାଇବି। ପାଖରେ ଡାକବଙ୍ଗଳା। ଏଣୁ ରହଣି ସେହିଠାରେ। ତାହାପରେ ମୁଁ ଏକୁଟିଆ ସେଠାର ଅଫିସରମାନଙ୍କୁ ଦେଖାକରିବାକୁ ଗଲି। ସେଠାର ପ୍ରଶାସନିକ ଅଫିସର ଏବଂ ଏସ.ଡି.ଓ.ଙ୍କ ସାଥିରେ ମୋର କିଛି ଆଲୋଚନା ଥିଲା। ସେସବୁ ସରୁ ସରୁ ପ୍ରାୟ ରାତି ଆଠ। ଏହା ପୂର୍ବଭାରତରେ ଗଭୀର ରାତି କାରଣ ସେଠି ଶୀତଦିନେ ଚାରିଟା ସାଢ଼େ ଚାରିଟା ବେଳକୁ ଅନ୍ଧାର ହୁଏ। ହଠାତ୍ ମେଘ ମଧ୍ୟ ଆସିଗଲା ଏବଂ ମୁଁ ଡାକବଙ୍ଗଳାରେ ପହଞ୍ଚିଲା ବେଳକୁ ଟୁପ୍‌ଟାପ୍ ହେଲାଣି। ମୁଁ ଗାଧୋଇ ଲୁଗାପିନ୍ଧି ଭର୍‌ଗିଜ୍‌ଙ୍କ ଘରକୁ ବାହାରୁ ବାହାରୁ ଖାସା ବର୍ଷା। ତେବେ ଉତ୍ତର-ପୂର୍ବ ଭାରତରେ ବର୍ଷା ଲାଗି ଅଟକିଲେ କୌଣସି କାମ ହୋଇପାରିବ ନାହିଁ। ଭର୍‌ଗିଜ୍‌ଙ୍କ ଘର ମାତ୍ର ପଚାଶ ଗଜ ହେବ କି ନାହିଁ। ଏଣୁ ଗାଡି ନ କାଢ଼ି ମୁଣ୍ଡରେ ମୋର ଚମଡା ଜ୍ୟାକେଟ୍‌ଟାକୁ ଘୋଡାଇ ହୋଇ ଦଉଡି ଗଲି।

ଭର୍‌ଗିଜ୍ ପରିବାର ଅତିରିକ୍ତ ଖାନଦାନୀ ଖ୍ରୀଷ୍ଟାନ। ସେମାନେ ସିରିୟାନ ଚର୍ଚ୍ଚର କୁଆଡେ ଯୀଶୁଖ୍ରୀଷ୍ଟଙ୍କର ବାର ଜଣ ଶିଷ୍ୟ ବା ଆପୋଷ୍ଟଲ Apostle ମାନଙ୍କ ମଧ୍ୟରୁ ଜଣେ ଥମାସ୍ କେରଳ ଆସି ଖ୍ରୀଷ୍ଟଙ୍କ ବାଣୀ ପ୍ରଚାର କରିଥିଲେ। ଏଣୁ ସେମାନେ ଦୁଇ ହଜାର ବର୍ଷ ପୁରୁଣା ଖ୍ରୀଷ୍ଟାନ। ତାଙ୍କ ସାମାଜିକ ମର୍ଯ୍ୟାଦା ନମ୍ବୁଦ୍ରୀ ବ୍ରାହ୍ମଣଙ୍କ ପରି। କିନ୍ତୁ ତାଙ୍କର ରନ୍ଧା ଚମତ୍କାର। ସେଦିନ ଶ୍ରୀମତୀ ଭର୍‌ଗିଜ (ନାମ ମାରିଆମ୍ମା) ଖାଣ୍ଟି ଖାନଦାନୀ ଖାନା ଖୁଆଇଲେ। ପ୍ରଥମେ ନଡିଆ ରସରେ ଷ୍ଟିଭ୍ ହୋଇଥିବା ମାଂସ ଓ

ତାହା ସାଥିରେ ଚିତଉ ପିଠା ପରି ଏକ ଜିନିଷ। ତାହାପରେ ଏକ ଖଟା ମିଠା ମାଛ ତରକାରି ଏବଂ ତାହା ସାଥିରେ ଏକ ପ୍ରକାର ଦୋସା ଯାହାର ନାମ ଆପ୍ପମ୍। ତାହାପରେ ପୁରି ଓ ଘାଣ୍ଟ ପରିବାର ଆଭିୟଲ୍। ଏହା ସନ୍ତୁଳା ଓ ଷ୍ଟିଉର ମଝି ମଝିଆ ଜିନିଷ ଏବଂ ଶେଷରେ ଅତି ଉତ୍ତମ ଲାଜବାବ୍ ଚିକେନ୍ ବିରିୟାନୀ। କିନ୍ତୁ ତାହା ଆମ ପରିଚିତ ବିରିୟାନୀ ଠାରୁ ଅଲଗା। ଗୋଲମରିଚର ସ୍ୱାଦ ସ୍ପଷ୍ଟ ଓ ଘିଅ କମ୍। ତାହା ସହିତ ପାଚେଡି। କିନ୍ତୁ ସ୍ୱାଦ ଅଲଗା। ଏହା କେରଳର ସିରିୟାନ ଖ୍ରୀଷ୍ଟାନମାନଙ୍କ ରନ୍ଧା ।

ଖିଆପିଆ ସରିଲା ବେଳକୁ ପାଗର ଅବସ୍ଥାକୁ ବର୍ଷା କହିବା ଅନ୍ୟାୟ ହେବ। ସତେ ଯେପରି ଇନ୍ଦ୍ରଙ୍କ ପାଇପ୍‌ଲାଇନ 'ାଟି ଯାଇଛି ଏବଂ ପାଣି ସବୁ ଗଳଗଳ କରି ମର୍ତ୍ତ୍ୟରେ ଅଜାଡି ହେଉଛି। ଏଣୁ ବାଧ୍ୟ ହୋଇ ଅପେକ୍ଷା କରିବାକୁ ହେଲା। ମୁଁ କହିଲି ଯେ ଏପରି ଜୋର୍ ବର୍ଷା ମୁଁ ଦେଖି ନ ଥିଲି। କିନ୍ତୁ ଶ୍ରୀମତୀ ଭରଗିଜ୍ କହିଲେ ଯେ, ଆଗରୁ ଥରେ ସେ ଏପରି ବର୍ଷା ଦେଖିଛନ୍ତି ଏବଂ ସେ ଅଭିଜ୍ଞତା ମନେପଡିଲେ ତାଙ୍କର ଲୋମ ଟାଙ୍କୁରି ହୋଇଯାଏ। ମୁଁ ତାଙ୍କୁ ବହୁତ ଅନୁରୋଧ କଲାରୁ ସେ ସେ ଅଭିଜ୍ଞତାଟି କହିଲେ। ଏଣୁ ମୁଁ ଯଥାସମ୍ଭବ ଶ୍ରୀମତୀ ମାରିଆମ୍ମା ଭରଗିଜ୍‌ଙ୍କ ଘଟଣାଟି ଉପସ୍ଥାପିତ କରୁଛି।

ଆଜକୁ ତିନିବର୍ଷ ତଳର ଘଟଣା। ମୁଁ ପ୍ରଥମ ଅରୁଣାଚଳ ଆସିଥାଏ। ପିଲାଟି ଛ' ମାସର। ସେତେବେଳକୁ ଏହି ପକ୍କା ଘର ତିଆରି ହୋଇ ନ ଥିଲା। ଆମ ଘରଟି ଛ' ବାଶା। (ଅର୍ଥ- ଏହା ଏକ ମଂଚା ଉପରେ ତିଆରି ବାଉଁଶ ଓ ଚାଳର ଘର। ଏହି ଘରେ ଯୋଡ କଣ୍ଟା ଦ୍ୱାରା ନ କରି ବେତ ଦ୍ୱାରା ବନ୍ଧା ହୁଏ। ଏପରି ଘର ଅତି ଭଙ୍ଗୁର ମନେ ହେଲେ ମଧ୍ୟ ଖୁବ୍ ମଜବୁତ, ଯଦିଚ ଏହା ତୋଫାନ ଓ ଭୂମିକମ୍ପ ଇତ୍ୟାଦିରେ ହଲେ। ଏହାର ଯୋଡ ସବୁରେ ହଲିବାର ସୁବିଧା ଥିବାରୁ ଭାଙ୍ଗେ ନାହିଁ)। ଜଙ୍ଗଲ ପ୍ରାୟ ପାଖରୁ ଆରମ୍ଭ ହେଉଥିଲା। ଛା'ର ମଞ୍ଚା ପ୍ରାୟ ଦଶଫୁଟ ଉଚ୍ଚ। ମୋତେ ରାତିରେ ଭୀଷଣ ଡର ମାଡେ। କିନ୍ତୁ ଇଏ ମତେ ବାରମ୍ବାର ବୁଝାନ୍ତି ଯେ ଏପରି ଘର ଖୁବ୍ ନିରାପଦ। ହାତୀ ଛଡା ଆଉ କୌଣସି ଜନ୍ତୁ ଏହାର କ୍ଷତି କରିପାରିବ ନାହିଁ। ହାତୀ ପକ୍ଷରେ ମଧ୍ୟ ସହଜ ମୋଟେ ନୁହେଁ କାରଣ ମଞ୍ଚାର ଖୁଣ୍ଟ ପ୍ରାୟ ଚାଳିଶଟା ଏବଂ ଗୋଟିଏ ଜାଗାର ଧକ୍କା ଚାରିଆଡେ ବାଣ୍ଟି ହୋଇଯିବାରୁ କୌଣସି ଜାଗାରେ ଭାଙ୍ଗିଲା ପରି ଚାପ ପଡିପାରିବ ନାହିଁ। ସତକଥା କିନ୍ତୁ ଘୋର ରାତି ଅନ୍ଧାରରେ ଏହାକୁ ବିଶ୍ୱାସ କରିବା କଷ୍ଟ ହୁଏ ।

ସେଦିନ ଇଏ ଆଲଂ ଏକ୍‌ଜିକ୍ୟୁଟିଭ୍ ଇଂଜିନିୟର ଅଫିସକୁ ଯାଇଛନ୍ତି। ଘରେ ମୁଁ ଏକା। ଯୋଡ ନେପାଳୀ ଟୋକାଟି ରନ୍ଧାବଢ଼ାରେ ସାହାଯ୍ୟ କରୁଥିଲା ସେ ବି

ଚାଲିଗଲାଣି। ଏହିପରି ବର୍ଷା। ମୁଁ ଛୁଆଟିକୁ ଧରି ମଶାରି ଭିତରେ ଶୋଇଛି। ହଠାତ୍ ନିଦ ଭାଙ୍ଗିଗଲା। ତଳେ ଗର୍ ଗର୍ ଶବ୍ଦ ବାଘର। ମୋର ତ ରକ୍ତ ପାଣି। ପିଲାଟିକୁ ଜାକି ଭାଗ୍ୟର ପ୍ରତୀକ୍ଷା କରୁଛି। ମୋର ବାପାମା, ସ୍ୱାମୀ, ଭାଇ ଭଉଣୀ ସବୁ ଯେପରି ଆଖି ଆଗରେ ଭାସି ଯାଉଛନ୍ତି। କ'ଣ କେବେ ତାଙ୍କୁ ଦେଖିପାରିବି। ତଳେ କିଛି ଏପଟ ସେପଟ ହେଉଥିବାର ଶବ୍ଦ ଏବଂ ସେହି ଗର୍ ଗର୍। ମୋ ପାଖରେ ଜିନିଷଟା ସ୍ପଷ୍ଟ ହେଲା। ତଳେ ଏକ ବାଘୁଣୀ। ତା'ର ଛୁଆ ସହିତ ବାଘୁଣୀ ଅତ୍ୟନ୍ତ ଭୟଙ୍କର। ମୋର ଛୁଆକୁ ଜାକି ଧରି ମା' ମେରୀଙ୍କୁ ମନେ ମନେ ପ୍ରାର୍ଥନା କରୁଥାଏ। ସେହି 'ଆଭେ ମାରିଆ'କୁ ମନେ ମନେ ବାରମ୍ବାର ପଢୁଛି। 'ଧନ୍ୟ ମା' ମେରୀ ମା' କରୁଣାମୟୀ। ସ୍ତ୍ରୀମାନଙ୍କ ମଧ୍ୟରେ ତୁମେ ଧନ୍ୟ କାରଣ ତୁମ ଦେହରେ ଯୀଶୁ ଜନ୍ମ ନେଲେ। ହେ ମହିମାମୟୀ, ପାପୀ ତପୀଙ୍କୁ ଦୟାକର ଏବଂ ଯେଉଁଦିନ ଚାରିପାଖରେ ମରମଣର ଛାୟା ମାଡ଼ି ଆସିବ ସେଦିନ ଦୟାକର।'

ହଠାତ୍ ମୋର ମନେ ହେଲା ଯେ ମୁଁ ଯେପରି ମା', ବାଘୁଣୀ ମଧ୍ୟ ସେହିପରି ମା' ଏବଂ ସେ ଏହି ଦାରୁଣ ବର୍ଷା ଓ ଝଡ଼ରୁ ତା' ଛୁଆକୁ ଧରି ଘରତଳେ ଆଶ୍ରୟ ନେଇଛି। ମନ ଟିକିଏ ଶାନ୍ତ ହେଲା। ଯାହା ମା' ମେରୀଙ୍କ ଇଚ୍ଛା ହେବ। କେତେବେଳେ ନିଦ ଲାଗିଲା ଜାଣେ ନାହିଁ। କିନ୍ତୁ ନିଦ ଭାଙ୍ଗିଲା ବେଳକୁ ଆଲୁଅ। ତଥାପି ବାହାରିବାକୁ ସାହସ ହେଉ ନ ଥାଏ। ଟିକିଏ ପରେ ଚଉକିଦାର ଆସିଲା। ମୁଁ ବର୍ତ୍ତମାନ ସାଧାରଣ ସଂସାରକୁ ଫେରି ଆସିଲି। କିନ୍ତୁ ମୋର ଦୃଢ ବିଶ୍ୱାସ ସେଦିନ ମା' ମେରୀଙ୍କ କରୁଣା ଆମକୁ ରକ୍ଷାକଲା।

■

ଶିବଙ୍କ ଡମ୍ବରୁ

ମୋର ଜଣେ ସହୃଦୟ ବନ୍ଧୁ ଏବଂ ପାଠକ ପଚାରିଲେ- "କ'ଣ ଭାଇନା, କ'ଣ ଏଇ କେଉଁଠାରେ ଫୁଲ୍ଗଲୀ, କେଉଁଠାରେ ପ୍ରେମିକ, ପୁଣି କେଉଁ ଜଙ୍ଗଲର ହାତୀ ନେଇ ଖାଲି ଲେଖୁଥିବ। ଏତେ ବୁଲିଲ ଏତେ ଦେଖିଲ ସେପରି କୌଣସି ସାଧୁ ମହାତ୍ମାଙ୍କୁ କ'ଣ ଦେଖିନାହିଁ? ଦେଖିଥିଲେ ଲେଖୁନାହିଁ କାହିଁକି? ତାକୁ ବୁଝାଇଲି ଯେ, ମୁଁ ଅତିଶୟ ଅବିଶ୍ୱାସୀ ପାଷାଣ୍ଡ। ମୋର କାହୁଁ ସେ ଭାଗ୍ୟ ହେବ ଯେ, କ୍ଷଣମିହ ସଜ୍ଜନ ସଙ୍ଗତିରେକା, ଭବତି ଭବାର୍ଣ୍ଣବ ତରଣେ ନୌକା। ସତକଥା, ଏହି ଭବାର୍ଣ୍ଣବ ପାରହେବାର ଆବଶ୍ୟକତା ମୁଁ ଠିକ୍ ଠଉର କରିପାରେ ନାହିଁ। ଆରେ ବାବୁରେ, ଏହି ଇହ ସଂସାରରେ ବିସ୍ତର କ୍ଲେଶ, ହକ୍ କଥା। କିନ୍ତୁ ଆଉ କିଛି ମଧ୍ୟ ତ ଅଛି। ଗୋଟିଏ ଗୋଟିଏ ସୂର୍ଯ୍ୟାସ୍ତରେ କି ରଙ୍ଗର ଖେଳ, ଅମଜାଦ୍ ଅଲ୍ଲୀ ଖାଁଙ୍କ ହାତରୁ ବାହାରୁଥିବା ସରୋଦର ସ୍ୱର, ଖଜୁରାହୋ ଓ କୋଣାର୍କର ପଥରରେ ଜୀବନ। ଆଉ କେତେ କ'ଣ। ଅନ୍ୟ ଜିନିଷଗୁଡାକ ଆପଣ ଅନ୍ଦାଜ ଲଗାଇ ନିଅନ୍ତୁ। ଖୋଲାସା କହିବା କି ପ୍ରୟୋଜନ। କିନ୍ତୁ ମୋର ବନ୍ଧୁ ନଛୋଡ଼ବନ୍ଧା। ସେ ଚାଲେଂଜ କଲା "ସତ କହିଲ, ତୁମେ କ'ଣ କେବେ ସାଧୁ ମହାତ୍ମା ଦେଖୁନାହଁ? ହଁ ଏହାର ଉତ୍ତର ଦେବାକୁ ବାଧ୍ୟ ଯେ ଦେଖିଛି। ଏଣୁ ଆଜି ଜଣେ ଲୋକ ବିଷୟରେ ଲେଖୁଛି ଯେ କି ଆମ ପରିଚିତ ଦୁନିଆର ନୁହେଁ। ବୋଧହୁଏ ସେ ଜଣେ ମହାତ୍ମା। କିନ୍ତୁ ଏହା ପ୍ରିଜମ୍ପଶନ, ଅନୁମାନ। ତାଙ୍କୁ ତ ଆଉ ପଚାରି ନାହିଁ।

ଉତ୍ତର ପ୍ରଦେଶରେ ପାର୍ବତ୍ୟ ଅଞ୍ଚଳକୁ ଉତ୍ତରାଖଣ୍ଡ କହନ୍ତି। ତାହା ଦୁଇ ଭାଗରେ ବିଭକ୍ତ। ଗଢ଼ୱାଲ ଓ କୁମାଉଁ। ଗଢ଼ୱାଲ ଗଙ୍ଗା ଓ ଯମୁନାର ଉପତ୍ୟକା। ଏଣୁ ତୀର୍ଥମୟ। ଅଧିକାଂଶ ଯାତ୍ରୀ ତ ବଦ୍ରିନାଥ, କେଦାରନାଥ ଯାଆନ୍ତି। ଗଙ୍ଗାର ମୁଖ୍ୟଧାରା ଅଲକନନ୍ଦା

ଓ ଭାଗୀରଥୀ। କାରଣ ଗଙ୍ଗୋତ୍ରୀରୁ ଭାଗୀରଥୀର ଅବଶ୍ୟ ବର୍ତ୍ତମାନ ତୁଷାରକ୍ଷେତ୍ର ବା ଗ୍ଲେସିୟର ଘୁଞ୍ଚିଯାଇଥିବାରୁ ପ୍ରକୃତ ଉତ୍ପତ୍ତି ସ୍ଥାନ ଗୌମୁଖ, ଗଙ୍ଗୋତ୍ରୀର କିଛି ଉପରେ। ଏପଟେ ଯାତ୍ରୀ ଭିଡ଼ କମ୍। ଖୁବ୍ ଭଲ ଜଙ୍ଗଲ ଏବଂ ସତରେ ଅତ୍ୟନ୍ତ ସୁନ୍ଦର। ଏପଟେ ଅନେକ ମହାତ୍ମା ଥିବାର ଶୁଣାଯାଏ। ତେବେ ଅଧମର ଭାଗ୍ୟ କାହିଁ ଯେ ତାଙ୍କୁ ଏ ଚର୍ମଚକ୍ଷୁରେ ଦେଖିବ ?

କିନ୍ତୁ ସେପରି ଭାଗ୍ୟବାନ ମଧ୍ୟ ହାବୁଡରେ ପଡିନାହାନ୍ତି। ଯେ କି ଏହି ମହାତ୍ମାଙ୍କୁ ଦେଖିବାର ସାକ୍ଷ୍ୟ ଦେଇପାରିବେ। ଏଣୁ ଏମାନଙ୍କ ବିଷୟରେ ଆଲୋଚନା ଫଳପ୍ରଦ ହେବାର ସମ୍ଭାବନା ନାହିଁ। ଆଇନର ଭାଷାରେ Not Proved।

ମୁଁ ସେଥର ଗଙ୍ଗୋତ୍ରୀ ଯାଇଥିଲି। ସରକାରୀ କାମ ତ ଥିଲା। ସାଥିରେ ତୀର୍ଥ ଦର୍ଶନ ମଧ୍ୟ ଉଦ୍ଦେଶ୍ୟ। ସେ ସମୟରେ ଗଙ୍ଗୋତ୍ରୀକୁ ରାସ୍ତା ନ ଥିଲା। କାରଣ ଜାହ୍ନବୀ (ଡାକ ନାମ-ଝାଡଗଙ୍ଗା) ଉପରେ ଥିବା ପୋଲ ଭାଙ୍ଗି ଯାଇଥିଲା। ଫଳତଃ ପ୍ରାଚୀନ ଖଚର ରାସ୍ତା (Multi track) ହିଁ ଭରସା। ଗୋଟିଏ ଜାଗା ଯାଏଁ ଗାଡି ଆସୁଥିଲା। ତାହାପରେ ପ୍ରାୟ ତିନିହଜାର ଫୁଟ ତଳକୁ ଯାଇ ଜାହ୍ନବୀ ପାର ହୋଇ ପୁଣି ଆଉ ଚାରିହଜାର ଫୁଟ ଚଢ଼ିବାକୁ ହେବ। ତାହାପରେ ଗଙ୍ଗୋତ୍ରୀ ରାସ୍ତା ମିଳିବ। ଜାହ୍ନବୀ ଭାଗୀରଥୀର ଏକ ଉପନଦୀ। ଆମେ ଅବଶ୍ୟ ସମତାଳରେ ଜାହ୍ନବୀ, ମନ୍ଦାକିନୀ ଇତ୍ୟାଦି ଗଙ୍ଗାଙ୍କ ନାମ ବୋଲି ବୁଝୁ। କିନ୍ତୁ ପ୍ରକୃତରେ ସେ ସବୁ ଗୋଟିଏ ଗୋଟିଏ ଅଲଗା ନଦୀ। ଜାହ୍ନବୀ ପାରି ହୋଇ ଚଢ଼ାଣୀ ଶେଷରେ ଗୋଟିଏ ଚଟି। ତା'ର ନାମ ଭୈରୌ ଘାଟି। ଏଠି କେତୋଟି ଦୋକାନ, ହୋଟେଲ, ଚଟିଘର ଇତ୍ୟାଦି। ଜଙ୍ଗଲ ବିଭାଗର ଏକ କ୍ୟାମ୍ପ ଓ ଅଫିସ୍ ଅଛି। କେତେବେଳେ କେମିତି ରେଂଜର ଆସନ୍ତି। ମୁଁ ପହଞ୍ଚିଲା ବେଳକୁ ସନ୍ଧ୍ୟା ହୋଇ ଆସୁଛି। ଏଣୁ ସେଠି ରହିଗଲି ।

ଅକ୍ଟୋବର ମାସ। ଉଚ୍ଚତା ଦଶହଜାର ଫୁଟରୁ ବେଶି। ତିବ୍ବତ୍ ସୀମା ତ ହେଇଟି। ଏଣୁ ବେଶ୍ ଶୀତ। ମୁଁ ଏକ ଚା' ଦୋକାନରେ ବସି ନିଆଁ ପୋଉଁଛି ଏବଂ ଚା' ପିଉଛି, ମୋ ଆଖିରେ ଗୋଟିଏ ଲୋକ ପଡ଼ିଲା। ଗାମୁଛା ଖଣ୍ଡେ ପିନ୍ଧିଛି। କମ୍ବଳଟାଏ ଦେହରେ ଘୋଡି ହେଇଛି। ମୁଣ୍ଡରେ ଜଟା। ହାତରେ ଡମ୍ବରୁ। ଦୋକାନକୁ ଆସି ଠିଆ ହୋଇ ଟିକିଏ ଡିବ୍ ଡିବ୍ କରିଦେଲା। ଚା' ବାଲି ସଙ୍ଗେ ସଙ୍ଗେ ତାକୁ ଏକ ବଡ ଗିଲାସରେ ଚା' ଦେଲା। ତାହାପରେ ସେ ଚା' ପିଇସାରି ଫେର୍ ଡମ୍ବରୁ ବଜାଇଲା। କିନ୍ତୁ ଆଗ ଥରର ଏବଂ ଏଥରର ଶବ୍ଦ ଅଲଗା। ତାହାପରେ ସେ ଗୋଟିଏ ଛୋଟ କାଠରେ ତିଆରି ଘର ଭିତରକୁ ଚାଲିଗଲା। ଅନ୍ଧାର ହୋଇଗଲା। ମୋ ଲାଗି ରନ୍ଧା ମଧ୍ୟ ସେହି ଚା' ଦୋକାନରେ ହେଉଛି। ଏଠି ତ କେହି ସାଧାରଣତଃ ରାତିରେ ରହନ୍ତି ନାହିଁ। ଏଣୁ

ଛ' ଏବଂ ଯତ୍‌ସାମାନ୍ୟ ଜଳଖିଆ ହିଁ ଏଠା ହୋଟେଲରେ ମିଳେ। କିନ୍ତୁ ମୋ ଲାଗି ପରଟା ଓ ତରକାରୀ କରିଦେବାକୁ ରାଜି ହେଲା। କ୍ୟାମ୍ପରେ କେବଳ ଜଣେ ଚଉକିଦାର। ଏଣୁ ମୁଁ ସେହି ହୋଟେଲରେ ବସି ସେଠାରେ ଯେ ଦୁଇ ଚାରିଜଣ ଥିଲେ ତାଙ୍କ ସାଙ୍ଗେ ଗପସପ କରୁଥିଲି। ଏହି ସମୟରେ ସେହି ଅନ୍ଧାର ଭିତରୁ ଡମ୍ବରୁର ଡୁଗ୍ ଡୁଗ୍ ଶବ୍ଦ। ଏଥର କିନ୍ତୁ ଏହା ସମ୍ପୂର୍ଣ୍ଣ ଭିନ୍ନ। ଏହାର ସ୍ୱର ମନ୍ଦ୍ର ଗମ୍ଭୀର ଏବଂ ବଳଶାଳୀ। କେତେବେଳେ ଧୀର, ବିଳମ୍ବିତ ତ କେତେବେଳେ ଅତିରିକ୍ତ ଚଞ୍ଚଳ। ହଠାତ୍ ଡମ୍ବରୁ ବନ୍ଦ ହୋଇଗଲା। ଏହାପରେ ପଖାଓ୍ୱଜର ଗମ୍ ଗମ୍ ଆଓ୍ୱାଜ୍। ମୋ ଭଳିଆ ଅଜ୍ଞ ମଧ୍ୟ ବୁଝିପାରୁଥିଲା ଯେ, ଏହା ଓସ୍ତାଦ୍ ହାତ ଚାରିଆଡେ ଏହି ତାଳ ଓ ସ୍ୱରର ଏକ ଯାଦୁ ଲାଗିଗଲା। ହେ ଓସ୍ତାଦ୍, କାହା ଲାଗି ବଜାଉଛ? କିଏ ନାଚୁଛି? ତାଳର ଗତି କି ଅଦ୍ଭୁତ କି ଚଞ୍ଚଳ। ହଠାତ୍ ପଖାଓ୍ୱଜ ବନ୍ଦ ହେଲା। ସବୁ ଶାନ୍ତ। କେବଳ ଝିଙ୍କାରୀର ଝିଁ ଝିଁ ଏବଂ ଦୂରରେ ନଦୀର ଗର୍ଜନ। ପୁଣି ଡମ୍ବରୁର ଡୁଗ୍ ଡୁଗ୍। ଡମ୍ବରୁ କ'ଣ କହି ଚାଲିଛି। ହାୟ ମୁଁ ସେ ଭାଷା ଜାଣିନାହିଁ। ସେ ଦେବବାଣୀ ବୁଝି ପାରୁନାହିଁ। କିନ୍ତୁ ମନ୍ତ୍ରମୁଗ୍ଧ ହୋଇ ଶୁଣୁଛି ।

ଡମ୍ବରୁ ବନ୍ଦ ହେଲା। ତାହାପରେ ଦୋକାନୀ ଉଠି ଅଟା ଦଳିବାରେ ଲାଗିଗଲା। ସାଥିରେ କଥା ଚାଲିଥାଏ। କଥାର ବିଷୟ ଅବଶ୍ୟ ଏହି ଡମ୍ବରୁ। କୁଆଡେ ଗତ ଦଶବର୍ଷ ହେଲା ଏହି ବାବାଜୀ ଏଠାରେ ରହୁଛନ୍ତି। ପ୍ରାୟ ଆଠବର୍ଷ ତଳେ ସେ କଥା କହିବା ବନ୍ଦ କରିଦେଲେ। ତାଙ୍କ ପାଖରେ ଏକ ପଖୋଜ ଓ ଡମ୍ବରୁ। ସେ ଡମ୍ବରୁ ବଜାଇ ନିଜ ଭାବ ପ୍ରକାଶ କରନ୍ତି। ଅନ୍ୟମାନେ ଯେପରି ଭାଷାରେ କଥା କହନ୍ତି, ଏହି ବାବାଜୀ ଡମ୍ବରୁ ବଜାଇ ତାହା କରିଦିଅନ୍ତି। ଏଠାର ଦୋକାନୀ ଇତ୍ୟାଦି ଅଭ୍ୟସ୍ତ ହୋଇଗଲେଣି ଏବଂ ଡମ୍ବରୁର ଅର୍ଥ ମୋଟାମୋଟି ବୁଝି ପାରନ୍ତି ।

କିନ୍ତୁ ସନ୍ଧ୍ୟାବେଳେ ଓ ସକାଳେ ଯେଉଁ ଡମ୍ବରୁ ଓ ପଖୋଜ ବାଜେ ତାହା ଭିନ୍ନ। ତାହା ବାବାଜୀଙ୍କ ପୂଜା, ପ୍ରାର୍ଥନା। ତାହା ମନ ଉପରେ ଯାଦୁ କରିଯାଏ। ଶୀତଦିନେ ଯେତେବେଳେ ଦୋକାନୀମାନେ ଚାଲିଯାଆନ୍ତି ବାବାଜୀଙ୍କୁ ଅଟା, ଚାଉଳ ଓ ଘିଅ ଦେଇଯାଆନ୍ତି। ବାବାଜୀ ସମସ୍ତ ଶୀତଟା ଏଇଠି ଏକୁଟିଆ କଟାନ୍ତି। ସେ ସମୟରେ ଏଠି ଦଶ ବାର ଫୁଟ ବରଫ ଜମିଯିବା କଥା। କିନ୍ତୁ ସେ ସମୟରେ ସେ ତାଙ୍କ ଘରୁ ବାହାରନ୍ତି କିପରି? ତାଙ୍କ ଖାଦ୍ୟ ରାନ୍ଧନ୍ତି କିପରି? କିନ୍ତୁ ତାଙ୍କୁ ତ ପଚାରିବା ଉପାୟ ନାହିଁ। କାରଣ ସେ ତ ମୌନ ଏବଂ ଭାଷା ତ ଆମେ ବୁଝିପାରିବୁ ନାହିଁ।

ବାବାଜୀ କାହିଁକି ମୌନ ହୋଇଗଲେ? ସେ କ'ଣ ଏପରି କିଛି ଅଭିଜ୍ଞତା ପାଇଲେ, ଯାହା ପରେ ଭାଷା ନିରର୍ଥକ? ତେବେ ସେ ଏହି ତାଳବାଦ୍ୟ ବଜାଇ

ଚାଲିଛନ୍ତି କାହିଁକି ? କ'ଣ ନଟରାଜଙ୍କ ନୃତ୍ୟର ଆଭାସ ପାଇଯାଇଛନ୍ତି ଏବଂ ସେହି ତାଳ କ'ଣ ତାଙ୍କ ଆତ୍ମାରେ ବାଜି ଚାଲିଛି ? ତାହାର ଝଲକ କ'ଣ ତାଙ୍କ ଡମ୍ବରୁ ଓ ପଖୋଜରେ ବାହାରି ପଡୁଛି ? କିନ୍ତୁ ଶୁଣିବା ଲୋକ ମଧ୍ୟ ଅନୁଭବ କରିପାରୁଥିଲା ଯେ ସେ ବାବାଜୀଙ୍କ ମନରେ ଆନନ୍ଦ ଭରିଯାଇଛି ।

କୋ ହ୍ୟେଵ ବାନ୍ୟାତ୍ କଃ ପ୍ରାଣ୍ୟାତ୍— ଯଦେଚ ଆକାଶ ଆନନ୍ଦୋ ନସ୍ୟାତ୍'-- ଯଦି ଆକାଶରେ ଆନନ୍ଦ ନ ଥାନ୍ତା ତାହା ହେଲେ କିଏ ନିଃଶ୍ୱାସ ନେଇପାରନ୍ତା, ପ୍ରାଣ ବା କେଉଁଠି ଥାଆନ୍ତା ? ବାବାଜୀ କ'ଣ ସେହି ଆକାଶମୟ ଆନନ୍ଦକୁ ଅନୁଭବ କରିପାରିଥିଲେ ? ସେ କ'ଣ ତାଳ ଶୁଣିଥିଲେ ଯାହା ତାଙ୍କୁ ମୌନ କରିଦେଇଥିଲା ?

■

ଅଜାମୀଳ ଉପାଖ୍ୟାନ

ମୋର ବେଳେବେଳେ ମନେହୁଏ, ଆମର ଧର୍ମଶାସ୍ତ୍ରରେ ଓ ପୁରାଣରେ ପ୍ରଚଳିତ ଉପାଖ୍ୟାନମାନଙ୍କରେ ତାହାର ପ୍ରଧାନ ନାୟକମାନଙ୍କ ସାଥିରେ ଅନ୍ୟାୟ କରାଯାଇଛି। କାହାଣୀଟିକୁ ସିଧାସଳଖ ଅବିଶ୍ୱାସ ନକରି ମଧ୍ୟ ମନେହୁଏ, ଯେ କୌଣସି ଧାର୍ମିକ ସମ୍ପ୍ରଦାୟର ମହତ୍ତ୍ୱ ପ୍ରଚାର ଲାଗି ଏଥିରେ କିଛି ସତ୍ୟ ଚାପି ଦିଆଯାଇଛି ଏବଂ କିଛି ଏପରି ବ୍ୟଞ୍ଜନା ମଧ୍ୟ ଆସିଯାଇଛି ଯାହା ଘଟଣା ଉପରେ ପ୍ରତିଷ୍ଠିତ ନୁହେଁ। ଏଥିଲାଗି ଏକ ଲାଟିନ୍ କଥା ଅଛି ଯାହାକି ଆଇନ ଶାସ୍ତ୍ରରେ ଅନେକ ସମୟରେ କୁହାଯାଏ। Suprresio veri sugestic falsi । ଧରନ୍ତୁ ଅଜାମିଳଙ୍କ ଉପାଖ୍ୟାନ। ସେ ଅବଶ୍ୟ ବୈକୁଣ୍ଠ ଯାଆନ୍ତୁ ଖୁବ୍ ଭଲ କଥା। କିନ୍ତୁ ତା ଆଗରୁ ତାଙ୍କ ଜୀବନଶୈଳୀର ଯେଉଁ ହୀନ ଚିତ୍ରଣ କରାହୋଇଛି ତାହା କ'ଣ ନ୍ୟାୟସଂଗତ ? ସେ ବୃଦ୍ଧ ବୟସରେ ନିଜର ପରିବାର ତ୍ୟାଗ କରି ଏକ ଦାସୀ ସହିତ ଘର କଲେ। ବୃଦ୍ଧ ବୟସରେ ହୁଏ ତ ତାଙ୍କ ଦାରା ପୁତ୍ରାଦି ତାଙ୍କ ସହିତ ଏପରି ବ୍ୟବହାର କଲେ ଯେ, ସେ ଅତିଷ୍ଠ ହୋଇପଡିଲେ। ଏପରି ଘଟଣା ସେତେବେଳେ ଘଟୁଥିବାର ଉଲ୍ଲେଖ ପୁରାଣରେ ମଧ୍ୟ ଅଛି। ସପ୍ତଶତୀ ଯେଉଁ ରାଜା ଓ ବୈଶ୍ୟର କାହାଣୀର ମୂଳଦୁଆ ଉପରେ ଛିଡା ହୋଇଛି, ସେ ବୈଶ୍ୟ ମଧ୍ୟ ତାର ପରିବାରଙ୍କ ଦୁର୍ବ୍ୟବହାର ଯୋଗୁଁ ନାକେଦମ ହୋଇ ଘରଛାଡି ଅରଣ୍ୟକୁ ପଳାଇ ଆସିଥିଲା। ଶଙ୍କରାଚାର୍ଯ୍ୟ ବୃଦ୍ଧର ପରିବାର ଦ୍ୱାରା ଅତ୍ୟାଚାରିତ ହେବାର ଖବର ଦେଉଛନ୍ତି -

ଯାବତ୍ ବିତ୍ତୋପାର୍ଜନସକ୍ତ - ସ୍ତାବନ୍ନିଜୋ
ପରିବାରୋ ରକ୍ତଃ
ପଶ୍ଚାଦ ଧାବତି ଜର୍ଜରଦେହେ
ବାର୍ତ୍ତା ପୃଚ୍ଛତି କୋପିନ ଗେହେ।

ଏଣୁ ହୁଏତ ବିଚରା ଅଜାମୀଳ ଏହିପରି ପରିସ୍ଥିତିରେ କଲବଲ ହୋଇ ସେହି ଦାସୀଠାରୁ କିଛି ସହାନୁଭୂତିକ କିଛି ସ୍ନେହ ପାଇଥିବ। ଏଣୁ ତା ସହିତ ବାକି ଜୀବନ କାଟିବାକୁ ସ୍ଥିର କରିଥିବ। ଅଜାମିଳ ଶର୍ମାଙ୍କ ସ୍ୱାସ୍ଥ୍ୟ ନିଶ୍ଚୟ ଖୁବ୍ ଭଲ ଥିଲା। କାରଣ ଭାଗବତ ଅନୁଯାୟୀ ଦାସୀଠାରୁ ତାଙ୍କର ପୁଅ ନାରାୟଣ ଅଠସ୍ତରି ବର୍ଷ ବୟସରେ ଜନ୍ମ। ଏହି ବୟସ କଥାଟା ମଧ୍ୟ Suggestic Falsi ହୋଇପାରେ। ଏହା ମଧ୍ୟ ହୋଇପାରେ ଯେ ଅଜାମିଳ ଦାସୀ ସହିତ ସମ୍ପର୍କ ଅତି ନିବିଡ ପ୍ରେମ ଉପରେ ପ୍ରତିଷ୍ଠିତ ହୋଇଥିଲା। ଏସବୁ ଅବତାରଣାର ଉଦ୍ଦେଶ୍ୟ ମୋର ଏକ ବନ୍ଧୁର ଜୀବନ ବିଷୟରେ କହିବା ଯେ କି ପଚାଶରୁ ଉର୍ଦ୍ଧ୍ୱ ବୟସରେ ପ୍ରେମରେ ପଡ଼ି ବିବାହ କଲା। ଆମକୁ ଜିନିଷଟା ଏକଦମ୍ ଘୃଣ୍ୟ ନ ହେଲେ ମଧ୍ୟ ଚରମ ଅବିବେଚନାର ପରିଚୟ ବୋଲି ମନେ ହେଉଥିଲା। କିନ୍ତୁ ଯେତେବେଳେ ସେହି ଘଟଣା ସହିତ ପରିଚିତ ହେଲି, ଏପରି କଠିନ ମନ୍ତବ୍ୟ ଘୋର ଅନ୍ୟାୟ ବୋଲି ମନେହେଲା ।

ମୋର ତ ଦେବତାତ୍ମା ହିମାଳୟଙ୍କ ସାଥିରେ ବହୁତ ଦହରମ୍ ମହରମ୍। ଅର୍ଥାତ୍ ମୋ ଭାଗ୍ୟ ତାଙ୍କ ସାଥିରେ ଯୋଡି ହୋଇ ଯାଇଛି। ବହୁତ କାଳ ହିମାଳୟର ଏ ମୁଣ୍ଡରୁ ସେ ମୁଣ୍ଡ ବୁଲିବାରେ କଟିଛି ଏବଂ ହିମାଳୟରେ ଆଉ ଯାହା ଥାଉ ନଥାଉ ରମଣୀୟ ସ୍ଥାନର ଅଭାବ ନାହିଁ। ବହୁତ ଜାଗା ଅଛି ଯାହାକି ଟୁରିଷ୍ଟଙ୍କର ଦାଉରେ ପଡିନାହିଁ। କିନ୍ତୁ ସେଠି ଅପାର୍ଥିବ ସୌନ୍ଦର୍ଯ୍ୟ ମଧ୍ୟ ଅଛି। ଏଣୁ ଅନେକ ସମୟରେ ମୋର ସାଙ୍ଗସାଥି ଏଲ୍.ଟି.ସି. ନେଇ ବୁଲି ମଧ୍ୟ ଆସନ୍ତି। ସେଥର ମୋର ଏହି ବନ୍ଧୁ ସସ୍ତ୍ରୀକ ଆସିବ ବୋଲି ଖବର ଦେଲା। ତାହା ଲାଗି ଏକ ଏହିପରି ଲୋକଲୋଚନ ଅଗୋଚରରେ ଥିବା ଫରେଷ୍ଟ ବଙ୍ଗଳାରେ ସପ୍ତାହକର ବନ୍ଦୋବସ୍ତ କରିନେଲି ! ସ୍ଥିର ହେଲା ଯେ ମୁଁ ସାଙ୍ଗରେ ଯିବି। କିନ୍ତୁ ସେମାନଙ୍କୁ ସେଠି ଛାଡିଦେଇ ମୁଁ ଆଗକୁ ଗସ୍ତରେ ବାହାରି ଯିବି ଏବଂ ଫେରିଲା ବେଳକୁ ସେମାନଙ୍କୁ ସେଠୁଁ ନେଇ ଆସିବି। ସେହି ବଙ୍ଗଳାଟି ଗୋଟିଏ ପାହାଡୀ ନଦୀ କୂଳରେ। ବାରଣ୍ଡାରୁ ନଦୀ ଆର କୂଳରେ ଘନ ପାଇନ୍ ବନ ଏବଂ ଦୂରରେ ତୁଷାର ମୁକୁଟ ପର୍ବତ। ପାଖରେ ଏକ ଗ୍ରାମ ଥିବାରୁ ଜିନିଷପତ୍ରର ଅସୁବିଧା ନାହିଁ। ଚଉକିଦାର ମଧ୍ୟ କରିତ୍କର୍ମା ଲୋକ ଏବଂ ମୋଟାମୋଟି ଭଲ ରାନ୍ଧେ। ବୁଲିବାରେ ଜଙ୍ଗଲ ଭିତରେ ଅତି ସୁନ୍ଦର ରାସ୍ତା ସବୁ ଅଛି। ପିକ୍‌ନିକ୍ କରିବାର ସ୍ଥାନ ବହୁତ ଏବଂ ଅଳ୍ପ ଦୂରରେ ଏକ ଦର୍ଶନୀୟ ମନ୍ଦିର ମଧ୍ୟ ଅଛି। ଏହି ଜାଗାଟି ମୋର ପ୍ରିୟ। ଅବଶ୍ୟ ମୋ ସଉକ ଟିକିଏ ଭିନ୍ନ ରକମର। ସେହି ନଦୀରେ ଏକ ବିରାଟ ପଥର ଅଛି ଯାହା ଉପରେ ଲମ୍ବା ହୋଇ ଶୋଇ ହେବ। ତାହାଉପରେ ଶୋଇ, ନଈ ଶବ୍ଦ ଶୁଣୁ ଶୁଣୁ ଖରା ପୋଇବାକୁ ମୁଁ ପ୍ରାୟ ସ୍ୱର୍ଗସୁଖ ମନେ କରେ।

ମୋ ବନ୍ଧୁ ଆମେ ଚାକିରୀରେ ଯୋଗଦେଲା ବେଳକୁ ବାହାହୋଇ ସାରିଥିଲା। ତାଙ୍କ ସମାଜରେ ସେ ସମୟରେ ବାଲ୍ୟବିବାହ ସାଧାରଣ। ସେତେବେଳେ ଆମ ଓଡ଼ିଶାରେ ମଧ୍ୟ ଅବସ୍ଥା ଖୁବ୍ ଅଲଗା ନଥିଲା। ଗୋଟିଏ ପୁଅ ମଧ୍ୟ ହୋଇ ସାରିଥିଲା। ଆମେ ତା'ର ସ୍ତ୍ରୀ ସହିତ ପରିଚିତ ନଥିଲୁ କାରଣ ସେ ଗାଁରେ ରହୁଥିଲେ। ପରେ ତ ଆମେ କେବେ ଏକା ଜାଗାରେ କାମ କରି ନଥିଲୁ। ଏଣୁ ପାରିବାରିକ ପରିଚୟ ନ ଥିଲା। ତାହାର ଚାରିଟି ସନ୍ତାନ ଥିଲେ। ତାହାର ପ୍ରଥମ ସନ୍ତାନ ହେଲାବେଳେ ମୋ ବନ୍ଧୁର ବୟସ ଥିଲା ସତର। ଏଣୁ ଆମେ ଧରି ନେଇଥିଲୁ ମୋର ବନ୍ଧୁଙ୍କୁ ଚାଳିଶ ବୟାଳିଶ ବର୍ଷ ବେଳକୁ ତା'ର ବଡ଼ ପୁଅ ଯୋଗ୍ୟ ହୋଇସାରିଥିବ ଏବଂ ତାକୁ ପଚାଶ ହେଲା ବେଳକୁ ତାହାର ଦାୟିତ୍ୱ ପ୍ରାୟ ଶେଷ ହୋଇଯାଇଥିବା।

ବନ୍ଧୁ ଓ ବନ୍ଧୁପତ୍ନୀଙ୍କୁ ମୁଁ ଷ୍ଟେସନକୁ ଆଣିବାକୁ ଯାଇଥିଲି। ମୋର ସ୍ତ୍ରୀ ସେ ସମୟରେ ସେଠି ନ ଥିବାରୁ ତାଙ୍କର ରହିବାର ବ୍ୟବସ୍ଥା ଆମର ଗେଷ୍ଟ୍ ହାଉସ୍‌ରେ କରିଦେଲି। ମୋର ବନ୍ଧୁ ମୋଟାମୋଟି ଦେଖିବାକୁ ଭଲ। କିନ୍ତୁ ବନ୍ଧୁପତ୍ନୀଙ୍କୁ ଦେଖି ଟିକିଏ ନିରାଶ ଲାଗିଲା। ବୟସ ପ୍ରାୟ ଚାଳିଶ, ପଇଁଚାଳିଶ। କୃଷ୍ଣକାୟ ଏବଂ ପୃଥୁଳ। ପଚାରିବାକୁ ଇଚ୍ଛା ହେଉଥିଲା "ତତେ ଆଉ ମାଇକିନିଆ ମିଳୁ ନ ଥିଲେ ଯେ ଏହାଠାରେ ରସିଲୁ?" ତାହା ପରିଦିନ ସକାଳୁ ଜଳଖିଆ ପରେ ଆମେ ବାହାରିପଡିଲୁ ଓ ପ୍ରାୟ ଦୁଇଟା ବେଳେ ସେହି ଡାକବଙ୍ଗଳାରେ ପହଞ୍ଚିଗଲୁ। ମୁଁ ସେଠି ତାଙ୍କର ସୁବିଧା ଇତ୍ୟାଦି ଟିକିଏ ତନଖି ଦେଇ ଆଗକୁ ବାହାରିଗଲି। ମୋର ରହଣି ଆଉ ଏକ ସହରରେ। ଦୁଇଦିନ ପରେ ମୁଁ କାମ ସାରି ଫେରିଲି। ସେଦିନ ମୁଁ ସେହି ଡାକ ବଙ୍ଗଳାରେ ରହିବାର ସ୍ଥିର ଥିଲା।

ମୁଁ ପ୍ରାୟ ଦୁଇଟା ବେଳକୁ ପହଞ୍ଚିଲି। ପହଞ୍ଚିଲା ବେଳକୁ ବନ୍ଧୁପତ୍ନୀଙ୍କୁ ସାମାନ୍ୟ ଜ୍ୱର ହୋଇଛି। ବୋଧେ ଥଣ୍ଡା ଧରି ଦେଇଛି। ଏଣୁ ତାଙ୍କ ଔଷଧ ଓ ବିଶ୍ରାମର ବ୍ୟବସ୍ଥା କରି ମୁଁ ମୋର ବନ୍ଧୁଙ୍କୁ ନେଇ ନଈ କୂଳକୁ ଗଲି। ସେଇଠି ପଥର ଉପରେ ବସି ନାନାଦି ଗପସପ ହେଉଥିଲୁ। ଏହି ଅବସରରେ ମୁଁ ତାକୁ ପଚାରିଲି- ତୋହର ବିବାହ ମୋତେ ବଡ଼ ଆଶ୍ଚର୍ଯ୍ୟ ଲାଗୁଛି। ତୋର ବଡ଼ ପୁଅର ନିଶ୍ଚୟ ଛୁଆ ପିଲା ଅର୍ଥାତ୍ ତୋର ନାତି ନାତୁଣୀ ମଧ୍ୟ ହେଇ ସାରିଥିବେ। ଏ ସମସ୍ତ ପରେ ତୁ ପୁଣି କାହିଁକି ନୂଆ ସଂସାର ବନ୍ଧନରେ ପଡିଲୁ?

ମୋ ବନ୍ଧୁ ଉତ୍ତର ଦେଲା- "ହଁ ସମସ୍ତଙ୍କୁ ଆଶ୍ଚର୍ଯ୍ୟ ଲାଗିବା କଥା। ତୁମେମାନେ ମୋତେ ହସୁଥିବ। ହୁଏତ ଘୃଣା ମଧ୍ୟ କରୁଥିବ। ବୁଢ଼ାଦିନେ ପ୍ରକୃତିଛଡା ହେଲା ବୋଲି ଭାବୁଥିବ। ଯାହାହେଉ ତୁ ମୋତେ ପଚାରିଲୁ। ଏଣୁ ଆଜି ମୁଁ ମୋ କିଆ ମଧ୍ୟ

କହିପାରିବି। ଏହି ପ୍ରଶ୍ନଟି ମୋତେ କେହି ପଚାରି ନାହାନ୍ତି। ଏଣୁ ମୁଁ ଉତ୍ତର ମଧ୍ୟ ଦେଇପାରି ନାହିଁ। ସମସ୍ତଟା ଗୋଟିଏ Exparte Judgement (ଏକତରଫୀ ଫଇସଲା) ହୋଇଯାଇଛି। ଏଣୁ ଏ ପ୍ରଶ୍ନ ପଚାରିଥିବାରୁ ତୋତେ ଧନ୍ୟବାଦ ।

"ମୋର ପ୍ରଥମ ସ୍ତ୍ରୀଙ୍କ ସହିତ କଦାପି ଘନିଷ୍ଠତା ନଥିଲା। ବାହା ହେଲାବେଳେ ଆମେ ଦୁଇଟି ବାଳକ ବାଳିକା। ଏକେ ତ ରାଜସ୍ଥାନ, ସେଥିରେ ଆମେ ଅପେକ୍ଷାକୃତ ଛୋଟ ଜାତି। ଶିକ୍ଷା ନାହିଁ ଏବଂ ସମାଜ ରକ୍ଷଣଶୀଳତାର ଦୁର୍ଗ। ଆମର ବାହାଘର ଆମ ପକ୍ଷରେ ଏକ ଖେଳଠାରୁ ମଧ୍ୟ କମ୍ ଥିଲା। ବଡହେଲୁ। ମନରେ ପ୍ରେମ ଭାବ ଜାଗ୍ରତ ହେବା ଆଗରୁ କାମଭାବ ଶରୀରକୁ ଆସେ। ଏଣୁ ତାହା ଏକ ପ୍ରକାର ଭୋକ ଲାଗିବା ଆଗରୁ ଖାଇବା। ଏଣୁ ସ୍ତ୍ରୀ ପୁରୁଷ ସମ୍ପର୍କରେ ଯେଉଁ ରସ ବା ଆନନ୍ଦ ତାହା ଆମ ସମ୍ପର୍କରେ ନଥିଲା। ମୋର ପ୍ରଥମ ଛୁଆ ହେଲା ବେଳକୁ ମୁଁ ଯୁବକ ନୁହେଁ, କିଶୋର ମାତ୍ର। ଏଣୁ ପିତୃତ୍ୱ କ'ଣ ତାହା ଠିକ୍ ଅନୁଭବ କରିନାହିଁ। ଦାୟିତ୍ୱ ତ ନୁହେଁ କାରଣ ସତର ବର୍ଷର ପିଲା ପକ୍ଷରେ ଦାୟିତ୍ୱ ନେବା ଅସମ୍ଭବ। ଯୌଥ ପରିବାରରେ ଏପରି କେତେ ପିଲା ବଡ଼ ହୁଅନ୍ତି। ସେଠି ପିତାପୁତ୍ରରେ କୌଣସି ଘନିଷ୍ଠ ସମ୍ପର୍କ ନଥାଏ। ପରେ ଚାକିରି କଲି ଏବଂ ଏହି ଯୌଥ ପରିବାରକୁ ମୁଁ ମଧ୍ୟ ରୋଜଗାର ଦେଲି। କିନ୍ତୁ ସେହି ସମ୍ପର୍କରେ ଘନିଷ୍ଠତା ନଥିଲା। ତୁମେମାନେ ମଧ୍ୟ ଯୋଧପୁରରେ ମୋର ଏକ ନିବିଡ ସମ୍ପର୍କ ବିଷୟରେ ଜାଣ। ମୋର ବନ୍ଧୁ ଠାକୁର ରଣସିଂହଙ୍କର ରକ୍ଷିତା କମଳ ସହିତ ମୋର ଭାଇ ଭଉଣୀର ସମ୍ପର୍କ ହୋଇଯାଇଥିଲା। କାରଣ ସେ ସମ୍ପର୍କ ମୁଁ ପରିବାର ମଧ୍ୟରେ ପାଇ ନଥିଲି। ଚାକିରି ଜୀବନରେ ଥଇଥାନ ହେଲାପରେ ମୁଁ ସ୍ତ୍ରୀଙ୍କୁ ଆଣି ଘର କରିବାକୁ ଚାହିଁଲି। କିନ୍ତୁ ସ୍ତ୍ରୀଙ୍କ ପକ୍ଷରେ ଶାଶୁ ଶଶୁରଙ୍କ ସେବା ସ୍ୱାମୀ ଅପେକ୍ଷା ବେଶି ମହତ୍ତ୍ୱପୂର୍ଣ୍ଣ। ମୁଁ ତ ହୋଲି, ଦିୱାଲୀ ଆଉ ଦି ଚାରିଟା ଛୁଟି ଧରିଲେ ଗାଁକୁ ବର୍ଷକୁ ତିନିଚାରିଥର ଆସି ପାରିବି। ତାହା ସନ୍ତାନ ଉତ୍ପାଦନ ଲାଗି ଯଥେଷ୍ଟ। ତାଙ୍କର ମୋ ସହିତ ଦୂର ସହରରେ ରହିବା କି ଦରକାର। ତାହା ମୋ ମନରେ କି ଭାବ ଜାତ କରାଉଥିଲା ତା' ବୁଝୁଥିବୁ। ପିଲାମାନେ ମୋ ପାଖରେ ରହିନାହାନ୍ତି। ଏଣୁ ତାଙ୍କ ଉପରେ ମୋର କୌଣସି ପ୍ରଭାବ ପଡ଼ିପାରି ନାହିଁ। ପିଲାମାନେ ବଡ଼ ହେଲେ କିନ୍ତୁ ଏସବୁରେ ମୋର ବିଶେଷ କିଛି ଭୂମିକା ନ ଥିଲା। ସବୁ ବାପା, କକା ଆଦି ଫଇସଲା କରୁଥିଲେ। ବାପାଙ୍କ ଅନ୍ତେ କକା ହିଁ କର୍ତ୍ତା। ମୋର ଝିଅର ମୁଁ ଉଚ୍ଚଶିକ୍ଷା ଚାହୁଁଥିଲି। ଛାଡ, ମୋର କୌଣସି ଇଚ୍ଛା କୌଣସି ଆଶା ପୂରଣ ହୋଇନାହିଁ। ଆମର ରାଜସ୍ଥାନର ପୁରୁଣା ସମାଜରେ, ତାହା ହିନ୍ଦୁ ହେଉ ବା ମୁସଲିମ୍ ହେଉ ସ୍ତ୍ରୀ ସହିତ ପ୍ରେମ ଅସମ୍ଭବ ବୋଲି ଧରା ଯାଉଥିଲା। "ଭଲା କୋଇ ବିବି ସେ ଇଶ୍କ୍

କରତା ହୈ ?” ଏଣୁ ଯେହେତୁ ମଣିଷ ମନ ପ୍ରେମ ମଧ୍ୟ ଖୋଜେ, ରକ୍ଷିତା ନାମକ ପ୍ରତିଷ୍ଠାନକୁ ମଧ୍ୟ ସାମାଜିକ ସ୍ୱୀକୃତି ମିଳି ଯାଇଥିଲା। କିନ୍ତୁ ମୁଁ ଆଧୁନିକ ହୋଇଥିବାରୁ ମୋତେ ସେ ପନ୍ଥା ଧରିବାକୁ ମନ ହେଲା ନାହିଁ।

“ଏହି ସମୟରେ ମୋର ସ୍ତ୍ରୀଙ୍କର ଦେହ ଖରାପ ହେଲା। ଘରେ ମୋଟେ ଚକିତ୍ସା ଭଲ ହୋଇ ନ ଥିଲା ଏବଂ ମୋତେ ମଧ୍ୟ ଠିକ୍ ଜଣାଇ ଦିଆହେଉନଥିଲା। ଥରେ ମୁଁ ବିରକ୍ତ ହୋଇ ଜୋର୍ କରି ତାଙ୍କୁ ଯୋଧପୁର ଚିକିତ୍ସା ଲାଗି ନେଇଆସିଲି। ତାହାପରେ ଫେରିବାର ପ୍ରଶ୍ନ ନ ଥିଲା କାରଣ ଜରାୟୁରେ କ୍ୟାନ୍‌ସର। ଡାକ୍ତର କହିଲେ ଯେ ଚେଷ୍ଟା କରିବେ। କିନ୍ତୁ ଆଶା କମ୍। ଏପରି କହିବା ବେଳେ ତାଙ୍କ ଭଦ୍ରତାର କାରଣ ତାଙ୍କ ଚେଷ୍ଟାର ବାହାରକୁ ଚାଲି ଯାଇଥିଲା। କିନ୍ତୁ ଆଉ ଗୋଟିଏ କଥା ମୋତେ ଆହତ କଲା। ପିଲାମାନେ ତାଙ୍କ ମା’ଙ୍କୁ ଦେଖିବାକୁ ବିଶେଷ ଆସୁ ନଥିଲେ। ଝିଅ ତ ବାହା ହୋଇ ଯାଇଥିଲା। ଏଣୁ ତା ପକ୍ଷରେ ଆସିବା ଏତେ ସହଜ ନୁହେଁ। କିନ୍ତୁ ପୁଅମାନେ ? ବେଶି ନ କହିବା ଭଲ। ସେ ହସ୍‌ପିଟାଲରେ ସେହି ସମୟରେ ଆମ ଭିତରେ କିଛିଟା ଘନିଷ୍ଠତା ଆସିଲା। ସେ ଓ ମୁଁ ଉଭୟେ ଅନୁଭବ କରୁଥିଲୁ ଯେ, ବହୁତ ଡେରି ହୋଇଗଲା। ମୁଁ ଦିନେ ଏକଥା ତାଙ୍କୁ କହିଲି। ସେ ଉତ୍ତର ଦେଲେ ଯେ, ଯଦିଚ ଡେରିରେ ପାଇଲୁ ତଥାପି ପାଇଲୁ ତ। ସେହି ସମୟଟା ଏକା ସାଥିରେ ବହୁତ କଷ୍ଟ ଏବଂ ବହୁତ ସୁଖରେ କଟିଛି। ସେ କି ଅଦ୍‌ଭୂତ ପିତା ଓ ମିଠାର ମିଶ୍ରଣ।

“ସେ ସମୟରେ ମୋର ବର୍ତ୍ତମାନର ସ୍ତ୍ରୀ ଲଳିତା ସେହି ହ୍‌ପିଟାଲ୍‌ରେ କ୍ୟାନସର ଇଉନିଟରେ ନର୍ସିଂ ସିଷ୍ଟର। ସେ ମୋ ସ୍ତ୍ରୀର ଦେଖାଶୁଣା ତ କରନ୍ତି। ସାଥିରେ ମୋତେ ଅଲଗାରେ ସାହସ ଓ ଧୈର୍ଯ୍ୟର ଉପଦେଶ ଦିଅନ୍ତି। କାରଣ ସେହି ମୋତେ କହିଥିଲେ ଯେ ରୋଗର ବର୍ତ୍ତମାନ ଅବସ୍ଥା କ’ଣ। ଡାକ୍ତର କହିଲେ ଯେ ଆଶା ନାହିଁ। ଯଦି ଚାହାନ୍ତି, ଘରକୁ ନେଇ ପାରନ୍ତି। କିନ୍ତୁ ମୋ ଘରେ ତାଙ୍କୁ ଦେଖିବ କିଏ ? ମୋ ସ୍ତ୍ରୀ ମଧ୍ୟ ମୋତେ ଛାଡି ଆଉ ଘରକୁ ଯିବାକୁ ନାରାଜ। କୁହାକୁହି କରି କଟେଜଟା ରଖିନେଲୁ। ଶେଷଆଡକୁ ଜାଣୁ ତ, ବହୁତ କଷ୍ଟ ହୁଏ ଏବଂ ରୋଗୀଙ୍କୁ ଆରାମ ଦେବାକୁ ବହୁତ ଯୋଗ୍ୟ ନର୍ସିଂ ଦରକାର। ଲଳିତା ହିଁ ଏସବୁ କରୁଥିଲେ। ଯାହା ହେବାର ଥିଲା ହେଲା। କିନ୍ତୁ ଏହା ମୋ ପକ୍ଷରେ ବହୁତ ବଡ ଧକ୍କା ହେଲା। ଯେତେବେଳ ପର୍ଯ୍ୟନ୍ତ ଘନିଷ୍ଠତା ନ ଥିଲା, ତାହାର ଅଭାବ ଅନୁଭବ କରିବାର ପ୍ରଶ୍ନ ନଥିଲା। କିନ୍ତୁ ଥରେ ପାଇସାରି ହରେଇବା ଯେ କି କଷ୍ଟଦାୟକ ତାହା ଭୁକ୍ତଭୋଗୀ ହିଁ ଜାଣେ। ତା ସହିତ ଆହୁରି କଷ୍ଟଦାୟକ ଥିଲା ପିଲାମାନଙ୍କ ଅବହେଳା। ମା’କୁ

ଅବହେଳା କରି ଚାଲିଥିଲେ। ମୋ କଥା ତ ଛାଡ। ସାନ୍ତ୍ୱନାର କଥା ବାଦ୍ ଦିଅ। କେବଳ ଦରକାର ଟଙ୍କା। ଚାକିରିରେ ସମସ୍ୟା କରି ମୋତେ ଉଦ୍ଧାର ଲାଗି ଭିଡିବା ଏବଂ ମୋର ଉପଦେଶକୁ ମୁହଁ ଉପରେ ଅଗ୍ରାହ୍ୟ କରିବା। ଆଉ ସେସବୁ କଥା କ'ଣ କହିବି ?

ମୁଁ ଏକପ୍ରକାର ଚେତନାଶୂନ୍ୟ ହୋଇ ଯାଇଥିଲି। ଜୀବନରେ କିଛିରେ ସ୍ପୃହା ନଥିଲା। କାମରେ ମଧ୍ୟ ମନ ଲାଗୁ ନଥାଏ। ସେ ସମୟରେ ବେଶି ମଦ ପିଇବା ଆରମ୍ଭ କଲି। ଲଳିତା ଶୁଣିଲା ଏବଂ ମୋ ସହିତ ଦେଖାକରି ମୋତେ ସାନ୍ତ୍ୱନା ଓ ଧୈର୍ଯ୍ୟ ଦେବା ଆରମ୍ଭ କଲା।

■

BLACK EAGLE BOOKS

www.blackeaglebooks.org
info@blackeaglebooks.org

Black Eagle Books, an independent publisher, was founded as a nonprofit organization in April, 2019. It is our mission to connect and engage the Indian diaspora and the world at large with the best of works of world literature published on a collaborative platform, with special emphasis on foregrounding Contemporary Classics and New Writing.